Jahrbuch für
Psychoanalytische Pädagogik 9

Jahrbuch für Psychoanalytische Pädagogik 9

Mitbegründet von Hans-Georg Trescher (†)

Herausgegeben von
Wilfried Datler, Urte Finger-Trescher
und Christian Büttner
im Auftrag des Frankfurter Arbeitskreises
für Psychoanalytische Pädagogik

Themenschwerpunkt:
»Jugendhilfe und Psychoanalytische Pädagogik«

Herausgeber des diesjährigen
Themenschwerpunktes:
Burkhard Müller, Heinz Krebs, Urte Finger-Trescher

Psychosozial-Verlag

Die Deutsche Bibliothek - CIP-Einheitsaufnahme
Jahrbuch für psychoanalytische Pädagogik/
im Auftr. des Frankfurter Arbeitskreises für
Psychoanalytische Pädagogik. Mitbegr. von
Hans-Georg Trescher. –Gießen: Psychosozial-Verl.,
(Psychoanalytische Pädagogik)
Erscheint jährl. – Früher im Matthias-Grünewald-Verl.,
Mainz. –
Aufnahme nach 8 (1997)
ISSN 0938-183X
8 (1997) – Verl.-Wechsel-Anzeige

Friedrichstraße 35, 35392 Gießen

Umschagabbildung: Kiki Kogelnik, Celestial Head
Umschlaggestaltung nach einem Reihenentwurf des
Ateliers Warminski, Büdingen
Printed in Germany
ISBN 3-932133-46-3
ISSN 0938-183X

Inhalt

Literaturumschau

Rezensionen

Editorial

In den Arbeiten von so manchen Klassikern der Psychoanalytischen Pädagogik – man denke an August Aichhorn oder Siegfried Bernfeld – kamen Anliegen zum Tragen, die sowohl psychoanalytischer als auch sozialpädagogischer Natur waren. Diese enge Verknüpfung von psychoanalytischen und sozialpädagogischen Interessen läßt sich bis in die Gegenwart herauf verfolgen und erfährt heute im Bereich der „Jugendhilfe“ eine besondere Zuspitzung. Denn zum einen ist psychoanalytisch-pädagogische Praxis über weite Strecke in den Bereich der „Jugendhilfe“ eingebettet; und zum anderen stellt „Jugendhilfe“ als gesetzliche Grundlage sowie als System von Trägern und Einrichtungen eine wichtige materiale Voraussetzung für Psychoanalytische Pädagogik dar. Dieser Umstand sowie zahlreiche aktuelle Entwicklungen im Bereich der Jugendhilfe veranlaßten die Redaktion, das Jahrbuch für Psychoanalytische Pädagogik 9 dem Schwerpunktthema „Jugendhilfe und Psychoanalytische Pädagogik“ zu widmen. Burkhard Müller, Urte Finger-Trescher und Heinz Krebs führen in diesen Themanschwerpunkt ein. Unter den Stichworten „Setting und Rahmen“ wird dann ein allgemeiner Aspekt dieser Thematik behandelt, ehe verschiedene Autorinnen und Autoren – unter Einbeziehung von Fallbeispielen - auf einzelne Bereiche von Jugendhilfe bezug nehmen; unter anderem auf Erziehungsberatung, Jugendberufshilfe und sozialpädagogische Familienhilfe.

An diesen Themenschwerpunkt schließen drei Beiträge an, die von holländisch sowie von französisch sprechenden Autorinnen und Autoren stammen: Leendert Frans Groenendijk zeichnet die Diskussion über die sexuelle Aufklärung von Kindern nach, die in der Zwischenkriegszeit von pädagogisch interessierten Psychoanalytikern geführt wurde. Und Francis Imbert sowie Mireille Cifali geben Einblick in die Verknüpfung von pädagogischen und psychoanalytischen Ansätzen und Anliegen, die in Frankreich sowie in der französischsprachigen Schweiz ausgemacht werden können. Alle drei Beiträge wurden erstmals auf Tagungen der Kommission für Psychoanalytische Pädagogik der Deutschen Gesellschaft für Erziehungswissenschaft vorgestellt und sind nun einem größeren Kreis von Interessierten zugänglich.

Der psychoanalytisch orientierten Annäherung an den Problembereich der Lese- und Rechtschreibschwierigkeiten ist der thematische Schwerpunkt der diesjährigen Literaturumschau gewidmet. In einem weiteren Beitrag werden aktuelle Publikationen zu verschiedenen Fragestellungen der Psychoanalytischen Pädagogik in allgemeiner Form vorgestellt. Wie üblich runden Rezensionen das Jahrbuch für Psychoanalytische Pädagogik ab.

Daß das Typoskript des 9. Jahrbuchs für Psychoanalytische Pädagogik sorgfältig bearbeitet dem Psychosozial-Verlag übergeben werden konnte, verdankt die Redaktion einmal mehr Frau Evelyn Gosing (Frankfurt a.M.), der an dieser Stelle wiederum herzlichst gedankt sei!

Die Redaktion

Themenschwerpunkt:
Jugendhilfe und Psychoanalytische Pädagogik

Burkhard Müller, Urte Finger-Trescher und Heinz Krebs

Jugendhilfe und Psychoanalytische Pädagogik

Zur Einführung in den Themenschwerpunkt

1. Was Jugendhilfe und Psychoanalytische Pädagogik miteinander zu tun haben, scheint einfach beantwortbar zu sein. Unter Jugendhilfe wird, jedenfalls in Deutschland[1], das Feld sozialberuflicher und sozialstaatlicher oder auch verbandlich organisierter Tätigkeit verstanden, in welchem viele - vielleicht sogar die meisten - Praxisbereiche der Psychoanalytischen Pädagogik institutionell eingeordnet und sozialrechtlich verankert sind. Jugendhilfe geht in ihren Grundzügen auf die Anfänge dieses Jahrhunderts und die sozialreformerischen Impulse der deutschen Frauenbewegung zurück. Zu ihr gehört, nach Gertrud Bäumers griffiger, wenn auch ungenauer Formel, alles, was Erziehung ist, aber von Familie und Schule nicht geleistet werden kann. Ihre heutige gesetzliche Grundlage ist das 1990 in Kraft getretene Kinder- und Jugendhilfegesetz (KJHG).

Vier Arbeitsfelder von "Jugendhilfe" und ein weiteres Beispiel werden in diesem Themenschwerpunkt als Relevanzbereiche Psychoanalytischer Pädagogik diskutiert: erstens die Erziehungsberatung (KJHG § 28; siehe den Beitrag von Eggemann-Dann); zweitens die "Jugendsozialarbeit" (§ 13 KJHG), womit insbesondere Berufseinstiegshilfen für benachteiligte Jugendliche gemeint sind (siehe den Beitrag von Dohmen-Burk); drittens die "sozialpädagogische Familienhilfe" genannte ambulante aber "intensive" Betreuung (§ 31 KJHG) von Problemfamilien (siehe den Beitrag von Szypkowski); und viertens die Hilfeplanung (§ 36 KJHG; siehe den Beitrag von KrebsundMüller) als Verfahren der fach- und adressatengerechten Auswahl, Aushandlung, Einfädelung von Settings, welche dem "erzieherischen Bedarf im Einzelfall" (§ 27 KJHG) gerecht zu werden vermögen. Das fünfte Beispielfeld, Schuldnerberatung (siehe den Beitrag von Müller), betrifft nicht Jugendhilfe i.e.S., sondern ein allgemeines, aktuell immer dringlicher werdendes sozialpädagogisches Problem. Es gewinnt auch für die Jugendhilfe an Bedeutung, sofern diese es oft mit Familien, Jugendlichen und "jungen Volljährigen" (§ 41 KJHG) zu tun hat, die, abgesehen von anderen Problemen, auch überschuldet sind. Es ist zugleich ein Feld,

[1] Die österreichische oder schweizerische Terminologie kann sich da unterscheiden.

anhand dessen sich die für Jugendhilfe charakteristische Verzahnung von "personenbezogenen" Aufgaben (für welche psychoanalytische Reflexionshilfe nützlich ist) mit Sachaufgaben (für welche andersartige Kompetenzen erforderlich sind) besonders gut erläutern läßt.

Unter diesen Beispielfeldern kann nur die Erziehungsberatung auf eine lange Geschichte in der Psychoanalytischen Pädagogik verweisen, die mit Pioniernamen wie Aichhorn, Anna Freud, Winnicott oder Bettelheim verknüpft ist. Redet man von Erziehungsberatung in speziellerem Kontext, z.B. der Beratung in Fällen von Trennung und Scheidung, so redet man ebenfalls von Aufgaben, die spezifischer Auftrag der Jugendhilfe (§ 17 KJHG) und zugleich Feld psychoanalytisch-pädagogischer Praxis sind (vgl. Figdor 1991, 1998; Datler, Figdor und Gstach 1998). Dies gilt auch für Erziehungsberatung im schulischen Kontext (z.B. Büttner und Finger-Trescher 1991; Gerspach 1998), wobei hier Jugendhilfe als Träger für Auffangsysteme von Problemen, die der Schule "zuviel" werden, meistens unsichtbar bleibt. Ansonsten kann man die Relevanz der Psychoanalytischen Pädagogik für die Jugendhilfe - und vice versa - in den folgenden Bereichen verorten:

- Seit Aichhorns Anfängen bis heute hat Psychoanalytische Pädagogik im Handlungsfeld der Jugendhilfe vor allem in der Heimerziehung Akzente gesetzt, also dort, wo in der Jugendhilfesystematik (§ 34f. KJHG) die stationären ("fremdplazierenden") Arbeitsformen auftauchen, während alle Beispiele unseres Themenschwerpunktes ambulante Arbeitsformen beschreiben. Nicht nur Aichhorns oder Fritz Redls Klassiker, sondern auch ungezählte Beiträge der neueren Psychoanalytischen Pädagogik kann man zugleich als Versuche lesen, der Heimerziehung "heilpädagogische" Reformimpulse zu geben (vgl. z.B. Bittner, Ertle und Schmid 1971; Gerspach 1981; Bittner und Ertle 1985; Iben 1988; Becker 1996). Die Verlagerung des Interesses in diesem Themenschwerpunkt auf ambulante Arbeitsformen versucht hier Ergänzungen einzubringen. Zugleich aber drückt sich in dieser Verlagerung eine allgemeinere Tendenz in der Jugendhilfe aus, die im 8. Jugendbericht der deutschen Bundesregierung (1990) "Lebenswelt- Orientierung" genannt wird und alltagsnahe, präventive vor eingreifenden und fremdplazierenden Maßnahmen fordert. Auf der Gesetzesebene drückt sich dieser Gedanke darin aus, daß die "Hilfen zur Erziehung" (§ 27ff. KJHG) als flexible Angebotspalette konzipiert sind (vgl. Schellhorn und Wienand 1991 zu § 27 RZ 23ff.), in der die ambulanten Hilfeformen und die Einbeziehung des "engeren sozialen Umfeldes" (§ 27, 2 KJHG) grundsätzlich prioritär sind. Für alle Formen von "Hilfen zur Erziehung" aber anerkennt das Gesetz eine heilpädagogische Komponente, sofern diese Hilfen "insbesondere die Gewährung pädagogischer und damit verbundener therapeutischer Leistungen" umfassen (§ 27, 3 KJHG).

– Zwei weitere Felder Psychoanalytischer Pädagogik, die Bedeutung für die Jugendhilfe haben, sollen noch erwähnt werden, obwohl sie aus dem Themenschwerpunkt ausgeklammert bleiben. Das eine Feld betrifft die "Erziehung der Erzieher". Gemeint ist die ebenfalls unübersehbare Fülle von Beiträgen zur psychoanalytisch-pädagogischen "Praxisberatung", angefangen von Anna Freuds (1930) Klassiker der "Psychoanalyse für Pädagogen". Beispiele im Jugendhilfebereich sind etwa die Beratung und Supervision von Kindergärtnerinnen und Hortmitarbeiterinnen, Heimerziehern, Jugendarbeitern aber auch Studierenden (vgl. z.B. Büttner und Trescher 1987; Pühl 1991; Finger-Trescher 1993; Büttner 1995). Das andere Feld ist die psychoanalytisch-pädagogische Beschäftigung mit Jugend und Adoleszenz (z.B. Hörster und Müller 1992; Krebs, Eggert Schmid-Noerr u.a. 1996), die sich allerdings nur selten ausdrücklich auf Jugendarbeit als institutionalisiertes Feld der Jugendhilfe bezieht (vgl. z.B. Kannicht 1985; Schröder 1991; Müller 1996).

2. Ginge es nur um die Feststellung der faktischen wechselseitigen Verwiesenheit von Psychoanalytischer Pädagogik auf Jugendhilfe als ihrem vielleicht wichtigsten Arbeitsfeld und von Jugendhilfe auf Psychoanalytische Pädagogik als einem ihrer theoretisch und praktisch ausgewiesenen Konzepte, so wäre diese Einleitung damit zuende. Über die Art und die inhaltlichen Folgen der Verknüpfung beider Begriffe ist damit aber noch nichts gesagt. Tatsächlich steht es um die Partnerschaft von Jugendhilfe und Psychoanalytischer Pädagogik nicht besonders gut, jedenfalls dann, wenn man beide nicht als institutionelle Realität und berufliche Praxis, sondern als unterschiedliche Fachdiskurse betrachtet. Beide Diskurse nehmen sich gegenseitig noch wenig zur Kenntnis, scheinen sich allenfalls mißtrauisch zu beäugen.
Als repräsentatives Beispiel für den Jugendhilfediskurs kann man den 8. Jugendbericht (Bundesregierung 1990) nehmen, der Psychoanalytische Pädagogik überhaupt nicht erwähnt und in dem das Stichwort Therapie nur als Gefahr der "Therapeutisierung" (1990, 76) auftaucht, die der Bericht insbesondere bei Erziehungsberatungsstellen zu erkennen meint (vgl. 1990, 136ff.). Seit seinem Erscheinen hat sich im sozialpädagogischen Mainstream der Jugendhilfe in der Hinsicht wenig verändert. Wenn überhaupt Interesse an Dialog mit Konzepten besteht, die dem therapeutischen Bereich entstammen, dann sind eher andere als psychoanalytische (insbesondere "systemische") Ansätze gefragt.
Die Psychoanalytische Pädagogik als andere Partnerin im Dialog scheint der Jugendhilfe gegenüber offener zu sein. Jedenfalls ließe sich aus der erwähnten Literatur und vielen anderen Beiträgen belegen, daß in der aktuellen psychoanalytisch-pädagogischen Diskussion keineswegs die Tendenz zur "Therapeutisierung" nichtklinischer Handlungsfelder vorherrscht. Vielmehr wird die Differenz zwischen analytischer Therapie und psycho-

analytisch-sozialpädagogischer Arbeit mit Kindern und Jugendlichen klar betont. Zugleich kann man auch beobachten, daß sich das Verständnis des analytisch-therapeutischen Handelns eher der Beschreibung von Bildungsprozessen annähert, als daß umgekehrt pädagogische Prozesse "therapeutisiert" würden (vgl. z.B. Datler 1994; Körner und Ludwig-Körner 1997). Allerdings hat auch diese Öffnung zum sozialpädagogischen Diskurs der Jugendhilfe hin ihre Grenzen. Und hier versucht der Themenschwerpunkt ein paar Schritte weiter zu gehen.

Die eine Grenze scheint uns darin zu bestehen, daß in der psychoanalytisch-pädagogischen Diskussion zwar sehr differenziert über sozialpädagogische Settings und ihre Gestaltungsmöglichkeiten nachgedacht wird (vgl. z.B. Becker 1996; Körner und Körner-Ludwig 1997 u.v.a.), daß aber Jugendhilfe als Kontext und bedingender Rahmen für Settings kaum zum Thema wird. Hier setzt der erste Beitrag des Themenschwerpunktes (von Krebs und Müller) an. Er versucht zum einen die Diskussion zum Setting-Begriff selbst voranzubringen, indem er die Unterschiede zwischen dem klassischen analytischen Setting (das eine "analytische Situation" voraussetzt; vgl. Freud 1937) und sozialpädagogischen bzw. heilpädagogischen Settings herausarbeitet. Er versucht zum andern den Unterschied zu klären, der zwischen "Setting" (im Sinne des Versuchs einer "Optimalstrukturierung" von Interventionen; vgl. Trescher 1993) einerseits und Jugendhilfe als bedingendem, aber auch gestaltbarem Kontext von Settings andererseits besteht.

Die weiteren Beiträge zum Themenschwerpunkt kann man als je unterschiedliche Versuche verstehen, eine andere Grenze des Dialogs zwischen Psychoanalytischer Pädagogik und Jugendhilfe zu überwinden. Sie besteht darin, daß es zwar viele kasuistisch angelegte Arbeiten gibt, die psychoanalytisch-pädagogische Handlungsmöglichkeiten u.a. im Kontext der Jugendhilfe differenziert beschreiben (vgl. dazu etwa. Trescher 1987, Datler 1994 oder den Themenschwerpunkt im Jahrbuch für Psychoanalytische Pädagogik 8, hrsg. von Datler u.a. 1997), daß es aber wenig kasuistische Beschreibungen der Kontexte selbst gibt, die zeigen, wie psychoanalytisch aufgeklärtes Verstehen und Handeln sich in diese Kontexte fügt, welchen Stellenwert es darin hat. Genau dies aber versuchen die weiteren Beiträge dieses Themenschwerpunktes zu leisten. Für Leser, die an Psychoanalytischer Pädagogik interessiert sind, könnte das irritierend wirken. Denn es ist nicht immer einfach, zu sagen, wo genau "das Psychoanalytische", etwa in den Praxisfällen der Erziehungberatung (Beitrag Eggemann-Dann), oder in der Beratung arbeitsloser Jugendlicher (Beitrag Dohmen-Burk), oder in der sozialpädagogischen Familienhilfe (Beitrag Szypkowski) oder in der Schuldnerberatung (Beitrag Müller) "vorkommt". An analytischen Kategorien orientiertes Handeln (z.B. reflektierende Verarbeitung von Übertragungs- und Gegenübertragungsprozessen) findet in solchen Kontexten eher "unauffällig" statt, ohne Thematisierung und ohne sich dafür ein eigenes Setting zu schaffen. Dies wußte schon Siegfried Bernfeld, der darin eine "sehr beträchtliche Schwierigkeit" (Bernfeld 1921, 119) bei der Legitimation seiner pädagogischen Arbeit sah. Uns scheint es aber sehr wichtig zu sein, solchen "unauffälligen" Formen psychoanalytisch-pädagogischer Arbeit mehr Aufmerksamkeit zu schenken, sie genauer zu beschreiben. Die vorgelegten Versuche genügen sicher noch nicht, um den Anspruch der Psychoanalytischen Pädagogik zu begründen, zum unverzichtbaren Fundament professioneller Kompetenz in der Jugendhilfe zu gehören; aber sie tragen dazu bei. Der Anspruch gilt auch jenseits von Handlungsbereichen, in denen für den Außenstehenden erkennbar ist, daß es sich, wie das KJHG in § 27(3) formuliert, um "die Gewährung pädagogischer und damit verbundener therapeutischer Leistungen" handelt; z.B. für die Schuldnerberatung (vgl. den Beitrag von Müller), die weder eine "pädagogische" noch eine "therapeutische" "Leistung" darstellt.

Psychoanalytische Pädagogik hat in ihrer fachlichen Substanz und auf ihrem heutigen Diskussionsstand alle Voraussetzungen, um unter anderem auch im Kontext der Jugendhilfe Boden gut zu machen. Sie muß aber noch mehr als bisher bereit sein, die Nischen des "eigentlich" Therapeutischen zu verlassen und Kontextfragen als Sach- und Fachfragen zu integrieren. Der Themenschwerpunkt versucht, am Beispiel der Jugendhilfe Schritte auf diesem Weg zu zeigen.

Literatur

Becker, St. (1996): Setting, Rahmen, Therapeutisches Milieu in der psychoanalytischen Sozialarbeit. Psychosozial: Gießen

Bernfeld, S. (1921): Kinderheim Baumgarten In: Bernfeld, S.: Antiautoritäre Erziehung und Psychoanalyse, Bd.I. Ullstein: Frankfurt/M., 1974, 94- 215

Bittner, G., Ertle, Ch., Schmid, V. (1971): Verhaltensgestörte Kinder. Den Haag

Bittner, G., Ertle, Ch. (Hrsg.) (1985): Pädagogik und Psychoanalyse. Königshausen und Neumann: Würzburg

Büttner, Ch. (1995): Gruppenarbeit. Eine psychoanalytisch-pädagogische Einführung. Grünewald: Mainz

Büttner, Ch., Finger-Trescher, U. (Hrsg.) (1991): Psychoanalyse und schulische Konflikte. Grünewald: Mainz

Büttner, Ch., Trescher, H.G. (Hrsg.) (1987): Chancen der Gruppe. Grünewald: Mainz

Bundesregierung (Der Minister für Jugend, Frauen, Familien, Jugend und Gesundheit) (Hrsg.) (1990): Achter Jugendbericht. Bundestagsdrucksache: Bonn

Datler, W. (1994): Bilden und Heilen. Grünewald: Mainz

Datler, W., Figdor, H., Gstach, J. (Hrsg.) (1998): Die Wiederentdeckung der Freude am Kind. Psychoanalytisch-pädagogische Erziehungsberatung heute. Psychosozial: Giessen

Datler, W., Krebs, H., Müller, B. (Hrsg.) (1997): Themenschwerpunkt: Arbeit in heilpädagogischen Settings. In: Datler, W., Finger-Trescher, U., Büttner, Ch. (Hrsg.) (1997): Jahrbuch für Psychoanalytische Pädagogik 8. Psychosozial: Gießen

Figdor, H. (1991) : Kinder aus geschiedenen Ehen: Zwischen Trauma und Hoffnung. Grünewald: Mainz, 2. Aufl.

Figdor, H. (1997): Scheidungskinder – Wege der Hilfe. Psychosozial Verlag: Giessen

Finger-Trescher, U. (1993): Grundlagen der Arbeit mit Gruppen - Methodisches Arbeiten im Netzwerk der Gruppe. In: Muck, M., Trescher, H.G. (Hrsg.): Grundlagen der Psychoanalytischen Pädagogik. Grünewald: Mainz, 205-236

Freud, A. (1930): Vier Vorträge über Psychoanalyse für Lehrer und Eltern. In: Die Schriften der Anna Freud, Band 1. Kindler: München, 1990, 79-138

Freud, S. (1937): Die endliche und die unendliche Analyse. In: Sigmund Freud Studienausgabe, Ergänzungsband. Fischer: Frankfurt/M, 1975, 357-392

Gerspach, M. (1981): Kritische Heilpädagogik. Überlegungen zu einer Neuorientierung aus psychoanalytischer Sicht. Fachbuchhandlung für Psychologie: Frankfurt/M.

Gerspach, M. (1998) : Wohin mit den Störern? Kohlhammer: Stuttgart

Hörster, R., Müller, B. (Hrsg.) (1992): Jugend, Erziehung und Psychoanalyse. Luchterhand: Neuwied

Iben, G. (Hrsg.) (1988): Das Dialogische in der Heilpädagogik. Grünewald: Mainz

Kannicht, A. (1985): Selbstwerden des Jugendlichen. Königshausen und Neumann: Würzburg

Körner, J., Ludwig-Körner, Ch. (1997): Psychoanalytische Sozialpädagogik. Lambertus: Freiburg i.B.

Krebs, H., Eggert Schmid-Noerr, A., Messer, H., Freudenberger, H. (Hrsg.) (1996): Lebensphase Adoleszenz. Junge Frauen und Männer verstehen. Grünewald: Mainz

Müller, B. (1996): Jugendliche brauchen Erwachsene. In: Brenner, G., Hafeneger, B. (Hrsg.): Pädagogik mit Jugendlichen. Juventa: Weinheim u. München, 22-30

Pühl, H. (Hrsg.) (1991): Supervision und Psychoanalyse. Fischer: Frankfurt/M.

Reiser, H. und Trescher, H.-G. (Hrsg.) (1987): Wer braucht Erziehung? Grünewald: Mainz

Schellhorn, W., Wienand, M. (1991): Das Kinder- und Jugendhilfegesetz (KJHG). Kommentar. Luchterhand: Neuwied

Schröder, A. (1991): Jugendgruppe und Kulturwandel. Brandes u. Apsel: Heidelberg

Trescher, H.G. (1987): Selbstverständnis und Problembereiche der Psychoanalytischen Pädagogik. In: Reiser und Trescher 1987, 197-209

Trescher, H.-G. (1993): Handlungstheoretische Aspekte der Psychoanalytischen Pädagogik. In: Muck, M. und Trescher, H.-G. (Hrsg.): Grundlagen der Psychoanalytischen Pädagogik. Grünewald: Mainz, 167-204

Heinz Krebs und Burkhard Müller

Der psychoanalytisch-pädagogische Begriff des Settings und seine Rahmenbedingungen im Kontext der Jugendhilfe

1. Vorbemerkung

Der folgende Beitrag knüpft an den Themenschwerpunkt "Arbeit in heilpädagogischen Settings" im Jahrbuch für Psychoanalytische Pädagogik 8 an, für den seine ursprüngliche Fassung eigentlich gedacht war. Sie sollte diesem eher kasuistisch angelegten Schwerpunkt eine systematische Reflexion voranstellen, die zugleich einen Beitrag für eine handlungstheoretische Fundierung der Psychoanalytischen Pädagogik leistet. Die ersten Entwürfe zu diesem Vorhaben zeigten allerdings rasch, daß es sich um mehr handeln mußte als darum, einen Beitrag zur "Technik" heilpädagogischer Fallarbeit zu leisten. Zwar erwies sich die Annahme als richtig, daß dieser Bereich, im Vergleich zu den Begründungen von Heilpädagogik als pädagogisch-therapeutischem Prozeß und von Psychoanalytischer Pädagogik aus disziplinärer Perspektive bislang noch nicht ausreichend differenziert formuliert ist (vgl. Leber 1984; Gerspach 1989; Trescher 1993; Datler 1995). Es zeigte sich aber zugleich, daß damit grundsätzliche Fragestellungen zwischen Sozial- und Heilpädagogik und Psychoanalyse als Therapie aufgeworfen waren[1].

Zunächst stellt sich die Frage, was eigentlich hinsichtlich der Herstellung von Settings ein psychoanalytisch orientiertes sozial- und heilpädagogisches Handeln mit analytisch-therapeutischem Handeln gemeinsam habe und worin der Unterschied besteht. Zur Diskussion stehen hier Gemeinsamkeiten und Unterschiede zwischen den Arrangements einer pädagogischen "Optimalstrukturierung" (vgl. Trescher 1993, 185ff.) und dem Arrangement eines therapeutischen Settings z.B. des klassischen analytischen Settings der "Couch". Darüber hinaus stellt sich die Frage nach den Bedingungen, unter denen jene "Optimalstrukturierungen" im Kontext der Organisation von Einrichtungen und Maßnahmen - z.B. der Jugendhilfe -

[1] Aus der Sicht der Psychoanalytischen Pädagogik weisen Sozialarbeit, Sozial- und Heilpädagogik als Wissenschaftszweige sowie auf der Ebene ihrer Praxis weitgehende Übereinstimmungen auf. Sie sind in gesetzlichen Kontexten wie dem KJHG (Kinder- und Jugendhilfegesetz) bzw. BSHG (Bundessozialhilfegesetz) verankert, beschäftigen sich mit Problemen nicht gelingenden Alltags sowie Konflikten und Defiziten von Sozialisationsprozessen und bieten Unterstützungen, die einerseits Produkte einer sozialen Leistungsverwaltung sind und andererseits Hilfeformen als "förderliche Dialoge" (Leber 1988) umfassen (vgl. Gerspach 1989, 18ff; Leber 1984; Finger-Trescher 1998; Müller 1991, 1993).

geleistet werden sollen. Es soll daher hier das Verhältnis zwischen den Settings für das "Heilen und Bilden" (vgl. Datler 1995) von Personen und dem Herstellen und Verantworten sozialer Orte, an denen solche "optimalstrukturierten" Settings möglich sind, reflektiert werden. Damit steht das Verhältnis von Rahmenbedingungen und pädagogisch-psychoanalytischem Handeln zur Diskussion.

Man kann diese Unterscheidung am Beispiel der Jugendhilfe verdeutlichen. Sie ist einerseits Handeln an, Verhandeln mit, Heilen und Bilden von Personen; sie ist andererseits Verwaltungshandeln, Erbringen von Leistungen an "Berechtigte", Organisieren von Einrichtungen, Erstellen von "Hilfeplänen" nach §27ff, 36 des Kinder- und Jugendhilfegesetzes (KJHG), Unterbringen oder "in Obhut nehmen" (§42 KJHG) von Kindern und Jugendlichen, Erschließen von materiellen Ressourcen u.a.m. Sie ist in beiderlei Hinsicht, wie Winkler (1988) verallgemeinernd sagt, auf den Zusammenhang von "Subjekt" und "Ort" verwiesen. Sie hat je fallbezogen einerseits darauf eine Antwort zu geben, wie "Subjektivität als Eigenleistung des Subjekts her- und sichergestellt werden kann" (Winkler 1988, 255); und andererseits muß die Jugendhilfe dazu Stellung beziehen, "wie ein Ort beschaffen sein muß, damit ein Subjekt als Subjekt an ihm leben und sich entwickeln" (ebd., 278) kann.

Diese Fragen stellen Jugendhilfe immer vor zwei praktisch zu lösende Aufgaben:

- zum einen vor die Problemstellung, die real existierenden Einrichtungen der Jugendhilfe rechtlich, sachlich und fallbezogen auf angemessene Weise zu nutzen, um jene "Orte" überhaupt verfügbar zu machen;
- zum andern vor die Problemstellung, innerhalb vorhandener und faktisch genutzter Einrichtungen und Angebote Situationen zu erzeugen, die für ein spezifisches, lebensgeschichtlich belastetes Subjekt über Merkmale einer "Optimalstrukturierung" verfügen.

Praktisch gesehen heißt das: Es ist eine Aufgabe, ein qualifiziertes Angebot für die Fremdplazierung von Kindern oder für eine "flexible Betreuung" bereitzuhalten und im konkreten Fall verfügbar zu machen, und eine andere Aufgabe, innerhalb dieser Angebote nach Chancen für individuell hilfreiche Settings Ausschau zu halten; obwohl natürlich im praktischen Fall geglückter Arbeit beide Aufgaben ineinander fließen. Praktisch erfolgreich wäre unsere Argumentation dann, wenn sie Sozialarbeitern, Sozial- und Heilpädagogen helfen würde, die Rahmenbedingungen ihrer Handlungsfelder besser zu verstehen und dadurch ihre Tätigkeiten besser von therapeutischen Tätigkeiten unterscheiden zu können; und wenn sie andererseits diesen Berufsgruppen helfen würde, die Aufgabe der Herstellung fallspezifisch strukturierter Settings für ihre Arbeit präziser als üblich zu verstehen.

Auf zwei Schwierigkeiten des hier unternommenen Versuchs, "Rahmen" und "Setting" als Arbeitsbegriffe einer professionellen Jugendhilfe zu ent-

falten, sei vorweg verwiesen. Zum einen muß bei der Unterscheidung von Rahmen und Setting auf das alltagstheoretische Verständnis zurückgegriffen werden, wonach "Rahmen" auf das kontingente Bedingungsgefüge professioneller Intervention verweist, während "Setting" das gestaltete Arrangement der Intervention selbst bezeichnet. Dies legt das Mißverständnis nahe, als bezeichne "Rahmen" etwas der Intervention selbst äußerliches. Es ist aber zu zeigen, daß "Arbeit am Rahmen" bzw. "Wahren des Rahmens" ebenso wie die Gestaltung von Settings sowohl im pädagogischen wie im therapeutischen Handeln als etwas professionell zu Verantwortendes verstanden werden muß. Die zweite Schwierigkeit besteht im dem unvermeidlichen Umweg, die Begriffe Rahmen und Setting im folgenden zunächst in Anwendung auf therapeutisches Handeln zu diskutieren, weil sich nur so eine begriffliche Folie entwickeln läßt, auf der die Besonderheit der sozial- bzw. heilpädagogischen Aufgabe darstellbar ist.
Wir beginnen deshalb unsere Überlegungen im folgenden mit einer Klärung der alltagsweltlichen Voraussetzungen therapeutischer Intervention, die wir als Frage nach dem "Rahmen" thematisieren. Jene Voraussetzungen sind, zweitens, im Fall herkömmlicher analytischer Therapie anders als in Situationen, die sozial- und/oder heilpädagogisches Handeln erfordern. Wir fragen drittens nach den Gemeinsamkeiten und Unterschieden von analytisch-therapeutischen und pädagogischen Settings. Wir versuchen viertens, unterschiedliche Dimensionen von psychoanalytisch-pädagogischen Settings zu unterscheiden, um schließlich fünftens anhand eines Fallbeispiels auf das Verhältnis dieser Settings zum "Rahmen" der Jugendhilfe zurückzukommen.

2. Zum Begriff des Rahmens

Jede sozial- und heilpädagogische oder therapeutische Arbeit hat mundane, der fachlichen Reflexion vorgelagerte und von ihr nur sehr begrenzt beeinflußbare Rahmenbedingungen (z.B. die Bedingungen der Finanzierung einer Intervention, die Lage und Ausstattung einer Einrichtung etc. und andererseits die realen Lebensbedingungen und -Konflikte der Adressaten). Ein Merkmal pädagogischer gegenüber therapeutischen Interventionen könnte darin bestehen, daß die Rahmenbedingungen hier in stärkerem Maße das Interventionsfeld selbst prägen, so daß es noch problematischer wird, sie als für das pädagogische Geschehen vernachlässigbare Außenbedingungen zu behandeln.
Diese Vermutung geht von einem Kontinuum aus, dessen einer Pol diejenigen Interventionen bilden, bei denen die Außenbedingungen in der Regel nicht zum Kernbereich der "eigentlichen" Intervention gehören (ärztliche Behandlung z.B., die sich mit erkrankten Organen, aber nicht mit Lebensbedingungen und Lebensweisen ihrer Patienten befaßt). Den anderen Pol

bilden Interventionen, die unmittelbar auf die Änderung jener Außenbedingungen zielen (z.B. sozialarbeiterische Hilfe beim Umsetzen einer Wohnungsverbesserung oder bei der Entschuldung einer Familie). Psychotherapie steht dem ersten Pol insofern relativ nahe, als sie ihren Aktionsraum außerhalb der alltäglichen Lebensverhältnisse ihrer Adressaten hat, auch nicht direkt auf deren Änderung zielt. Andererseits "agieren" die Klienten ihr Erleben jener Verhältnisse auch im therapeutischen Raum. Auch Sozial- und heilpädagogische Interventionen, wie z.B. "Sozialpädagogische Familienhilfe" oder "Betreutes Wohnen für geistig und/oder psychisch Behinderte" stehen zwischen den Polen, sofern sie einerseits auf die "Bewältigung von Alltagsproblemen" (vgl. §31 KJHG) zielen und andererseits versuchen müssen, Orte für kommunikatives Handelns zu schaffen, in denen belastende Lebensbedingungen zumindest zeitweise neutralisiert sind und Chancen entstehen, die inneren Einstellungen dazu zu verändern. Dieses pädagogische Handeln muß sich aber auf jeden Fall in jene Lebensbedingungen selbst einmischen, selbst Teil einer "hinreichend fördernden Umwelt" (Winnicott) werden. Sowohl Therapie wie Sozialpädagogik sind demnach genötigt, den "Rahmen", die Umwelt ihrer Interventionen mit zu bedenken, wobei der Unterschied darin bestehen mag, daß Therapie eher auf das subjektive Erleben dieser Umwelt blickt (auf die Welt, in der ihre Klienten zu leben glauben), während Sozialpädagogik immer auch mit der Beeinflussung realer Lebensbedingungen befaßt ist.
Zur Konzeptualisierung der Wechselwirkung zwischen Rahmenbedingungen und pädagogischem bzw. therapeutischem Handeln (und zur Klärung der Frage, was Handeln des Analytikers und der Pädagogen gemeinsam haben) hat Körner (1992, 1996) auf das Goffman'sche Konzept des Rahmens einer Situation zurückgegriffen:

"Der Rahmen gibt Antwort auf die Frage 'Was ist hier eigentlich los?', er vermittelt ein Vor-Verständnis über die Regeln, die in der aktuellen Situation gelten, und über die Interpretationsmuster, die für das Verständnis etwa eines Zwiegesprächs angewendet werden sollen. In allen sozialen Situationen suchen und verwenden wir ein Verständnis von dem jetzt gültigen Rahmen. Wir meinen zum Beispiel 'Jetzt ist eine ernsthafte Auseinandersetzung' oder 'Jetzt tun wir nur so, als ob', oder 'Wir spielen nur' und verstehen das verbal und averbal Mitgeteilte in diesem Sinne. Der Rahmen bildet daher einen Kontext für unser Verständnis. Um ihn zu sichern und vielleicht auch fortzuentwickeln, weisen wir im Sprechen immerfort auf ihn hin" (Körner 1996, 801). "Rahmen" meint also nicht die objektiv umgebende Realität als solche, sondern verweist auf jeweilige subjektive Bedeutungen von Situationen, die je nach Rahmung unterschiedlich sein können.

Körner wendet diesen alltagstheoretischen Begriff auf den Spezialfall der "analytischen Situation" an, indem er diese bezeichnet als "eine soziale Beziehung, deren Konflikthaftigkeit sich am Rahmen der Situation entzündet" (Körner 1992, 76), d.h. an den unterschiedlichen Definitionen dieses Rahmens, welche die Beteiligten einbringen[2]. Das Besondere dieser Beziehung gegenüber "normalen" Alltagsbeziehungen besteht darin, daß jene Konflikthaftigkeit vom Analytiker nicht als sozialer oder Interessenkonflikt definiert wird, sondern verstanden wird als "ausgelöst von unerfüllten, teilweise unbewußten Übertragungsphantasien (des Patienten; d.V.), die an den Rahmen der psychoanalytischen Situation stoßen" (ebd., 74). Die therapeutische Beziehung folgt aus dieser Sicht der Regel: "Jeder Patient hat das Recht, den Rahmen auf seine Weise (um)gestalten zu wollen, aber jeder Analytiker hat die Pflicht, den Rahmen zu wahren" (ebd., 74). Genau in dieser Verteilung von Rechten und Pflichten, in dieser nichthierarchischen Asymmetrie besteht der Unterschied zur alltäglichen Kommunikation. Der therapeutische Prozeß wird hier, ähnlich wie der Sozialisationsprozeß, auf den er sich bezieht, als eine "triadische" Struktur konzipiert: als Prozeß zwischen Subjekt (Kind bzw. Patient) und seinen Objekten (Eltern bzw. Therapeut), der durch einen dritten Faktor vermittelt wird, nämlich stattfindet "in Anwesenheit eines gesellschaftlich gegebenen 'Rahmens', der zwar einerseits in den Subjekten 'aufgehoben', repräsentiert ist, sich andererseits aber auch äußerlich zu ihnen verhält" (ebd.,76)[3]. Der Rahmen wird von uns als ein Grenzbegriff gesehen. Dieser "markiert eine Grenze und liegt auf der Grenze. Einerseits ist das Setzen des Rahmens und seine Nutzung für den psychoanalytischen Prozeß eine zentrale Aufgabe des Analytikers; andererseits verknüpft der Rahmen den Prozeß, der zwischen Analysand und Analytiker abläuft, mit der sozialen Umwelt. Durch den Rahmen, der - wie jede Grenze - abgrenzt und verbindet, hat der psychoanalytische Prozeß ... einen sozialen Ort. Umgekehrt markiert der Rahmen den Ort, an dem im Sozialen das 'Ungewisse, Mysteriöse, Zweifelhafte', d. h. das Unbewußte sich zeigen und zur Sprache gebracht werden kann" (Wellendorf 1995, 254)[4].

---

[2] Unterstellt wird demnach: Selbst dort, wo die Beteiligten aufgrund einer gemeinsamen Absprache in die analytische Situation eintreten (z.B.: "Wir machen jetzt analytische Therapie."), selbst dort entzünden sich notwendigerweise Konflikte an den bewußten oder unbewußten Auffassungen dieser Absprache. In sozial- und heilpädagogischen Situationen ist, wie im folgenden noch deutlicher wird, die Konflikthaftigkeit insofern gesteigert, als Absprachen über gemeinsame Deutungen des Rahmens (z.B.: "Wir sind uns einig, worum es hier geht.") in diesen Feldern eher als Zwischenergebnis denn als Voraussetzung der Arbeit betrachtet werden müssen (vgl. Müller 1991, 95ff).

[3] Diese Beschreibung des therapeutischen Rahmens gilt mit einigen Abänderungen selbstverständlich auch für psychoanalytisch-pädagogische Rahmenkonstruktionen.

[4] In der Neufassung seiner Überlegungen scheint uns Körners Hinweis wichtig, daß der Rahmen i.S. des Goffmann'schen Rahmens vom Alltagshandeln nicht nur Regeln von Sprache und Handlung vordefiniert, sondern auch "welche Phantasien bewußt werden dürfen und welche nicht" (Körner 1992, 76). Körner spitzt zu: "Der Rahmen schafft Unbewußtheit im Dienste stabil definierter Situationen und umgekehrt: Die Abwehr stabilisiert den Rahmen" (Körner 1996, 802). Damit weist er für den Spezialfall der "analytischen Situation" auf das Paradox hin: Daß diese nämlich ein "Rahmen" sein

Als Grenzbegriffe sind Rahmen bzw. Rahmen-Verhandlungen mit der Setzung einer metakommunikativen Struktur verbunden. Bateson, auf den sich Goffmann in seiner Rahmenanalyse häufig bezieht, definiert Rahmen daher wie folgt: "Jede Mitteilung, die explizit und implizit einen Rahmen definiert, gibt dem Empfänger ipso facto Anweisungen ..., die Mitteilungen innerhalb des Rahmens zu verstehen ... Auch die Umkehrung ... gilt. Jede metakommunikative ... Mitteilung definiert explizit oder implizit die Menge von Mitteilungen, über die sie kommuniziert, d.h. jede metakommunikative Mitteilung ist ein psychologischer Rahmen oder definiert einen solchen" (1955, 255; vgl. dazu die Falldarstellung im 5. Kapitel). Mit dem Begriff des Rahmens wird daher auch eine Unterscheidung zwischen dem Erkenntnisprozeß und dem Erkenntnisgegenstand der analytischen Situation eingeführt. Körner und Ludwig-Körner (1997) legen dar, daß psychoanalytisches Arbeiten zwischen zwei Ebenen pendelt: "Einerseits erlebt er (der Analytiker; Anm.d.V.) die gemeinsame Beziehung und gestaltet sie mit seinem Patienten fort, andererseits löst er sich aus dieser Unmittelbarkeit und betrachtet sich und seine Patienten und die gemeinsame Beziehung wie von einem ... 'exzentrischen' Standpunkt aus" (ebd., 60). Dieser exzentrische Standpunkt wird von den Autoren mit der Funktion des Rahmens identifiziert. Die Stellung des Rahmens im psychoanalytischen Prozeß wird der notwendigen logischen Differenzierung gerecht, daß die psychoanalytische Beziehung zwischen Klient und Analytiker, sprich das Verhältnis von Übertragung und Gegenübertragung, nicht Form und Inhalt des psychoanalytischen Verfahrens zugleich sein kann (vgl. Fischer 1993, 122ff).

Der Rahmen wird aber auch in das unmittelbare Geschehen des analytischen Austauschprozesses hineingezogen, obwohl er überwiegend einer anderen Abstraktionsebene angehört, die nicht Teil der Unmmittelbarkeit der analytischen Beziehung ist. Der Rahmen muß in dieser Funktion als "exzentrischer" Standpunkt immer wieder neu erarbeitet werden, damit es zu keiner Vermischung der Seins- bzw. Reflexionsebenen kommt. Goffmann (1974) hat selbst, wenn auch nur am Rande, diese paradoxe Stellung des Rahmens im Hinblick auf therapeutische Situationen herausgearbeitet. Er nennt diese Funktion die "Erzeugung negativer Erfahrung" und kennzeichnet damit Interaktions- und Reflexionsvorgänge, die sich durch das bestimmen, was sie nicht sind. Dies erlaubt im therapeutischen bzw. psychoanalytischen Kontext, daß die Unterscheidung zwischen "sozialem Ereignis und innerem Vorgang" (ebd., 409 ff) herausgearbeitet werden kann. Der Rahmen ist doppelt verankert: Er ist einerseits Teil einer inneren "Schicht, in der sich ein dramatisches Geschehen abspielen kann". Er ist andererseits "die äußere Schicht, gewissermaßen der Rand des Rahmens,

---

soll, der Phantasien gerade nicht zensiert, keine "Unbewußtheit" schafft, sondern das Gegenteil, den "freien Einfall" begünstigt.

der uns sagt, welchen Status das ganze eigentlich in der äußeren Welt hat" (ebd., 96). Mit anderen Worten:

"Der Rahmen einer Situation ist das Ergebnis menschlicher Dialoge; er ist niemals ganz stabil, sondern wird immer aufs neue ausgehandelt ... Daraus ergibt sich eine eigentümliche Dialektik: Einerseits bestimmt der Rahmen, wie das Sprechen und Handeln innerhalb einer Situation verstanden werden soll, andererseits definieren wir mit unserem Sprechen den Rahmen immer wieder neu. ... Dieser Prozeß ist nicht abschließbar" (Körner und Ludwig-Körner 1997, 145).

Körner und Ludwig-Körner (1997) nähern den Begriff des Rahmens als "Gegenstand der gemeinsamen Arbeit" mit den Klienten eng an den Begriff des Arbeitsbündnisses an. Das Arbeitsbündnis ist ein Teil des Rahmens und damit Teil einer reflexiven Struktur, die es erlaubt die Ziele der gemeinsamen Arbeit immer wieder zu überprüfen. "Ein stabiles Arbeitsbündnis ist ... daran zu erkennen, daß ... Regeln und die Regelmäßigkeit selbst als das (eher; Anm.d.V.) Konstante im Fluß der gemeinsamen Arbeit erkannt und akzeptiert werden" (ebd., 100). Ein wirksames Arbeitsbündnis wird frei ausgehandelt. Dieser Begriff des Arbeitsbündnisses grenzt sich von der "klassischen" Interpretation ab, die ein "tragfähiges Arbeitsbündnis" (Deserno) zur entscheidenden Voraussetzung der gesamten analytischen Arbeit macht und das Bündnis als Fähigkeit des Patienten interpretiert, "den Anweisungen und Einsichten des Analytikers zu folgen" (Greenson 1965, 204; vgl. Deserno 1990, 101ff). In dieser Interpretation wird das Arbeitsbündnis verdinglicht und nicht als ein "ständig neu herzustellendes interpersonelles Verhältnis begriffen" (Fischer 1993, 127). Insofern wäre es "anti-therapeutisch (bzw. anti-pädagogisch; Anm.d.V.), ... das Bündnis als voll entwickeltes Beziehungsmodell einzufordern. ... Ein optimaler Bündnispartner im analytischen Dialog ist der Analysand nicht am Anfang, sondern am Ende der analytischen Erfahrung, obgleich er von Anfang an als solcher antizipiert werden muß. ... Erst allmählich erweitert sich das Fundament der analytischen Kooperation um das Resultat der vorausgehenden Veränderungsarbeit. Dabei ist für das psychoanalytische Arbeits- und Dialogverhältnis seine immer erneute reflexive Selbstanwendung charakteristisch" (Fischer 1993, 136; vgl. Müller 1991, 103ff).
Das Arbeitsbündnis hat daher "eine doppelte Bedeutung: Zum einen arbeiten zwei gleichberechtigte Partner zusammen, zum anderen geht die Zusammenarbeit von verschiedenen Positionen aus" (Derserno 1990, 152), die auf einer reflexiven Verstehensebene miteinander vermittelt werden. Die analytische Zusammenarbeit ist jedoch ebenfalls in alltagsweltliche Bezüge eingebettet. Das Arbeitsbündnis ist insofern Ausdruck dafür, daß Analytiker und Patient bzw. Pädagoge und Klient auch dann an der gemeinsamen Arbeit festhalten wollen, wenn diese beschwerlich ist und sogar aussichtslos erscheint. Es vergegenständlicht sich in den konkreten

Verabredungen über die gemeinsame Arbeit, wie z.B. Ort, Sitzungsdauer, Frequenz, Ziele usw., also in den Momenten, die wir als Modalitäten des Settings bezeichnen (vgl. Körner und Ludwig-Körner 1997, 97ff). Wir kommen später noch einmal auf diesen Punkt zurück.
Mit diesem Konzept ist nun allerdings die eingangs gestellte Frage nach dem Verhältnis zwischen dem sozial- und heilpädagogischen Handeln und seinen es durchdringenden Voraussetzungen noch nicht geklärt. Es geht, jedenfalls im pädagogischen Arbeitszusammenhang, erstens um die alltagsweltlichen Voraussetzungen der pädagogischen Situation; zweitens um diese selbst; drittens um das Setting als eines förderlichen Arrangements im Kontext von Tätigkeiten der Betreuung, Versorgung, Plazierung etc., die z.B. zum Komplex "Hilfen zur Erziehung" der Jugendhilfe gehören; und schließlich viertens um das Setting im Kontext anderer Instanzen, insbesondere sanktionierender, mit Strafgewalt ausgestatteter Instanzen, bei straffälligen Jugendlichcn ctwa die Jugendgerichtsbarkeit und ihre "Maßnahmen" oder der Strafvollzug (vgl. auch Körner und Ludwig-Körner 1997). Diese jeweiligen Kontexte sind nicht einfach Außenbedingung, Umwelt, sondern determinieren die pädagogischen Situationen und die arrangierbaren Settings selbst.
Der Begriff des Rahmens bezieht sich für die hier verhandelten Gegenstände auf die alltagsweltlichen Voraussetzungen und die umfassenderen Kontexte, in welche das methodische Gestalten von Arbeitsbündnissen und Settings in der Jugendhilfe eingelassen sind, meint aber immer zugleich die subjektiven Bedeutungen, die von jenen Voraussetzungen her das jeweilige "Was ist hier eigentlich los?" definieren. Je nach der Ebene, auf die sich das "methodische Gestalten" bezieht, ist der "Rahmen" anders definiert. Dazu gehören neben den lebensweltlichen und lebensgeschichtlichen Bedingungen, die ein Klient jeweils mitbringt, auch die jeweilige "Jugendhilfemaßnahme" und ihre konkreten Bedingungen. Das kann für die "Hilfen zur Erziehung" heißen, daß jeweils andere Aspekte rahmungsrelevant sein können, bestimmt z.B. durch die Arten, wie ein Vermieter einer "betreuten" Wohnung oder ein Arbeitgeber oder ein Jugendstaatsanwalt auf das "Agieren" eines Jugendlichen reagiert. In jedem Fall haben diese Außenfaktoren, soweit sie die subjektiven "Rahmungen" der jeweiligen Arbeitsbeziehungen prägen, einen Doppelcharakter: Sie sind einerseits Gelegenheitstrukturen, an die sich jeweilige Arbeitsbündnisse gleichsam anlagern können, z.B. wenn eine Jugendhilfeeinrichtung über eine attraktive Ausstattung verfügt oder wenn eine Einrichtung für die pädagogische Arbeit mit jugendlichen Straftätern in den einschlägigen Jugendszenen einen guten Ruf hat. Sie sind andererseits Realitäten bzw. Realitätswahrnehmungen, an denen sich Konflikte, Ärger, Wut etc. kristallisieren, die in die heil- und sozialpädagogische Arbeit hineinwirken.
Jugendhilfe als Rahmen sozial- und heilpädagogischer Interventionen zu verstehen, impliziert den Anspruch, die subjektiven, möglicherweise kon-

troversen oder unklaren Bedeutungen zu verstehen, die die jeweiligen konkreten Bedingungen und Außenfaktoren der Jugendhilfe für jene Interventionen haben. Uns kommt es aber vor allem darauf an, diese Voraussetzungen und Kontexte von sozial- und heilpädagogischer Praxis als das Entwicklen von tragfähigen Arbeitsbündnissen und geeigneten Settings darzulegen und zu unterscheiden, gerade weil beides so eng zusammenhängt. Das Verstehen fremder Lebenspraxis, die Antizipation eines gelingenderen Alltags der Klienten und dessen nichtmanipulierende Unterstützung werden möglich, wenn die Transformation der unmittelbaren Teilhabe an der erzieherischen Interaktion in eine reflexive/selbstreflexive Wahrnehmungshaltung gelingt (vgl. Loch 1974). Gleichwohl bleibt jene Transformation, die durch die jeweiligen Arbeitsbündnisse und Settings ermöglicht werden soll, an die "unmittelbare Teilhabe" gebunden.
Die folgenden Überlegungen schließen sich an die These an, daß bei sozial- und heilpädagogischer Arbeit mit dem Bestand der Institutionen die faktischen Bedingungen für mögliche Arbeitsbündnisse vorgegeben sind. Als Mitglieder der Institutionen und als Teil der alltagsweltlichen Lebensbedingungen der Kinder gehören auch die sozial und pädagogisch Tätigen zu diesem Bestand. Es ist in diesem Zusammenhang über weite Strecken ihre Aufgabe, konkrete Settings und darauf bezogene Arbeitsbündnisse zu ermöglichen, durch welche die institutionell gleichsam vorformulierten Chancen als individuell ausgehandelte Arbeitsbündnisse zur Geltung gebracht werden können (vgl. Trescher 1993, 184f).

3. Zum Begriff der analytischen Situation im Verhältnis zum Begriff des Settings. Differenz zur pädagogischen Situation

Nimmt man, wie wir es vorschlagen, den Begriff des Rahmens in der ursprünglichen Bedeutung Goffmans, so paßt er, angewandt auf Psychoanalyse, eigentlich am besten auf Freuds Begriff der "analytischen Situation", sofern diese die alltagsweltlichen Voraussetzungen der analytischen Kur benennt. Natürlich kann man, üblichem Sprachgebrauch folgend, "analytische Situation" und "setting" weitgehend gleichsetzen. Man kann auch, wie das als erster Otto Rank (1926) vorgeschlagen hat, den therapeutischen Prozeß im ganzen als "analytische Situation" bezeichnen (vgl. Stone 1961). Freuds Definition in "Die endliche und die unendliche Analyse" setzt allerdings einen anderen Akzent, auf den wir uns hier beziehen:

"Die analytische Situation besteht bekanntlich darin, daß wir uns mit dem Ich der Objektperson verbünden, um unbeherrschte Anteile ihres Es zu unterwerfen, also sie in die Synthese des Ichs einzubeziehen" (Freud 1937, 375). Und: "Das Ich, mit dem wir einen solchen Pakt schließen können, muß ein normales Ich sein"; wobei er betont, daß diese vorausgesetze "Normalität" zwar immer nur eine relative sein könne, gleichwohl aber die Möglichkeit, an sie anzuknüpfen für erfolgreiche analytische Arbeit unabdingbar sei.

Dieser Begriff der "analytischen Situation" sollte nicht, wie es nach Freuds Rede vom "Pakt" mißverstanden werden könnte, mit dem Konzept des "Arbeitsbündnisses" selbst gleichgesetzt werden. Dieses hebt darauf ab, daß der Prozeß der analytischen Arbeit gleichsam immer auf zwei Ebenen verläuft, der Ebene der Übertragungs- und Gegenübertragungsprozesse und der Ebene des Bündnisses zwischen dem Heilung versprechenden Analytiker und dem Patienten, der geheilt werden will. So eng verwandt die Begriffe "analytische Situation" und "Arbeitsbündnis" auch sind, so ist doch klar, daß Freud mit "analytischer Situation" nach jener Definition nicht den Arbeitsprozeß der Analyse selbst, sondern dessen Rahmenbedingungen bzw. Voraussetzungen in den Blick nimmt. Natürlich meint auch Freud mit "analytischer Situation" das Arbeitsfeld des Analytikers, das Setting, das Arbeitsbündnis; aber es ist nicht zufällig, daß er mit dem Begriff "analytische Situation" dieses Feld hinsichtlich seiner Voraussetzungen (und damit hinsichtlich der Grenzen seiner Möglichkeiten) thematisiert[5]. Diese müssen so sein, daß mit den gesund gebliebenen Anteilen des Patienten ein Vertrag geschlossen werden kann, was z.B. "beim Psychotiker regelmäßig mißlingt" (ebd.). Diesen Vertrag konzipiert Freud offenbar ganz ähnlich, wie Goffman (1973) die Struktur der Expertendienstleistung beschreibt (vgl. Müller 1991, 43ff.). Auch sie ist vom Idealfall einer triadischen, einer Dreiecksbeziehung zwischen zwei gleichberechtigten Partnern (Experte und Klient) her gedacht, die sich freiwillig zusammentun, um in verteilten Rollen (aber gemeinsamer Anstrengung) eine "dritte Sache", die dem Klienten gehört, wieder funktionsfähig und dienstbar zu machen bzw. unter Kontrolle zu bringen. Bei Freuds Modell nehmen diese dritte Stelle die "unbeherrschten Anteile des Es" ein. Der Begriff der "analytischen Situation" - als "Pakt" zwischen zwei grundsätzlich zu selbstverantwortlichem Handeln fähigen Menschen -, die sich zusammentun, um etwas von dem einen (Patienten) allein nicht Beherrschbares unter Kontrolle zu bringen, verweist somit gerade auf die Alltagsbedingungen, die gegeben sein müssen, damit das Dreiecksmodell funktionieren kann: Nämlich die Bedingungen einer einigermaßen autonomen erwachsenen Lebensführung des Patienten, welche diesen in die Lage versetzen, ein von seiner krankheitsbedingten Abhängigkeit unterscheidbares eigenes Leben zu führen; und welches ihn/sie zugleich in die Lage versetzt, gerade aufgrund dieser relativen Autonomie zu einem mit dem Arzt gemeinsamen Realitätsbezug in Gestalt jenes "Paktes" zu finden.

---

[5] Vgl. auch Freuds Formulierung im Vorwort zu Aichhorns "Verwahrloste Jugend": "Die Möglichkeit der analytischen Beeinflussung ruht ganz auf bestimmten Voraussetzungen, die man als 'analytische Situation' zusammenfassen kann" (Freud in Aichhorn 1925, 8).

Das psychoanalytische Setting wiederum setzt die "analytische Situation" in diesem Sinne als Verweis auf die Rahmenbedingung voraus. Dies gilt zwar gerade und besonders unter dem Aspekt, daß die konkreten Vorkehrungen des Settings das Gegenteil dessen zu bedeuten scheinen, was der therapeutische Sinn des analytischen Procedere ist. So ist z.B. das klassische Setting des auf der Couch liegenden Patienten offenkundig als regressionsförderndes Arrangement konzipiert. Der Anschein ist, als liefere sich mit diesem Arrangement der hilflose Patient dem mächtigen Therapeuten zur Neugestaltung seines Lebens aus. Aber gerade dieses Setting der Couch kann nur funktionieren, wenn und weil es sich idealtypischerweise auf die von Freud beschriebene Bündnispartnerschaft mit dem "normalen" Ich des Patienten verlassen kann (vgl. Deserno 1990, 103ff). D.h. Therapeut wie Patient müssen sich das Regredierenlassen leisten können. Wo dies nicht mehr der Fall ist, hat die Couch als Setting ihren Sinn verloren.

Der Punkt, um den es uns hier geht, läßt sich von einer Bemerkung Bettelheims her erläutern, die dieser im Zusammenhang allgemeiner Überlegungen zum Potential der Psychoanalyse macht. Bettelheim meint, "daß die Psychotherapie, wie sie von Freud entwickelt und von seinen Anhängern praktiziert worden ist, im Grunde in nichts anderem besteht als in der Schaffung einer sozialen Situation, die einen starken Einfluß ausüben kann" (Bettelheim 1989, 28). Dies aber, so sagt Bettelheim weiter, bedeute gerade nicht, daß die Psychoanalyse den "Punkt des Archimedes, außerhalb der Welt sozialer Phänomene" (ebd.) gefunden habe; es bedeute, im Gegenteil, daß jene "starken" Wirkungen notwendig zugleich begrenzte Wirkungen seien. "Sich in einer psychoanalytischen Situation befinden, bedeutet, seine gewöhnliche Umwelt gegen eine spezielle andere Umwelt eingetauscht zu haben. Bei der Beobachtung des Menschen in dieser ganz bestimmten Umwelt kann man daher nur solche Entdeckungen machen, die dieser speziellen Umwelt entsprechen" (ebd.). Die Pointe von Bettelheims Argumentation ist dabei gerade, zu zeigen - und dies ganz im Sinne Freuds -, die Psychoanalyse setze voraus, daß ihre Klienten in der Lage sind, die in jener "speziellen Umwelt" gemachten "Entdeckungen" so zu gebrauchen, daß dies zu einer besseren, weniger von Desintegration bedrohbaren Art der Lebensführung beiträgt (vgl. ebd. 31ff.); Psychoanalyse könne aber jene Voraussetzungen nicht schaffen und eben deshalb sei sie als Gegenmacht zu humanitätsbedrohenden Lebensbedingungen nur begrenzt hilfreich.

Bezogen auf das "Couch-Setting" bedeutet dies: Seine "starken Wirkungen" sind von grundsätzlich anderer Art als etwa die starken Wirkungen der von Freud verworfenen Hypnose, die eher dem Versuch gleicht, jenen "archimedischen Punkt" zu finden. Die "Stärke" des analytischen Settings setzt Personen in Situationen voraus, für die und in denen solche "Stärke" verkraftbar und produktiv verwendbar ist. Da in pädagogischen Situatio-

nen genau diese Voraussetzungen in der Regel nicht gemacht werden können, "muß man etwas anderes machen als Analyse, was dann in der Absicht wieder mit ihr zusammentrifft" (Freud in Aichhorn 1925, 8). Das ganze Problem der psychoanalytischen Pädagogik steckt in diesem harmlos klingenden Sätzchen. Was aber heißt "etwas anderes machen" und wie kann dies "in der Absicht" mit der Analyse wiederum "zusammentreffen"?
Versucht man analog zu Freuds Redeweise von "analytischer Situation" den Situationsbegriff auf die Jugendhilfe und die in ihrem Kontext mögliche sozial- und heilpädagogische Arbeit anzuwenden, so muß klargestellt werden, daß im Falle ihrer Klienten jene beschriebenen Voraussetzungen der "analytischen Situation" in der Regel eben nicht als einfach vorauszusetzende, alltagsweltliche Rahmenbedingungen unterstellt werden können. Als Ausgangspunkt der Zusammenarbeit kann jener "Pakt" zunächst ebenfalls nicht vorausgesetzt werden. Und dies nicht nur wegen der eingeschränkten bzw. fehlenden Selbstverantwortungsfähigkeit der Erwachsenen bzw. noch nicht erwachsenen Klienten, sondern auch wegen der durch belastende Lebenssituationen entstandenen objektiven physischen oder psychischen Abhängigkeiten.
Jene Rahmenbedingungen müssen deshalb zumindest teilweise allererst, insbesondere wenn es um Kinder und Jugendliche geht, pädagogisch bzw. als Jugendhilfeleistung hergestellt werden, um so etwas wie eine zielgerichtete pädagogische Arbeit überhaupt zu ermöglichen: etwa in Gestalt einer "Hilfeplanung" gemeinsam mit Eltern und Kind zum Zwecke einer Heimunterbringung, die zunächst Nahrung und physische Integrität garantiert, zugleich aber auch neue Abhängigkeiten schafft; oder in Gestalt eines Wohnarrangements im Rahmen einer "flexiblen Betreuung"; oder in Gestalt einer "Beschulung", eines Freizeitangebotes oder anderer Gelegenheitsstrukturen für pädagogisches Handeln. Ein sozial- und heilpädagogischer "Pakt" kann dann auf dieser Grundlage entstehen und ist insofern nicht Voraussetzung, sondern Folge der Arbeit. Jene Bedingungen sind allerdings erfolgreichem pädagogischem Handeln keineswegs immer förderlich. Sie können auch eine systematische Erschwernis für dieses Handeln bedeuten, z.B. wenn zum Problemfeld die Aufgabe gehört, gescheiterte, inadäquate Versuche des Helfens anderer aufzuarbeiten bzw. zu kompensieren. Für das Bewußtsein von Klienten kann sich dann der Rahmen der Situation als Unterwerfungs- statt als Hilfeversuch darstellen. Und sosehr dies eine Mißdeutung sozialpädagogischer Absichten sein mag, so sehr kann es durch reale Erfahrung gedeckt sein und entspricht auch objektiv dem sozialpädagogischen "Doppelmandat" von Kontrolle und Hilfe.
In jedem Fall ist die Existenz solcher hergestellter Rahmenbedingungen und darauf fußende Interpretationen des "Rahmens der Situation" immer die Voraussetzung für pädagogisches Handeln, auch wenn, wie die Beispiele zeigen, daß der Grad variiert, in dem jene hergestellten Bedingungen in das Leben der Adressaten kompensierend eingreifen. Eine "niedrig-

schwellige" und "flexible" Betreuung z.B. tut dies in geringerem Maße als eine Fremdunterbringung, fern von gewohnten Alltagsbezügen.

Ausgangspunkt für sozial- und heilpädagogisches Handeln, im Unterschied zu den von Freud unterstellten Voraussetzungen der "analytischen Situation", ist demnach:

- erstens die Existenz eines sozialarbeiterisch/sozialpädagogisch hergestellten Leistungsgefüges, das objektiv, wie in der subjektiven Wahrnehmung der Beteiligten Voraussetzung und manchmal auch Hindernis dafür ist, daß konkrete pädagogische Arbeitsbündnisse zustande kommen können;
- und zweitens die Tatsache, das die sozialarbeiterisch sowie pädagogisch Handelnden immer auch in Person Teil dieser Bedingungen und der darauf fußenden Interpretationen des Rahmens sind.

Sie werden deshalb nicht nur kraft subjektiver Verzerrung von ihren Klienten (die das "Recht" haben, "Realität" umzugestalten) als Teil des Rahmens der Situation wahrgenommen. Die Wahrnehmungweisen von Klienten, welche aus Sozialarbeitern/Sozialpädagogen (wie auch aus anderen Betreuungspersonen, von denen sie abhängig sind) phantasierte Quellen des eigenen Unglücks oder Glücks machen, sind keine bloßen Übertragungsphantasien, sondern haben auch Realitätsgehalt. D.h., die Vermischung von rahmensetzender Realität und pädagogischem Angebot ist nicht nur Folge neurotischer Projektion, sondern zumindest partiell auch Realität.

"Analytische Situation" und "sozial- und heilpädagogische Situation", in diesem Sinn verwendet, beschreiben beide Möglichkeitsbedingungen für Arbeitsbündnisse mit zwei wichtigen Unterschieden:

- erstens, daß die analytische Situation diese Bedingungen im Regelfall für die analytische Arbeit vorausetzt, während sie in der pädagogischen Situation immer auch als pädagogisch hergestellte und neu herzustellende bzw. zu verbessernde in den Blick kommen;
- zweitens, daß diese Herstellung im letzteren Fall in zwei zu unterscheidenden Dimensionen verläuft: zum einen als Herstellung der sozial- und heilpädagogischen Rahmenbedingungen (wie z.B. Einfädclung und Aushandlung einer "Hilfe zur Erziehung" mit Eltern, Kindern, Kostenträgern, ggf. Plazierung in einer Einrichtung, Versorgung etc.); zum andern als Herstellung besonderer und in einem gegebenen Fall entwicklungsförderlicher Rahmenbedingungen, die wir unter dem Setting-Begriff subsumieren. Darunter verstehen wir hier ganz allgemein alle Arrangements, die darauf zielen, mit Erwachsenen, Kindern, und Jugendlichen Arbeitsbündnisse zustandezubringen und die "Förderung von Selbstaufklärung" (Datler 1994, 127) zu begünstigen. Das "etwas Anderes machen" (s.o.) hinsichtlich des Settings heißt also u.a.: Setting ist nicht, jedenfalls nicht nur, das vorweg getroffene Arrangement, sondern ist eine Dimension des sozial- und heilpädagogischen Arbeitspro-

zesses selbst, die Gestaltung seiner raum-zeitlichen Aspekte. Und dieses prozeßhaft hergestellte Setting ist immer zugleich der Versuch, den sozialen und institutionellen Bedingungen, in die es eingelagert ist, eine "bessere" Entwicklungschance für einen Klienten abzuringen.

Man könnte auch sagen: Die Aufgabe bestehe zunächst einmal darin, eine Umwelt zu schaffen, die wenigstens einigermaßen "good enough" (Winnicott) ist. Sie ist nötig, weil und wenn z. B. bei Kindern die Umwelt von sich aus nicht hinreichend förderlich ist, sondern der Kompensation bedarf. Auch eine solche kompensierende Umwelt aber ist nicht identisch mit einem spezifischen, für ein solches Kind (und mit einem solchen Kind) ausgehandeltem Setting; und sie ist nicht dasselbe, wie ein darauf bezogenes Arbeitsbündnis. Jene Umwelt ist vielmehr deren Voraussetzung, obwohl es natürlich sein kann, daß dieses Kind erst dann in der Lage ist, seine weitere Umwelt als einigermaßen "good enough" wahrzunehmen, wenn es ein unterstützendes Setting und Entwicklungsbündnis akzeptieren kann und diese eine gewisse Stabilität erlangt haben.

Im folgenden geht es zunächst weiter um die Frage, wie einigermaßen förderlich gemachte Bedingungen in spezifische Settings umgesetzt werden können. Unter pädagogischen Settings sollen hier vorerst ganz allgemein alle Arrangements verstanden werden, die darauf zielen, individuelle Arbeitsbündnisse für sozialarbeiterische, sozial - und heilpädagogische Prozesse in der Jugendhilfe zu entwickeln.

4. Dimensionen psychoanalytisch-pädagogischer Settings

An jedem Anfang pädagogischer Arbeit sind zunächst die Pädagogen die verantwortlichen Träger der durch den Bestand einer Institution vorformulierten möglichen Arbeitsbündnisse (vgl. Trescher 1993, 184). Daher besteht die *erste Dimension* des Settings, das förderliche Bündnisse konstituieren soll, darin, daß die Pädagogen ein bestimmtes Arrangement auswählen bzw. vorschlagen, in der Annahme, es sei ein geeignetes Medium, in dem sie und ihre Klienten in hilfreicher Weise miteinander arbeiten können. Was für die klassische Analyse das Couch-Setting ist, kann für die Sozial- und Heilpädagogik beispielsweise soziale Gruppenarbeit, intensive sozialpädagogische Einzelbetreuung, heilpädagogisches Reiten oder pädagogische Hausfrühförderung genannt werden, die im Rahmen einer Heimerziehung oder einer ambulanten Jugendhilfemaßnahme angeboten werden; oder begleitende Gesprächsangebote, auch im Kontext einer Hilfeplanung (§ 36 KJHG), im Hinblick darauf, an die Stelle einer Heimunterbringung ein "betreutes Wohnen" treten zu lassen. Setting wäre so der Kernbegriff eines arrangierenden, raumorientierten pädagogischen Handelns, das allerdings immer schon einen Rahmen pädagogischen Handelns und Besorgens voraussetzt. Die aktive Zustimmung des Klienten zu ersterem wird

zum wesentlichen Bestandteil des Arbeitsbündnisses, das zu Persönlichkeitsveränderungen auf Seiten des Klienten führen soll.
Die *zweite Dimension* des Settings bezieht sich darauf, daß dieses im Verlauf der Arbeit nicht unverändert bleiben kann und soll. Die Klienten sind an der Gestaltung und Veränderung des Settings beteiligt; und es ist ein wichtiger Punkt, inwiefern das jeweilig gegebene Setting dies zuläßt. Anders als in der klassischen Analyse, wo sich, wie gezeigt, das Setting aus den Bedingungen und Intentionen der "analytischen Situation" gleichsam ableiten und insofern auch zum Gegenstand einer klaren Absprache über die Verfahrensregeln einer Expertendienstleistung machen läßt, ist das Setting des Sozialarbeiters/Sozial- und Heilpädagogen (und seine Akzeptanz beim Klienten) nicht einfach nur setzbar, sondern muß mit dem Klienten immer auch ein Stück weit ver- und erhandelt werden. Heinemann beschreibt z.B. das Arrangement mit einer heilpädagogischen Schulklasse, die wegen eines integrationsschwierigen Kindes ihren Unterricht eine Zeit lang auf den Flur verlegt; Rauchfleisch gibt viele Fallbeispiele für solche Aushandlungsprozesse mit dissozialen Einzelklienten (Heinemann 1992; Rauchfleisch 1992). Die notwendige Flexibilität des Settings setzt beim Pädagogen aber die Bereitschaft voraus, sich den Bedürfnissen der Klienten zu öffnen und Veränderungen bei sich zuzulassen. Der "Kampf um das Setting" (s.o.) ist damit aber immer zugleich ein Kampf um die Alltagsbedingungen, d.h. des Rahmens der sozialarbeiterischen/pädagogischen Situation, um ihre Bedeutung und ihre Veränderbarkeit, wobei auch hier die von Körner (1992) formulierte Regel gilt, daß KlientInnen das Recht haben, diesen "Rahmen", der das konkrete Setting einschließt (vgl. Körner und Ludwig-Körner 1997, 74 ff) in Frage zu stellen, und Pädagogen bzw. Therapeutinnen die Pflicht, diesen "Rahmen" im Sinne des Realitätsprinzips zu wahren. Diese haben aber zugleich die Pflicht, die Infragestellung dieses "Rahmens" nicht einfach abzuwehren, sondern eine persönliche "Antwort" auf die Herausforderung zu finden (vgl. Körner 1992, 75). Dies bedeutet zugleich immer auch, sich einerseits ein Stück weit auf das Anrennen gegen die Umweltbedingungen einzulassen, durch die das jeweilige Setting bedingt und begrenzt ist, und andererseits die Grenzen der "Verstrickung" innerhalb des Rahmens (vgl. ebd., 73) verläßlich einzuhalten. Die Klienten sind somit an der Steuerung des Settings und seiner tatsächlichen Ausgestaltung wesentlich beteiligt, damit "förderliche Dialoge" (Leber) möglich werden. Sofern ihre Vorstellungen über diese Ausgestaltung mit denen der Pädagogen nicht deckungsgleich sein können, heißt Ausgestaltung von Settings immer zugleich "Kampf um das Setting", Aushandeln von Kompromissen, die dann zum Fundament für allmählich tragfähig werdende Arbeitsbündnisse werden können. Damit ist aber zugleich die Frage eröffnet, in welcher Weise der Pädagoge selbst die Möglichkeit hat bzw. auch nützen soll, auf die Veränderung der Settingbedingungen zu gegebener Zeit hinzuarbeiten. Das würde bedeuten, daß es eine wichtige

Aufgabe der Pädagogen ist, im Hinblick auf die erforderliche Flexibilität der Settings die je fallabhängigen Grenzen der Verstrickung bzw. der Art und Weise, wie er sich vom Klienten "verwenden" läßt (vgl. Körner 1996, 791 ff.; Trescher 1993, 182f.), kritisch/selbstkritisch zu überprüfen. Der Begriff des Settings in diesem zweiten Sinne rückt sehr eng an den Begriff des Arbeitsbündnisses heran, sofern hier das prozeßhafte Moment besonders betont wird. Setting wird hier nicht als relativ feste (aber flexibel zu handhabende) Form der Intervention betrachtet, sondern als eine individuelle, gemeinsam mit dem Klienten immer wieder neu zu erfindendene Form. Stephan Becker (1996, 14) schreibt dazu:

"Der Prozeß der Findung und Erfindung des Settings und deren Individualisierung entlang der Entwicklung der bei uns um Hilfe Nachsuchenden ist entscheidendes Merkmal dessen, was psychoanalytische Sozialarbeit von der traditionellen sozialpädaogischen Einzelfallhilfe ... unterscheidet."

Die *dritte Dimension* von Settings betrifft den Gesichtspunkt, daß Pädagogen und Klienten als das "Gesetzte" verstanden werden, sie also als von den Rahmenbedingungen ihrer Beziehungen prinzipiell Abhängige zu begreifen sind. Ihr Handeln wäre damit abhängig von dem das Setting umfassenden "sozialen Ort" (Bernfeld 1929), worunter die historische und soziale Prägung eines seelischen Vorganges, die subjektiven Korrelate lebensweltlicher Zusammenhänge verstanden werden. Das Handeln von Pädagogen und Klienten wäre dann als jeweilige Reaktion auf ihr Gesetztwerden zu verstehen, auf das sie nur begrenzt steuernden Einfluß ausüben können. Dies betrifft sowohl die Alltagsrealität, aus der die Kinder und Jugendlichen herkommen, in der sie weiterhin leben und in der sie sich spätestens als Erwachsene eigenständig behaupten müssen, als auch die institutionell gesetzten pädagogischen Rahmenbedingungen z.B. der Heimerziehung. Zur Grundlage eines Entwicklungsbündnisses könnte Setting in diesem eigendynamischen Sinn unter der Voraussetzung werden, daß es der pädagogischen Seite sowie der Klientenseite gelingt, inmitten dieses "Gesetztwerdens" förderliche Handlungsspielräume zu finden, aber auch Grenzen der Beeinflußbarkeit des Settings zu erkennen. Herstellen eines Settings heißt in dieser Hinsicht gemeinsam mit den Klienten pädagogische Orte zu gestalten, die eine reale, wenn auch nur punktuelle Änderung ihres sozialen Ortes ermöglichen. Auch in dieser Hinsicht ist Setting nicht als feste Struktur, sondern als Prozeß, als Interaktions- oder sogar Kampfgeschehen zu konzipieren.
Die unterschiedlichen Ebenen und Aspekte der "triadischen Struktur" von Rahmen und Setting sind wesentliche Momente der "Optimalstrukturierung" (Trescher) sozialarbeiterischer/sozialpädagogischer Institutionen. In Anlehnung an Winnicott (1971) kann die Bereitstellung von Formen dieser Optimalstrukturierung als ein "potentieller Raum" gesehen

werden, der an der Schnittstelle von Innen und Außen steht und von diesem Autor als "Wurzel der Symbolbildung" charakterisiert wird. Setting, Arbeitsbündnis und die Beziehungen von Übertragung und Gegenübertragung können dann als unterschiedliche Dimensionen dieses Raumes gefaßt werden: Setting als jeweils geeignetes bzw. ausgehandeltes örtlich/zeitliches Arrangement, Arbeitsbündnis als der sich in solchen Arrangements allmählich festigende reflexive/selbstreflexive "Pakt" zur Nutzung dieses Arrangements und phantasierte bzw. agierte Übertragungs- und Gegenübertragungsreaktionen als Füllung und Nutzung dieses Raumes im Kampf um seine Grenzen. Körner, der hier den (nicht ganz so glücklichen) Begriff "utopischer Raum" (vgl. 1992, 76f.) gebraucht, sieht diese Grenzen "dadurch gegeben, daß die Verwirklichung der Beziehungsphantasien mit dem Analytiker (bzw. Sozialarbeiter/Pädagogen; Anm.d.V.) ausgehandelt werden muß" (ebd., 77). Dieses Aushandeln macht einerseits die Integration von Erfahrungsgehalten möglich, die bisher sozial und individuell als dysfunktional gewertet wurden. Andererseits unterliegen bewußte wie unbewußte Wünsche und Lebensziele im Kontext herrschender Verhältnisse "notwendigerweise" der Verneinung und Verwerfung. Dieses Pendeln zwischen Negation und Affirmation gleicht dem "Aushandeln eines neuen Rahmens" (Körner), der für die Kritik und punktuelle Überwindung sozial und institutionell gesetzter Einschränkungen von Erziehungs- und Bildungsprozessen steht[6]. Diese Sichtweisen heben besonders auf eine pädagogische Arbeit im Sinne eines "Neubeginns" (vgl. Thomä 1985) als Beiträge zur konstruktiven Erschaffung einer auch subjektiv vom Klienten erlebbaren "fördernden Umwelt" (Winnicott) ab. Im Hinblick auf die Klienten der Sozial- und Heilpädagogik, für die das Leiden an Formen basal ver- und behinderter Subjektivität infolge von Traumatisierungen durch soziale Benachteiligung und/oder geistigen bzw. körperlichen Defiziten zentral ist, sichern diese Erfahrungsmodalitäten "psychisches Überleben", insofern Rahmen und Setting Selbst- und Objektkonstanz potentiell repräsentieren.

5. Eine Fallgeschichte: Zum Verhältnis der Arbeit an den Rahmenbedingungen der Jugendhilfe und Herstellung von Settings

Die bisherigen Überlegungen haben einerseits gezeigt, daß sozialarbeiterische/pädagogische Settings nicht einfach verordnet und installiert werden können, sondern immer erst in einem "Kampf um das Setting" ihre Akzeptanz und damit ihre entwicklungsfördernde Bedeutung erhalten können.

[6] Körner sieht dabei Unterschiede, allerdings nur graduelle, zwischen analytisch/therapeutischem und pädagogischem Handeln in der Art, wie sich der Analytiker bzw. der Pädagoge in diesem Prozeß als Objekt "verwenden" läßt und wo die Grenzen für diese Verwendungen zu setzen sind.

Zum anderen wurde gesagt, daß ein solcher "Kampf um das Setting" immer zugleich einen Kampf um die Möglichkeiten und Grenzen der Veränderbarkeit von Umwelt - gerade auch der pädagogisch gestalteten Umwelt - bedeutet und damit die Herausforderung, zuerst an die Pädagogen und dann auch an die Klienten, einen "gelingenderen Alltag" (Thiersch) zustande zu bringen. Für die Jugendhilfe ist das - vor der Arbeit im Einzelfall - die Herausforderung, sich selbst an "Strukturmaximen", wie sie z.B. der 8. Jugendbericht der Bundesregierung (1990, 85 ff.) formuliert hat, auszurichten: Prävention, Dezentralisierung, Alltagsorientierung in den institutionellen Settings, Zugänglichkeit, Situationsbezogenheit, Normalisierung, Partizipation. Für die praktische Umsetzung solcher "Strukturmaximen" genügt es nicht, sie als Arbeitsaufgaben für konkrete Settings anzumahnen. Sie müssen auch als Infra- oder Gelegenheitsstrukturen vorbereitet sein, damit im Einzelfall "optimalstrukturierte" Settings überhaupt eine Chance haben, zustande zu kommen. Jedenfalls für sozialarbeiterisches/sozialpädagogisches Handeln im oben definierten Sinn kann aber die Herstellung solcher Infrastruktur nicht aus dem eigenen Verantwortungsbereich ausgeklammert und als Verantwortung "der Verwaltung", "der Politik" etc. zugeschrieben werden, so sehr auch die fachliche Verantwortung von jenen Ebenen begrenzt und beengt sein mag. Wie dies sich zueinander verhält, kann hier nicht diskutiert werden (vgl. Müller 1996).
Wohl aber muß noch die Frage beanwortet werden, wie sich die (Mit-)Verantwortung für die Herstellung solch äußerer Rahmenbedingungen einer "fördernden Umwelt" einerseits von der Verantwortung für die spezifischen Momente pädagogischer Arbeit am Setting bzw. an Arbeitsbündnissen andererseits unterscheiden und wie sie aufeinander einwirken. Diese schwierige Frage kann sicherlich in einem solchen Artikel nicht erschöpfend beanwortet werden. Annäherungsweise soll dieser Komplex über eine Klärung des Schnittbereichs von Rahmen und Setting am Beispiel einer Hilfeplanung in Zusammenarbeit mit dem "Allgemeinen Sozialen Dienst (ASD)" eines Jugendamtes erläutert werden, bei der einer der Autoren beteiligt war[7]:

Familie R. wendet sich auf Anraten des Kindergartens an eine Beratungsstelle für Eltern, Kinder und Jugendliche (§ 16, 28 KJHG), weil ihr fast 6-jähriger Manuel undeutlich spricht und aggressiv ist. Wenn Manuel sich nicht ändert, ist seine Einschulung gefährdet. Die Eltern sind mißtrauisch gegenüber der Beratung eingestellt. Sie glauben, diese würde alles nur noch schlimmer machen.
Frau und Herr R. sind portugiesische Arbeitsmigranten und leben seit fünfzehn Jahren in der BRD. Der körperlich gesunde Manuel hat einen zwei Jahre älteren, geistig behinderten Bruder. Herr R. glaubt, daß sein Sohn durch Fehler

[7] Die Falldarstellung konzentriert sich auf die Hilfeplanung. Details der Vorgeschichte der Familie werden nur erwähnt, insofern sie für diesen Zusammenhang von Bedeutung sind.

der deutschen Ärzte geschädigt wurde, was nach Aussage des Hausarztes[8] nicht zutreffend ist. Die Ursache für die Behinderung ist unklar. Die Eltern geben sich gegenseitig mehr oder weniger offen die Schuld an den "Erkrankungen" der Kinder. Zu Hause ist es mit ihnen chaotisch.
Aufgrund der von mir (H.K.) durchgeführten psychosozialen Diagnostik[9] stellt sich heraus, daß bei Manuel eine Entwicklungsverzögerung vorliegt. Er spricht schlecht deutsch, hat nur ein geringes Regelverständnis, vor allen Dingen im sozialen Bereich, und kann Frustrationen und Einschränkungen seines Willens nur schwer hinnehmen. Beim Malen, Basteln und Ausschneiden ist er ungeschickt. Seine visumotorische Koordination und körperliche Geschicklichkeit entspricht nicht dem Stand seiner Altersgruppe.
Im Gespräch äußern die Eltern immer wieder die Vermutung, daß ihr Junge im Kindergarten benachteiligt werde, weil sie Ausländer seien und einen behinderten Jungen haben. Das Klima zwischen Kindergarten und Eltern ist mittlerweile ziemlich vergiftet. Die Leiterin des Kindergartens wirft Herrn R. vor, den Sohn zu aggressivem Auftreten anzustacheln. Trotz dieser wechselseitigen Schuldzuweisungen machen sich die Eltern zugleich ernsthaft Sorgen und fürchten, daß ihr Sohn die erste Klasse nicht schaffen wird. Tatsächlich ist auch schon die Vorklasse im Gespräch gewesen, dic Familie R. als Vorstufe einer Sonderschuleinweisung ansieht.
Trotz dieser Schwierigkeiten und unterschiedlichen Sichtweisen komme ich mit Familie R. überein, daß etwas für ihren Sohn getan werden sollte. Herr R. wendet sich aufgrund meiner Empfehlung an den ASD, der ihm wegen der Leistungen für den behinderten Sohn schon bekannt ist. Der Sozialarbeiter leitet aufgrund der gemeinsamen ausführlichen Abklärungen ein Hilfeplanverfahren (§ 36 KJHG) für eine heilpädagogische Hilfe als "Hilfe zur Erziehung" (§ 27.3 KJHG) ein. Am Hilfeplanverfahren sind die Eltern und ihr Sohn, der Sozialarbeiter und ich als Erziehungsberater beteiligt. Zu diesem Zweck finden zwei Gespräche statt; beim zweiten ist der Sohn anwesend.
Obwohl Familie R. sich freiwillig an den ASD des Jugendamtes wendet und eine "Hilfe zur Erziehung" für ihren Sohn beantragt, werden durch die Hinzuziehung des ASD - als Teil einer Behörde - der Ärger und die Ängste von Familie R. noch einmal sehr deutlich. Besonders Herr R. - seine Frau ist zurückhaltender - bringt mich sowie den Sozialarbeiter in Verlegenheit, indem er betont, daß er alles menschenmögliche für seinen Jüngsten tun würde, um ihn vor Schaden zu bewahren. Der Kollege und ich glauben uns gegen den unterschwelligen Vorwurf zur Wehr setzen zu müssen, daß wir Manuel mit unseren Vorschlägen schaden würden und stellen uns gegenseitig einen guten Leumund aus. Gleichzeitig sind Herr und Frau R. fast überzogen freundlich und betonen ihre Zufriedenheit mit unserem Engagement, währenddessen Einrichtungen wie z.B. der Kindergarten ihren Sohn schädigten. Wegen der massiven Vowürfe - auch wenn sie uns oberflächlich gesehen nicht direkt betreffen - droht das Gespräch ins Negative abzugleiten.

---

[8] Für alle Gespräche im sozialen Umfeld der Familie lagen jeweils Schweigepflichtsentbindungen vor.

[9] Eine psychosoziale Diagnostik beinhaltet die Herausarbeitung der wesentlichen Konflikte der Klienten auf dem Hintergrund sozialer Zusammenhänge und psychodynamischer Konfliktsituationen. Ihre Ergebnisse fließen in einen Aushandlungsprozeß mit den Klienten ein, an dessen Ende im günstigen Fall ein konsensuell hergestelltes Ergebnis und gegebenenfalls ein Hilfsangebot steht.

Da wir der Familie für ihren Sohn aber einen erfahrenen Pädagogen - mit viel Erfahrung mit entwicklungsverzögerten Kindern, auch ausländischer Abstammung - anbieten können, haben wir real etwas in der Hand, um den o.g. Verdächtigungen entgegen treten zu können. Wir sind uns sicher, der Familie etwas "Gutes" anzubieten. Gleichzeitig thematisieren wir jedoch auch die Ängste der Eltern, daß auch ihr "gesunder" Sohn "krank und behindert" sein könnte oder als solcher gesehen wird. Wir werten die Bemühungen der Familie auf und stellen die Berechtigung ihrer Befürchtungen nicht infrage. Wir relativieren diese allerdings, indem wir betonen, daß Manuel die Einzelfallhilfe bekommen soll, nicht weil er "behindert" ist, sondern damit er seine "gesunden" Anteile entwickeln kann. Die Widersprüche können soweit einvernehmlich geklärt werden, daß eine heilpädagogische Hilfe mit begleitender Elternberatung installiert werden kann. Nachdem Herr und Frau R. sich zur Durchführung der Hilfe entschlossen haben, sieht auch Manuel, der ebenfalls davor Angst hat und das Hilfsangebot als eine Form von Strafe erlebt, diesem Unternehmen etwas gelassener entgegen. Die Hilfe dauert zwei Jahre und kann relativ erfolgreich beendet werden.

Obwohl Familie R. mehr oder weniger aufgrund des Druckes des Kindergartens sowie der anstehenden Einschulung in die Beratung kommt, wünscht sie doch Unterstützung und vor allen Dingen Entlastung. Diese zwiespältige Motivation macht die Herstellung eines Arbeitsbündnisses zu einem eher schwierigen Unterfangen. Die offiziellen Arbeitsaufträge der Professionellen, nämlich der Familie und dem Sohn bei den Erziehungsschwierigkeiten bzw. Entwicklungsproblemen zu helfen, werden von ihr infrage gestellt und sogar in ihr Gegenteil verkehrt. Den Helfern werden Schädigungsabsichten unterstellt. Die Eltern parallelisieren das Schicksal ihres ältesten Sohnes mit dem des jüngeren, befürchten, daß dessen Schwierigkeiten "Ausdruck einer Behinderung" sind, was sachlich nicht zutrifft. Sie wehren diese Befürchtungen projektiv ab, um sich von ihren Schuldgefühlen, ihrer Ohnmacht, Kränkung und Verzweiflung zu entlasten. Die Furcht vor der Ausgrenzung wird sicherlich noch durch ihren Status als Migranten verstärkt.
Diese Konflikte verschärfen sich durch die Einleitung des Hilfeplanverfahrens. Die Beratung wird dadurch Teil eines staatlichen Verwaltungsaktes, der Konnotationen auslöst, die besonders die Schuld- und Legitimationsproblematik von Familie R. berühren, was sich dann auch in den Beratungs-Szenen im Amt niederschlägt. Die Eltern müssen sich versichern, da*ß* sie an den realen und phantasierten Behinderungen ihrer Kinder keine Schuld haben. Eher das Gegenteil ist aus ihrer Sicht der Fall: Die unmittelbar professionell Beteiligten, die auch als Stellvertreter der anderen Institutionen wie den Kindergärten, Schulen und der Ärzteschaft fungieren, schulden ihnen für Leid und Kränkungen eine Wiedergutmachung.
Der Verlauf des Hilfeplanverfahrens läßt sich auf der Ebene von Rahmen und Setting analysieren. Das Hilfeplanverfahren (vgl. Müller 1993, 61ff) ist ein gesetzlicher Kontext der staatlichen Leistungsverwaltung in der Ju-

gendhilfe, der die Mitwirkungsrechte der Personensorgeberechtigten bei der Installierung von Hilfen zur Erziehung festlegt und die Fachkräfte zur Zusammenarbeit mit den Eltern verpflichtet bzw. die Kooperation der Fachkräfte vorschreibt. Das Gesetz sieht vier Elemente der Fallarbeit vor: Festellung des erzieherischen Bedarfs, Feststellung der Art der zu gewährenden Hilfe sowie die damit zu erbringenden Leistungen und die regelmäßige Überprüfung der Notwendigkeit und Angemessenheit der gewährten Hilfe. Das Hilfeplanverfahren gibt einen Rahmen für die konkrete Fallarbeit vor, dessen Schritte eingehalten werden müssen, der jedoch inhaltlich nicht festgelegt ist, sondern durch die Spezifizität des jeweiligen Falles gefüllt wird. Die inhaltliche Ausgestaltung der Verfahrensregeln des Hilfeplanes ist eine fachliche Aufgabe. Sein Rahmen gibt Raum für eine dialogische Ausgestaltung, und es kann die Frage gestellt werden: "Was geht hier eigentlich vor?" (Goffman 1974, 16, s.o.); d.h. es kann gefragt werden, welche objektiven Sachverhalte und subjektiven Bedeutungen in der Situation zu verhandeln sind.

Auf dem Hintergrund dieser Rahmenkonstruktion wird Familie R. im Verlauf der Hilfe-Planung ein Beratungs-Setting angeboten. Dieses dient der Vorbereitung der Einzelfallhilfe für Manuel, die seine Chancen der Teilhabe am gesellschaftlichen Prozeß gewährleisten soll. Raumzeitlich gesehen besteht das Setting aus zwei Beratungsterminen (jeweils eineinhalb Stunden) im Jugendamt, die in die Beratungssequenz vor der Hilfeplanung in der Beratungsstelle und in nachfolgende Beratungen bei dem Kollegen vom ASD, ohne mein Beisein, eingebunden sind. Im Verlauf der Ausgestaltung dieses Settings wird an einem gemeinsam zu definierenden Arbeitsbündnis gearbeitet, das den o.g Bedingungen des Rahmens der Hilfeplanung entsprechen soll. Die Entwicklung des Arbeitsbündnisses im Sinne der Herstellung und Sicherung eines pädagogischen Paktes erlaubt es den Eltern und ihrem Kind sowie den Beratern, die lebensweltlichen Sichtweisen und subjekthaft ausgestalteten Beziehungsphantasien der Familie zu thematisieren und zu reflektieren, die in zweierlei Weise wirksam sind: Einerseits gewährleisten sie die Mitarbeit von Familie R. bei der Durchführung der Erziehungshilfe, andererseits wirken sie sich als Widerstand aus. Dieser ist jedoch nicht nur "negativ" zu sehen, sondern enthält wichtige "szenische Informationen" im Hinblick auf die zentralen familiären Konflikte. Außerdem ist er als Ausdruck des Klientenwillens und Klientenrechtes zu respektieren, selbst - und sei es in hilfloser Weise - eine Lösung der eigenen Probleme zu suchen und die Letztentscheidung über die angemessene Art der Hilfe in der Hand zu behalten.

Die Arbeit am Rahmen und Setting gibt aber auch mir und dem Kollegen genügend Sicherheit, um die bewußten/unbewußten Zuweisungen und Zumutungen der Familie, d.h. die Umwertungen des Rahmens in etwas Schädigendes verstehen, verarbeiten und thematisieren zu können. Wir können ihre berechtigten Sorgen und Zweifel teilen und Vertrauen wecken, da wir ihnen durch die Beratung und durch die geplante heilpädagogischen Hilfe real eine Kompensation sowie ein Verarbeitungsangebot für die kumulierten Traumata anbieten. Eine Arbeitsvereinbarung im Sinne eines Arbeitsbündnisses wird so möglich. Die Familie "erlaubt" es uns daher auch im Verlauf der Hilfe-Planung ein Stück bittere Realität zurechtzurükken, indem wir die erhebliche geistige und körperliche Behinderung des älteren Sohnes als Folge eines schweren Schicksals aufzeigen, für das es letztlich keine Erklärung und keinen Schuldigen gibt. Die Behinderung ihres Ältesten kann von den Eltern dann auch klarer gesehen werden, nämlich als etwas, was nicht reversibel ist.

6. Zusammenfassung

Die sozial- und heilpädagogische "Arbeit am Rahmen" sowie der "Kampf um das Setting" berühren schwerpunktmäßig das Wechselspiel von innerer und äußerer Realität. "Arbeit am Rahmen" heißt im Fallbeispiel Hilfeplanung. Diese aber ist, wie gezeigt, weit mehr als der korrekte Vollzug eines Verwaltungaktes, der die materielle Seite der Hilfe sichert. Sie ist auch verständnisvolles Aushalten des *Mißtrauens*, welches sich an solche Verwaltungsakte und überhaupt an Institutionen wie Kindergarten, Erziehungsberatung, Schule heftet. Es ist Abarbeiten der berechtigten Gründe für solches Mißtrauen - denn anders als im Beispielfall kann das Mißtrauen sehr berechtigt sein - und ebenso geduldiges Aufklären der unberechtigten Gründe. Erst auf der Grundlage dieser Arbeit am Rahmen, im Beispielfall auf der Grundlage der Vereinbarung eines Hilfeplanes kann über Settings nachgedacht werden; wobei dies nicht als zeitliche, sondern als sachliche Reihenfolge verstanden werden muß. Schon das Verhandeln über den Hilfeplan z.B. kann als Setting besser oder schlechter strukturiert sein, und umgekehrt ist, wenn die Grundlage für entwicklungsfördernde Settings im Hilfeplan vereinbart ist, das Aushandeln des Rahmens noch nicht abgeschlossen. Es geht also um zwei Seiten eines praktisch nicht trennbaren Geschehens, auch wenn phasenweise die eine oder die andere im Vordergrund stehen mag.
Im Setting als Teil des Rahmens wird der Fokus auf die Wahrnehmung der Reinszenierung traumatischer Erlebnisse und die korrektive Nachreifung (vgl. Finger-Trescher 1987) gelegt. Im Hinblick auf die oben (vgl. Kapitel 4) genannte erste und zweite Dimension des Settings ist es "ein Container nicht nur für Unbewußtes, im Sinne von verdrängtem Bewußten, sondern auch für Unbewußtes, im Sinne von noch nicht und noch nie Bewußtem" (Becker 1995, 5). Es gibt basalen Halt und sichert Kohärenz, Differenz, Nähe und Distanz. Dies ist gerade auch bei traumatisierten Menschen, bei denen das Außen vom Innen nur schwach abgegrenzt ist, und das Setting im Zusammenhang mit Prozessen der projektiven Identifikation Züge des

Inneren annimmt (vgl. ebd.), eine relevante psychoanalytisch-pädagogische Aufgabe.
Die o.g. dritte Dimension des Settings zielt dagegen wesentlich und zuerst auf Bedingungen der äußeren Realität (und dies vornehmlich am sozialen Ort relativer Chancenlosigkeit) und deckt sich insofern mit jener "Arbeit am Rahmen". Die erfahrbare Veränderung dieser Chancenlosigkeit ist hier die Voraussetzung dafür, daß das Wechselspiel mit den Veränderungen von Ich-Leistungen und Anpassungsformen ingang kommt. D.h., Interventionen sozialer Arbeit haben im Regelfall erst dann veränderte Selbstwahrnehmungen der Klienten zur Folge, wenn es gelingt, daß Angebote ein Stück weit schon als Teil einer veränderten Realität wahrgenommen und emotional "besetzt" werden können. Der Schaffung sozialer bzw. pädagogischer Orte, die es lohnenswert erscheinen lassen, sich um soziale Partizipationschancen zu bemühen, sind jedoch enge Grenzen gesetzt. Nicht nur weil sich typische sozial- und heilpädagogische Situationen durch eine Eskalation der Spannung zwischen gesellschaftlichen Erwartungen und professionellen Handlungsmöglichkeiten, die zugleich die Eigensinnigkeit der Lebensentwürfe der Klienten respektieren sollen, auszeichnen (vgl. Müller 1997), sondern auch, weil in den Bereichen sozialer Arbeit ein abgegrenztes und stabiles Setting oft nicht zur Voraussetzung der Arbeit gemacht werden kann und dieses erst in einem mühsamen Aushandlungsprozeß mit den Klienten hergestellt werden muß.
Bei diesen Aushandlungsprozessen um entwicklungsfördernde Settings gibt es jedoch auch Differenzbestimmungen, die sich in Unterschieden zwischen einem heilpädagogischen bzw. einem sozialpädagogischen Kampf um das Setting zeigen. Diese unterschiedlich akzentuierten Setting-Formen weisen jeweils andere Konflikte auf, die sich an der Grenze des "Sich-Verwenden-Lassens" zeigen. Die Last dieses "Sich-Verwenden-Lassens", beispielsweise beim Umgang mit marginalisierten Jugendlichen in einem Jugendhaus oder einem Steetwork-Projekt, resultiert weniger aus inneren als aus äußeren Konflikten. D.h. Sozialarbeiter und Pädagogen in diesen Praxisbereichen werden von den Jugendlichen stärker in Konflikte mit sanktionierenden Instanzen verstrickt als dies in der Regel etwa bei der Arbeit mit behinderten Jugendlichen in einem Heim der Fall ist. Aspekte staatlicher Sozialkontrolle gegenüber Hilfe und Selbstentfaltung stehen daher in diesen Praxisfeldern etwas mehr im Vordergrund als bei anderen Formen pädagogischer Arbeit (vgl. Müller 1993). Das heißt auch, daß es sozial Tätigen in diesen Feldern in geringerem Maße möglich ist, Settings zu kreieren, welche vom unmittelbaren Anpassungsdruck des sozialen Ortes wenigstens kurzzeitig entlastet werden.
Bei diesen Unterschiedsbestimmungen der Praxisbereiche, die traditionell mit sozial- bzw. heilpädagogischen Arbeitsweisen identifiziert werden, und den ihnen zuordnenbaren Akzenten bei der Arbeit am und mit dem Setting handelt es sich allerdings nur um graduelle Differenzen. Denn die

als spezifisch psychoanalytisch-pädagogisch ausgewiesene Arbeit an den Rahmenbedingungen entwicklungsfödernder Settings ist aus unserer Sicht für sozial- und heilpädagogische Arbeit letztlich unverzichtbar. Das Setting als Teil des Rahmens nimmt den "sozialen Ort" in die Klammer, ist auf den intersubjektiven Binnenraum der pädagogischen Beziehung ausgerichtet und soll als "relativer" Schonraum wirksam werden. In bestimmten Feldern sozialpädagogischer Arbeit gelingt dies oftmals weniger als in heilpädgogischen Institutionen. Trotzdem bilden diese Arbeitsformen eine Einheit. In sozialen Feldern Tätige können letztlich weder darauf verzichten, ihre Arbeit im Sinne einer "Einfädelungsarbeit" zu leisten, die Gelegenheitstrukturen allererst und immer neu herstellt; noch können sie davon entlastet sein, schwierige Verständigungsprozesse im Sinne eines "szenischen Verstehens" (Lorenzer 1970; Petrik 1992) zu bewältigen, weil nur innerhalb solcher Prozesse die Chancen für "Optimalstrukturierungen" (Trescher) bzw. für einen "gelingendcn Alltag" (Thiersch) aufscheinen können.

Literatur

Aichhorn, A. (1925): Verwahrloste Jugend. Die Psychoanalyse in der Fürsorgeerziehung. Mit einem Geleitwort von Sigmund Freud. Huber: Bern, 1951

Bateson, G. (1955): Eine Theorie des Spiels und der Phantasie. In: Bateson, G.: Ökologie des Geistes. Suhrkamp: Frankfurt/M, 1994, 241-261

Becker, S. (1995): Gedanken über das Besondere der psychoanalytischen Sozialarbeit. Unveröffentl. Manuskript

Becker, S. (1996): Einführung in das Tagungsthema: Grundsätze der psychoanalytischen Sozialarbeit. Rahmen, Setting und therapeutisches Milieu der psychoanalytischen Sozialarbeit. In: Becker, S. (Hrsg.): Setting, Rahmen, therapeutisches Milieu in der psychoanalytischen Sozialarbeit. Beiträge zur 2. Fachtagung des Vereins für Psychoanalytische Sozialarbeit Berlin und Brandenburg e.V. Psychosozial: Gießen, 7-21

Bernfeld, S. (1929): Der soziale Ort und seine Bedeutung für Neurose, Verwahrlosung und Pädagogik. In: Bernfeld, S.: Sämtliche Werke (hrsg. von U. Herrmann), Bd. 11: Sozialpädagogik. Beltz: Weinheim und Basel, 1996, 255-272

Bettelheim, B. (1960): Aufstand gegen die Masse. Fischer: Frankfurt/M, 1989

Bundesministerium für Jugend, Familie, Frauen und Gesundheit (1990): Achter Jugendbericht. Bericht über Bestrebungen und Leistungen der Jugendhilfe. Selbstverlag: Bonn

Bundesministerium für Familie, Senioren, Frauen und Jugend (1995): Kinder- und Jugendhilfegesetz (KJHG). Selbstverlag: Bonn, 7. Auflage

Datler, W. (1995): Bilden und Heilen. Auf dem Weg zu einer pädagogischen Theorie psychoanalytischer Praxis. Grünewald: Mainz

Deserno, H. (1990): Die Analyse und das Arbeitsbündnis. Kritik eines Konzeptes. Fischer: Frankfurt/M, überarbeitete Neuausgabe 1994

Finger-Trescher, U. (1987): Trauma, Wiederholungszwang und projektive Identifizierung. Was wirkt heilend in der Psychoanalytischen Pädagogik? In: Reiser, H. und Trescher, H.-G. (Hrsg.): Wer braucht Erziehung? Grünewald: Mainz, 1992, 130-145

Finger-Trescher, U. (1998): Psychoanalytische Sozialarbeit. In: Otto, H.-U. und Thiersch, H. (Hrsg.): Handbuch zur Sozialpädagogik/Sozialarbeit. Luchterhand: Neuwied (in Druck)

Fischer, G. (1993): Arbeit und Liebe - zu Phänomenologie und Dialektik des psychoanalytischen Arbeitsbündnisses. In: Tress, W. und Nagel, St. (Hrsg.): Psychoanalyse und Philosophie: eine Begegnung. Asanger: Heidelberg, 119-139

Freud, S. (1937): Die endliche und die unendliche Analyse. In: Sigmund Freud Studienausgabe, Ergänzungsband. Fischer: Frankfurt/M, 1975, 357-392

Gerspach, M.(1989): Heilpädagogik. 14 Vorlesungen. Jugend und Politik Verlag: Frankfurt/M

Goffmann, E. (1974): Rahmenanalyse. Ein Versuch über die Organisation von Alltagserfahrungen. Suhrkamp: Frankfurt/M, 1977

Greenson, R.R. (1967): Technik und Praxis der Psychoanalyse, Bd. 1. Klett: Stuttgart, 1975

Heinemann, E. (1992): Psychoanalyse und Pädagogik im Unterricht der Sonderschule. In: Heinemann, E. u.a.1992, 13-38

Heinemann, E., Rauchfleisch, U., Grüttner, T. (Hrsg.) (1992): Gewalttätige Kinder. Psychoanalyse in Schule, Heim und Therapie. Fischer: Frankfurt/M.

Körner, J. (1992): Auf dem Weg zu einer Psychoanalytischen Pädagogik. In: Trescher, H.-G. u.a. 1992, 66-84

Körner, J. (1996): Zum Verhältnis pädagogischen und therapeutischen Handelns. In: Combe, A. und Helsper, W. (Hrsg.): Pädagogische Professionalität. Untersuchungen zum Typus pädagogischen Handelns. Suhrkamp: Frankfurt/M, 780-809

Körner, J. und Ludwig-Körner, Ch. (1997): Psychoanalytische Sozialpädagogik. Eine Einführung in vier Fallgeschichten. Lambertus: Freiburg

Leber, A. (1984): Heilpädagogik. In: Eyferth, H., Otto, H.-U. und Thiersch, H. (Hrsg.): Handbuch zur Sozialarbeit/Sozialpädagogik. Luchterhand: Neuwied, 475-486

Leber, A. (1988): Zur Begründung des fördernden Dialogs in der Heilpädagogik. In: Iben., G. (Hrsg.): Das Dialogische in der Heilpädagogik. Grünewald: Mainz, 41-61

Loch, W. (1974): Der Analytiker als Gesetzgeber und Lehrer. In: Psyche 28, 431-460

Lorenzer, A. (1970): Sprachzerstörung und Rekonstruktion. Suhrkamp: Frankfurt/M.

Müller, B. (1991): Die Last der großen Hoffnungen. Juventa: Weinheim, München, völlig überarbeitete Neuausgabe

Müller, B. (1993): Arbeit am Rahmen. Ein Beitrag zur sozialpädagogischen Praxisberatung. In. Müller, B. (1995): Außensicht - Innensicht. Beiträge zu einer analytischen Sozialpädagogik. Lambertus: Freiburg, 143-158

Müller, B. (1993): Sozialpädagogisches Können. Ein Lehrbuch für die multiperspektivische Fallarbeit. Lambertus: Freiburg, 1994 (2. Auflage)

Müller, B. (1996): Qualitätsprodukt Jugendhilfe. Lambertus: Freiburg

Müller, B. (1997): Der sozialpädagogische Blick auf Adoleszenz. In: Krebs, H., Eggert-Schmid Noerr, A., Messer, H. und Freudenberger, H. (Hrsg.): Lebensphase Adoleszenz. Junge Frauen und Männer verstehen. Grünewald: Mainz, 13-31

Petrik, R. (1992): Szenisches Verstehen - Forschungsinstrument und/oder Handlungskonzept Psychoanalytischer Pädagogik? In: Trescher, H.-G. u.a. 1992, 163-178

Rauchfleisch, U. (1992): Psychotherapie mit aggressiven, dissozialen Kindern, Jugendlichen und Erwachsenen. In: Heinemann, E. u.a. 1992, 141-211

Sozialhilferecht (1985): Bundessozialhilfegesetz (BSHG), in der Fassung vom 20.1.1987. Luchterhand: Neuwied, 1987 (3. Auflage)

Stone, L. (1961): Die psychoanalytische Situation. Entwicklung und Bedeutung. Fischer: Frankfurt/M, 1993
Thomä, H. und Kächele, H., (1985): Lehrbuch der psychoanalytischen Therapie. Bd. 1: Grundlagen. Springer: Berlin, 1989 (2.Auflage)
Trescher, H.-G., Büttner, Ch. und Datler, W. (Hrsg.) (1992): Jahrbuch für Psychoanalytische Pädagogik, Bd. 4. Grünewald: Mainz
Trescher, H.-G. (1993): Handlungstheoretische Aspekte der Psychoanalytischen Pädagogik. In: Muck, M. und Trescher, H.-G. (Hrsg.): Grundlagen der Psychoanalytischen Pädagogik. Grünewald: Mainz, 167-204
Wellendorf, F. (1995): Lernen durch Erfahrung und die Erfahrung des Lernens. Überlegungen zur psychoanalytischen Ausbildung. In: Forum der Psychoanalyse 11, 250-265
Winnicott, D. W. (1971): Vom Spiel zur Kreativität. Klett: Stuttgart, 1979

Hans-Werner Eggemann-Dann

Was zählt, kann man (er)zählen. Die Bedeutung der institutionellen Erziehungsberatung für die Kinder- und Jugendhilfe[1]

Das Thema entstand aus der Sorge darüber, wie in einer Phase schwieriger Übergänge für Jugendhilfe insgesamt und für Erziehungsberatung (EB) im besonderen wichtige Fachtraditionen und Qualitätsstandards weitergeführt werden könnten. Welche Rolle spielen dabei die neuen Steuerungsmodelle der Verwaltungs- und Verschlankungsreform mit ihren Terminologien von Quantifizierungen und Effektivitätsnachweisen?
Es geht um die Gestaltung von Übergangsphasen in Institutionen der Jugendhilfe sowie um Prozesse von *Übergängen* innerhalb von Systemen und zwischen diesen vor dem Hintergrund ökonomischer Probleme, wobei ich mich auf die Frage der Erhaltung und des zukunftsweisenden Ausbaus von Qualitätsstandards der EB in diesen Übergangsphasen konzentrieren möchte. Mein Beitrag gliedert sich in drei Teile:

1. Ich werde darstellen, wie man institutionelle Erziehungsberatung sehen kann, nämlich als eine *erzählende* (narrative) Praxis.
2. Ich werde mich dann einigen kritischen Anfragen zuwenden, die teils die Erziehungsberatung im speziellen, teils Erziehungshilfen (nach § 27 KJHG) insgesamt, teils auch die Ablauf- und Aufbauorganisation öffentlich bürokratischer Strukturen allgemein betreffen.
3. Ich werde anhand kurzer Fallskizzen von Anfragen und Anmeldungen einiger Familien an unserer Beratungsstelle versuchen, die Frage der Organisationsentwicklung von Erziehungsberatung im Kontext der Jugendhilfe mit den Problemlagen unserer Klienten zu verbinden.

In Phasen kritischer Übergänge neigen Menschen und damit auch Gruppen dazu, ihre Unsicherheit durch eine Entweder-Oder-Haltung zu stabilisieren. *Je nach Kontext und Situation werden dann die vorhandenen Gestaltungsmöglichkeiten in einem (regressiven) Gefühl von Ohnmacht verringert oder es werden über (aggressive) Größenphantasien vorhandene*

---

[1] Dieser Text ist die überarbeitete Fassung eines Vortrags, den ich am 31.10.1996 zur Verabschiedung der langjährigen Leiterin der Psychologischen Beratungsstelle des Evangelischen Regionalverbandes Frankfurt „Haus am weißen Stein", Frau Ingeborg Rössler, in Frankfurt a.M. gehalten habe.

Grenzen ignoriert[2]. Erziehungsberatung ist weder eine liebenswerte, aber teure Antiquität, noch wird an ihrem Wesen die Jugendhilfe genesen. Wenn es also gilt, die *Bedeutung* institutioneller Erziehungsberatung für und innerhalb der Kinder- und Jugendhilfe zu beschreiben, so möchte ich dies zunächst *deutend* tun. Die Deutung sucht einen Weg zu erhellen und zu ver-deutlichen, der sich im Dunst von Ohnmachtsängsten und Größenphantasien zu verlieren droht. Sie *deutet* Möglichkeiten an, eine brauchbare *Versöhnung* zu finden zwischen unseren fachlichen Wünschen, den kritischen, sich dauernd verändernden Anfragen und Forderungen aus unseren beruflichen Kontexten und den Werten und Normen, denen wir persönlich und über unsere institutionellen Loyalitäten verpflichtet sind. Ich hoffe, diese Haltung ermöglicht es, auch vor dem Hintergrund spürbar heftiger werdender Verteilungskämpfe nicht nur als Lobbyist gehört zu werden. Mein Ziel wäre es, aus einer selbstbewußten Nachdenklichkeit heraus aktiv unsere eigene institutionelle Zukunft mitzugestalten und damit auch die der Jugendhilfe; also die Überwindung einer *reaktiven Haltung*, die sich Denkrichtungen und Handlungsperspektiven vorgeben läßt, in Hinblick auf eine *proaktive Position*, die fachlich gebotene Szenarien selbständig entwickelt. Die Deutung geht dann über in die gedanklich-spielerische Konstruktion veränderter Alltagspraxis.

1. Geschichten (neu) erzählen

Lassen Sie mich also mit dem *Erzählen* beginnen: Menschen sind erzählende Wesen. Unser Lebensentwurf und Lebensvollzug läßt sich auch als Text verstehen[3]. Deswegen erzählen Menschen sich selbst und anderen

---

[2] Otto Kernberg nennt einige Rahmenbedingungen, die Organisationen anfällig machen für solche „paranoiden" Reaktionen: Unklare, inkompetente Führung, Irrelevanz oder Unerfüllbarkeit der Arbeitsaufgabe, Überforderung durch mangelhafte Arbeitsbedingungen. Typische Reaktionen der Organisationsmitglieder darauf sind (insbesondere gegenüber der Führung): „Furcht, Mißtrauen und Ressentiment, eine gewisse Hyperwachsamkeit und Vorsicht, eine Suche nach subtilen und verborgenen Botschaften und das Bemühen, ... sich mit Gleichgestellten zur Abwehr von Gefahr zu verbünden. ... Bezeichnend für das depressive Ende des Spektrums einer durch paranoide Regression gekennzeichneten Institution ist, daß die einzelnen Mitglieder sich einsam, isoliert und nicht gebührend geschätzt fühlen und hyperkritisch mit ihren Fehlern und Schwächen umgehen" (Kernberg 1997, 111).

[3] In einer systemischen Tradition wird dieses „narrative" Therapieverständnis im „sozialen Konstruktionismus" betont und ernst genommen. Dieser wendet sich ab von kybernetischen oder biologistischen Analogien und hin zu den intersubjektiven Einflüssen von Sprache und Kultur und zu einer hermeneutischen Tradition der Textinterpretation (Paré 1995,5). Für eine integrative Psychotherpie und Beratung wesentlich scheint mir auch die Verwandtschaft eines solchen narrativen Konzepts mit dem psychoanalytischen Verständnis der „Szene" als einem texthermeneutischen Modell (vgl. Combe 1990). Die Unterscheidung zwischen Konstruktivismus und sozialem Kon-

(wenn jemand zuhört) ihre Not und ihre Freuden. Die Erziehungsberatung ist ein Ort, an dem erzählt und zugehört wird und an dem sich Erzählungen berühren und kreuzen: Die hörbaren Erzählungen der Anwesenden und auch die mitklingenden Erzählungen abwesender oder schweigender Beteiligter, unter deren Einfluß sich die Geschichten der anwesenden, ratsuchenden Familienmitglieder entwickelt haben. Diejenigen Familienmitglieder, die in Not sind, oftmals in schweren akuten oder chronischen Krisen (und wenn Kinder und Jugendliche in Not sind, ist *immer* die Familie als Ganze in Not), erzählen also ihre Geschichte bzw. sie inszenieren sie[4]. Nicht jeder findet zu seiner eigenen, lebendigen Geschichte. Gerade diejenigen, die am stärksten aus dem Rahmen fallen, weil sie in jedes Fettnäpfchen treten, die sich an allen bestehenden Regeln reiben oder sich ängstlich verweigern, deren seelische Energie von Sorgen verbraucht wird und daher nicht ausreichend ihrer geistig-sozialen Entwicklung dienen kann, verstummen, oder ihre „Geschichten" sind so anklagend, verletzend, eigenwillig-verrückt, daß andere *für und gegen sie* erzählen. Die eigene Geschichte erstarrt dann, sie entwickelt sich nicht oder nur noch sehr mühselig weiter.

Lassen Sie mich die Aufgabe von Erziehungsberatung einmal so beschreiben: Sie nimmt diese erstarrte Geschichte und die vielfältigen Geschichten der Anwesenden auf, verwebt die unterschiedlichen Erzählfäden des Sorgenkindes, seiner Eltern und Lehrer, seiner Sozialarbeiter, Freunde, Nachbarn, Geschwister, von Opa und Oma zu einer neuen beschreibenden Geschichte, der alle zuhören und die allen plausibel erscheinen kann. Dies gelingt dann, wenn ein *gemeinsames Thema* erkannt und empfunden wurde und dieses als *Leitmotiv,* als neuer roter Faden den vielen Geschichten Ori-

---

struktionismus charakterisiert Gergen: „Der soziale Konstruktionismus stimmt mit den Konstruktivisten darin überein, daß wir die Welt konstruieren, aber diese Konstruktionen sind grundsätzlich linguistischer Natur und nicht psychologischer (biologischer oder kognitiver)" (Gergen 1996, zit. nach Loth 1998, 36). White und Epston, die diesen Ansatz in eine pragmatische Form therapeutischer Interviewführung kreativ weiterentwickelt haben, knüpfen explizit an Gergens narrative Betrachtung menschlicher Beziehungen an: „In der Entwicklung von Leben und Beziehungen in Ausführung von Geschichten bezeugt sich die 'relative Unbestimmtheit' aller Texte. Das Vorhandensein impliziter Bedeutungen, verschiedener Perspektiven unterschiedlicher 'Leser' und einer Vielzahl von Metaphern für die Beschreibung von Ereignissen versieht jeden Text mit einer gewissen Vieldeutigkeit" (White und Epston 1990, 27 f). Sie verbinden diesen systemisch-linguistischen Ansatz mit Foucaults historischen Analysen subtiler Machtmechanismen: „Wenn Menschen sich fortlaufend einer Beurteilung nach bestimmten institutionalisierten 'Normen' ausgesetzt sehen und solche Beurteilung jeweils isoliert wahrnehmen, werden sie zu ihren eigenen Überwachern" (a.a.O., 36 f). Für eine emanzipative, an sozialer Gerechtigkeit orientierten Fundierung der Beratungspraxis scheinen mir solche theoretischen Ausflüge nicht ohne Sinn.

[4] Darauf, daß neben der Sprache die relevanten Themen oftmals mehr in Szene gesetzt als verbal mitgeteilt werden, verweist z.B. Kron-Klees (1994, 30).

entierung gibt und auch der erstarrten Geschichte des Symptomträgers wieder Möglichkeiten zur Weiterentwicklung eröffnet. Diese Tätigkeit kann nach Welter-Enderlin und Hildenbrand als *auftauende Beschreibung erstarrter Geschichten* bezeichnet werden (vgl. Hildenbrand 1990).

1.1 Erziehungsberatung als Hilfe zur Erziehung (nach § 28 KJHG)

Die Erziehungsberatungsstelle leistet erzieherische Hilfen

- mit fachlicher Kompetenz, d.h. bemüht, den neuesten Stand vor allem psychotherapeutischer und psychologischer Wissenschaft und Praxis an unser Handlungsfeld anzukoppeln und dafür zu modifizieren,
- in Modellen multiprofessioneller Teams, die neben therapeutischen auch über pädagogische und sozialarbeiterische Kompetenzen verfügen,[5]
- auf freiwilliger Basis und mit sehr geringen bürokratischen Hindernissen,
- in einem Rahmen von Behutsamkeit und Vertraulichkeit,
- ohne Kosten für die Klienten,
- in einer Kosten-Nutzen-Relation, die sich sehen lassen kann, sowie
- in einer guten Ordnung von Beratungspraxis und selbstkritischer Fallreflexion im Team, was Voraussetzung ist, um die eigene Praxis distanzierend beurteilen und verändern zu können.

In diesem Rahmen *hilft* institutionelle Erziehungsberatung Familien, damit aus den täglichen Katastrophen der Erziehung keine chronischen Probleme, aus diesen keine Symptome, aus Symptomen keine chronischen Symptome und aus solchen keine Außenseiterkarrieren werden. Sie tut dies auf dem Hintergrund des § 1 des Kinder- und Jugendhilfegesetzes (KJHG), demzufolge Kinder zu Gemeinschaftsfähigkeit und Verantwortungsbewußtsein zu erziehen sind. Sie tut es im Wissen darum, daß die Erziehungskompetenz der Elterngeneration mitentscheidet über die Lebensqualität künftiger Generationen (vgl. Boszormeny-Nagy und Spark 1992). Dieser erzieherische Generationenvertrag wird im öffentlichen Diskurs sträflich vernachlässigt neben den großen Themen der Generationensolidarität im Bereich von Rente und Krankenversicherung. Es ist die Familie, welche die Hauptlast dieser gesellschaftlichen Arbeit leistet; und während unsere Berufs-, Alters- und Krankenrisiken im Rahmen von Solidarversicherungen *noch* einigermaßen aufgefangen sind, trägt die Familie ihre

---

[5] Allerdings sind mir keine Modelle bekannt, in denen über die multiprofessionelle Zusammensetzung hinaus eine plausible und handlungsrelevante, funktionelle Differenzierung entwickelt wurde.

spezifischen Risiken weitgehend privat. Die erzieherischen Hilfen sind hier ein Mindestmaß an familienbezogener Fürsorge.
Die institutionelle Erziehungsberatung in der BRD hat 1990 in 247.000 Fällen versucht, Erziehungshilfe zu leisten. Von den 350.000 Fällen, die entsprechend dem KJHG als Hilfen zur Erziehung durch das statistische Bundesamt gezählt wurden, sind das etwa zwei Drittel (Statistisches Bundesamt 1990; zit. nach Menne 1995, 119). *Die Erziehungsberatung macht zahlenmäßig den Kern der erzieherischen Hilfe aus*[6]. Die Fähigkeit des Beraters, den „Text" seiner Klienten zu verstehen, ihn mit diesen gemeinsam nützlich zu bearbeiten und mit den Kon-Texten ressourcensensibel zu verknüpfen, und seine Fähigkeit, auf lebensweltrelevante Handlungsalternativen hin-zu-deuten (und eventuell noch deren organisatorische Umsetzung im Rahmen von Jugendhilfeverbundstrukturen mitzubedenken), ist eng verbunden mit *seinem* institutionellen Kontext. Dieser ist aktuell bestimmt von Steuerungsversuchen, die sich auf eine Terminologie von Effektivität und Effizienz beziehen und damit eine eher „erzählende" Praxis mit einer „zählenden" konfrontieren.

2. Steuerungsversuche, Settingskritik und Entspezialisierung

Diese Fragestellungen kommen nach meiner Einschätzung aus drei Richtungen, die hier skizziert werden sollen und für welche drei Bezeichnungen stehen:

1. Die neuen Steuerungsmodelle mit ihren unterschiedlichen Stellhebeln: Ich möchte dies die *Verwaltungskybernetik der KGST* nennen[7].
2. Die damit im Zusammenhang an Brisanz gewinnenden Kritiken an einer Mittelschichtsorientierung und „Therapeutisierung" der Erziehungsberatung: Ich möchte dies die *Settingkritik der Sozialpädagogik* nennen.
3. Eine Kritik, die die Erziehungsberatung nur unter anderem mit im Blick hat, nämlich die an einer „Versäulung" der Leistungen im Kinder- und Jugendhilfegesetz: Gemeint ist damit eine zu starre Orientierung der Gestaltung erzieherischer Hilfen nach der Gesetzeslogik der §§ 27 ff KJHG anstelle einer an der Dynamik des Einzelfalls orientierten Vorgehensweise. Gemeint sind damit Konzepte der flexiblen Erziehungshilfe, wie sie z.B. in den Jugendhilfestationen Mecklenburg-Vorpommerns institutionalisiert sind. Ich möchte sie einmal die *Universalisten* nennen, deren Programm auch auf eine Entspezialisierung der Mitarbeiter zielt.

---

[6] Selbstverständlich sind stationäre oder teilstationäre Erziehungshilfen in ihrem personellen und zeitlichen Aufwand nicht mit Erziehungsberatung vergleichbar.
[7] Kommunale Gemeinschaftsstelle für Verwaltungsvereinfachung (1993)

2.1 Die Verwaltungskybernetik der KGST

Kommen wir zum ersten Punkt, also zu dem, was ich die *Verwaltungskybernetik der KGST* genannt habe. Diese bezieht sich nur unter anderem auf die Erziehungsberatung. Sie kritisiert die Arbeit der öffentlichen Verwaltung allgemein und mahnt an:

1. ein Bewußtsein für die Ergebnisse der eigenen Arbeit und eine Steuerung unserer Aufbau- und Ablauforganisation nach entsprechenden Kriterien, also die *outputorientierte Steuerung* einschließlich entsprechender Organisations- und Teamentwicklung,
2. ein erhöhtes Kostenbewußtsein und größere eigene finanzielle Entscheidungsspielräume der fachlich Verantwortlichen, also die *dezentrale Ressourcenverantwortung,*
3. das Entwickeln und Einhalten von *Kontrakten, Termin- und Zielvereinbarungen (z.B. mit dem Träger) und deren Überprüfung durch ein Controlling,*
4. ein Interesse an der Beurteilung unserer Arbeitsergebnisse durch unsere Klienten, also *Evaluation* und
5. Transparenz der Arbeitsergebnisse und des Mitteleinsatzes für die Geldgeber, für Klienten und politisch Verantwortliche, also die *Entwicklung von Berichtswesen und Dokumentation.*

Die allgemeinen Ziele einer solchen Verwaltungsreform werden kaum in Frage gestellt. Die besonderen Probleme für die Kinder- und Jugendhilfe insgesamt und für die Erziehungsberatung im besonderen resultieren jedoch daraus, daß es gilt, *eine Balance von rechtlich Gebotenem, fachlich Notwendigem und wirtschaftlich Möglichem zu finden* (vgl. Pitschas 1994). Nur in einem solchen Dreiklang ist eine Steuerung möglich, die nicht auf Kosten des entscheidenden Teils unserer Leistung, nämlich der Qualität, geht. Die Gefahr ist zudem, daß die Analysen, die solchen Steueraktionen vorausgehen und sie begleiten (und ich spreche hier aus der Erfahrung eines Bereichs, der zweieinhalb Jahre von McKinsey untersucht und neu organisiert wurde), zwar strukturell brillant sind, aber weder die Einbindung der MitarbeiterInnen ausreichend gelingt, noch der langfristige „Atem“ da ist, um über die tagespolitischen Opportunitäten hinaus langfristige Strukturreformen geduldig und konsequent weiterzuentwickeln. Wenn die Ankopplung an die fachliche Identität, Erfahrung, Bewertung und das Gerechtigkeitsempfinden der Mitarbeiter nicht gelingt, dann gehen diese Ansätze ins Leere, ja können schaden. Sie wirbeln viel Staub auf und wenn dieser sich gesetzt hat, „klopft man sich den Mantel sauber“ und geht im vertrauten Schritt weiter.
Arbeit in der Erziehungsberatung, wie Arbeit im Kinder- und Jugendhilfesystem insgesamt, ist in einem so hohem Maße Beziehungsarbeit, d.h. ab-

hängig von Personen, deren fachlichen Möglichkeiten, persönlichen Qualitäten, Be-deutungsvorlieben und Motiven, daß nur von außen konstruierte, strukturelle Veränderungen oft ins Leere gehen. Teilweise sind es auch nur neue Terminologien, die aufgesetzt werden. Es entstehen dann "potemkinsche Dörfer" oder "Kaisers neue Kleider", so etwas wie "begriffliche Kunstwelten", die möglicherweise einen aktuell hohen Marktwert haben, aber einen geringen Gebrauchswert. *Wenn dies sich noch verbindet mit einer Nutzung solcher Leerformeln als Tarnkappe für Abbauprozesse quantitativer und damit qualitativer Art, dann ist dies allerdings ein Stil, der „paranoide Tendenzen“ im Sinne Kernbergs geradezu provoziert* (vgl. Kernberg 1997*)*. Des Weiteren ist dort, wo solche Steuerungsinstrumente von außen implantiert werden, nach dem Eigeninteresse derjenigen zu schauen, die dies forcieren oder umsetzen. Bei externen Beratern dominieren naturgemäß kurz- und mittelfristige Interessen und Perspektiven, während Träger, Mitarbeiter und Bürger auch die langfristigen Folgen bewältigen müssen.

2.2 Die Settingkritik der Sozialpädagogik

Ich komme jetzt zum zweiten Punkt, nämlich zur *Settingkritik der Sozialpädagogik*. Diese bezieht sich auf eine Kritik an Therapeutisierung, Mittelschichtsorientierung und der berühmten „Komm-Struktur“, derzufolge nur motivierte Klienten, die in der Lage seien, sich aufzumachen, die EB erreichten. In dieser Pauschalität, wie sie der 8. Jugendbericht vorgetragen hat, ist sie ein Vorurteil[8] (vgl. Bundesminister für Jugend, Familien, Frauen und Gesundheit 1990). Auch heute schon erreichen Erziehungsberatungsstellen durchaus nicht nur Mittelschichtsfamilien, sondern überproportional auch sozial schwächere Familien.[9] Trotzdem glaube ich, daß Er-

---

[8] So kritisiert etwa Hamburger in seiner Studie zur Weiterentwicklung von Erziehungshilfen: „Als oftmals einziges ambulantes Beratungsangebot spielt Erziehungsberatung in den Landkreisen eine zentrale Rolle. Lange Wartezeiten (3-6 Monate) machen dieses Angebot in Krisenzeiten oft hinfällig. Da die Erziehungsberatung grundsätzlich nicht zu den Familien geht, sondern die Familien die Beratungsstellen aufsuchen müssen (Komm-Struktur), scheidet für wenig mobile Elternteile (und Kinder) diese Hilfeform ganz aus“ (Hamburger 1996, 10). Abgesehen davon, daß dies in der genannten „Untersuchung“, auf keinerlei empirischer Recherche, sondern schlicht auf Meinungen zurückgeht, ist es auch ein erstaunliches Argument, wenn man den Anteil der institutionellen Erziehungsberatung an allen Hilfen zur Erziehung ermittelt und diesen in Vergleich setzt zur Personalausstattung oder auch zu den Kosten, die EB in Realtion zu anderen Bereichen der Jugendhilfe beansprucht.

[9] So stellt z.B. Kurz-Adam bei ihrer Befragung von 282 Erziehungsberatungsstellen in katholischer Trägerschaft fest: „Die Differenzierungen für die Sichtweise der Berater und Beraterinnen auf die Probleme der Kinder und ihrer Familien verlaufen weniger entlang der Familienformen, sondern entlang der Schichtzugehörigkeit“ (Kurz-Adam 1997, 199).

ziehungsberatung diese Kritik ernst nehmen sollte, insbesondere auf regionaler Ebene, und hier stellen sich die Verhältnisse sehr differenziert dar. In der Tat unterscheidet sich (trotz einer respektablen „Schnittmenge") das Gros des Jugendamtsklientels deutlich von dem Klientel, mit dem Erziehungsberatungsstellen am häufigsten, gern und erfolgreich arbeiten. Diese Unterschiede im Klientel, in deren Zugangsweisen und Motivationen zur Beratung, schaffen eine fachliche Bedürftigkeit der Jugendämter und sozialen Dienste, die überwiegend mit sehr schwierigem Klientel konfrontiert sind, das oftmals recht problematische Erfahrungen und Vorstellungen über soziale Hilfen hat.

Die Problematik ist aus verschiedenen Gründen schwer zu lösen. Insbesondere sind Erziehungsberatungsstellen in der Regel mit den Klienten, die freiwillig mit tragfähiger Motivation kommen, weitgehend ausgelastet und überlastet. Die Frage, inwieweit Erziehungsberatungstellen längerfristig ihre Schwerpunkte korrigieren, also Zielgruppen, die bisher weniger repräsentiert sind bzw. die leicht aus unseren Settings wieder herausfallen, mehr ins Visier nehmen sollte, ist zu stellen.

Die Praxis der Hilfeplanung nach § 36 KJHG spielt für die geringe Berührung zwischen den Leistungen der EB und denen anderer sozialer Dienste hier eine Rolle: Es war und ist notwendig, den direkten Zugang von Ratsuchenden zur EB nicht durch ein formalisiertes Antragsverfahren beim Jugendamt zu beeinträchtigen. So kommt es in diesen Fällen zu keinem (formalisierten) Austausch und beide Bereiche erfahren wenig über die Sicht-und Arbeitsweisen des Anderen. Dies führt dazu, daß die Fälle, die mit einem hohen Interventionsbedarf bei den allgemeinen sozialen Diensten (ASD) landen, über ein formelles Hilfeplanverfahren laufen, während die Fälle, die - unabhängig von der Problemintensität - bei der EB ankommen, allenfalls in einem internen Hilfeplanverfahren bearbeitet werden, auch wenn die EB hier als spezielle Dienstleistung von den allgemeinen sozialen Diensten angefragt wird. Nach meiner Erfahrung führt dies zu einer Unterschätzung der Möglichkeiten von kurzfristigen Beratungen und Kriseninterventionen. Ebenso führt es nicht selten zu einer überzogenen Interventionsintensität bei der Planung und Beantragung von Hilfeleistungen über das formelle Verfahren nach § 36 KJHG.[10]

Eine wichtige Bedeutung haben hier Unklarheiten über die Anteile sozialer Kontrolle und freiwilliger Beratung bei sogenannten Multiproblemfamilien. Diese *Multiproblemfamilien*, die an einer Fülle psychischer, gesundheitlicher, sozialer, ökonomischer und Bildungsprobleme leiden und meist eskalierte, wiederholte Konflikte mit Institutionen haben, sind im Bereich der klassischen erzieherischen Hilfe die häufigsten, kompliziertesten und

---

[10] Selbstverständlich möchte ich damit nicht allgemein bestreiten, daß es einen Zusammenhang gibt zwischen Problemintensität und (notwendigem) Arbeitsaufwand. Problematisieren will ich die Neigung, bei ausbleibendem Erfolg und problematischem Fallverlauf die Lösung in einer Steigerung der Interventionintensität zu suchen.

bei weitem auch kostenintensivsten Klienten. Sehr viel an oft unklarer Kritik oder Vorbehalte von Jugendamtsseite gegenüber Beratungsstellen hat meiner Überzeugung nach den Hintergrund, daß es um dieses besonders schwierige Klientel geht, das mit seiner *lauten Symptomatik* unsere Kollegen in den sozialen Diensten täglich in Atem hält. Hier ist viel zu lernen, hier gibt es interessante methodische Modelle[11], hier möchte ich auch Mut machen zu einer forschendkreativen Praxis, die projektbezogen, von einer systemischen Analyse des Einzelfalls ausgehend, Erfahrungen sammelt, dokumentiert und zwar, wenn möglich, im Verbund mit den KollegInnen der Sozialen Dienste.

2.3 Die „Universalisten"

Ich komme nun zum dritten Punkt, der Kritik derer, die ich als *Universalisten*[12] bezeichnet habe. Ich teile zunächst einmal deren Kritik an der Problematik einer Versäulung und Starrheit von Maßnahmenplanung entsprechend der einzelnen §§ 27 ff KJHG. Wer eine sozialpädagogische Familienhilfe bewilligt bekommt, der hat sie; und das kann eineinhalb Jahre dauern, auch wenn nach vier Wochen bereits klar ist, daß das nicht besonders ergiebig ist, insbesondere bei diffusen Verstrickungen der Klienten - und Helferinteressen. Ähnliches kann für andere zeitintensive Erziehungshilfen auch gelten. Eine Orientierung an der Gesetzessystematik statt an der Dynamik des therapeutischen Systems fördert leicht „pathogene Muster".

[11] Zu spezifischen Interview- und Arbeitsformen mit Multiproblemfaminilen siehe Schweitzer (1989); Clemenz et al. (1990); Goldbrunner (1990); Kim-Berg (1992); Kroon-Klees (1994); De Vries (1996); Minuchin (1997).

[12] Interessante Überlegungen zum Verhältnis von Spezialisierung und „Allzuständigkeit" finden sich bei Kurz-Adam (1997) anhand einer Untersuchung von 282 Beratungsstellen in katholischer Trägerschaft sowie bei Lambach (1995) im Zusammenhang mit einer Diskussion um flexible Erziehungshilfen: „Dieses Spannungsfeld zwischen Nivellierung und Differenzierung symbolisiert die Verfaßtheit der modernen Institutionen, die einerseits auf Dauer angelegt sind, andererseits aber die gesellschaftlichen Veränderungen in sich aufnehmen und auf sie reagieren müssen. Nivellierungen und Universalisierungen ihres Profils sind für die Erziehungsberatung notwendig, um im psychoszialen Versorgungsnetz erkennbar zu bleiben; Ausdifferenzierungen sind notwendig, um auf die Klientel angemessen zu reagieren" (Kurz-Adam 1997, 202). Lambach instrumentalisiert diese Spannung folgendermaßen: „Ich vermute eher, daß man eine Art „Baukastenprofessionalität" entwickeln muß, eine Methode, relativ feststehende Arbeitsformen und Handlungsvollzüge einzelfallspezifisch zusammenzustellen und zu konfigurieren" (Lambach 1995, 40). Dies ist allerdings etwas sehr anderes als eine schlichte allgemeine Entspezialisierung, die von einigen sozialen Diensten der Jugendhilfe und auch im Zusammenhang mit flexiblen Erziehungshilfen gewählt wird. Zurecht weist Menne (1995) daraufhin, daß eine Entspezialisierung ohne vorhergehende methodische Spezialisierung auf eine schlichte Dequalifizierung hinausläuft.

Dort, wo solche flexiblen Erziehungshilfen sehr rasch ohne ausreichende Qualifizierung institutionalisiert wurden, z.B. in den Jugendhilfestationen Mecklenburg-Vorpommerns, scheinen die ersten Erfahrungen eher ernüchternd zu sein[13]. Die Überlegungen jedoch sind es wert, ernstgenommen zu werden und die Angebote unterschiedlicher Träger nehmen zu.
Die Erziehungsberatung nach § 28 KJHG ist die auch quantitativ dominierende Form der ambulanten erzieherischen Hilfe, die flexibel an der Dynamik des Einzelfalls orientiert ist und von hier her Umfang und Art der Interventionen und Begleitung entwickelt. Ihre hohe Sensibilität für die Dynamik von Beziehungen sehe ich nicht im Gegensatz dazu, die Lebenswelt ressourcen-, aber auch risikosensibel mitzureflektieren und zu handhaben. Im Zentrum von Beratung und Therapie steht immer Begegnung und (hoffentlich) ein impliziter Auftrag, der zu explizieren ist.[14] Wenn es der Erziehungsberatung noch mehr gelingt, das Handwerkszeug der MitarbeiterInnen, die interne Organisation, das Menschenbild und das allgemeine Wissen der MitarbeiterInnen besonders in Richtung Multiproblemfamilien weiterzuentwickeln, dann wäre Erziehungsberatung als flexible, familienorientierte Erziehungshilfe nicht nur zahlenmäßig, sondern auch von ihren Möglichkeiten her für *dieses Klientel* als Kern ambulanter Erziehungshilfen zu betrachten. Es ist sicher auch eine Frage an die ErziehungsberaterInnen selbst, inwieweit sie interessiert sind, ihre Kunst des Fallverstehens, des sprachlichen Ankoppelns, der Krisenintervention und Begleitung in Richtung dieser Klientengruppen weiterzuentwickeln in Aktion und Reflexion.

3. Erkenntnisse über Fallstruktur und Falldynamik als Leitmotive für die Richtung instiutioneller Lernprozesse

Am konkretesten läßt sich der Beitrag institutioneller Erziehungsberatung zur Kinder- und Jugendhilfe für mich darstellen anhand weniger knapper Fallskizzen von telefonischen Erstanmeldungen der letzten Monate. In ihnen sind typische Problemaspekte enthalten, die die Komplexität der Herausforderung und mögliche Entwicklungslinien andeuten. Ich werde sechs kurze Skizzen telefonischer Anmeldungen bzw. Anfragen schildern und diese dann abschließend kommentieren auf die Frage hin, was das Verbin-

[13] So z.B. entsprechende mündliche Mitteilungen von Mitarbeitern einer solchen Jugendhilfestation auf der wissenschaftlichen Jahrestagung der Bundeskonferenz für Erziehungsberatung in Hamburg 1997, in einer von mir und Hundsalz angebotenen Arbeitsgruppe zu diesem Thema. Insbesondere die Abrechnung über Fachleistungsstunden führte in den geschilderten Fällen wegen extremer Finanzknappheit zu einem Übermaß an Beantragungsbürokratie, die mit dem fachlichen Anspruch dieser Konzepte keinesfalls vereinbar ist.
[14] Siehe dazu auch meine Überlegungen zur *„Regulation"* (S. 53).

dende sein mag und dasjenige, was vielleicht hinter all den politisch und ökonomisch motivierten, anstrengenden Übergangsszenarien Erziehungsberatung und Jugendhilfe gemeinsam befaßt und berührt: Die Not nämlich und die Aufträge, die uns aus der Dynamik des einzelnen Falles erreichen.[15]

Familie 1

Eine Mutter meldet ihre 4jährige Tochter Lea an, weil diese nicht auf ihre Erziehung reagiert und nichts von dem essen mag, was die Mutter ihr anbietet. Vor zwei Jahren haben sich die Eltern getrennt, der arbeitslose, alkoholkranke Vater macht inzwischen eine Langzeittherapie in einer Klinik in Norddeutschland, in der Nähe seiner Eltern. Lea wurde seit der Trennung von der Großmutter mütterlicherseits erzogen. Die Mutter hat nun einen neuen Lebensgefährten. Sie ist vor einem Jahr nach Ludwigshafen gezogen und arbeitet dort ganztags. Die kleine Lea ist jetzt seit zwei Monaten bei der Mutter und in einer städtischen Kindertagesstätte angemeldet, die sie ganztags besuchen soll. Die Mutter hat bei der Anmeldung dort ihre Probleme und Situation geschildert. Die Kindertagesstätte war besorgt und hat den Anruf bei der Erziehungsberatungsstelle empfohlen. Die Mutter arbeitet bis etwa 17.30 Uhr.

Familie 2

Die Sozialpädagogin eines privaten Ausbildungsbetriebes (kurzfristig aus dem Boden gestampft), der im Auftrag des Arbeitsamtes Förderlehrgänge für Jugendliche ohne Ausbildung durchführt, ruft an. Ein Jugendlicher, der mit seiner Familie längere Zeit bei uns in Familienberatung war, störe derartig im Ausbildungskurs, daß man keine Möglichkeit mehr sehe, als ihn rauszuwerfen. Es ist wahrscheinlich, daß dieser Jugendliche, der auch bereits zwei Schulabbrüche hinter sich hat und einen kurzen Heimaufenthalt, in eine kriminelle Szene abdriften wird, wenn er diesen Ausbildungsplatz verliert. Der Jugendliche hat dort meinen Namen genannt und gebeten, die EB anzurufen.

Familie 3

Anruf der Kriminalpolizei. Ein jetzt 14jähriger Sohn einer deutschrussischen Aussiedlerfamilie hat im letzten Vierteljahr sieben Frauen zwischen 25 und 55 Jahren überfallen und sexuelle Kontakte verlangt. Es kam zu Handgemengen, bei denen er die Frauen auch mit einem Knüppel und einem Messer bedroht hat. Es kam nicht zu sexuellen Kontakten. Wenn die Beratungsstelle hier nichts anbieten kann, bleibt nur eine Unterbringung in der Kinder- und Jugendpsychiatrie, sagt die sehr verunsicherte verantwortliche Kommissarin. Sie war einmal zu Besuch im „Arbeitskreis Sexueller Mißbrauch“, den die Beratungsstelle gemeinsam mit anderen Trägern der Stadt einmal pro Vierteljahr durchführt.

---

[15] Die Fallvignetten wurden so anonymisiert, daß die Vertraulichkeit gewährleistet ist.

Familie 4

Anruf einer malayischen Mutter, die seit 30 Jahren in Deutschland lebt. Das Zusammenleben mit der 15jährigen Tochter ist unerträglich. Diese wurde seit ihrem dritten Lebensjahr von der Oma erzogen. Vom Vater hat sich die Mutter kurz nach der Geburt getrennt. Die Oma, die die Tochter versorgte, verstarb vor drei Jahren. Seit dieser Zeit lebte die Tochter mit ihrem malayischen Opa, der jedoch so stark berufsbeansprucht ist, daß sie weitgehend unbeaufsichtigt war. Vor einem halben Jahr hat nun die Mutter mit ihrem arbeitslosen Lebenspartner die Tochter nach Hause geholt. Nach zwei Monaten ging diese von sich aus ins städtische Kinder- und Jugendwohnheim, da sie es nicht mehr aushielt. Nach vier Wochen ging sie wieder nach Hause, keiner weiß, wie es weitergehen soll.

Familie 5

Anmeldung eines 25jährigen marokkanischen Restaurentbesitzers. Seine deutsche Frau will sich von ihm trennen und mit dem 4jährigen Sohn in eine Wohngemeinschaft ziehen, was er nie zulassen wird. Eine Paarberatung habe er bereits abgebrochen, da die Beraterin seiner Meinung nach zu einseitig die Interessen der Frau vertreten habe. Wenn seine Frau schon das Eheversprechen breche, so werde er niemals zulassen, daß fremde Menschen seinen Sohn demnächst erziehen. Das Koordinationsbüro für Ausländerfragen hat ihn an die Beratungsstelle verwiesen.

Familie 6

Anruf einer Erzieherin eines nahe Ludwigshafen gelegenen Kinderheims: Ein Junge, 14 Jahre alt, der seit 5 Jahren im Heim lebt, wird zunehmend apathisch und verstummt immer mehr. Im Verlauf einer sehr konfliktreichen Trennung seiner Eltern wurde er damals ins Heim aufgenommen. Der Vater, der seit gut drei Jahren in einer stabilen Beziehung mit seiner Partnerin und zwei Kindern lebt, möchte den Jungen gerne aufnehmen. Die Mutter, der es gesundheitlich und psychisch schlecht geht, ist dagegen. Das Heim und der soziale Dienst möchten nicht gegen den Willen der Mutter entscheiden. Vor vier Wochen wurde deswegen zwischen Sozialdienst, Heim und den Eltern beschlossen, ein weiteres Jahr abzuwarten. Im Erstgespräch mit dem Jungen und der Heimerzieherin sagt dieser, er wolle zum Vater und es sei jetzt das dritte Jahr, daß man ihn wieder um ein Jahr vertröste. Wenn das so weitergeht, sagt er, bin ich erwachsen und habe immer im Heim gelebt, nur weil die Erwachsenen sich nicht einigen konnten. Auf meine Frage, wie groß auf einer Skala von „0“ (keine Chance) bis „10“ (kein Problem) die Chance sei, daß ich zu einer Einigung beitragen kann, gibt er „2“ an.

Diese Fälle sind mir beim Vorbereiten ins Gedächtnis gekommen und es wurde mir klar, daß sie bei aller Unterschiedlichkeit und einer eher „emotional-zufälligen“ Auswahl etwas typisches für einige Aspekte unserer Themenstellung haben:

- Einmal ist dies wohl ein spürbarer *hoher Handlungsdruck.* Hier werden sich Weichen stellen und es ist die Frage, ob die fachlichen Möglichkeiten und Ressourcen da sind, sie in einer menschlichen Weise mitzustellen, oder ob sich die Weichen „irgendwie" stellen. Wir haben es in den genannten Fällen mit *sehr komplexen Kontexten* zu tun, in denen verschiedene Kulturen, verschiedene Institutionen und verschiedene, zum großen Teil fragmentierte und komplex zusammengesetzte Familien eine Rolle spielen. Es gibt des weiteren *unklare Zuständigkeiten unterschiedlicher Auftraggeber* mit sehr verschiedenen Erwartungen und Problemsichten. Es ist auch nicht klar, ob eigentlich die Erziehungsberatung jeweils die passende Ansprechstelle ist. Man hat uns eben angesprochen, *denn es zeigt sich für die betroffenen Bürger sonst kein bekannter und dafür als kompetent und vertrauenswürdig eingeschätzter Ansprechpartner.*
- Es sind Fälle, in denen eine *Entwurzelung* spürbar ist. Eine *Heimatlosigkeit,* aus der bereits in der Anfrage ein resignativer Unterton mitklingt. *Das Fehlen stabilisierender Traditionen, Regeln und Rituale, verbunden mit hohen ökonomischen Risiken, schafft eine soziale Deregulation, die existentielle Angst macht. Komplexe Regulationsbedürfnisse*[16] sind erkennbar. Es sind Fälle, die ich als „heiße Kartoffeln" bezeichnen möchte, sie werden gerne und oft weitergereicht, bevor man sich auf die eine oder andere Weise daran verbrennt. Es sind auch Familien, die nicht unbedingt nah dran sind an dem, was man ein klares beraterisch-therapeutisches Setting nennt. Man ahnt, daß sie darüber hinaus komplexere Einbindungen anderer erfordern könnten, Motivation und Auftragslage recht diffus sind. Es gibt Erfahrungen in der EB mit solchen Familien und Kontexten, aber sie sind uneinheitlich, bleiben bei

---

[16] Gerade für Jugendhilfe lohnte es sich, darüber nachzudenken, welches Verständnis „klinischen" Nutzens mit einem Auftrag von *„Regulation"* verbunden sein könnte, z.B. im Unterschied zu Vorgehensweisen, die mit Begriffen wie „sich öffnen", „Vertrauen finden", „sich auf eine Beziehung zum Berater einlassen" und ähnlichen „nähe-orientierten" Metaphern verbunden sind. R. Sennet hat eindrücklich die Selbstoffenbarungsgesellschaft als „Diktatur der Intimität" in Gegensatz gebracht zu einem Begriff „zivilisierter, urbaner Öffentlichkeit", die allgemeine Regeln und Rituale benötigt (Sennet 1986, 336). „Zivilisiertheit ist es, andere Menschen vor der Last des eigenen Selbst zu schützen. Eine Maske zu tragen gehört zum Wesen von Gesellschaft ... Masken ermöglichen unverfälschte Geselligkeit, losgelöst von ungleichen Lebensbedingungen und Gefühlslagen derer, die sie tragen. ... Diejenigen, die eine Maske anlegen, müssen sie auf dem Weg über Versuch und Irrtum selbst schaffen, aus dem Wunsch heraus, mit anderen zu leben, statt dem Zwang, ihnen nahe zu kommen" (ebd.). Diese Rückverwandlung psychologischer in Kategorien einer Regulation sozialer Öffentlichkeit, also in politisch-soziale Kategorien, scheint mir eine notwendige Kritik an Versuchen, über Nähe und Selbstoffenbarung destruktive Kontaktformen zu überwinden. Ein gerade in einem Teil pädagogischer Handlungsfelder verbreitetes Wahrnehmungs-und Handlungsritual verbaler Authentizität macht es m.E. oft gerade Kindern aus Randgruppen schwer, Orientierung zu finden.

den einzelnen Mitarbeitern hängen. Erfolge und Mißerfolge werden selten ausgewertet, beschrieben und verdichtet. Publikationen über die Arbeit mit solchen Familien sind, insbesondere aus der Erziehungsberatung, selten.

Die schon heute hohe, aber für einige unklare Bedeutung von institutioneller EB für die Kinder- und Jugendhilfe als Kern der erzieherischen Hilfen drängt zu einer *forschenden Praxis*, insbesondere für diese Familien, die unter so vielfältigem Streß stehen, daß sie vom Zerfall bedroht sind und damit ihre Kinder hohen psychosozialen Risiken aussetzen.
Die zu einer „forschenden Praxis" passende Form einer Organisationsentwicklung wäre die einer *„lernenden Institution"*. Ein solcher, in Aufbau- und Ablauforganisation, in Teamentwicklung, Fortbildungsplanung, Supervision und Berichterstattung verankerter „Lernprozeß der Institution EB" würde diese resonanzfähiger machen, sowohl an den Schnittstellen zum Jugendamt, dem Klientel gegenüber, als auch gegenüber unseren Trägern und institutionellen Kontexten[17]. *Beide Systeme stehen auf unterschiedlicher Weise unter Deregulationsstreß und hohen ökonomischen Risiken.*
Die EB als lernende Institution macht ernst damit, daß die Befassung mit der Beurteilung unseres beraterischen Handelns durch Klienten und zuweisende Institutionen keine bloße Forderung von Leitung oder Träger bleibt. Selbstbewußte MitarbeiterInnen sind selbst neugierig auf solche Rückmeldungen, die es aktiv einzuholen und für die es geeignete Instrumentarien zu schaffen gilt.
Die lernende Institution interpretiert und verbindet verwandte Themen der Einzelfälle, um Tendenzen sozialer Wandlungs-und Veränderungsprozeße in den Lebens-und Arbeitswelten der Klienten, in den beteiligten Institutionen einschließlich ihrer selbst, der Politik etc. zu erkennen.
Die lernende Institution entwickelt gemeinsame Dokumentationen und Beschreibungssysteme, die bei aller methodischen und persönlichen Vielfalt das Zusammenhängen von fachlicher Erfahrung mit methodischer Qualitätssicherung und damit fachlichen Fortschritt möglich macht.
Die lernende Institution entwickelt Formen einer Fallanalyse, die Grundlage wird für ein flexibles ressourcenorientiertes Fallmanagement[18]. Dieses

[17] Ich habe schon erwähnt, wie aus einer psychoanalytisch-soziologischen Perspektive heraus Otto Kernberg die Gefahr beschreibt, der Arbeitsorganisationen sowohl durch paranoid-reggressive als auch durch aggressive Gruppendynamik ausgesetzt sind. Eine humanistische Ideologie und rational entwickelte Hierarchie können diese Gefahren dämpfen. Die Paranoia wird reduziert „durch motivierte, integre Personen, ... die um die Organisation und ihre inkarnierten Werte besorgt und über die Grenzen und Aufgabensysteme der Organisation hinaus bereit sind, jemand zu helfen, der in Schwierigkeiten ist" (Kernberg 1997, 119).

[18] Ein Projekt in dieser Richtung ist das Ludwigshafener Fallmanagementteam (FMT), in dem verschiedene Abteilungen des Jugendamtes in einem übergreifenden Team

orientiert sich nicht mehr an fixierten Settings, Methoden oder an paragraphenorientierter Maßnahmenplanung, sondern konsequent an Klientenbedürfnissen im Sinne von streßreduzierenden, lösungsorientierten Interventionen und Begleitungen.

Die lernende Institution geht davon aus, daß die dort arbeitenden Männer und Frauen ein hohes Interesse an selbstbestimmtem Arbeiten und persönlicher sowie fachlicher Weiterentwicklung haben.

Methoden der (Selbst-)Evaluation[19], Dokumentation, Inter- und Supervision verbinden sich dann zu einem Qualitätsmanagement, das aus der alltäglichen Arbeit und für die alltägliche Arbeit entwickelt wird und nicht als bürokratischer Fremdkörper schwärt (die Arbeit erschwert). „Zählen" und „Erzählen" erweisen sich dann als quantitative und qualitative Seite einer Beratungspraxis, die als „Metaerzählung" sich selbstkritisch reflektiert und entsprechend organisatorisch weiterentwickelt.

Literatur

Andersen, T. (1990): Das reflektierende Team. In: Andersen, T. (Hrsg.): Das reflektierende Team. Dialoge und Dialoge über Dialoge. Verlag modernes Lernen: Dortmund, 19-110

Boszormeny-Nagy, I. und Spark, G. (1992): Unsichtbare Bindungen. Klett-Cotta: Stuttgart

Bundesministerium für Jugend, Familie, Frauen und Gesundheit (Hrsg.) (1990): Achter Jugendbericht. Bundesdrucksache 11/6576: Bonn

Clemenz, M. u.a. (Hrsg.) (1990): Soziale Krise, Institution und Familiendynamik. Konfliktstrukturen und Chancen therapeutischer Arbeit bei Multiproblem-Familien. Westdeutscher Verlag: Opladen

Combe A. (1990): Die analytische Situation als hermeneutisches Modell: Vom praktischen Heilverfahren zur psychoanalytischen Interpretationstheorie. Zur Differenz von Methode und Methodologie. In: Clemenz, M. u.a. (Hrsg.) (1990), 102-111

---

unter Federführung der EB die Fachkonferenzen bei Inobhutnahmen (§ 42 KJHG) miteinander nach dem Modell des reflektierenden Teams (vgl. Andersen 1990) durchführen. Ziele waren insbesondere: Perspektivenerweiterung, Ressourcenverknüpfung, gemeinsame Qualifizierung und Vermeidung unnötiger Interventionsintensität (vgl. Eggemann-Dann 1998).

[19] Eine zeitlich vertretbare Selbstevaluation erfaßt in unmittelbarem Bezug auf die Beratungspraxis durch systematische, schriftliche Sammlung, Aus- und Bewertung Daten der eigenen Arbeit. Diese dienen als Grundlage für die Reflexion und Neuplanung der eigenen Praixis (vgl. Heiner 1996; von Spiegel 1998). Dabei stehen nicht wissenschaftliche Gütekriterien im Vordergrund, sondern der Anspruch, die Daten und ihr Bezug zur Leistung sollten für die Klienten *plausibel, nachvollziehbar, relevant (auch für die Lernprozesse der Institution) und effizient sein.* Eine solche Selbstevaluation sollte sich flexibel den Veränderungen der Arbeit anpassen und diese nicht beeinträchtigen (von Spiegel 1998, 39).

Conen, M.-L. (1996): Wie können wir ihnen helfen, uns wieder los zu werden? Aufsuchende Familientherapie mit Multiproblemfamilien. In: Zeitschrift für systemische Therapie 14 (Heft 3), 178-185

Eggemann-Dann, H.W. (1998): Das Ludwigshafener Fallmanagementteam. In: Jahrbuch der Erziehungsberatung. Juventa: Weinheim und München (im Druck)

Goldbrunner, H. (1990): Arbeit mit Problemfamilien. Systemische Perspektiven für Familientherapie und Sozialarbeit. Grünewald: Mainz

Hamburger, F. u.a. (1996): Zwischenbericht Modellprojekt Hilfen zur Erziehung: Weiterentwicklung der präventiven, ambulanten und teilstationären Hilfeangebote. Institut für sozialpädagogische Forschung: Mainz

Heiner, M. (1996): Evaluation zwischen Qualifizierung, Qualitätsentwicklung und Qualitätssicherung. Möglichkeiten der Gestaltung von Evaluationssettings. In: Heiner, M.: Qualitätsentwicklung durch Evaluation. Lambertus: Freiburg, 20-47

Hildenbrand, B. (1990): Geschichtenerzählen als Prozeß der Wirklichkeitskonstruktion. In: System Familie 3 (Heft 4), 227-236

Kernberg, O. (1997): Ideologie und Bürokratie als soziale Abwehr gegen Aggression. In: psychosozial 67 (Heft 1), 109-125

Kim-Berg, I. (1992): Familien Zusammenhalt(en). Borgmann-Verlag: Dortmund

Klatetzki, T. (Hrsg.) (1995a): Flexible Erziehungshilfen. Ein Organisationskonzept in der Diskussion. Votum-Verlag: Münster

Klatetzki, T. (1995b): Innovative Organisationen in der Jugendhilfe. Kollektive Repräsentationen und Handlungsstrukturen am Beispiel der Erziehungshilfen. In: Klatetzki, T. (Hrsg.) (1995a), 13-25

Kommunale Gemeinschaftsstelle für Verwaltungsvereinfachung (KGST) (1993): Das neue Steuerungsmodell. Begründung, Konturen, Umsetzung. Köln: Bericht Nr. 5/1993

Kron-Klees, F. (1994): Claudia - oder Öffentliche Jugendhilfe als heilsamer Impuls. Borgmann: Dortmund

Kurz-Adam, M. (1997): Professionalität und Alltag in der Erziehungsberatung. Entwicklungslinien und empirische Befunde. Institutionelle Erziehungsberatung im Prozeß der Modernisierung. Leske und Budrich: Opladen

Lambach, R. (1995): Jugendhilfestationen als organisatorische Form. In: Klatetzki,T. (Hrsg.) (1995 a), 37-41

Loth, W.A. (1998): Auf den Spuren hilfreicher Veränderungen. Das Entwickeln klinischer Kontrakte. Verlag modernes Lernen: Dortmund

Lutzi, J. (1990): Psychoanalytisch orientierte Familientherapie mit Multiproblem-Familien. Evaluation des therapeutischen Verlaufs. In: Clemenz, M. u.a. (1990), 189-261.

Menne, K. (1995): Erziehungsberatung und Kinder- und Jugendhilfestation. In: Klatetzki, T. (1995a), 110-124

Minuchin, S. u.a.(1967): Families of The Slums. Basic Books: New York

Parè, D.A. (1995): Of Families and Other Cultures: The Shifting Paradigm of Family Therapy. In: Family Process, Vol. 35, 1-19

Pitschas, R. (1994): Die Jugendverwaltung im marktwirtschaftlichen Wettbewerb? In: Die öffentliche Verwaltung 47 (Heft 23), 973-986

Schweitzer, J. (1989): Professionelle (Nicht-)Kooperation. Ihr Beitrag zur Eskalation dissozialer Karrieren. In: Zeitschrift für systemische Therapie 7 (Heft 4), 247-259

Spiegel, H. v. (1998): Perspektiven der Selbstevaluation. In: Bundesministerium für Familie, Senioren, Frauen und Jugend (Hrsg.): Evaluation der sozialpädagogischen Praxis, Heft 11 der Materialien zur Qualitätssicherung in der Kinder-und Jugendhilfe: Bonn, 32-49

Sennett, R. (1986): Verfall und Ende des öffentlichen Lebens. Die Tyrannei der Intimität. Fischer: Frankfurt/M.

Vries, S. de (1996): Psychotherapie und die unteren sozioökonomischen Schichten: Ein kultureller Unterschied. In: Zeitschrift für systemische Therapie 14 (Heft 4), 236-249

White, M., Epston, D. (1990): Die Zähmung der Monster. Literarische Mittel zu therapeutischen Zwecken. Carl Auer: Heidelberg.

Renate Dohmen-Burk

An der Schwelle zum Berufsleben: Aus der Arbeit einer Beratungsstelle für Jugendliche und junge Erwachsene ohne Ausbildung

1. Ziele und Aufgaben

In der aktuellen Diskussion um fehlende Ausbildungsplätze wird oft vernachlässigt, daß selbst bei ausreichendem Angebot ca. 14 % der Schulabgänger eines Jahrgangs ohne anerkannten Berufsabschluß bleiben (vgl. Der Bundesminister für Bildung und Wissenschaft 1991, 2). Zum großen Teil handelt es sich um Jugendliche und junge Erwachsene, die mit der Umschreibung "sozial Benachteiligte" als Adressaten von Förderangeboten hervorgehoben werden. Auf diesen Personenkreis zielt auch § 13 des Kinder- und Jugendhilfegesetzes (KJHG). Nach Absatz 1 sollen jungen Menschen, "die zum Ausgleich sozialer Benachteiligungen oder zur Überwindung individueller Beeinträchtigungen in erhöhtem Maße auf Unterstützung angewiesen sind, ... im Rahmen der Jugendhilfe sozialpädagogische Hilfen angeboten werden, die ihre schulische und berufliche Ausbildung, Eingliederung in die Arbeitswelt und ihre soziale Integration fördern."

Das Arbeitsfeld, das ich im folgenden darstelle, nimmt innerhalb der Jugendberufshilfe eine Sonderstellung ein. Es handelt sich um eine Beratungs- und Koordinierungsstelle für Jugendliche und junge Erwachsene ohne Ausbildung, die von der Stadt Ludwigshafen mit Förderung des Landes Rheinland-Pfalz zunächst als Modellprojekt, dann als dauerhaftes Angebot eingerichtet wurde. Hier finden vor allem Personen ohne Schulabschluß, sozial Benachteiligte, Ausbildungsabbrecher und ausländische Jugendliche mit Sprachproblemen Unterstützung, für die das Beratungsangebot der Berufsberatung nicht ausreicht bzw. die nach Ende der Schulzeit von der Berufsberatung nicht mehr erreicht werden können. Für die Beratung ist seit Ablauf des Modellprojekts in erster Linie eine Kollegin zuständig, während meine Aufgaben im Bereich der Koordination liegen. Urlaubs- und Krankheitsvertretungen ermöglichen es mir jedoch regelmäßig, den Kontakt zur Zielgruppe zu halten.

Bei vielen Ratsuchenden zeigt sich relativ rasch, daß sie (noch) nicht die notwendigen Voraussetzungen mitbringen, eine Ausbildung mit Aussicht auf einen erfolgreichen Abschluß aufzunehmen. Dabei handelt es sich nicht nur um schulische Defizite, Unsicherheiten bei der Berufswahl und unklare Vorstellungen über Anforderungen im Wunschberuf. Vielmehr

werden Verhaltensweisen und Einstellungen deutlich, die den üblichen Erwartungen an Ausbildungsplatzbewerber diametral zuwiderlaufen.
Klienten nehmen Terminvereinbarungen nicht ernst, reagieren aber ärgerlich, wenn die Beraterin außerhalb der Sprechzeiten keine Zeit für sie hat. Auch ein nachdrücklich vorgetragener Ausbildungswunsch bietet keine Gewähr dafür, daß die Stellensuche entsprechend engagiert betrieben wird. So stellen wir immer wieder fest, daß selbst kleinere Aufgaben wie Telefonanrufe bei Firmen, die wir gemeinsam mit den Klienten festlegen, nur zögerlich erledigt werden. Dazu kommt, daß Alltagsprobleme häufig eine überdimensionierte Bedeutung gewinnen. Ein Streit mit dem Freund oder der Freundin muß sofort geklärt werden, auch wenn dadurch der Praktikums- oder Ausbildungsplatz in Frage gestellt wird. Behördengänge sind Grund genug, sich einen ganzen Tag frei zu nehmen. Dagegen wird jede Minute im Betrieb, die über die vereinbarte Arbeitszeit hinausgeht, penibel registriert.
Neben diesen Klienten, die nur in sehr begrenztem Umfang bereit oder in der Lage scheinen, die notwendige Energie in ihre Berufsplanung zu investieren, finden sich Ratsuchende mit starken Tendenzen zur Selbstüberschätzung, die sich sehr hohe Ziele stecken, aber schon nach kurzer Zeit aufgeben, weil sie die Diskrepanz zwischen Realität und Wunschvorstellung nicht überbrücken können. Das zugrunde liegende Problem bleibt jedoch gleich. In beiden Fällen besteht ein Mißverhältnis zwischen dem Stellenwert, der den eigenen Handlungsmöglichkeiten beigemessen wird, und dem, was man glaubt, von außen erwarten zu können: das eine Mal herrscht eine passive Anspruchshaltung vor, das andere Mal ein Gefühl der Stärke, das eine adäquate Auseinandersetzung mit der realen Situation ebensowenig zuläßt.

Damit unterscheidet sich unser Arbeitsfeld deutlich von der Berufsberatung. In unserer Beratungsstelle treten direkt auf die Ausbildungsplatzsuche gerichtete Hilfestellungen oft gegenüber der Suche nach einem neuen Standpunkt zurück, der es den Jugendlichen ermöglicht, sich selbst und die Reaktionen ihrer Umwelt besser zu verstehen. D.h. nach außen sichtbaren Erfolgen, die sich idealerweise in einer Ausbildungsaufnahme manifestieren, müssen Veränderungen im Erleben vorausgehen.
Die Interaktion in der Beratung wird unter diesen Bedingungen oft zur Bühne, auf der die Jugendlichen ihre widersprüchlichen Gefühle an der Schwelle zum Erwerbsleben austragen. Die Beraterin wird mit überfliegenden Erwartungen wie mit Phasen der Hoffnungslosigkeit konfrontiert. Sie soll Partei ergreifen, wenn sich Klienten von der Berufsberatung oder von Betrieben ungerecht behandelt fühlen, sieht sich aber auch immer wieder in der Rolle der strengen Repräsentantin äußerer Anforderungen, denen sich die Jugendlichen durch Vermeidungsstrategien zu entziehen suchen.

In einem Handlungsfeld, in dem die Beziehungsebene eine solche Rolle spielt, übernimmt man als Sozialpädagogin gerne die Rolle einer Therapeutin. Bei entsprechender Sympathie für die in den letzten Jahren neu belebte Psychoanalytischen Pädagogik liegt es nahe, in diesem Umkreis entstandene Konzepte in die Berufspraxis einzubringen. Für mich und meine Kollegin zeigt sich dagegen immer wieder, wie wichtig es ist, die Grenzen der eigenen Arbeit zu erkennen. Eine Beratungsstelle, deren Effizienz an der Zahl der in Ausbildung vermittelten Jugendlichen gemessen wird, die in hohem Maße mit nicht beeinflußbaren Faktoren wie der Lage auf dem Ausbildungsmarkt rechnen muß und die überdies für jeden Klienten nur eine sehr begrenzte Zeit aufwenden kann, gibt nicht das ideale Milieu ab, in dem sich das für die psychoanalytische Praxis so fundamentale Wechselspiel von Übertragung und Gegenübertragung entfalten kann. Sind psychoanalytisch-pädagogische Ansätze deshalb für das beschriebene Praxisfeld fehl am Platze? Eine Antwort erfordert zunächst eine genauere Beschreibung der Rahmenbedingungen.

2. Rahmenbedingungen

2.1 Organisatorische Einbindung innerhalb der Kommunalverwaltung

Das der Beratungs- und Koordinierungsstelle vorausgegangene Modellprojekt wurde 1993 auf Initiative des rheinland-pfälzischen Landesausschusses für berufliche Bildung eingerichtet, d.h. zu einem Zeitpunkt, als von einem Lehrstellenmangel noch keine Rede sein konnte und zahlreiche Ausbildungsplätze unbesetzt blieben. Neben der Optimierung von Hilfestellungen für auf dem Ausbildungsmarkt benachteiligte Personengruppen sollte das Projekt auch dazu beitragen, für die Betriebe ein zusätzliches Bewerberpotential zu erschließen. Diese Ziele sollten primär durch eine bessere Abstimmung zwischen Betrieben und maßgeblichen Institutionen wie Arbeitsamt, Kammern, Schulen, Bildungsträger und Jugendhilfe erreicht werden. Schon bald zeigte sich, daß auch in der Einzelfallarbeit Funktionen erfüllt werden, die keine andere Institution übernehmen könnte. So werden nicht nur Kontakte zu Betrieben hergestellt, sondern in Kooperation mit anderen Einrichtungen gezielt Probleme angegangen, die eine Ausbildung erschweren. Gleichzeitig wird eine kontinuierliche Begleitung angeboten, die sich über Monate, zum Teil auch über mehr als ein Jahr erstreckt.
Für die Zeit des Modellprojekts als Stabsstelle konzipiert, wurde die Beratungsstelle im weiteren Verlauf in die dem Sozialdezernat zugeordnete Beschäftigungsförderung integriert. Gegen eine Einbindung in die Jugendhilfe, die § 13 KJHG nahelegt, sprachen u.a. schon vorhandene Strukturen.

Die Beschäftigungsförderung bietet in Ludwigshafen Qualifizierungs- und Beschäftigungsmaßnahmen sowie Beratung für Arbeitslose aller Altersgruppen an. Damit ergaben sich zwischen der Beratungs- und Koordinierungsstelle und der Beschäftigungsförderung von Anfang an enge Berührungspunkte, denen mit der organisatorischen Eingliederung Rechnung getragen wurde.
In dem Maße, in dem steigende Sozialhilfekosten die Kommune belasten und die Zahl der Personen steigt, die durch Arbeitslosigkeit entsprechende Leistungen in Anspruch nehmen müssen, sind in den vergangenen Jahren Sozialhilfeempfänger und - empfängerinnen in den Blickpunkt der Beschäftigungsförderung gerückt. Für Jugendliche und junge Erwachsene aus diesem Kreis wurde u.a. ein Förderprogramm entwickelt, das die Aufnahme einer betrieblichen Ausbildung durch Zuschüsse an die Arbeitgeber erleichtern soll.

Die meisten Klienten nehmen das Beratungsangebot freiwillig in Anspruch. Nachdem Jugendliche zunächst primär über Multiplikatoren erreicht wurden, kommen inzwischen fast ein Viertel der Ratsuchenden aufgrund von Empfehlungen aus dem Freundes- oder Bekanntenkreis. Eine Ausnahme bilden neben Jugendlichen, die über die Jugendgerichtshilfe an uns verwiesen werden und die bei der Ausbildungsplatzsuche unter einem entsprechenden Druck stehen, in erster Linie Personen mit Sozialhilfebezug. Zur Vermeidung von Nachteilen bis hin zur Kürzung, im Extremfall Streichung der Sozialhilfe sind sie gezwungen, zu uns Kontakt aufzunehmen. Die Beratung von Klienten, die sich zum Teil nur auf äußeren Druck um einen Ausbildungsplatz bemühen, bindet sehr viel Zeit. In diesem Fall wird die Frage, inwieweit Formalien (z.B. pünktliches Erscheinen zu den vereinbarten Terminen) eingehalten werden, rasch zum dominierenden Thema. Zudem treten Faktoren, die den Einstieg in Ausbildung und Beruf erschweren, bei jungen Sozialhilfeempfängern und -empfängerinnen in geballter Form auf.
Die sozialpolitische Brisanz, die Bemühungen um die berufliche Integration von Arbeitslosen mit Sozialhilfebezug zukommt, führt zu einem hohen Erfolgsdruck und verleitet dazu, Jugendliche auf eine Ausbildungsaufnahme hin zu beraten, bei denen zunächst grundlegende Probleme aufgearbeitet werden müßten. Auch die intensive Begleitung während der Ausbildung, zu der u.a. regelmäßige Betriebskontakte gehören, kann vor diesem Hintergrund Ausbildungsabbrüche nur zum Teil verhindern.

2.2 Personelle Ausstattung und finanzielle Ressourcen

Seit Abschluß des Modellprojekts liegt die Beratung weitgehend in den Händen einer einzigen Mitarbeiterin. Bei steigender Nachfrage durch Ju-

gendliche und junge Erwachsene, die beim Einstieg in Ausbildung und Beruf Unterstützung benötigen - allein 1997 kamen über 260 neue Klienten hinzu -, fällt es immer schwerer, im wünschenswerten Maße auf besondere Problemlagen im persönlichen Bereich und im sozialen Umfeld der Ratsuchenden einzugehen, die zu einem großen Teil dafür verantwortlich sind, daß der Schritt ins Erwerbsleben nicht auf Anhieb gelingt. Auch wenn wir unsere Aufgabe primär darin sehen, Kontakte zu speziellen Einrichtungen mit entsprechender Fachkompetenz herzustellen, braucht es doch meist seine Zeit, solche Schwierigkeiten zu erkennen und das notwendige Vertrauensverhältnis aufzubauen, damit die betreffenden Klienten Hilfsangebote überhaupt annehmen können.
Die derzeitige finanzielle Situation der Kommune läßt eine Personalausweitung kaum zu. Damit ist ein Kernproblem der Jugendberufshilfe angesprochen. Zur Finanzierung von Einrichtungen und Maßnahmen im Rahmen der Jugendberufshilfe sind Kommunen überwiegend auf Mittel der Arbeitsverwaltung, des Bundes, Fördergelder aus EU-Programmen oder - wie im vorliegenden Falle - Zuschüsse des Landes angewiesen (vgl. Braun 1996, 62 f.).

2.3 Zusammenarbeit mit der Berufsberatung

Gegenüber der Berufsberatung versteht sich unsere Beratungsstelle als ergänzendes Angebot. D.h. es werden in Abstimmung mit der Berufsberatung bzw. der Berufsberaterin zusätzliche Hilfen bereitgestellt, die vom Arbeitsamt wegen des hohen Zeitaufwands nicht geleistet werden können. Das Spektrum reicht von der Vorbereitung von Vorstellungsgesprächen bis hin zur Einleitung von Hilfeplanverfahren in Zusammenarbeit mit dem Jugendamt. Nachdem zu Beginn des Projekts geklärt wurde, daß die Beratungsstelle keinesfalls eine Konkurrenz zur Berufsberatung bedeutet, wird diese Form der Unterstützung und Ergänzung inzwischen sehr begrüßt. Allerdings gelangen durch unsere Arbeit auch zahlreiche "Altfälle" wieder an die Berufsberatung zurück, die dort schon als abgeschlossen galten, weil die betreffenden Personen zwischenzeitlich angaben, eher an einer Arbeitsstelle als an einer Ausbildung interessiert zu sein oder sich nicht mehr meldeten. Für uns ist oft schwer abzuschätzen, ob die Ausbildungsmotivation ausreicht, eine neuerliche Kontaktaufnahme zur Berufsberatung zu begründen. Selbstverständlich ziehen auch die Kollegen und Kolleginnen der Berufsberatung in Betracht, daß Jugendliche, die einer Ausbildung zunächst ablehnend gegenüberstehen, einen Entwicklungsprozeß durchlaufen und ihre Einstellung ändern können. Dennoch sehen wir uns mit dem Bemühen, bei der Berufsberatung nicht unnötig Termine zu blockieren, immer wieder unter einem Rechtfertigungsdruck.

2.4 Unzureichende Hilfsangebote

Für die Ratsuchenden, die noch nicht die Voraussetzungen für eine betriebliche Ausbildung erfüllen, ist die Beratungsstelle auf geeignete Hilfsangebote angewiesen. An erster Stelle sind in diesem Zusammenhang Maßnahmen der Arbeitsverwaltung wie z.B. berufsvorbereitende Maßnahmen und außerbetriebliche Ausbildungsplätze zu nennen. Nachdem entsprechende Angebote in den vergangenen Jahren bundesweit stark ausgebaut wurden, ist aufgrund der aktuellen Haushaltssituation der Bundesanstalt für Arbeit abzusehen, daß dieses Niveau nicht gehalten werden kann. In dieser Lage ist kaum daran zu denken, Angebotslücken für bestimmte Zielgruppen zu schließen. Da Kommunen, soweit sie selbst als Maßnahmenträger auftreten, versuchen, zumindest einen Teil der Kosten über die Arbeitsverwaltung zu refinanzieren, ist auch von dieser Seite kein hinreichender Ersatz zu erwarten.
Der Anspruch, für jeden Ratsuchenen einen individuellen Förderplan auszuarbeiten, läßt sich deshalb nur mit Abstrichen verwirklichen. Unvermeidbar werden immer wieder einzelne Jugendliche in Lehrgänge aufgenommen, in denen nicht in adäquater Weise auf die spezifischen Problemlagen eingegangen werden kann. Hierin ist m.E. einer der wichtigsten Gründe für sog. "Maßnahmekarrieren" (vgl. Lex 1997, 238 ff) zu sehen, bei denen Jugendliche eine Reihe von Lehrgängen durchlaufen, ohne ihrem Ziel, einer Ausbildung oder einer Arbeitsstelle auf dem ersten Arbeitsmarkt, näher zu kommen.

2.5 Ausbildungsmarkt

Seit die Zahl der Bewerber das Ausbildungsplatzangebot bei weitem übersteigt, ist es für unsere Zielgruppe noch schwieriger geworden, eine Lehrstelle zu finden. Jugendliche ohne Hauptschulabschluß werden selbst in den wenigen Berufszweigen mit Bewerbermangel (wie z.B. im Lebensmittelhandwerk) kaum noch berücksichtigt. Ebenso finden sich nur noch wenige Betriebe bereit, Jugendlichen, die aufgrund von Schulnoten oder auch wegen ihres persönlichen Auftretens Schwierigkeiten befürchten lassen, eine Chance zu geben. Dazu kommen steigende Anforderungen in vielen Berufen, die dazu führen, daß Hauptschüler durch Realschüler, Realschüler durch Abiturienten verdrängt werden. Besonders betroffen sind weibliche Jugendliche, da der Bewerberandrang gerade in den von Mädchen immer noch bevorzugten Berufen in Büro, Verwaltung und Verkauf besonders groß ist. Entsprechend gewachsen ist die Arbeitsbelastung in unserer Beratungsstelle. Bei zunehmender Nachfrage nach Unterstützung steigt gleichzeitig der im Einzelfall zu leistende Aufwand, weil sich die Jugendlichen bei einer Vielzahl von Betrieben bewerben müssen, um überhaupt

Aussicht auf Erfolg zu haben, und Frustrationen bei Absagen aufgefangen werden müssen.

3. Handlungsspielräume

Die skizzierten Rahmenbedingungen machen deutlich, wie weit die Arbeit unserer Beratungsstelle in Verwaltungshandeln eingebunden ist. Mehr noch: In der täglichen Praxis müssen zum Teil einander widersprechende Erwartungen und Interessenlagen unterschiedlicher Adressaten berücksichtigt werden. Wir ergreifen Partei für unsere Klienten, müssen aber auch die steigenden Anforderungen in vielen Berufen sehen, die auf dem Ausbildungsmarkt zu einer verschärften Selektion führen. Wir motivieren zu einer Ausbildung Jugendliche, die weit lieber als ungelernte Kräfte arbeiten würden, aber wissen, daß für diesen Personenkreis immer weniger Chancen auf dem Arbeitsmarkt bestehen. Mit Blick auf die Legitimation unserer Arbeit innerhalb der Kommune und gegenüber dem Land als Geldgeber freuen wir uns über jeden Klienten, der einen Ausbildungsplatz ergattern kann, obwohl ein frühzeitiger Ausbildungsabbruch oft schon vorprogrammiert ist. Im Interesse ihrer Bürger und zur Sicherung des Wirtschaftsstandorts engagiert sich die Kommune im Kampf gegen steigende Arbeitslosigkeit, sieht sich aber durch die Kostenentwicklung zunehmend zur Konzentration auf eine bestimmte Teilgruppe, arbeitslose Sozialhilfeempfänger und -empfängerinnen, gezwungen.
Welcher Raum bleibt unter diesen Bedingungen für die "Arbeit am Fall" und welche Rolle kann Psychoanalytische Pädagogik dabei spielen? Ich möchte diese Frage auf einen für unsere Arbeit besonders bedeutsamen Aspekt eingrenzen: Wie weit kann Psychoanalytische Pädagogik Aufschluß darüber geben, wie und auf welche Weise sich in der Beratung Verhaltensänderungen bei den Klienten der Anlaufstelle erzielen lassen? Welche Prozesse laufen ab, wenn es Jugendlichen gelingt, sich stärker auf die Anforderungen einzulassen, die den Übergang in Beruf und Arbeitsleben kennzeichnen? Die entwicklungspsychologischen Aspekte dieser Problemstellung erfordern einen interdisziplinären Ansatz. Wegweisend sind m.E. in diesem Zusammenhang Verbindungen zwischen Psychoanalyse und genetischer Psychologie, wie sie im Rahmen eines von Leber geleiteten Projekts herausgearbeitet wurden (vgl. Leber 1989; 1990; Keimig 1986; Krebs 1988; Weber 1988; Dohmen-Burk 1992; Katzenbach 1992; Heinrich 1994). Wie weit ein solcher Zugang in einem Praxisfeld zum Tragen kommen kann, das wie die hier vorgestellte Beratungsstelle durch starke Handlungszwänge geprägt ist, soll anhand von zwei Fallbeispielen untersucht werden.

4. Fallschilderungen

4.1 Sonja

Sonja kam in die Sprechstunde, als ich für meine Kollegin, welche die junge Frau bereits seit über einem Jahr beriet, die Urlaubsvertretung übernommen hatte. Auf deren Rat hatte Sonja eine berufsvorbereitende Maßnahme absolviert, aber trotz mehrerer Betriebspraktika und eines relativ guten Hauptschulabschlusses keinen Ausbildungsplatz erhalten. Da sie angab, unter Bulminie zu leiden, wurde zudem der Kontakt zu einem Therapeuten hergestellt.

Es waren vor allem ihre persönlichen Lebensumstände, die dazu geführt hatten, daß sie keinen nahtlosen Übergang von der Schule ins Berufsleben fand. Nach der Scheidung der Eltern lebte sie zuerst beim Vater in München. Dort besuchte sie eine Berufsfachschule, die sie vorzeitig verließ, um nach Ludwigshafen zu ihrer Mutter zu ziehen. Als Grund für diesen Entschluß gab sie an, ihr Vater habe damals eine Beziehung zu einer alkoholabhängigen Frau aufgenommen. Darauf habe sie ihn vor die Wahl gestellt, sich zwischen Tochter und Freundin zu entscheiden. Nach kurzer Zeit brach Sonja auch mit der Mutter, die unter sehr schwierigen materiellen Bedingungen in einer Obdachlosenunterkunft lebte. Sie bezog eine eigene Wohnung und schloß sich einer Gruppe von Punkern an, von denen sie sich aber im Laufe der Beratung distanzierte. Ihren Lebensunterhalt bestritt sie durch Sozialhilfe.

Beim ersten Gespräch, das ich mit Sonja führte, war sie verzweifelt, weil sie mit inzwischen 19 Jahren keinerlei berufliche Perspektive für sich sah. Ihr Wunsch, eine Ausbildung als Kauffrau im Einzelhandel zu absolvieren, schien ihr unerfüllbar, da die Ausbildungsvergütung ihr bei weitem nicht für ihren Lebensunterhalt ausreichte. Ich empfahl ihr dennoch eine Ausbildung, da sich ihre finanzielle Situation als Sozialhilfeempfängerin auf absehbare Zeit nicht ändern würde, und versprach ihr, sie bei Bewerbungen wie auch bei einem späteren Antrag auf Berufsausbildungsbeihilfe und gegebenenfalls ergänzende Sozialhilfe zu unterstützen. Hierbei konnte ich auf das schon erwähnte Zuschußprogramm zur Förderung der betrieblichen Ausbildung von jungen Sozialhilfeempfängern und -empfängerinnen verweisen. Nach zahlreichen Telefonaten war schließlich eine kleine Einzelhandelsfirma gefunden, in der man Sonja nach einem Vorstellungsgespräch einen Ausbildungsplatz anbot.

Nach einigen Wochen zeichneten sich erste Probleme am Arbeitsplatz ab. Sonja klagte über fehlende Anerkennung ihrer Leistungen. Außerdem war

sie der Arbeit bereits mehrfach wegen ihres chronisches Magenleiden ferngeblieben, das sich, wie sie betonte, in Streßsituationen verschlimmere.
Zufällig war ich wieder als Vertretung zuständig, als Sonja völlig aufgelöst in der Beratungsstelle erschien. Weinend berichtete sie, der Geschäftsinhaber gebe ihr ständig zu verstehen, daß er ihr nichts zutraue. Sie werde dadurch immer nervöser. Inzwischen unterliefen ihr deshalb tatsächlich häufig Fehler, worauf sie als unfähig hingestellt werde. Sonja entwarf von ihrem Arbeitgeber das Bild eines in höchstem Maße cholerischen Menschen, der seine Umgebung in Angst und Schrecken versetze. Obwohl die Kritik in ihren Augen ungerechtfertigt war, äußerte sie zugleich tiefe Selbstzweifel. Auch die Berufsschule fürchtete sie nicht schaffen zu können. Kurz: sie wollte die Ausbildung unverzüglich abbrechen.
Die Überzeugungskraft, mit der sie die Situation schilderte, machte es mir leicht, mich in ihre Lage zu versetzen, und ich fragte mich, ob ihr Arbeitgeber keinerlei Gespür für ihre Empfindsamkeit und Verletzbarkeit besaß. Bald keimte jedoch auch Verärgerung über Sonjas Verhalten in mir auf. Wie ich im weiteren Gesprächsverlauf zu ahnen begann, hatte sie anscheinend doch einiges selbst dazu beigetragen, ihren Arbeitgeber gegen sich aufzubringen. So beklagte sie sich über Überstunden, die ihr nicht angerechnet würden. Wie sich jedoch herausstellte, wurden ihr für Behördengänge, z.B. im Zusammenhang mit dem Antrag auf Berufsausbildungsbeihilfe und der Neuberechnung ihrer Sozialhilfe, Freiräume zugestanden, die sie ausgiebig nutzte. Auf meinen Hinweis, daß der Arbeitgeber ihr damit doch sehr entgegenkomme, reagierte sie überrascht. Unzufrieden mit meinen zwiespältigen Gefühlen, entschloß ich mich zu einer Intervention, die uns wieder der Realität näher bringen sollte und äußerte die Vermutung, daß sie ihre Situation zu schwarz malte. Deshalb schlug ich ein klärendes Gespräch zwischen ihr, dem Arbeitgeber und meiner Kollegin vor.
Wie meine Kollegin berichtete, bewahrheiteten sich Sonjas Befürchtungen in keiner Weise. Der Geschäftsinhaber erklärte, Sonja sei den Anforderungen der Ausbildung offensichtlich gewachsen. Wenn er gelegentlich einen rauhen Ton wähle, solle sie sich das nicht zu Herzen nehmen. Auch die Noten in der Berufsschule waren größtenteils befriedigend oder gut. Sonja war sichtlich erleichtert. Es wurde vereinbart, daß sie einmal wöchentlich in die Sprechstunde kommen solle, um eine ständige Rückkoppelung zu gewährleisten. Auch mit dem Arbeitgeber wurde ein regelmäßiger Austausch abgesprochen.

Gegen Ende des ersten Ausbildungsjahres spitzte sich die Situation am Ausbildungsplatz jedoch erneut zu. Sonja erklärte, die zynische Kritik ihres Chefs nicht länger ertragen zu können. Gleichzeitig stellte sich heraus, daß sie in den letzten Monaten bei jeder Regelblutung mehrere Tage zu Hause geblieben war. Aktuell war sie erneut wegen ihres Magenleidens

krank geschrieben. Da sie sich nicht traute, wieder an ihren Ausbildungsplatz zurückzukehren, wollte sie ihren Urlaub vorziehen. Diese Bitte sollte meine Kollegin für sie vortragen. Im übrigen erklärte sie, daß ihr sowohl ihre Bekannten wie auch ihr Vater und ihre Hausärztin zum Abbruch der Lehre rieten. Außerdem warf sie ihrem Arbeitgeber eine ganze Reihe von Verfehlungen vor; angeblich suche er regelmäßig Prostituierte auf.
Meine Kollegin machte deutlich, daß keiner ihrer Ratgeber ihr helfen werde, eine neue Lehrstelle zu finden. Weiterhin zeigte sie auf, daß Sonja bislang bei Problemen immer wieder die Flucht ergriffen hatte. Als sie in diesem Zusammenhang betonte, daß wir bislang bei ihr immer von einem erfolgreichen Abschluß der Ausbildung ausgegangen seien, rief sie aus: "Dann habe ich Sie jetzt eben enttäuscht!" Das Gespräch schloß mit der Feststellung, daß Sonja sich selbst entscheiden müsse: Wenn sie die Arbeitsaufnahme jetzt weiter hinauszögere, würde das auf jeden Fall das Ende der Ausbildung bedeuten.
Ein Anruf im Betrieb in der folgenden Woche ergab, daß Sonja sich tatsächlich ein Herz gefaßt und an ihren Ausbildungsplatz zurückgekehrt war. Der Arbeitgeber war zwar über die häufigen Fehlzeiten und die ständigen Konflikte verärgert, hatte aber an ihrer Arbeit nicht mehr auszusetzen, als er von früheren Auszubildenden gewohnt war. Sonja selbst erklärte beim folgenden Gesprächstermin, sie habe sich klargemacht, daß sie in einem halben Jahr bereits die Hälfte der Ausbildung geschafft haben würde. In früheren Jahren hätte sie allerdings aufgegeben. Die Entscheidung, durchzuhalten, habe sie nur treffen können, weil sie aus früheren Erfahrungen gelernt habe.

4.2 Werner

Werner, ein in Deutschland aufgewachsener Jugendlicher, dessen Familie aus dem ehemaligen Jugoslawien stammt, kam zunächst in Begleitung eines Freundes in die Beratungsstelle. Dem Vorbild des Freundes folgend, wollte er ebenfalls einen Ausbildungsplatz als Maler und Lackierer suchen. Zu Beginn der Beratung lebte Werner ohne eigenes Einkommen bei seiner Mutter, die nach dem Tod ihres Mannes ihre Rente durch eine Tätigkeit als Serviererin aufbesserte.

Da es vielen Klienten erfahrungsgemäß auch bei gängigen Berufen schwer fällt, Tätigkeitsprofile zu persönlichen Voraussetzungen und Neigungen in Beziehung zu setzen, bat ich ihn, näher zu schildern, was ihm an der Arbeit eines Malers besonders gefalle. Es schien jedoch kaum möglich, im Gespräch mit ihm längere Zeit bei einem Thema zu bleiben. Er rutschte unruhig auf dem Stuhl hin und her, streifte die Frage nach den Arbeitsinhalten nur kurz, indem er bemerkte, daß Anstreichen Spaß mache, und noch

ehe ich mich erkundigen konnte, ob er selbst bereits einmal tapeziert habe, war er schon bei der Ausbildungsvergütung angelangt, die er dazu nutzen wollte, sich eine eigene Wohnung zu nehmen.
Trotz seines Alters - er war zu diesem Zeitpunkt 17 Jahre alt - wirkte Werner mit der vertrauensvollen Erwartungshaltung, die er mir gegenüber zeigte, fast kindlich. Für ihn war es gar keine Frage, daß er mit meiner Unterstützung eine Lehrstelle finden würde. Daß er die Hauptschule mit der 7. Klasse verlassen und ein Jahr in einer Jugendhilfeeinrichtung verbracht hatte, was auf jeden Fall bei potentiellen Arbeitgebern Mißtrauen wecken mußte, gab ihm überhaupt nicht zu denken. Wichtig war für ihn, daß er einen Beruf lernen wollte, um sich aus seinem Bekannntenkreis, der überwiegend bereits mit dem Gesetz in Konflikt geraten war, zu lösen. Als ersten Schritt vereinbarten wir einen Termin bei seiner Berufsberaterin, von dem er freudestrahlend mit einigen Bewerbungsvorschlägen zurückkehrte. Sogleich malte sich aus, wie er sich in einem der genannten Betriebe vorstellen werde. Das Ergebnis stand für ihn schon fest. In seiner Phantasie erklärte der Malermeister auf Anhieb: "Werner, dich nehme ich."
Die Bewerbungsunterlagen mit Werner gemeinsam zu erstellen, erwies sich als sehr mühseliges Unterfangen. So überließ er mir die Formulierung des Anschreibens weitgehend alleine, konnte die Stationen seines schulischen Werdegangs in ihrer zeitlichen Abfolge kaum rekonstruieren und hatte seine Schulzeugnisse verloren bzw. unauffindbar verlegt. Vor allem aber fielen ihm immer wieder neue Probleme wie z.B. seine abgelaufene Aufenthaltserlaubnis ein, für die ich in seinen Augen nun anscheinend ebenfalls zuständig war.

Bei dem Enthusiasmus, mit dem Werner den Antworten auf seine Bewerbungen entgegensah, war die Enttäuschung um so größer, als er von allen Seiten Absagen erhielt. Da er kaum Chancen auf einen betrieblichen Ausbildungsplatz hatte, wandte ich mich an die Berufsberaterin. Darauf wurde mir mitgeteilt, daß Werner wegen seines schwierigen sozialen Hintergrunds und seiner Verhaltensprobleme nicht zum Personenkreis der von der Berufsberatung zu fördernden Jugendlichen gehöre; wir sollten uns deshalb an die Jugendhilfe wenden. Nachfragen bei der Kollegin, die seinerzeit bereits die Heimaufnahme veranlaßt hatten, ergaben, daß auch von dieser Seite kaum noch Fördermöglichkeiten gesehen wurden. So war der Heimaufenthalt auf Werners eigenen Wunsch abgebrochen worden, weil er sich in der angeschlossenen Schule überfordert fühlte und er außerdem Heimweh hatte.

Die nächsten Monate vergingen mit vergeblichen Bemühungen, die Aufnahme in eine Bildungs- und Beschäftigungsmaßnahme bei einem Bildungsträger zu erreichen, der bei der beruflichen Integration von Jugendlichen und jungen Erwachsenen sehr erfolgreich arbeitet. Beim ersten An-

lauf gelang es ihm nicht, den zuvor mit meiner Hilfe vereinbarten Termin für ein Informationsgespräch wahrzunehmen, weil er die angegebene Straße nicht fand.
Darauf verstrich einige Zeit, da Werner sich auch bei mir eine Weile nicht meldete. Den nächsten Termin verpaßte Werner, weil er sich darauf verlassen hatte, daß ihn ein Bekannter mit dem Auto hinfahren werde, der ihn aber im Stich ließ. Wie er mir ausführlich schilderte, hatte er daraufhin dem Anleiter, bei dem er sich auf der Baustelle vorstellen sollte, auf dem Anrufbeantworter telefonisch angekündigt, am nächsten Tag zur gleichen Zeit wiederzukommen. Diesmal fand er sich sogar eine halbe Stunde vorher ein und wartete bei winterlichen Temperaturen über eine Stunde, leider ohne Ergebnis, da an diesem Tag nicht an der Baustelle gearbeitet wurde. Schließlich mußte das gesamte Vorhaben zurückgestellt werden, weil sich herausstellte, daß Werner entgegen seinen eigenen Angaben noch gar nicht arbeitslos gemeldet war und damit eine wichtige formale Voraussetzung - die Teilnehmer mußten mindestens drei Monate arbeitslos gemeldet sein - nicht erfüllte.

Überraschend wurde Werner kurz darauf von der Berufsberatung ein Platz in einer außerbetrieblichen Ausbildungsmaßnahme angeboten. Da es sich um eine Ausbildung als Maler und Lackierer handelte, sagte Werner ohne zu zögern zu. In den kommenden Wochen vor Beginn der Maßnahme suchte er noch mehrmals unsere Beratungsstelle auf und sprach jedesmal mit freudiger Erwartung von der bevorstehenden Ausbildung.
Schon bald nach Ausbildungsbeginn wurde sein Optimismus gedämpft. Es zeigte sich, daß Werner, der inzwischen eine eigene Wohnung bezogen hatte, kaum den Alltag bewältigen konnte. Unterlagen für den Antrag auf Berufsausbildungsbeihilfe waren Monate lang nicht zu beschaffen. Mietrückstände mußten vom Sozialamt übernommen werden. Wegen Behördengängen ließ sich Werner häufig vom Unterricht befreien, verließ den Unterricht aber auch oft eigenmächtig. Dazu kamen unentschuldigte Fehlzeiten. Besonders entrüstete es Werner, daß ihm Tage, an denen er erst sehr spät am Unterrichtsort eintraf, überhaupt nicht angerechnet wurden.
Auch während der Ausbildung hielt Werner den Kontakt zu mir aufrecht. Bei seinen Besuchen ließ er lange Schimpfkanonaden über die in seinen Augen schlechte Behandlung durch die Angestellten des Bildungsträgers los, die sich angeblich gar nicht wie "richtige" Sozialarbeiter verhielten; sonst würden sie ihm viel mehr helfen. Er zeigte keinerlei Verständnis dafür, daß man ihm Unzuverlässigkeit vorwarf. Obwohl sich nach wenigen Monaten abzeichnete, daß er die Ausbildung nicht schaffen würde, reagierte er auf die zum Ende des ersten Jahres ausgesprochene Kündigung mit Wut und Empörung.

Um Werner nicht völlig auf sich allein gestellt zu lassen, wurde mit seinem Einverständnis beantragt, ihn in die mobile Betreuung des Jugendamtes aufzunehmen. Als Bedingung für eine Verlängerung der zunächst auf drei Monate befristeten Betreuung wurde festgelegt, daß Werner in dieser Zeit die Bereitschaft erkennen lassen müsse, bei der Organisation seines Alltags aktiv mitzuarbeiten. Aber auch dieses Ziel war nicht erreichbar. Bezeichnend für Werners extrem kindliche Bedürfnisse scheint mir ein Vorfall, den eine Kollegin des sozialen Dienstes schilderte: Während eines Besuchs fiel Werners Blick auf einen Schokoladenikolaus auf ihrem Schreibtisch, den sie ihm daraufhin schenkte. Werner nahm das Geschenk freudestrahlend entgegen und erklärte gerührt, er habe noch nie im Leben einen Nikolaus bekommen.

5. Deformierende Assimilation als Schlüsselbegriff der Interpretation

Beiden Jugendlichen gemeinsam sind Probleme bei der Einschätzung der äußeren Realität und ihrer eigenen Möglichkeiten. Für die Beratung reicht es daher nicht aus, sich an schulische Voraussetzungen, Interessen und Neigungen oder auch weniger greifbare persönliche Qualifikationen wie Auftreten und Selbständigkeit zu halten. Mindestens ebenso wichtig ist die Frage, wie die ratsuchende Person sich selbst sieht und wie flexibel sie neue Anforderungen, wie hier beim Eintritt ins Erwerbsleben, integrieren kann. Dieser Aspekt läßt sich m.E. treffend mit Piagets Konzept der komplementären Prozesse von Assimilation und Akkommodation fassen.
Als Assimilation bezeichnet Piaget (1936, 52 ff.) die jedem Organismus eigene Tendenz, Verhalten, angefangen von Reflexen bis hin zu komplexen intelligenten Handlungen, zu reproduzieren. Deutlich wird diese Neigung an der Ausdauer, mit der vor allem jüngere Kinder einmal erworbene Fähigkeiten immer wieder neu erproben. Die Tendenz zur Wiederholung führt zwangsläufig dazu, neue Objekte einzubeziehen. Dadurch werden Modifikationen notwendig, so z.B. wenn der Säugling nacheinander Gegenstände unterschiedlicher Form und unterschiedlichen Gewichts greift. Hier kann analytisch der Aspekt der Akkommodation unterschieden werden, d.h. die Tendenz, sich auf die Besonderheiten des Objekts einzustellen, die von einer leichten Variation bis hin zur Entwicklung neuer Vorgehensweisen reicht.
Als extreme Formen, bei denen die Assimilation einseitig überwiegt, hat Piaget das Spiel des Kindes und den Traum beschrieben. In diesen Fällen wird die Wirklichkeit den Bedürfnissen des Subjekts untergeordnet. Die Aneignung der Objekte erfolgt in einer deformierenden Weise (vgl. Piaget 1945, 208).

Wichtig für die Interpretation der Fallbeispiele ist der Begriff des Schemas. Hierunter versteht Piaget ein Handlungsmuster oder Konzept, das sich als Resultat der Assimilations- und Akkommodationstätigkeit herausbildet und das Verhalten in analogen Situationen lenkt. Man kann auch von einem Plan sprechen, der jedoch nicht immer bewußt ist. Schemata sind unter günstigen Umständen für weitere Entwicklungsprozesse offen. Für uns sind aber gerade die Fälle relevant, in denen Verhaltensmuster sich starr gegen jede Veränderung abschließen. Piaget hat diese Möglichkeit in seiner Auseinandersetzung mit Freuds Theorie des Unbewußten explizit im Zusammenhang mit Übertragungsprozessen hervorgehoben. Hier schreiben emotional begründete Blockierungen Verhalten, z.B. gegenüber Autoritätspersonen, auf frühkindliche, meist in der Interaktion mit den Eltern erworbene Muster fest.

5.1 Die Gesellschaft ist keine Familie

Für Kinder und Heranwachsende kann es eine sehr schmerzliche Erfahrung sein, daß Beziehungsmuster in gesellschaftlichen Institutionen, mit denen sie im Zuge der sekundären - und vor allem der beruflichen Sozialisation - konfrontiert werden, nicht den stark emotional geprägten Charakter besitzen, der ihnen von der Familie her vertraut ist (vgl. Mendel 1992). Das gilt vor allem dann, wenn die Familie nicht in der Lage war, Schutz und Geborgenheit zu vermitteln. Gerade in diesem Fall wird das Verhalten von Personen in Schule, Beruf etc. auf der Basis der Erfahrungen gedeutet, die in der Interaktion mit den Eltern oder auch anderen zentralen Bezugspersonen erworben wurden.

Die Folge sind äußerst starre Verhaltensmuster, die sich bei Sonja besonders deutlich zeigen. Selbst wenn man zugesteht, daß ihr Arbeitgeber Kritik vielleicht nicht immer feinfühlig zum Ausdruck brachte, sticht doch die verzerrte Form, in der sie die Ausbildungsbedingungen und ihre Leistungen in der Berufsschule schilderte - und, wie wir annehmen müssen, auch wahrnahm -, mit aller Deutlichkeit hervor. In ihrer Darstellung wird ihr Chef zu einem jähzornigen Tyrannen. Bezeichnenderweise kann das klärende Gespräch in den ersten Monaten der Ausbildung nur vorübergehend das von ihr entworfene Bild korrigieren. Am Ende des ersten Ausbildungsjahres hat das ursprüngliche Deutungsmuster - auf der einen Seite der sadistische Arbeitgeber, auf der anderen Seite sie als hilfloses Opfer - wieder die Oberhand gewonnen. Gleichzeitig trägt Sonja durch häufige Fehlzeiten maßgeblich dazu bei, daß ihr Arbeitgeber ihre Ausbildung zunehmend belastend empfindet.
Ein Sinn läßt sich diesem Verhalten nur abgewinnen, wenn man frühere Erfahrungen mit einbezieht, die in Sonjas Darstellung als Kette von ent-

täuschten Hoffnungen erscheinen: das Auseinanderfallen der Familie, die Unzuverlässigkeit des Vaters, der sich gegen die Tochter für die Beziehung zu einer Alkoholikerin entscheidet, die Mutter, die ihr schon wegen ihrer eigenen schlechten materiellen Situation keinen Halt geben kann, und schließlich die Gruppe von Punkern, bei denen zumindest in ihren Augen engere Freundschaften nicht möglich sind.
Gemeinsam ist all diesen Erfahrungen das gleiche Grundmuster: Auf der Suche nach festen Bindungen muß sie immer wieder feststellen, daß die Menschen, an die sie sich klammert, sie entweder im Stich lassen oder nicht in der Lage sind, sie in der erhofften Weise zu stützen. Man kann leicht nachvollziehen, daß Sonja unter diesen Umständen das Vertrauen in die Stabilität sozialer Beziehungen verlor bzw. erst gar nicht erwerben konnte.

Schwerer verständlich ist dagegen ihr Verhalten in einer solch formalisierten Situation, wie sie ein Ausbildungsverhältnis darstellt. Auch wenn die Übergänge zwischen schulischer und beruflicher Sozialisation zunehmend fließend werden und Jugendliche ähnliche Erwartungen an Vorgesetzte herantragen mögen wie zuvor an Lehrer und Lehrerinnen, handelt es sich doch überwiegend um sachlich vermittelte Beziehungen, bei denen emotionale Aspekte stark zurücktreten. Sonja interpretierte die Situation am Arbeitsplatz dagegen von Anfang an nach dem Muster enger, stark affektiv gefärbter sozialer Beziehungen und dehnt die Angleichung des Arbeitgebers an den als unzuverlässig erlebten Vater sogar auf den privaten Bereich aus. Analog zu der Beziehung, die der Vater mit einer Alkoholikerin einging, werden dem Arbeitgeber Kontakte zu Prostituierten unterstellt.

An anderer Stelle habe ich solche mit zwanghafter Gleichförmigkeit ablaufende Muster in Anlehnung an Piaget als deformierende Assimilation bezeichnet (vgl. Dohmen-Burk 1992, 10). D.h. die aktuelle Situation wird nach dem Muster vorgängiger Erfahrungen interpretiert. Die Deformation beschränkt sich jedoch nicht nur auf die Wahrnehmung, sondern die betreffende Person trägt aktiv dazu bei, daß neue Beziehungen sich schon bald dem negativen, aber vertrauten Muster angleichen. So provoziert Sonja ihren Arbeitgeber immer wieder durch Sonderrechte, die sie für sich in Anspruch nimmt.
Das hier skizzierte Erklärungsmodell bietet den Vorteil, daß eingeschliffene Verhaltensmuster ohne Rekurs auf metapsychologische Konstrukte als Versuch verstanden werden können, neue Situationen mit bekannten Strategien zu bewältigen. Der Gewinn besteht in einer vordergründigen Ökonomie. Indem das Individuum an den bekannten Schemata festhält, erspart es sich die für eine Anpassung an aktuelle Gegebenheiten erforderlichen Anstrengungen. Hier wird deutlich, daß jedes Verhalten eine kognitive und eine affektive Seite hat, wie Piaget (1954) sehr prägnant herausgearbeitet

hat. Verhaltensänderungen bergen stets ein Moment der Unsicherheit in sich und können damit Ängste auslösen bzw. bestehende Ängste verstärken.
Für die Beratungsarbeit folgt daraus, daß es ein zum Scheitern verurteiltes Unterfangen wäre, solche Klienten direkt auf die Unangemessenheit ihres Verhaltens hinzuweisen oder aussichtsreichere Strategien zu präsentieren. Wir können uns aber die Verknüpfung von kognitiven und affektiven Prozessen zu Nutze machen und in der sozialen Interaktion ein Klima schaffen, das es dem Klienten erlaubt, sich für neue Erfahrungen zu öffnen. So machte die Beraterin es Sonja durch ihre Anwesenheit überhaupt erst möglich, ihrem Arbeitgeber Raum zur Darstellung seiner Sichtweise zu geben.

In seinem Werk über die "Äquilibration der kognitiven Strukturen" beschreibt Piaget (1975) für den kognitiven Bereich unterschiedliche Möglichkeiten, auf neue Erfahrungen zu reagieren, die bislang dominierenden Schemata zuwiderlaufen. Die einfachste Reaktion besteht darin, die betreffenden Aspekte der Wirklichkeit auszublenden. Bei einem zweiten Reaktionstyp geben neu in den Blick geratene Gegebenheiten von Fall zu Fall Anlaß zu einer Anpassung des Verhaltens, ohne aber zu einer durchgreifenden Umstrukturierung zu führen. D.h. die Eigenschaften des Objekts, die sich einer bruchlosen Aneignung widersetzen, wirken als Störungen, die das vertraute Assimilationsschema immer wieder aufs neue in Frage stellen. Erst bei einem dritten Reaktionstyp werden die zugrunde liegenden Schemata so erweitert, daß neue Inhalte vorhergesehen werden können und dadurch ihren störenden Charakter verlieren. Damit wird ein bewegliches und zugleich stabiles Gleichgewicht erreicht, das für eine weiterführende Entwicklung offen ist. Piaget spricht deshalb von einer fortschreitenden Äquilibration.

Nach diesem Modell läßt sich m.E. auch der Entwicklungsprozeß begreifen, der sich bei Sonja auf der Ebene der sozialen Beziehungen abzuzeichnen beginnt. Vor dem Hintergrund enttäuschender sozialer Beziehungen konnte sie das idealisierte Modell einer fürsorglichen, ihr bedingungslos zugewandten Elternfigur nicht durch ein differenzierteres Bild ersetzen. Alle Personen, die sich dem Idealbild nicht fügten, erlebte sie als zurückweisend. Aufgrund dieses Alles-oder-nichts-Prinzips konnte sie positive Reaktionen ihres Arbeitgebers nicht aufnehmen. Weil jedes Lob das klischeehafte Bild in Frage gestellt hätte, schien es ihr geradezu eine Genugtuung zu sein, immer wieder Beweise für seine angebliche Gemeinheit zu finden. Trotz der Sehnsucht nach Anerkennung mußten diesem Muster zuwiderlaufende Erfahrungen in ähnlicher Weise als Störung wirken, wie die noch nicht integrierbaren Aspekte eines gegenständlichen Objekts in Piagets Modell des Äquilibrationsprozesses.

Wie meine erste Reaktion auf Sonjas Schilderung ihrer Situation am Ausbildungsplatz zeigt, gelang es ihr zunächst, mich so weit zu vereinnahmen, daß ich geneigt war, ihre einseitige Sichtweise zu übernehmen. Gleichzeitig löste sie bei mir jedoch auch Mißtrauen und Verärgerung aus. Hier lassen sich leicht Übertragungs- und Gegenübertragungsreaktionen erkennen. In diesem Zusammenhang muß hervorgehoben werden, daß gerade die Grenzen, auf die wir durch die schwierige Ausbildungsmarktsituation täglich in unserer Arbeit stoßen, eine unreflektierte Parteinahme für unsere Klienten begünstigen, die allerdings auch leicht in Schuldzuweisungen an die Jugendlichen umschlagen kann. Erst in dem Maße, in dem es mir selbst gelang, meine zwischen diesen Extremen schwankenden Gefühle zurückzustellen, konnte ich bei Sonja die Bereitschaft wecken, sich auf eine Aussprache mit dem Betriebsinhaber einzulassen und damit eine Klärung der Standpunkte zu ermöglichen.
In dem von meiner Kollegin vermittelten Gespräch gelang es Sonja, das eindimensionale Raster, das ihr Denken bis dahin beherrscht hatte, zu durchbrechen. Zumindest konnte sie nun die Erfahrung zulassen, daß ihr Arbeitgeber trotz der gelegentlich von ihm geäußerten Kritik nicht nur bereit war, das Ausbildungsverhältnis fortzusetzen, sondern überdies ein insgesamt positives Bild von ihr zeichnete. Mit der Integration scheinbar widersprüchlicher Anteile des Interaktionspartners, die unter günstigeren Umständen in den Frühphasen der Entwicklung erfolgt, sieht Ciompi (1982) die Merkmale einer fortschreitenden Äquilibration erfüllt. Allerdings scheint dieses erweiterte Schema bei Sonja noch sehr brüchig zu sein. Die trotzige Bemerkung am Ende des ersten Ausbildungsjahres, daß sie ihre Beraterin nun eben enttäuscht habe, läßt noch einmal in einer sehr krassen Weise infantile Anteile hervortreten. Gleichzeitig zeigt die Heftigkeit der Reaktion aber auch, daß die Beraterin für sie zu einer wichtigen Bezugsperson geworden ist. Nur so kann auch der Appell an ihre Fähigkeit zu selbstverantwortlichem Handeln auf fruchtbaren Boden fallen. Bestätigt wird diese Deutung durch Sonjas Selbstreflexion nach der Rückkehr an ihren Ausbildungsplatz. So distanziert sie sich ausdrücklich von früheren Tendenzen, bei Konflikten die Flucht zu ergreifen, und signalisiert damit die Bereitschaft, sich auch unangenehmen Erfahrungen zu stellen.

5.2 Verzerrte Kommunikation - Grenzen der Beratung

Obgleich Werners Verhalten chaotisch wirkt, läßt sich auch hier ein Grundthema erkennen, das mit einer vereinseitigenden, deformierenden Assimilation der Wirklichkeit einhergeht und das seine Reaktionen gegenüber Erwachsenen prägt: das Bedürfnis nach Anlehnung und einer Form der Unterstützung, die einer umfassenden Versorgung gleichkommt.

Werner konnte offensichtlich nicht lernen, seine Angelegenheiten selbst in die Hand zu nehmen, weil er voraussetzt, daß andere sich um ihn kümmern. Nach Auskunft des Jugendamtes wuchs er unter extrem vernachlässigenden Bedingungen auf. Nach dem frühen Tod des Vaters war die Mutter mit der Erziehung heillos überfordert und überließ die Kinder weitgehend sich selbst. Für Werner bedeutet deshalb jeder Erwachsene, der sich mit ihm beschäftigt, eine neue Hoffnung, endlich die bedingungslose Zuwendung zu finden, die seinem in affektiver Hinsicht noch sehr kindlichen Entwicklungsstand entspricht. Wie viel er hierbei nachzuholen hat, kommt wohl nirgends plastischer zum Ausdruck als an der Freude, mit der er auf den geschenkten Nikolaus reagiert. Allerdings würde man ihm nicht gerecht, wenn man in ihm nur ein Kind sähe. Er selbst legt großen Wert darauf, mit anderen Heranwachsenden aus seiner sozialen Bezugsgruppe mitzuhalten und z.B. mit seinem älteren Bruder nach Frankfurt zu fahren, dort einschlägige Discos zu besuchen und auch entsprechend Geld auszugeben.

Besonders deutlich wird bei Werner ein hervorstechendes Merkmal der deformierenden Assimilation, die Zentrierung auf die eigenen Bedürfnisse. Die Frage nach Gefühlen, Intentionen und sachlichen Erwägungen, die das Verhalten des Interaktionspartners beeinflussen könnten, kann dadurch erst gar nicht ins Blickfeld geraten. Daraus resultiert eine Erwartungshaltung, die keinen Bruch zwischen Wunsch und Wirklichkeit kennt. Charakteristisch ist in diesem Zusammenhang Werners Reaktion auf die Bewerbungsvorschläge, die er von der Berufsberaterin erhält. Daß er unter Umständen bei einem Vorstellungsgespräch Fragen beantworten oder sich gar gegen Mitbewerber behaupten muß, kommt ihm erst gar nicht in den Sinn. Mir drängte sich bei dieser Szene der Gedanke auf, daß der gute Ausgang, den er sich ausmalte, für Werner eine Bedeutung besaß, die über den aktuellen Anlaß weit hinausging. Wenn wir den Wunsch, mit offenen Armen empfangen zu werden, als Kern der Phantasie herausarbeiten, finden wir hier einen anschaulichen, bildhaften Ausdruck für die Sehnsucht nach sicheren sozialen Beziehungen.
Geradezu anrührend wirken Werners vergebliche Bemühungen um einen Platz in der berufsvorbereitenden Bildungsmaßnahme. Da ihm jedes Gespür dafür fehlt, daß der Interaktionspartner Pläne verfolgen könnte, die seinen Wunschvorstellungen zuwiderlaufen, ist es für ihn unfaßbar, daß der Anleiter trotz der auf den Anrufbeantworter gesprochenen Nachricht nicht auf der Baustelle zu finden ist. Bezeichnenderweise schlägt dieser Versuch, den bereits mehrfach geplatzten Termin nachzuholen, fehl, weil Werner offensichtlich nicht klar ist, daß eine Verabredung das Einverständnis beider Interaktionspartner voraussetzt. Allerdings muß zu seiner Ehrenrettung hervorgehoben werden, daß er sich in diesem Fall im Gegen-

satz zu vielen anderen Situationen aktiv darum bemüht, Hindernisse zu überwinden.

Während Werner von anderen wie selbstverständlich annimmt, daß sie für ihn beliebig verfügbar sind, liegen Erwartungen, die Dritte an ihn richten könnten, außerhalb seines Horizonts. Hierbei handelt es sich jedoch nur um zwei untrennbar miteinander verbundene Aspekte der deformierenden Assimilation. Soziale Situationen werden ausschließlich auf der Basis eigener Bedürfnisse wahrgenommen. So können unentschuldigte Fehlzeiten und eigenmächtiges Verlassen der Lehrwerkstatt nicht auf ein überlegtes Austesten von Grenzen zurückgeführt werden, wie es bei Teilnehmern und Teilnehmerinnen von solchen Maßnahmen relativ häufig anzutreffen ist. M.E. fehlte Werner jedes Verständnis für Regeln, die ein wechselseitiges Geben und Nehmen beinhalten. Bezeichnend scheint mir auch, daß er bei seinen Besuchen während der Ausbildung kaum von seiner Arbeit spricht, sondern sich über die angebliche Vernachlässigung durch die Betreuer beklagt. Wie Becker (1995) im Zusammenhang mit lernbehinderten Kindern aufgezeigt hat, erfordert die Beschäftigung mit einem Lerngegenstand die Fähigkeit, sich zumindest vorübergehend von der Person des Lehrers oder der Lehrerin abzulösen (vgl. Dohmen-Burk 1992) - ein Schritt, der Werner wegen seiner überwältigenden Mangelerfahrungen nicht gelingen kann.
Aus diesem Grund kann auch das Arrangement im Rahmen der Mobilen Betreuung, das schließlich getroffen wurde, nicht greifen. Hier wurde zumindest erwartet, daß er sich auf eine Zusammenarbeit mit dem Betreuer einließ, Regeln einhielt und im Rahmen seiner Möglichkeiten selbst aktiv wurde. Gerade eine solche auf Gegenseitigkeit angelegte Beziehung mußte aber, wie herausgearbeitet wurde, für Werner eine klare Überforderung darstellen.
Damit drängt sich die Frage auf, welche Rolle eine Beratungsstelle, die mit der klaren Zielvorgabe arbeitet, ihre Klienten zu einer Berufsausbildung zu führen, in einem solchen Fall übernehmen kann. Obwohl mir sehr rasch klar war, daß entsprechende Bemühungen bei Werner ins Leere laufen mußten, ließ ich mich teilweise von seinem Enthusiasmus anstecken. Vor allem aber riefen die Hoffnungen, die Werner in mich setzte und die ich zu enttäuschen fürchtete, bei mir ein Gefühl der Hilflosigkeit hervor. Unter diesen Umständen blieb mir nur die Möglichkeit, mein Beziehungsangebot an Werner aufrechtzuerhalten und zu versuchen, wenigstens auf dieser Ebene seinem Vertrauen gerecht zu werden. Damit ging ich zweifellos über den Arbeitsauftrag unserer Beratungsstelle hinaus. Doch auch die punktuelle Durchbrechung des institutionell vorgegebenen Rahmens konnte nicht ausreichen, die überwältigenden Mangelerfahrungen, denen Werner ausgesetzt war, im notwendigen Umfang aufzuarbeiten und eine weiterführende Entwicklung in Gang zu setzen.

6. Schlußfolgerungen

Auf den ersten Blick wirken die beiden Fallschilderungen ernüchternd: Eine junge Frau konnte mit unserer Unterstützung eine Ausbildung aufnehmen und trotz mehrfacher krisenhafter Zuspitzungen Konflikte am Arbeitsplatz bislang durchstehen, ohne daß bereits eine Prognose über den Ausbildungserfolg möglich wäre. Einem Jugendlichen wurde mit hohem Aufwand zu einem außerbetrieblichen Ausbildungsplatz verholfen, obwohl von vornherein hätte klar sein können, daß er den Anforderungen nicht gewachsen sein würde.

Bei über siebzig Klienten, die jährlich über uns den Weg in eine Ausbildung finden, und einer fast gleich hohen Zahl von Jugendlichen, die zu notwendigen Zwischenschritten (wie z.B. zur Teilnahme an berufsvorbereitenden Lehrgängen) ermutigt werden, hätte ich es mir leichter machen und handfeste Erfolgszahlen vorlegen können. Im Zusammenhang mit der Frage nach Möglichkeiten und Grenzen psychoanalytisch-pädagogischer Arbeit in der Jugendberufshilfe schien mir jedoch eine Analyse der hier herausgegriffenen Beratungsverläufe gerade wegen der Brüche und Hindernisse weitaus aufschlußreicher.
Zunächst hat sich gezeigt, daß die Ziele, die uns in unserer Beratungsstelle vorgegeben sind, nicht notwendigerweise mit denen unserer Klienten übereinstimmen. Unsere Aufgabe ist es, Jugendliche zu einer Ausbildung hinzuführen. Sonja und Werner schienen sich zwar nichts sehnlicher als eine Lehrstelle zu wünschen; tatsächlich wurde aber im Beratungsverlauf deutlich, daß eine solche Aussage nur sehr vordergründig ihre Erwartungen beschreibt. Entscheidend ist die Suche nach tragfähigen sozialen Beziehungen, die auch im Berufsleben in einer höchst einseitigen Weise dominierend blieb.

Müller (1991) bezieht sich in einer Arbeit über "Methodisches Handeln und Selbstkontrolle in sozialen Berufen" u.a. auf das psychoanalytische Konzept des Arbeitsbündnisses. Dabei setzt er sich kritisch mit instrumentellen Ansätzen auseinander, die ein Vertragsverhältnis zwischen Klient und Therapeut bzw. Sozialarbeiter propagieren. Unter den geschilderten Bedingungen besteht der springende Punkt darin, daß ein gemeinsames Ziel nicht vorausgesetzt werden kann, sondern erst im Zuge eines Einigungsprozesses gefunden werden muß. Entscheidend ist dabei, den subjektiven Sinn zu erfassen, der sich hinter den oft widersprüchlichen Reaktionen der Klienten verbirgt.
Hierin sehe ich auch den Beitrag psychoanalytisch-pädagogischer Konzepte in dem beschriebenen Praxisfeld. So konnte Sonjas Verhalten gegenüber ihrem Arbeitgeber als eine Folge von Inszenierungen verstanden werden, in denen sich eine kindlich anmutende Angst vor dem Verlust von Zuwen-

dung Ausdruck verschaffte. Die Grenzen der Übertragbarkeit psychoanalytisch orientierter Ansätze unter den gegebenen Rahmenbedingungen werden jedoch bei der Frage offenbar, wie das so gewonnene Verständnis in den Beratungsprozeß eingebracht werden kann. So sehr wir um die Bedeutung affektiver Themen wissen, die bei unseren Klienten und Klientinnen immer wieder anklingen, können wir nur unter streng reglementierten Bedingungen zulassen, daß Beziehungskonflikte in die Beratungssituation hineingetragen werden.

Die Beratung soll auf dem Ausbildungsmarkt benachteiligte Jugendliche darin unterstützen, sich auf äußere Anforderungen einzulassen. Ich stimme mit Körner (1992, 80) darin überein, daß die Gegenüberstellung "hier ein zielbezogener Pädagoge und dort ein absichtsloser Analytiker" auf falschen Vorannahmen beruht. Aber es wäre eine Selbsttäuschung und auch eine Täuschung der Klienten, so zu tun, als könnten wir den "utopischen Raum" entstehen lassen, "in dem scheinbar jede Beziehungsphantasie zur Realität werden kann" (Körner 1992, 76). Bei der großen Anzahl von Ratsuchenden fehlt hierzu nicht nur die Zeit, sondern in diesem Fall müßten wir die Konsequenzen ziehen und Ziele und Aufgaben der Beratungsstelle neu definieren.
Viele unserer Klienten können sich vor allem deshalb schwer auf das Berufsleben einstellen, weil es ihnen nicht gelingt, hinreichend zwischen emotional gefärbten persönlichen Beziehungen und formalen Situationen zu unterscheiden. Unsere Arbeit zielt deshalb u.a. darauf, den Klienten ein Gefühl für Rollenerwartungen zu vermitteln, die eine Berücksichtigung individueller Besonderheiten nur sehr bedingt zulassen. Auch wenn wir uns z.B. auf Übertragungsreaktionen einstellen und solche Mechanismen nach Möglichkeit nutzen, den Beratungsprozeß voranzubringen, wäre es gegenüber dieser Zielsetzung geradezu kontraproduktiv, individuelle Bedürfnislagen zum Angelpunkt zu erheben. Bei der notwendigen Betonung äußerer Anforderungen und Rollenerwartungen würde ein solcher Ansatz eher zur Konfusion beitragen. M.E. wäre es deshalb nicht sinnvoll, die Gewichte zwischen psychoanalytisch-pädagogischen Elementen und den im Rahmen der Jugendhilfe übernommenen Funktionen zu verschieben. In diesem Zusammenhang muß jedoch hervorgehoben werden, daß wir Klienten mit gravierenden psychischen Problemen, die in diesem Rahmen nicht aufgearbeitet werden können, anbieten, den Kontakt zu entsprechenden Fachdiensten herzustellen. Indem wir weiterhin als feste Ansprechpartnerinnen verfügbar bleiben, vermeiden wir, daß bei den Jugendlichen der Eindruck entsteht, von einer Stelle zur anderen weitergereicht zu werden.
Ich sehe jedoch gerade in der Beschränkung auf die skizzierten Aufgaben eine Chance. Wir können in der Beratung einen Freiraum schaffen, indem wir bei Verhalten, das andernorts als unangepaßt gilt und Anstoß erregt, nicht mit einem Beziehungsabbruch drohen. Ebenso können wir bei Kon-

flikten am Ausbildungsplatz vermittelnd eingreifen. Indem wir es den Jugendlichen ersparen, in geballter Form mit den negativen Konsequenzen ihrer Reaktionen konfrontiert zu werden, gleichzeitig jedoch Grenzen ziehen, erleichtern wir eine Ablösung vom egozentrischen Standpunkt, der nur die scheinbar ungerechte Behandlung der eigenen Person erkennen läßt. D.h. sie beginnen ihr Handeln auch aus der Perspektive des Interaktionspartners zu sehen. Hierbei können wir uns an dem Wechselspiel von "Halten und Zumuten" orientieren, das Leber (1988) als Grundlage eines fördernden Dialogs beschreibt.

Ein Gespür dafür, welche Leistungen diese Jugendlichen erbringen müssen, um die in die Beziehung hineingetragenen Außenweltaspekte aufzunehmen und eingeschliffene Verhaltensmuster aufzugeben, kann auch die genetische Psychologie vermitteln. Im Zusammenhang mit einer heilpädagogischen Spielgruppe hat Heinrich (1992, 193) herausgearbeitet, daß sich Blockierungen nur dann aufbrechen lassen, wenn an dominierende Assimilationsschemata angeknüpft werden kann. So wurde bei Sonja die personenbezogene, emotionalisierte Deutung des Ausbildungsverhältnisses nicht in Frage gestellt, sondern zunächst nur die einseitig negative Sichtweise thematisiert.
Dagegen verlangten die von Werner eingebrachten Assimilationsschemata Beziehungsangebote, die weit über die Möglichkeiten unserer Beratungsstelle hinausgingen. Wenn er dennoch lange Zeit den Kontakt aufrecht erhielt, dann vor allem deshalb, weil für ihn und für Jugendliche mit vergleichbaren Problemen adäquate Angebote fehlen. Je mehr Jugendliche aufgrund fehlender Ausbildungsplätze zu Problemgruppen werden, desto deutlicher wird die Tendenz, knappe Finanzmittel auf Fördermaßnahmen für Personen zu konzentriereren, denen man mit relativ hoher Wahrscheinlichkeit zutraut, sich bei entsprechender Unterstützung für den ersten Arbeitsmarkt zu qualifizieren. Es ist deshalb zu befürchten, daß schwächere Gruppen auch hier an den Rand gedrängt werden und die Frage nach geeigneten Angeboten für Jugendliche wie Werner kaum noch gestellt wird. Wenn wir Psychoanalytische Pädagogik auch für diese Gruppe fruchtbar machen wollen, werden wir nicht umhin können, unsere Argumentation um sozialpolitische Aspekte zu erweitern.

Literatur

Becker, U. (1995): Trennung und Übergang. Repräsentanzen früher Objektbeziehung. edition discord: Tübingen

Braun, F. (1996): Lokale Politik gegen Jugendarbeitslosigkeit. Arbeitsweltbezogene Jugendsozialarbeit, Band 1. Verlag Deutsches Jugendinstitut: München

Ciompi, L. (1982): Affektlogik - Über die Struktur der Psyche in ihrer Entwicklung. Klett-Cotta: Stuttgart
Der Bundesminister für Bildung und Wissenschaft (1991): Daten und Fakten über Jugendliche ohne Ausbildung. Eigenverlag: Bonn
Dohmen-Burk, R. (1992): Gestörte Interaktion und Behinderung von Lernen. Fallstudien zum Verhältnis von affektiver und kognitiver Entwicklung bei früh traumatisierten Kindern. Asanger: Heidelberg
Heinrich, E.-M. (1994): Verstehen und Intervenieren. Psychoanalytische Methode und genetische Psychologie Piagets in einem Arbeitsfeld Psychoanalytischer Pädagogik. Asanger: Heidelberg
Katzenbach, D. (1992): Die soziale Konstitution der Vernunft. Erklären, Verstehen und Verständigung bei Piaget, Freud und Habermas. Asanger: Heidelberg
Keimig, U. (1986): Verstehen von Lernbehinderung unter Aspekten der Psychoanalyse und der genetischen Psychologie. Unv. Examensarbeit. Frankfurt/M.
Kinder- und Jugendhilfegesetz. In: Zacher, H. F. (Hrsg.): Sozialgesetzbuch. Textausgabe. Achtes Buch (VIII). Stand 01.10.1997. Verlag R. S. Schulz: Starnberg
Körner, J. (1992): Auf dem Wege zu einer Psychoanalytischen Pädagogik. In: Trescher, H.-G., Büttner, Ch., Datler, W. (Hrsg.): Jahrbuch für Psychoanalytische Pädagogik. Bd. 4. Grünewald: Mainz, 66-84
Krebs, H. (1988): Die affektiven und die kognitiven Strukturen im Bildungsprozeß des Subjekts bis zum zweiten Lebensjahr. Dissertation. Frankfurt/M.
Leber, A. (1988): Zur Begründung des fördernden Dialogs in der psychoanalytischen Heilpädagogik. In: Iben, G. (Hrsg.): Das Dialogische in der Heilpädagogik. Grünewald: Mainz, 41-61
Leber, A. (1989): Der Zusammenhang zwischen emotionaler und kognitiver Entwicklung in der frühesten Kindheit. In: Büttner, Ch., Ende, A. (Hrsg.): Lebensräume für Kinder. Jahrbuch der Kindheit, Bd. 6. Beltz: Weinheim - Basel, 169-184
Leber, A. (1990): Der Konstruktivismus Jean Piagets in seiner Bedeutung für Theorie und Praxis der Psychoanalyse. In: Streek, U., Werthmann, H. V. (Hrsg.): Herausforderungen für die Psychoanalyse. Pfeiffer: München, 273-290
Lex, T. (1996): Berufswege Jugendlicher zwischen Integration und Ausgrenzung. Arbeitsweltbezogene Jugendsozialarbeit, Band 3. Verlag Deutsches Jugendinstitut: München
Mendel, G. (1992): La société n'èst pas une familie. De la psychanalyse à la sociopsychanalyse. La découverte: Paris
Müller, B. (1991): Die Last der großen Hoffnungen. Methodisches Handeln und Selbstkontrolle in sozialen Berufen. Juventa: Weinheim und München
Piaget, J. (1936): Das Erwachen der Intelligenz beim Kinde. G.W., Band 1. Klett: Stuttgart 1975
Piaget, J. (1945): Nachahmung, Spiel und Traum. G.W., Band 5. Klett: Stuttgart 1975
Piaget, J. (1954): Intelligenz und Affektivität in der Entwicklung des Kindes. Herausgegeben und übersetzt von Aloys Leber. Suhrkamp: Frankfurt/M 1995
Piaget, J. (1975): Die Äquilibration der kognitiven Strukturen. Klett: Stuttgart 1976
Weber, J. Ch. (1988): Die Sprache des Abwesenden. Beiträge der Psychoanalyse Freuds und der genetischen Entwicklungspsychologie Piagets zum Verständnis der behinderten Lesefähigkeit. Asanger: Heidelberg

Beate Szypkowski

Vor Ort und hautnah - Sozialpädagogische Familienhilfe

> „Zwischen Hilfe und Kontrolle, lebenspraktischer Unterstützung und therapeutischer Intervention ist die Sozialpädagogische Familienhilfe auf der Suche nach einer eigenen Identität." (Nicolay 1996, 203)

Einleitung

Sozialpädagogische Familienhilfe (kurz: SPFH) kann ein hervorragendes Jugendhilfeangebot sein, wenn es die Brücke bildet zwischen der zumeist sprachlich, sozial und emotional beeinträchtigten Klientel sowie den klassischen ambulanten Beratungs- und Therapieangeboten. Die psychoanalytische Pädagogik bietet hierzu ein angemessenes und ein hilfreiches Modell. Warum das so ist, möchte ich im folgenden darstellen. Ich werde dabei in drei Schritten vorgehen: 1. die Grundlagen, Anlässe und die strukturellen Bedingungen von Sozialpädagogischer Familienhilfe skizzieren; 2. Psychoanalytische Pädagogik und Sozialpädagogische Familienhilfe als sinnvolle Beziehung diskutieren; 3. ein Fallbeispiel einer Supervisionssitzung vorstellen.

1. Sozialpädagogische Familienhilfe

1.1 Grundlagen der Sozialpädagogischen Familienhilfe

Die Sozialpädagogische Familienhilfe gehört zu den Pflichtaufgaben des Staates und ist seit 1991 gesetzlich im Kinder- und Jugendhilfegesetz (Achtes Buch Sozialgesetzbuch), im vierten Abschnitt, den Hilfen zur Erziehung (§ 27ff.), unter § 31 verankert:

> „Sozialpädagogische Familienhilfe soll durch intensive Betreuung und Begleitung Familien in ihren Erziehungsaufgaben, bei der Bewältigung von Alltagsproblemen, der Lösung von Konflikten und Krisen sowie im Kontakt mit Ämtern und Institutionen unterstützen und Hilfe zur Selbsthilfe geben. Sie ist in der Regel auf längere Dauer angelegt und erfordert die Mitarbeit der Familie."

Entstanden ist die sozialpädagogische Familienhilfe Ende der 70er Jahre im Zusammenhang mit der Diskussion um die Reform des Jugendhilferechts

und im Kontext mit der Kritik an der damaligen Heimsituation. Heimunterbringungen sollten weitgehend vermieden werden. Die SPFH löste das zuvor praktizierte Eingriffsverfahren der Jugendwohlfahrt durch eine präventiv orientierte Unterstützung von Krisenfamilien oder von Krisen bedrohten Familien ab. Prävention, Hilfe zur Selbsthilfe und die Beteiligung der Betroffenen an den Entscheidungen für oder gegen eine Hilfemaßnahme sowie die Alltagsorientierung bilden, wie im Kinder- und Jugendhilfegesetz (KJHG) angelegt, die „Strukturmaxime“ (Thiersch 1995, 32) dieser Hilfe. Die Fokusierung auf die Selbstheilungskräfte, das „Empowerment“ (Helming 1995; vgl. Straus 1993, 31) der betroffenen Familien charakterisiert besonders deutlich den Perspektivenwechsel in der Jugendhilfe.
Die sozialpädagogische Familienhilfe bezieht sowohl jüngere Kinder als auch weitere Familienangehörige mit ein. Sie ist die intensivste Maßnahme unter den ambulanten Hilfen und sie „boomt“. So wurden im Jahr 1996 in Hessen 900 Familien mit ca. 2300 Kindern unter 18 Jahren durch eine sozialpädagogische Familienhilfe betreut. Im Vergleich zu 1991 waren dies jeweils 45% mehr Familien und Kinder (vgl. Than 1997, 248). Den größten Zuwachs hat die sozialpädagogische Familienhilfe in den neuen Bundesländern. Dies wird auf drei Charakteristika der dortigen Situation zurückgeführt: Der vergleichsweise hohe ABM-Anteil von FamilienhelferInnen, der höhere Anteil von Alleinerziehenden und die fast vollständige Auflösung der ehrenamtlichen Jugendhelfertätigkeit in der ehemaligen DDR. Die entstandene Lücke sollte schnellstmöglich geschlossen werden (vgl. Kühl 1997, 154f.).

Sozialpädagogische Familienhilfe wird in drei unterschiedlichen Trägerstrukturen angeboten: a) das Jugendamt arbeitet mit „freien“ Honorarkräften; b) das Jugendamt arbeitet mit einem freien Träger zusammen, der SPFH anbietet; c) die SPFH arbeitet in alleiniger freier Trägerschaft. Die sozialpädagogischen FamilienhelferInnen, mit denen ich zusammenarbeite, gehören zur Kategorie der sogenannten freien Honorarkräfte.

Ein Spezifikum der SPFH ist, daß sie überwiegend in den Wohnungen der Klienten stattfindet. Die wöchentliche Arbeitszeit von sozialpädagogischen FamilienhelferInnen, die i.d.R. eine Familie betreuen, beträgt durchschnittlich 15 bis 20 Stunden bei einer Verweildauer in den Familien von durchschnittlich zwei Jahren. Es gibt auch Stimmen, die im Sinne der Beziehungsarbeit ein festes Arbeitsverhältnis ohne zeitliche Begrenzung für die sozialpädagogische Familienhilfe als wünschenswert erachten (vgl. Stephan 1996, 382). Inzwischen werden Modelle diskutiert, die über den geschilderten Rahmen sozialpädagogischer Familienhilfe hinausgehen: soziale Gruppenarbeit (vgl. Berse 1995) und stadtteilbezogene SPFH (vgl. Ries 1995).
Sozialpädagogische Familienhilfe ist Prozeßbegleitung und mit unterschiedlichen, oft widersprüchlichen Aufgaben durch die Jugendämter und

die Familien konfrontiert. Sie bewegt sich zwischen lebenspraktischer Anleitung und seelischer Begleitung. SPFH ist die Konsequenz einer Mangelsituation. Der Ursachenzusammenhang von individuellem Versagen der Eltern und sozialer struktureller Benachteiligung muß genau analysiert werden. SPFH soll den schwierigen Transfer zwischen fachlichem Wissen und konkreter Lebens- und Bedürfnislage realitätsgerecht und im Sinne der Familie (ohne eigenen Profilierungsdrang) leisten. Sie kann ein positives Gegenmodell zu destruktiven Beziehungsmustern in der Familie sein. SPFH ist eine Notmaßnahme, weil sie a) eine Reaktion auf eine Not und Mangelsituation ist, und b) teilweise eine Alternative zur Fremdunterbringung darstellt. Sie muß die Nähe-Distanz-Bewegungen der Familie akzeptieren und ausbalancieren, gleichzeitig müssen die HelferInnen ein eigenes Verständnis zu ihrem persönlichen Engagement und den angemessenen pragmatischen Vorgehensweisen finden. Die betroffenen Eltern dürfen sich durch die Maßnahme nicht abgewertet, die Kinder nicht zerrissen fühlen.

„An die Kompetenz von Familien anzuknüpfen, bedeutet die konstruktive Auseinandersetzung mit den Anforderungen, die aus der jeweiligen Lebenssituation entstehen, zu fördern, sei es im familiären System als auch in bezug auf die umgebenden sozialen Systeme. Diese Auseinandersetzung enthält sowohl ein Moment der Anpassung an die gesellschaftlichen Normen als auch Momente der Autonomie, da es weder um bloße Unterwerfung noch um reine Abwehr geht“ (Helming u.a. 1997, 143).

Die Realisierung dieses Anspruchs ist unter dem Zeichen moderner gesellschaftlicher Prozesse keine einfache Aufgabe. Die Vielfalt und Komplexität gegenwärtiger möglicher Lebensformen bieten zwar eine gewisse Wahlmöglichkeit, dafür müssen mehr Verwirrung und Unsicherheit in Kauf genommen werden. Es wird häufig davon ausgegangen, daß der Zerfall der Großfamilie in der Moderne ein wesentlicher Ursprung für das Elend und Leid von Kindern, Jugendlichen und Familien sei. Dies ist nicht der Fall. Tatsache ist, daß die Kleinfamilie aus einem allgemein verbindlichen Rahmen herausgelöst und auf sich selbst gestellt ist. Sie wurde gewissermaßen privatisiert. Und diese Privatisierung, die keine Anbindung mehr an selbstverständliche, allgemeingültige Regeln hat, schafft eine Atmosphäre von Verunsicherung und Isolation (vgl. Beck-Gernsheim 1984; vgl. Hettlage 1992).
Verwirrung und Orientierungslosigkeit kommen auch in den Familien zum Ausdruck, die von SPFH betreut werden. Im Vergleich zur Gesamtbevölkerung befinden sich unter diesen überproportional viele Stieffamilien und Einelternfamilien. Die Mehrzahl der Einelternfamilien bestehen aus alleinerziehenden Frauen mit ihren Kindern (vgl. Helming u.a. 1997, 69). Alleinerziehende Väter sind eher die Ausnahme. Trennungs- und Scheidungsfolgen werden in erster Linie von den Müttern getragen und sie leben mit einer erheblichen psychischen und materiellen Überlastung. Die Einkom-

mensverluste von alleinerziehenden Frauen, die wieder in den Beruf einsteigen, sind aufgrund des niedrigen Einstiegsgehaltes groß. Demgegenüber müssen alleinerziehende Väter geringere Einkommensverluste hinnehmen, gleichzeitig sind sie es, die ihren Unterhaltszahlungen unregelmäßig oder überhaupt nicht nachkommen: Die Armut ist weiblich (vgl. Bertram 1993, 303).
Die Anzahl der Kinder in der von SPFH betreuten Familien ist mit durchschnittlich drei Kindern vergleichsweise hoch (vgl. Helming u.a. 1997, 69; vgl. Than 1997, 249). Im Vergleich zum Anteil ausländischer Familien an der Gesamtbevölkerung (13%) ist deren Anteil an der SPFH sehr gering (7%) (vgl. Helming u.a. 1997, 71). Was sind nun aber die Anlässe, die zu einer SPFH führen?

1.2 Anlässe für eine SPFH

Schulen und Kinderbetreuungseinrichtungen sind die häufigsten „Fremdmelder" für eine SPFH, d.h. daß Dritte Auffälligkeiten von Kindern und Jugendlichen melden und nicht die Familie selbst (vgl. Merchel 1995, 18). Als Gründe werden Lernbehinderung und/oder auffälliges Verhalten genannt. Nicht selten besteht die Gefahr einer Überleitung in eine Sondereinrichtung (vgl. Helming u.a. 1997, 214). Eine Erhebung der Anlässe für SPFH in Hessen für 1996 ergab folgende Ursachenverteilung: 1. Erziehungsschwierigkeiten (68,8%), 2. Entwicklungsauffälligkeiten (42,2%), 3. Beziehungsprobleme (35,4%), 4. Schul- oder Ausbildungsprobleme (24,7%), 5. Vernachlässigung des Kindes (19,3%), 6. Trennung oder Scheidung der Eltern (18,9%) sowie 7. Suchtprobleme (11,1%). Alle weiteren Anlässe der Hilfe (z.B. Arbeitslosigkeit, Überschuldung) wurden mit unter 10% angegeben (vgl. Than 1997, 249f.).
Gleichzeitig sind diese Familien mit den aktuellen gesellschaftlichen Problemen konfrontiert, d.h. mit wachsender Arbeitslosigkeit, zunehmender Armut auch unter Kindern und Jugendlichen (vgl. Caritas-Bericht 1994, 62; vgl. Jugendwerk der Deutschen Shell 1997), Umweltbedrohung und steigenden Trennungs- und Scheidungsziffern. Die Mangelsituation der von SPFH betreuten Familien besteht aus einem Faktorengeflecht, und Mangel charakterisiert sowohl die materiell-objektive als auch die subjektiv-private Situation der Fälle.
Die Arbeit der SPFH ist trotz der „gravierenden Unterversorgungslagen" (Helming u.a. 1997, 72) dieser Familien ressourcenorientiert (vgl. Rothe 1995, 110). Sie baut auf die Selbstheilungskräfte der Familien und deren Wunsch nach einem angstfreien Leben ohne Not. Bereits der Einsatz einer SPFH kann auf die Familien stabilisierend wirken. Unter diesem Gesichtspunkt ist die Vermeidung einer stationären Unterbringung durchaus möglich. Voraussetzung dafür ist jedoch die Etablierung einer Vertrauensbezie-

hung bzw. Bindung zwischen FamilienhelferIn und Familie. Eine solche Beziehungsebene kann zu strukturellen Veränderungen in den Familien führen, die es wiederum ermöglichen, ein Kind oder mehrere Kinder in der Familie zu halten. So verstanden kann SPFH als „präventive Hilfeart“ (Merchel 1995,13) bezeichnet werden, denn wichtig ist m.E. die Verbindung von innerer und äußerer Strukturbildung. Erst dann hat SPFH die Chance, langfristig wirksam zu sein, und das Ziel „Hilfe zur Selbsthilfe“ wird zum tatsächlichen Anliegen für die betroffenen Familien. Eine Ausnahme bildet die Situation, wenn der Schutz des Kindes in der Familie nicht gesichert ist und das Kind trotz seiner Bindungen zu den Eltern aus der Familie genommen werden muß (vgl. Szypkowski 1997; Wiemann 1997).
Ein schwieriger Punkt ist der immense Finanzdruck, der auf der SPFH bzw. der Jugendhilfe allgemein lastet. Von der Not, eine Unterbringung von Kindern aus Kostengründen nicht durchführen zu können, berichtet bereits August Aichhorn, ein Begründer der Psychoanalytischen Pädagogik, in einem Aufsatz von 1932 (1974, 12f.). Demgegenüber beschreibt eine aktuelle katamnestische Untersuchung, die in Hannover durchgeführt wurde, daß durch den erfolgreichen Einsatz von SPFH Unterbringungen in Pflegefamilien und Heimen deutlich verringert werden konnten. Darüber hinaus konnte der erhebliche finanzielle Vorteil von SPFH gegenüber Heimunterbringungen oder Pflegefamilien nachgewiesen werden. Insbesondere deshalb, weil eine Heimunterbringung in der Regel nicht als passagere Möglichkeit, sondern als Dauerzustand besteht. In der Hannoveraner-Untersuchung werden

- 412.000 DM für eine dauerhafte Heimunterbringung bis zur Volljährigkeit
- 21.000 DM SPFH-Kosten pro Kind bei einer erfolgreichen SPFH (im Durchschnitt 20 Monate bei durchschnittlich 17 Wochenstunden)

gegenübergestellt (vgl. Stephan 1996, 385).

1.3 Strukturelle Bedingungen von SPFH

Ein Arbeitsbündnis besteht zunächst zwischen den MitarbeiterInnen des Allgemeinen Sozialen Dienstes (ASD) und den Familien. Erst nachdem die ASD-MitarbeiterInnen den Familien eine SPFH als eine für sie günstige Unterstützung angeboten haben und dies auch von der Familie akzeptiert wird, entsteht das Dreieck Jugendamt-Familie-SPFH. Damit werden weitere Beurteilungen des Falles und Einflußfaktoren auf die Hilfeplanung bedeutsam. Merchel (1995, 16) spricht deshalb von einer „triadischen Konstellation“. Dies kann zu Spannungen zwischen den Beteiligten und im Extremfall zu einem konkurrierenden Stillstand führen. Ein besonderes Problem besteht darin, das der ASD noch häufig als Instanz gesehen wird, die die Kinder grundsätzlich aus den Familien nimmt. Dieses Bild hält sich

hartnäckig, obwohl der ASD inzwischen ein modernes Selbstverständnis entwickelt hat (vgl. ASD-Profil 1996; LJA-Info 3/1997).
Der Realisierung einer SPFH geht eine eingehende Beratungsphase über die Sinnhaftigkeit und Notwendigkeit der Maßnahme voraus. Hierbei werden alle Beteiligte, die Familie, das betroffene Kind oder der Jugendliche, über Ziel und Form sowie die möglichen Konsequenzen informiert. Die endgültige Entscheidung liegt bei der Familie (§ 36, I Satz 1, KJHG). Erst danach tritt die Phase der Vorbereitung und der Realisierung der Hilfe in Kraft. D.h. die konkrete Ausgestaltung des Hilfeplans beruht auf der vorausgegangenen genauen Analyse der psychosozialen Situation der Familie und deren Zustimmung zur Maßnahme. Im Hilfeplan werden nach § 36, II Satz 2, KJHG die Feststellung über den Bedarf, die Hilfeform und die notwendigen Leistungen fixiert. Damit ist das Jugendamt „von Gesetzes wegen zur Begründung seiner Entscheidung verpflichtet" (Maas 1996, 116), d.h. dem Hilfeplan kommt sowohl eine Begründungs- als auch eine Gestaltungsfunktion zu (vgl. Harnach-Beck 1995, 105) und erhält damit eine große Bedeutung. Damit wird der Bedarf der Familien als Entscheidung zugrundegelegt und nicht das Angebot der Jugendhilfe (vgl. Merchel 1995, 7f.). Dies ist angesichts des Mitwirkungsrechts der Betroffenen an der Hilfeplanung durchaus sinnvoll, entspricht in dieser Deutlichkeit jedoch einer idealtypischen Vorstellung. Häufig wird für die Betroffenen entschieden, weil sie an der Entscheidung nicht beteiligt werden, beteiligt sein wollen oder beteiligt werden können. Der Egalitätsanspruch hebt die faktische Ungleichheit zwischen Helfersystem und Familien nicht auf:

„Dem Wunsch- und Wahlrecht und der Definitionsmacht der Adressaten auf der einen Seite steht also die Verpflichtung der Fachkräfte zur fachlichen Beurteilung des Hilfeverlaufs auf der anderen Seite gegenüber" (Merchel 1995, 16).

Das Herstellen einer Vertrauensbeziehung zwischen der Familie und der SPFH ist aufgrund der häufig langjährigen und vielfältigen Behördenerfahrung der Familie nicht ohne weiteres möglich. Bis eine stabile Beziehung etabliert ist, die auch tiefergehende Gespräche über die verborgenen Ängste und Nöte der Kinder, Jugendlichen und der Eltern zulassen, vergeht eine Zeit, in der praktisches Handeln im Vordergrund stehen kann: Hausaufgabenbetreuung, Umgang mit der Schule, Hort, Kindergarten, Behörden (z.B. Polizei, Justiz, Arbeits- und Sozialamt, Ausländeramt). Es wird daher zunächst eine Probephase von sechs Monaten vereinbart und bei günstigem Fallverlauf wird der Hilfeplan für einen weiteren Zeitraum festgeschrieben. Dies entspricht der gesetzlichen Vorschrift, die ein „regelmäßig Prüfen" (§ 36,2) der Hilfeleistungen verlangt. Analog dazu besteht die Praxis des „prozeßhaften Aufstellens" (Stephan 1996, 384) des Hilfeplans, denn die Zielsetzungen der Hilfe sind „vorläufig" und müssen „prinzipiell veränderbar" sein (Harnach-Beck 1995, 123). Darüber hinaus halte ich die halbjährige Überprüfung des Hilfeplans aufgrund der Dynamik zwischen Veränderung und Abwehr aus inhaltlich-fachlichen Gründen für ausgesprochen sinnvoll. Evaluation, Transparenz und Qualitätssicherung, die modernen Säulen der Jugendhilfe, wären somit bereits in diesem Kernbereich realisiert.

Die genaue Formulierung des Hilfeplans aufgrund der psychosozialen Diagnostik, d.h. die Berücksichtigung sämtlicher Problemlagen und Bedürftigkeiten der Familien, ist ein wesentliches Ziel für die SPFH bzw. die Institution Jugendamt. Die SPFH beginnt mit dem Arbeitsauftrag und deshalb ist es enorm wichtig, daß der Arbeitsauftrag und der Hilfebedarf der Familie identisch sind, sonst scheitert eine Maßnahme. Für die FamilienhelferInnen ist es darüber hinaus wichtig, daß sie einen klaren Arbeitsauftrag durch das Jugendamt bzw. durch die Helferkonferenz erhalten. Ein allgemein formuliertes Ziel läßt zu viel Raum für Orientierungslosigkeit und unterschiedliche Vorstellungen zwischen Jugendamt und SPFH, was wiederum die Chaossituation der Familien verstärkt und von daher kontraproduktiv ist. Weitere Fehlerquellen wären, wenn z.B. ein männlicher Familienhelfer anstelle der gewünschten Familienhelferin zum Einsatz kommt. Ungünstig wirkt sich in allen Fällen eine Fehleinschätzung durch MitarbeiterInnen des Jugendamtes aus (z.B. Verstärkung von Autonomie statt die Nähebedürfnisse der Klienten zu berücksichtigen) oder ein formaler Schluß der Maßnahme, obgleich eine Nachbetreuung oder eine Trennungsphase notwendig wären. Eine weitere Fehlerquelle besteht in einer Fehlbesetzung, z.B. durch eine(n) unerfahrene(n) FamilienhelferIn in einer Familie, die chronisch schwer belastet ist. Auch die Verharmlosung der Familienproblematik führt zu ungünstigen Verläufen mit Abbrüchen. Schließlich ist die Fehlindikation ein Problem, wenn andere Hilfen sinnvoller wären (z.B. Erziehungsberatungsstelle, ambulante Therapie). Der „erzieherische Bedarf im Einzelfall" nach § 27, Abs. 2 KJHG selbst schließt eine konkurrierende, hierachische Entscheidungsfindung aus. Sämtliche Hilfeangebote der §§ 28 bis 35 KJHG werden als gleichrangig gesehen und die Orientierung am Einzelfall genießt oberste Priorität (vgl. Merchel 1995, 12).

Die Methoden der SPFH entsprechen den o.g. komplexen und spezifischen Problemfeldern der betreuten Familien. In diesem Sinne sind sie eher „handlungsleitend als erkenntnisleitend" (Strauss 1993). SPFH muß elementare Aspekte aus der Sozialarbeit, der Sozialpädagogik und der Sozialpsychologie vereinbaren und anwenden können. Dabei läßt sich das Spannungsfeld zwischen Hilfe und Kontrolle nicht leugnen. Gerade durch die unmittelbare Arbeit der SPFH in intimen Bereichen der Familien sind diese Familien der Kontrolle oder Sichtbarkeit nach außen mehr ausgesetzt als das z.B. während therapeutischer Sitzungen in Praxisräumen der Fall ist. Datenschutz und die Versicherung von Vertraulichkeit spielen deshalb eine enorm große Rolle in den von SPFH betreuten Familien (vgl. Merchel 1995, 18).

2. Sozialpädagogische Familienhilfe und Psychoanalytische Pädagogik

Der Nutzen einer psychoanalytisch-pädagogischen Sichtweise und Methodik für die SPFH kann bereits aus dem besonderen Charakter der Arbeit hergeleitet werden, denn für sozialpädagogische FamilienhelferInnen ist die Dialektik von innen und außen auf zwei Ebenen gleichzeitig und permanent präsent. Das Erkennen der dualen Problemlage der Familie - Wechselwirkung der sozioökonomischen und psychodynamischen Ebene und die daraus erwachsene chronische Konfliktlage - korrespondiert stets mit dem Eintauchen in die Familie bei gleichzeitigem Bemühen um eine Reflexion über die Familie. Die spezifische Sichtweise der psychoanalytischen Pädagogik auf das Verhältnis von Innenwelt und Außenwelt macht sie m.E. für die SPFH ausgesprochen sinnvoll und nutzbar. Aus der Perspektive der psychoanalytischen Pädagogik ist keine formal-starre Trennung zwischen Innen = Seele und Außen = Umwelt gedacht, sondern „zur Außenwelt des Kindes zählt an hervorragender Stelle die Innenwelt der Eltern" (Fidgor 1994, 148f., vgl. Maurer-Hein/Möhring 1994; vgl. Nicolay 1993, 540).
In jedem Fall kann davon ausgegangen werden, daß die Verhaltensauffälligkeit das Symptom, nicht die Ursache von Konflikten und Krisen darstellt. Ihr Ursprungsort liegt in der Regel Jahre zurück und ist eine Anhäufung von Konfliktbündeln, die über mehrere Generationen hinweg entstanden sind (vgl. Nielsen 1986, 104ff.). Anders formuliert: Das Symptom ist das geronnene Ergebnis einer langen Tradition von Kränkungen und Traumatisierungen. Wie in der Trauma-Forschung inzwischen bestätigt (vgl. Finger-Trescher 1991, 253ff.) liegt die Traumatisierung nicht in einem traumatischen Ereignis, sondern in der Wiederholung traumatogener Beziehungserfahrung über einen längeren Zeitraum. Diese Kontinuität über eine größere Zeitspanne begründet auch die Langfristigkeit von SPFH. Jahrelanges bis jahrzehntelanges Einüben in eine bestimmte Form der Beziehungsgestaltung, Formen der Interaktion und Wahrnehmungsqualität benötigen keine Hau-Ruck-Methoden, die oberflächlich bleiben und nachhaltig unwirksam sind.
Die damit verbundene Achtung und der Respekt gegenüber den Betroffenen beinhaltet „das Recht der Familie auf ihre eigene Wirklichkeit" (Cacinovic Vogrinic 1997, 60). Diese Haltung, die im Verlauf der SPFH *intersubjektiv wirksam* werden soll, bietet ein Modell für die Familie, um mit weiteren Krisen produktiver umgehen zu lernen. Dies ist nicht ohne weiteres leistbar und benötigt vor allem das Wissen und das Erschließenkönnen von unausgesprochenen, aber symbolischen Handlungen und Interaktionen. Parallel zum offiziell vereinbarten Arbeitsbündnis verläuft die Beziehung zwischen FamilienhelferIn und Familie auf einer non-verbalen Ebene: Krankheit, Fehlleistungen, nicht eingehaltene Termine, verschlossene Türen, Anwesenheit weiterer Personen usw. Um einen Zugang zu den darin verschlüsselten Botschaften und verborgenen Sinnstrukturen zu fin-

den, bedarf es der Methode des „szenischen Verstehens“ (Lorenzer 1986). Diese ist für die SPFH in zweierlei Hinsicht von besonderer Bedeutung: 1. zum Verständnis der Entstehungsgeschichte der akuten Symptomatik (Vernachlässsigung, Gewalt, Sucht, auch schwerste psychische Störungen); 2. zur Vermeidung der zwanghaften Wiederholung in der aktuellen Situation. Wünsche und Ängste der Betroffenen werden nicht zwangsläufig im Verhalten der Familien, Jugendlichen und Kinder deutlich, aber in den Gefühlslagen, in die die FamilienhelferInnen kommen, wenn sie sich auf die Familie einlassen. Deshalb ist die Supervision so wichtig und deshalb gilt sie als wesentliches Erfolgskriterium für die Arbeit der SPFH (vgl. Helming u.a. 1997, 81; vgl. Stephan 1996, 383; vgl. Straus 1997, 36). Um diese Einschätzung nachvollziehbar zu machen, werde ich im folgenden ein Beispiel aus der regelmäßig stattfindenden Supervision für sozialpädagogische FamilienhelferInnen in einem Jugendamt vorstellen.

3. Beispiel einer Fallsupervision

Die Gruppe besteht aus sieben Frauen, wobei eine Frau aufgrund der Geburt ihres Kindes vorübergehend aussetzt. Der einzige Mann in dieser Gruppe war vor einiger Zeit aus beruflichen Gründen ausgeschieden. Bereits die Zusammensetzung der Gruppe ist charakteristisch für die Arbeit der SPFH: Sie wird mehrheitlich von Frauen ausgeübt (was ein Problem für die Betreuung von männlichen Kindern und Jugendlichen darstellt). Die Supervisionsteilnehmerinnen sind in Sozialarbeit, Sozialpädagogik und Psychologie ausgebildet und verfügen in der Regel über eine Zusatzausbildung in Beratung und/oder Therapie. Wie eingangs beschrieben arbeiten die Familienhelferinnen auf Honorarbasis. SPFH ist insofern eine unsichere Angelegenheit, weil die Fälle trotz Hilfeplanung abrupt enden können, weil kein Anschlußfall garantiert werden kann, und dies insbesondere angesichts der prekären Lage der öffentlichen Haushalte. Die unsichere Situation über das Zustandekommen einer SPFH ist im Zuge der Einsparungen in der Jugendhilfe ein wichtiges Thema in der Supervision, die in der Regel 14tägig im Jugendamt stattfindet.

Die Familienhelferin, Frau Böhm (sämtliche Namen und Angaben sind verschlüsselt), arbeitet bereits seit eineinhalb Jahren in der Familie. Sie stellt den Fall in der Supervision vor, weil es ein akutes Problem gibt. Gleichzeitig ist sie sehr ambivalent, weil sie Bedenken hat, wenn sie beginne, den Fall zu schildern, denn dann nähme es „kein Ende“, es gehe „immer weiter und weiter“. Es käme „immer etwas Neues“ hinzu.

Zur Familie Bauer, die die Familienhelferin betreut, gehören die alleinerziehende Mutter und sieben Kinder. Frau Bauer, die Mutter, ist 35 Jahre alt.

Sie hat die Sonderschule besucht und als Kassiererin gearbeitet. Der Vater der Kinder, Herr Bauer hat einen handwerklichen Beruf erlernt, er sei depressiv und arbeite aus Krankheitsgründen nicht mehr. Er lebt in einer anderen Stadt, besucht die Familie jedoch regelmäßig am Wochenende. Die Kinder sind im Alter zwischen vierzehn Jahren und zwei Jahren. Es handelt sich um fünf Mädchen und zwei Jungen. Die älteste Tochter stammt aus einer Beziehung der Mutter mit einem anderen Mann. Sie nimmt insofern eine Sonderstellung innerhalb der Geschwistergruppe und der Familie ein. Die weiteren sechs Kinder sind die leiblichen Kinder der Eltern. Die älteste Tochter hiervon heißt Jessica und ist 13 Jahre alt. Sie ist die derzeitige Symptomträgerin, an der sich die psychosoziale Problemsituation der Familie manifestiert. Die Mutter beklagt, mit ihr die größten Schwierigkeiten zu haben. Die Familie wohnt in einer kleinen Gemeinde mit dörflicher Struktur.

Der Hintergrund für die Beantragung einer Jugendhilfemaßnahme war zunächst die häusliche Situation der Familie Bauer, die MitarbeiterInnen des Sozialamtes anläßlich eines Hausbesuches vorfanden. Frau Bauer und die Kinder erhalten nach der Trennung vom Ehemann Sozialhilfe. Sowohl die Wohnung als auch die anwesenden Kinder seien in einem verwahrlosten und massiv verschmutzten, auch „riechbaren“ Zustand gewesen, außerdem seien die Kinder mehrmals alleine angetroffen worden. Offensichtlich überließe die Mutter den älteren Kindern die Aufsicht über die jüngeren Geschwister. Hinzu kamen massive Beschwerden seitens der Schule über die übermäßigen Fehlzeiten der Kinder. Bis auf Jessica besuchen alle Kinder eine Sonderschule. Seitens der Schule ist man der Auffassung, daß die Kinder unter der Voraussetzung regelmäßiger Schulbesuche und Unterstützung vom Elternhaus für eine Regelschule geeignet seien. Jessica bildet hierbei eine Ausnahme, da sie sich trotz der chaotischen Familienverhältnisse und der massiven Konflikte, die sie mit der Mutter hat, gut in der Regelschule integriert habe und dem Unterricht gut folgen könne. Darüber hinaus liegen mehrere Hinweise der Polizei über Diebstahldelikte der beiden ältesten Mädchen vor. Aufgrund der geschilderten Familiensituation und Vorfälle stellt Frau Bauer beim Jugendamt einen Antrag auf Hilfe zur Erziehung. Wegen der Diebstähle der beiden ältesten Töchter wünscht die Mutter eine Heimunterbringung von Jessica. Der Antrag bzw. Fall wird vom zuständigen Sozialarbeiter, Herrn Gießen, in das ASD-Team eingebracht. Im ASD werden alle Fälle, für die SPFH in Erwägung gezogen werden, von der zuständigen Fachkraft im Team vorgestellt und dort fachlich bewertet. Im vorliegenden Fall wird die Empfehlung ausgesprochen, insbesondere für die älteren Kinder eine sozialpädagogische Familienhilfe mit 10 Stunden in der Woche anzubieten. Daraufhin wird die Familienhelferin Frau Böhm angesprochen. In dem Erstgespräch zwischen Frau Böhm und der Familie kommen die Beteiligten zu dem Ergebnis, daß sie sich eine

zukünftige Zusammenarbeit vorstellen können. Die Maßnahme wird zunächst auf sechs Monate festgelegt.
Die Familienhelferin, Frau Böhm, bestätigt den verwahrlosten Zustand der Wohnung und der Familie. Außerdem lebten in der Familie noch Hunde und Vögel. Der verunreinigte Zustand habe zu einer Ungezieferplage geführt, die ihrerseits Hautausschläge bei den Kindern verursache. Die Familie ist bereits durch eine öffentliche Behörde im Sinne des Bundesseuchengesetzes zur Beseitigung der Lage aufgefordert worden und Frau Böhms Arbeitsauftrag lautet „Unterstützung der Familie im Alltag". Hierzu faßt sie die Kinder innerhalb der 10 Wochenstunden in altersmäßig passende Kleingruppen (die Jüngsten, die Mittleren, die Großen) zusammen. Mit der Mutter führt sie gesonderte Gespräche. Aufgrund der guten Beziehung zwischen der Familie und Frau Böhm und aufgrund der zähen Veränderungsprozesse, insbesondere hinsichtlich der regelmäßigen Schulbesuche, der Sauberkeit, Gesundheit und Alltagsstrukturierung, wurde der Hilfeplan zweimal um ein weiteres halbes Jahr auf insgesamt einhalb Jahre fortgeschrieben.

Zu diesem Zeitpunkt ereignet sich der „Vorfall", der die sozialpädagogische Familienhelferin zur Vorstellung der Familie in der Supervision veranlaßt. Die 13-jährige Tochter Jessica habe ihr erzählt, daß der Vater sie körperlich berühre, indem er sie regelmäßig eincreme. Das Eincremen sei aufgrund einer Hauterkrankung nötig. Die sozialpädagogische Familienhelferin interpretiert dies nicht direkt als sexuellen Mißbrauch, aber als körperlichen Übergriff. Danach habe ihr die Jugendliche berichtet, der Vater habe ihr bei einem Waldspaziergang gestanden, daß er in sie verliebt sei. Seit sie die körperliche Berührung verweigert habe, stehe sie unter Hausarrest. Dies ist zum Zeitpunkt der Supervision drei Wochen her. Zu Frau Böhm habe sie gesagt, daß ihr das „jetzt reicht".
Frau Böhm vereinbart darauf hin einen Termin mit Jessica zu einem gemeinsamen Besuch in einem Jugendcafé. Dort hat Frau Böhm festgestellt, daß Jessica schon vielen Personen von den Übergriffen des Vaters hinter „vorgehaltener Hand" erzählt hat. Jessica, die noch unter Hausarrest stand, durfte Frau Böhm nur unter der Auflage begleiten, daß sie von der Familienhelferin wieder nach Hause gebracht werde. Frau Böhm, die sich aufgrund der Schilderung von Jessica unsicher war, ob Jessica nach Hause gehen sollte, überließ es Jessica, nach dem Gespräch nach Hause zu gehen oder zu bleiben, und verließ das Café. Am gleichen Abend um 21.30 Uhr habe die Mutter von Jessica angerufen und nach ihrer Tochter gefragt. Die Eltern von Jessica haben inzwischen eine Vermißtenanzeige aufgegeben.

Die Recherche und die retrospektive Erinnerung der Familienhelferin ergeben folgendes: Die Atmosphäre im Jugendcafé sei an diesem Nachmittag sehr „aufgeheizt" gewesen und es sei zu einer Schlägerei gekommen, in de-

ren Folge die Polizei gerufen worden sei. Den ermittelnden Beamten habe Jessica spontan von den körperlichen Übergriffen des Vaters erzählt. Die Polizei habe den Fall aufgenommen und inzwischen mit den Ermittlungen begonnen. Das Verfahren ist zum Zeitpunkt der Supervision noch nicht abgeschlossen. Aufgrund der Vorwürfe gegen den Vater wird Jessica in einer Bereitschaftspflegefamilie untergebracht, wo sie zum Zeitpunkt der Supervision noch lebt.
Die Bereitschaftspflegeeltern haben bereits eine weitere Jugendliche in ihre Obhut genommen. Das Verhältnis der beiden Jugendlichen sei sehr gespannt und von Konkurrenz geprägt. Die Familienhelferin berichtet, daß sich die gleichen Probleme einstellten, die Jessica auch in ihrer Herkunftsfamilie habe: Lügen und Diebstahl. Der „Bereitschaftsfamilienstiefschwester" seien von Jessica 10,- DM gestohlen worden, die sich später in Jessicas Tasche wiederfanden. Jessica streitet die Vorwürfe ab. Die Bereitschaftspflegemutter habe aufgrund des Vorfalls mit ihrem anderen Mündel „zusammengesessen" und über Jessica gesprochen. Jessica sei in diesem Gespräch als „die Böse" bezeichnet worden.

Frau Böhm schildert, daß Jessica nicht im eigenlichen Sinn stehle, sondern z.B. Dinge entwende, um sie „hinter einem Blumentopf" zu verstecken. Oder Jessica benutze fremde Cremes. Auch das Geld, das sie sich aneigne, gebe sie meist nicht aus. Bezüglich des Vorwurfs der Lügerei ist die Familienhelferin sehr ambivalent, da sie selbst in einer Situation von Jessica „ausgespielt" worden sei. Sie habe einen Termin mit Jessica bei den Bereitschaftspflegeeltern gehabt, um dort mit Jessica „Bruchrechnen" zu üben. Jessica sei an diesem Nachmittag unkonzentriert, abwesend und nicht zur Mitarbeit bereit gewesen. Frau Böhm habe Jessica gedroht, wenn sie nicht mitarbeite, dann werde sie gehen - was auch der Fall war. Später habe sie von der Bereitschaftspflegemutter erfahren, daß Jessica dieser gegenüber geäußert habe, daß Frau Böhm ihr die Aufgaben „falsch erklärt" habe. Frau Böhm ist sehr enttäuscht und wütend über diesen Vorfall. Sie würde Jessica am liebsten verlassen und begründet dies damit, das ihr der Fall insgesamt zu viel werde.
Aufgrund des Hangs zur Unwahrheit von Jessica ist sich Frau Böhm auch nicht mehr sicher, ob sie den sexuellen Übergriffen des Vaters in der Version von Jessica glauben kann. Die Mutter von Jessica berichtet, daß Jessica aktiv auf den Vater zugegangen sei und hinsichtlich des Eincremens ausschließlich auf eine Berührung durch ihn bestanden habe. Eine Behandlung durch die Mutter habe sie verweigert. Die Familienhelferin berichtet, das sie an Jessica ein auffällig zugewandtes Verhalten gegenüber jungen Männern bemerke. Im Café setze sie sich den männlichen Jugendlichen, die sie kenne, „auf den Schoß".

Die Supervisionsgruppe nimmt die Äußerungen Jessicas hinsichtlich der Übergriffe des Vaters sehr ernst und formuliert zwei Hypothesen, die sowohl die Schwäche des Vaters als auch die Dominanz der Mutter berücksichtigen: a) Jessica habe den Vater provoziert und dieser sei nicht in der Lage gewesen, eine Grenze zu ziehen. b) Es besteht eine maligne Konkurrenz zwischen Mutter und Tochter. Jessica ist in der Pubertät, sie durchläuft die Höhen und Tiefen aller Pubertierenden, dies jedoch unter den extrem schweren Bedingungen ihres Elternhauses. Frau Böhm berichtet, daß Jessicas Mutter bevorzugt die aktuelle Mode von Jugendlichen trägt. Auch sprachlich äußere sie sich in den dort üblichen Ausdrucksweisen. Gleichzeitig sei Jessica auf der Ebene von Status und Intellekt die „einzige ebenbürtige Gegnerin“ der Mutter in der Familie.
Ich interpretiere die Situation ebenfalls als eine Konkurrenzsituation zwischen Mutter und Tochter um den Vater. Gleichzeitig klagt Jessica etwas ein, das den Kindern in der Familie verlorengeht, sobald sie nicht mehr klein sind. Frau Böhm sagt, daß die Mutter mit den kleinen Kindern sehr einfühlsam umgehe. Es geht um den Verlust von Körperkontakt-Liebe-Zuneigung-Wärme-Sicherheit: körperlich dichter Kontakt zur Mutter steht für eine enge Mutterbindung. In dem Moment, in dem diese enge Beziehung aufgelöst wird, wird dieser Prozeß nicht als normale und gesunde Entwicklung erlebt, sondern als Bedrohung. Das Trennende kann nicht integriert werden und wird als bedrohliches Element abgespalten: Jessica soll auf Wunsch der Mutter in ein Heim. Dies lehnt Jessica verständlicherweise ab und inszeniert den Inzestvorwurf, der sie zu den Ersatzeltern bringt. Das Konfliktlösungsmodell in dieser Familie ist der Abbruch von Beziehungen, wenn die Beziehungen bedrohlich werden. Die Mutter trennt sich vom Vater wegen seiner Depression und der damit einhergehenden Arbeitslosigkeit. Sie wird als häufig krank geschildert und kann nicht arbeiten gehen. Eine Trennung provoziert Jessica zum Zeitpunkt der Supervision auch von der Familienhelferin, die verärgert ist und der „alles zuviel“ wird.

An diesem Punkt ereignet sich eine interessante Entwicklung in der Gruppe. Die Gruppe beginnt zu agieren, indem sie der Familienhelferin Tips gibt, mit wem sie wie und unter welcher Leitlinie arbeiten soll. Eine Idee folgt auf die nächste, es herrscht eine angespannte Atmosphäre. Während ein Gruppenmitglied spricht, fixieren diejenigen, die auch etwas sagen wollen, die Decke des Raums und warten auf eine Gelegenheit, ihren Lösungsvorschlag einzubringen. Ein Schlagabtausch entwickelt sich, während eine Teilnehmerin Elternarbeit als Lösung des Problems vorstellt, besteht eine andere Position auf prozeßhaftem Erkennen der Beziehungsdynamik der Gesamtfamilie: „Ich bestehe darauf.“ contra „Das ist kein Problem, das durch Äußerlichkeiten gelöst werden kann.“ Die Supervisionsgruppe teilt sich sowohl in zwei extreme Positionen als auch einen schweigenden Teil. Ich interpretiere die Gruppenreaktion dahingehend, daß sie sowohl das

Familiensystem als auch das Helfersystem und dessen Spaltungsmechanismen repräsentiert. Das chaotische, unruhige Stimmengewirr und die widerstreitenden Meinungen, die unvereinbar scheinen, spiegeln die Familiensituation wieder: ein waberndes, strukturloses Gebilde.
In diesem Chaos unternimmt eine Gruppenteilnehmerin einen Klärungsversuch, indem sie vorschlägt, den Vater aktiver in die Betreuungsarbeit einzubeziehen. Dieser werde wenig berücksichtigt, und tatsächlich wurde er auch im Laufe der Supervision zu einer kaum beachteten Randfigur. Bevor sich die Supervisionsgruppe diesem Aspekt zuwenden kann, wird in der Familienhelferin eine Abwehrhaltung ausgelöst. Sie schüttelt den Kopf und erklärt ein kurzes und entschiedenes „Nein“. Auf mein Nachfragen nach dem Hintergrund des Affektes erläutert sie, sie sei nicht gewillt, auch noch den Vater zu betreuen. Zunächst herrscht allgemeine Verwunderung sowohl über die Heftigkeit des Affektes als auch darüber, wieso der Vater an dieser Stelle des Supervisionsprozesses eingebracht und somit zum Thema wurde. Was ist passiert und wieso wurde ein solch vehementes „Nein“ nötig? Erinnern wir uns: Frau Böhm stellt den Fall in der Supervision auf dem Hintergrund des Mißbrauch-Vorwurfs gegenüber Jessicas Vater und der damit verbundenen Unterbringung von Jessica in einer Bereitschaftspflegefamilie vor. Sie äußert bereits zu Beginn ihrer Schilderung ihre Ängste darüber, daß die Konflikte in dieser Familie „kein Ende“ nähmen und sie deshalb auch in der Supervisionsgruppe kein Ende finden könnte. In der gesamten Darstellung des Falles stehen die Themen Grenzüberschreitung, mangelnde Grenzziehung und Strukturlosigkeit im Vordergrund, Themen, die verführerisch und beängstigend zugleich sind. So hat Frau Böhm die Gruppe zwar gewarnt, aber die Gruppe hat sich auch gerne verführen lassen. Das passagere Mitgehen und Mitagieren ist wichtig, um möglichst zahlreiche Informationen über die Konfliktlage der Betroffenen zu erhalten. Auf diese Weise wurde die Supervisionsgruppe zu einem Spiegel der Familie Bauer: chaotisch, widersprüchlich, grenzenlos und voller Ängste und Spannungen. So gesehen wird die Szene – der chaotische, emotionale Gruppenprozeß, die Frage nach dem Vater durch eine Teilnehmerin und die klare Grenzziehung der Familienhelferin - verständlich. Mein Interpretationsvorschlag der Situation lautet, daß darin der Ruf nach dem Vater als strukturierendem, grenzsetzendem Element zum Ausdruck kommt. Hierbei bestand eine weitere interessante Doppelung: der Vater von Jessica, der keine Verantwortung und keine Grenzziehungen übernimmt, und die Supervisions-Gruppe, die den einzigen Mann verloren hat, was in der Frauengruppe neue Rollenverteilungen zur Folge hatte. Diese Aspekte spiegelten m.E. die Situation der Familienhelferin wieder, vor allem in der Spiegelung durch die Gruppe.
Die Strukturlosigkeit der Familie/Gruppe verhindert die Integration unterschiedlicher Elemente. Darin könnte auch das unbewußte Motiv bestehen. D.h., daß durch die ständige Bewegung die Ruhe vermieden werden soll, die nötig ist, um genau hinzusehen. Würde die Familie innehalten, dann

würde sie mit Aspekten ihrer Lebensweise und mit Gefühlen konfrontiert werden, die schmerzhaft und beängstigend sind. Davon ist Jessica besonders betroffen, denn sie stellt viel in Frage (die Normalität des „Sonderstatus“ Sonderschule) und reaktiviert so die Gefühle von Kränkung, Wut und Scham darüber, ein Außenseiter zu sein. Gleichzeitig ist Jessica selbst eine Außenseiterin in ihrer Familie. Darin besteht die Überforderung, unter der die Familie, Jessica und die Familienhelferin leiden. Da die Konfliktlösungsstrategie der Familie der Abbruch und nicht die Integration von Beziehungen ist, schlage ich der Familienhelferin vor, die Familie nicht in ihren Ängsten zu bestätigen bzw. in ihrer Abwehr zu unterstützen, indem sie sie verläßt, sondern zu bleiben. Darin sehe ich eine Integrationsleistung und ein Angebot, das von der Familie als positives Gegenmodell erlebt werden kann.

Im Unterschied zur therapeutischen Praxis, in der Zeit und Ort bzw. das Setting klar strukturiert und festgelegt sind, wird den FamilienhelferInnen ein großes Anpassungsvermögen abverlangt. Spezifische interventionstechnische Implikationen der klassischen Therapiesituation sind nicht ohne weiteres auf das Praxisfeld der SPFH übertragbar. Der feste Rahmen und das ritualisierte Setting der klassischen therapeutischen Praxis ermöglichen ein langes Vorausplanen von Interventionen, was im Alltag der SPFH aufgrund der Spontanität, Flexibilität und Nähe zu den Klienten nicht möglich ist. Darin besteht auch die Gefahr des Aufgesogen-, des Assimiliert-Werdens für die FamilienhelferInnen. Es drohen Identifikationen in Form unreflektierter Rollenübernahmen, die zu einer Diffusion der Beziehung führen können. SPFH-Familien machen es den FamilienhelferInnen durch die Vielschichtigkeit und teilweise Widersprüchlichkeit ihrer Lebenspraxis außerordentlich schwer, eine klare Orientierung und Haltung zu bewahren. Es ist z.B. nicht leicht, das häufig chaotische und scheinbar lieblose Verhalten von Eltern nach einer Trennung oder Scheidung als eine unbewußte Abwehrfomation und nicht als bewußte Bösartigkeit zu begreifen und zu akzeptieren. Die von SPFH betreuten Familien sind in der Regel von Trennung und Scheidung betroffen. „Ihr Verhalten, ihre Einstellungen, ihre Beurteilung von Personen und Situationen haben wesentlich die Funktion, wichtige Bedürfnisse, Regungen zu erfüllen, ohne daß die Existenz oder die große Bedeutung dieser Bedürfnisse und Regungen offensichtlich wird. Wobei es weniger um ein Verbergen vor anderen geht, sondern darum, sich selbst bestimmte Wünsche, Gefühle und Neigungen nicht zu- bzw. einzugestehen“ (Fidgor 1994, 146).
In dieser Hinsicht ist von einer voreiligen, falschen Parteinahme für das Kind abzusehen, sondern die Problematik und Dramatik der Trennung für die Eltern bzw. den Elternteil, bei dem die Kinder bleiben, ernstzunehmen und in die Überlegungen hinsichtlich des weiteren Betreuungsprozesses einzubeziehen (vgl. Maurer-Hein/Möhring 1994, 96). Im Sinne der Kinder

hingegen ist es wichtig, ihr Verhalten als Erlebnisreaktion oder als neurotisches Verhalten unterscheiden zu können. Die Erlebnisreaktion bezieht sich auf Angst- und Wutreaktionen hinsichtlich einer bedrohlichen Lebenssituation, z.B. der Trennung der Eltern. Neurotische Verhaltensweisen werden meist aus der aktuellen Krisensituation entwickelt, wenn die Ängste und die Aggressionen, die aufgrund der Trennung der Eltern nicht zugelassen werden dürfen, verdrängt werden. Das Abklingen der Symptome wird häufig als positive Überwindung des Trennungstraumas verkannt. Tatsächlich handelt es sich um einen Zeitpunkt, zu dem die Erlebnisreaktion erst zum Trennungstrauma wird. Und dies bedeutet für die betroffenen Kinder und Jugendlichen ein lebenslang belastendes und unbewältigtes Ereignis. Das Ende der Symptomatik ist in Wahrheit der „Beginn der neurotischen Bewältigung des Scheidungserlebnisses" (Fidgor 1994, S. 148).

An dem Fallbeispiel wird deutlich, daß Supervision ein wichtiges Hilfsmittel für den pädagogischen Prozeß in der SPFH ist. Die Spiegelung der Dynamik der jeweiligen Familien, Jugendlichen und Kinder (vgl. Kutter 1990, 294) zeigt sich im dynamischen Prozeß der Supervisionsgruppe.[1] Bedeutsam sind hierbei die affektiven Beziehungen in der Supervision, denn sie spiegeln die Beziehung der FamilienhelferInnen zu den Familienmitgliedern wieder.
Die Hauptarbeit in der Supervision liegt darin, ein Verständnis für den Lebens- und Sinnzusammenhang der Klienten zu erhalten. Parallel dazu entsteht ein erstes Verständnis für die besonderen Widerstände der Familie. Das Eingehen auf diese Widerstände verläuft nicht über Deutungen, wie dies in der klassischen Psychoanalyse der Fall ist. Aber es gelingt m.E. über eine *deutende Haltung*, den Familien das Gefühl von Akzeptanz zu vermitteln.
Eine deutende Haltung unterscheidet sich von einer Deutung durch die Erweiterung des Fokus von primär sprachlichen Mitteilungen auf die Handlungsebene. Konkrete Handlungen, Reaktionen und Interaktionen werden in den Beziehungen gesetzt, um den Kindern, Jugendlichen und Familien auch auf nicht-sprachlicher Weise zu zeigen, daß sie verstanden und ernstgenommen werden. FamilienhelferInnen sprechen nicht nur über die Ängste und Wünsche der Betroffenen, sondern sie stützen sie in konkreten Situationen, die bedrohlich sind (z.B. Schwierigkeiten in der Schule, Vorladung

---

[1] Die Gruppensupervision ist von besonderem Vorteil, denn in einer Gruppe können Rollen übernommen werden, die in einer Zweiersituation nur schwerlich bis unmöglich eingenommen werden können. Die Methode der Gruppenanalyse (vgl. Foulkes 1974) eignet sich darüber hinaus gut für die Gruppensupervision von sozialpädagogischen Familienhelfern, weil sie über die individuelle und gruppendynamische Ebene hinaus das soziale Umfeld (Öffentlichkeit, Gesellschaft und Institution) bzw. die institutionellen Rahmenbedingungen einbezieht (vgl. Gaertner 1993, 241; vgl. Gfäller 1990, 198; Lorenzer 1986; Stephan 1996, 383).

bei der Polizei), und erfüllen teilweise Wünsche (z.B. ein Besuch im Café, Kino, Schwimmbad). Dies ist wichtig, weil die deutende Haltung auf einer Ebene von Erfahrung, Wahrnehmung und Verarbeitungsmöglichkeiten bei den Familien ansetzt, die unmittelbar und spürbar ist. Familien, die von SPFH betreut werden, sind für Veränderungen über Einsicht nicht zugänglich. Es bestehen in der Regel eine niedrige Frustrationstoleranz und damit einhergehendes aggressives und autoaggressives Verhalten. Angst spielt eine große Rolle: Angst vor der Bedrohung durch die eigene Familie wie z.B. bei Jessica (Mißbrauch, Vernachlässigung), Angst vor der Außenwelt (Arbeitslosigkeit, Armut) und nicht zuletzt die Bedrohung durch die eigene, ständig angespannte und zu Dekompensation neigenden Psyche. Eine Entwicklung der psychischen und kognitiven Fähigkeiten auf ein differenziertes Niveau, das Selbstreflexion und Einsicht zuläßt, ist für Jessicas Familie schwer zu erreichen. Allein die Präsenz der Familienhelferin bei alltäglichen Dingen, ihre Vermittlung zwischen den Eltern und den Pflegeeltern von Jessica, ihre Bereitschaft, beide Familien in ihrer Not zu begleiten, ist ein stabilisierender Faktor in der chaotischen und ständig vom Zerfall bedrohten Welt der Familie. Deshalb hat diese Arbeit so viel Wert.

SPFH gibt den Familien den Wert, den sie weder in sich selbst finden noch von der Außenwelt erhalten. Frau Böhm erreicht es in mühseliger Kleinarbeit, allen Beteiligten immer wieder das Gefühl zu vermitteln, daß sie Verständnis für die Situation der Familie hat - daß sie da ist. Das hohe Maß an Frustrationstoleranz, das Frau Böhm aufbringen muß, verdient Achtung. Sie lebt der Familie auf diese Weise in konkreten Alltagshandlungen ein Beziehungs- und Interaktionsmuster vor, das der Familie Bauer nicht zur Verfügung steht.
In der Arbeit der SPFH sind die Betroffenen Subjekte, indem sie in ihrer subjektiven Realität wahr- und ernstgenommen werden. Die Abwertung, die viele FamilienhelferInnen im Laufe ihrer Arbeit immer wieder erfahren, ist die Erfahrung von Abwertung, denen die Familien selbst oftmals über Generationen hinweg ausgesetzt sind. Dies ist eine zentrale Erkenntnis und sie ist schwer auszuhalten - für beide Seiten. Aber es ist gleichzeitig ein Anerkenntnis des Lebensgefühls dieser Familien, erst danach können Veränderungen in den Familien, wenn sie stabil sein sollen, angegangen werden. Ich habe es häufig erlebt, daß diese *Solidarität mit der Abwehr der Familien* es erst ermöglicht, die Widerstände zu überwinden. Die anfängliche Distanz weicht häufig einer breiteren Palette an Gefühlen, die zuvor abgewehrt werden mußten: Angst, Wut, aber auch Sehnsucht nach Nähe, Geborgenheit, Zärtlichkeit und Sexualität. Diese Gefühle werden in der konkreten Beziehung zwischen den sozialpädagogischen FamilienhelferInnen und den Familien primär spürbar und in der Supervision sekundär gespiegelt.

4. Fazit

Psychoanalytisch orientierte SPFH achtet das Nicht-Gesagte, das nicht in Sprache gefaßte bzw. das noch nicht in Sprache Faßbare (Lorenzer 1981). Damit greift sie Schwierigkeiten der ihr anvertrauten Familien auf, ohne die Kontinuität der inneren Beziehungsmuster der Einzelnen zu zerstören. SPFH setzt an der unmittelbaren Lebensrealität des Klientels an, und die damit einhergehenden regressiven und affektiven Reaktionen können einer *Bearbeitung im Alltag* zugänglich gemacht werden.
Sozialpädagogische FamilienhelferInnen haben einen besonderen Zugang zu den inneren und äußeren Beziehungen und Gefühlslagen ihres Klientels, indem sie in die Familien gehen und dort *vor Ort und hautnah* ein Stück Alltag mit den Familien (er)leben. Die Gefühle, die in den FamilienhelferInnen ausgelöst werden, sind der Stoff, aus dem die Supervision ihren Inhalt, die FamilienhelferInnen ihre Qualifikation und die Familien, Jugendlichen und Kinder ihre Hilfe gewinnen.

Literatur

Aichhorn, A. (1974): Psychoanalyse und Erziehungsberatung. Fischer Taschenbuch: Frankfurt/M.

Beck-Gernsheim, Elisabeth (1984): Vom Geburtenrückgang zur Neuen Mütterlichkeit? Fischer Taschenbuch: Frankfurt/M.

Berse, E. (1995): Soziale Gruppenarbeit in der Sozialpädagogischen Familienhilfe. Erfahrungsbericht des Sozialdienstes Katholischer Männer e.V. (SKM Köln). DJI-Arbeitspapier Nr. 5-112: München

Bottländer, J. (1997): Sozialpädagogische Bemühungen in der katholischen Jugendarbeit: Das Landauer Modell. Ernst Reinhardt: München.

Caritasverband (1994): Armut und soziale Brennpunkte im Bistum Mainz. Untersuchungsbericht im Auftrag des Diözesencaritasverbandes Mainz: Eigenverlag

Cacinovic Vogrincic, G. (1997): Sozialarbeit mit Familien: Theoretische Konzepte und Methoden. Unsere Jugend (Heft 2), 58-62

Fidgor, H. (1994): Zwischen Aufklärung und Deutung. Zur Methode und Technik psychoanalytisch-pädagogischer Beratung von Scheidungseltern. In: Eggert-Schmid Noerr, A., Hirmke-Wessels, V., Krebs, H. (Hrsg.): Das Ende der Beziehung? Frauen, Männer, Kinder in der Trennungskrise. Matthias Grünewald: Mainz, 133-167

Finger-Trescher, U. (1991): Wirkfaktoren der Einzel- und Gruppenanalyse. Frommann Holzboog: Stuttgart-Bad Cannstatt

Foulkes, S. H. (1974) Gruppenanalytische Psychotherapie. J. Pfeiffer: München 1992

Gaertner, A. (1993): Supervision und Institutionsanalyse. In: Muck, M., Trescher H. G. (Hrsg.): Grundlagen der psychoanalytischen Pädagogik. Matthias Grünewald: Mainz, 237-258

Gfäller, G. R.(1990): Die Reflexion des institutionellen Umfeldes in der gruppenanalytischen Supervision. In: Pühl, H. (Hrsg.): Handbuch der Supervision, Beratung und

Reflexion in Ausbildung, Beruf und Organisation. Edition Marhold im Wissenschaftsverlag Volker Spiess: Berlin, 194-212

Harnach-Beck, V. (1995): Psychosoziale Diagnostik in der Jugendhilfe. Juventa: Weinheim und München, 1997, 2. Aufl.

Helming, E., Schattner, H., Blüml, H. (1997): Handbuch Sozialpädagogische Familienhilfe. Deutsches Jugendinstitut (Hrsg.): Bundesministerium für Familie, Senioren, Frauen und Jugend. W. Kohlhammer: Stuttgart

Hessisches Statistisches Landesamt, Wiesbaden (1997) (Hrsg.): Immer weniger Ehepaare mit Kindern. Hessischer Pressedienst Nr. 87/97 vom 13.06.1997. Eigenverlag: Wiesbaden

Hettlage, R. (1992): Familienreport. Eine Lebensform im Umbruch. Beck: München

Jugendwerk der Deutschen Shell (Hrsg.) (1997): Jugend '97. Leske + Budrich: Opladen

Kühl, W. (1997): Kompetenzentwicklung der Sozialpädagogischen Familienhilfe in den neuen Bundesländern. In: neue praxis (Heft 2), 154-168

Kutter, P. (1990): Das direkte und indirekte Spiegelphänomen. In: Pühl, H. (Hrsg.): Handbuch der Supervision. Beratung und Reflexion in Ausbildung, Beruf und Organisation. Ed. Marhold im Wissenschaftsverlag Volker Spiess: Berlin, 291-301

Landesjugendamt Hessen (1997) (Hrsg.): Das Besondere des Allgemeinen - Die Schlüsselfunktion des Sozialen Dienstes in der Jugendhilfe. Eigenverlag: Kassel

Lorenzer, A. (1986): Tiefenhermeneutische Kulturanalyse. In: König, H.-D., Lorenzer, A. u. a.: Kultur-Analysen. Fischer-Taschenbuch: Frankfurt/M., 11-98

Maas, U. (1996): Der Hilfeplan nach § 36 KJHG und das jugendhilferechtliche Verwaltungsverfahren. In: Zentralblatt für Jugendrecht (Heft 4), 83. Jahrgang, 113-156

Maurer-Hein, R., Möhring, P. (1994): Wie Beharrlichkeit zum Ziele führen kann. Familientherapie mit einer Unterschicht-Familie. In: Kinderanalyse (Heft 1), 95-106

Merchel, J. (1995): Expertise: Rechtliche Aspekte der Beziehung zwischen Mitarbeiterinnen der Jugendhilfe und Hilfe-Empfängern beim Entscheidungsprozeß und während der Gewährung einer Hilfe zur Erziehung nach § 31 KJHG (Sozialpädagogische Familienhilfe). DJI-Arbeitspapier Nr. 5-113. Eigenverlag: München

Nicolay, J. (1993): Wege zu konstruktiver Zusammenarbeit: Motivation und Motivierung in der sozialpädagogischen Familienhilfe. In: neue praxis (Heft 6), 539-548

Nicolay, J. (1996): Ko-respondenz - Ein Beitrag zu einer Theorie des Handelns in der Sozialpädagogischen Familienhilfe. In: neue praxis (Heft 3), 202-216

Nielsen, H. K., Müller, C. W., (1986): Sozialpädagogische Familienhilfe: Probleme, Prozesse u. Langzeitwirkungen. Im Auftrag d. Sozialpäd. Inst. Beltz: Weinheim und Basel

Pühl, H. (1990): Psychoanalytisch-orientierte Supervision. In: Pühl, H. (Hrsg.): Handbuch der Supervision. Beratung und Reflexion in Ausbildung, Beruf und Organisation. Ed. Marhold im Wissenschaftsverlag Volker Spiess: Berlin, 395-406

Ries, H. A. (1995): Sozialpädagogische Familienhilfe als stadtteilbezogene Beratungs-Einrichtung auf ganzheitlicher Grundlage. Expertise zum Projekt „Sozialpädagogische Familienhilfe in der BRD". DJI-Arbeitspapier Nr. 5-111. Eigenverlag: München

Rothe, M. (1995): Sozialpädagogische Familienhilfe in der Arbeitsgemeinschaft zur Förderung von Kindern und Jugendlich e.V. Heidelberg (AGF). In: Zeitschrift für Jugend (Heft 3), 110-111

Stephan, H. (1996): Sozialpädagogische Familienhilfe. In: Unsere Jugend (Heft 9), 381-385

Straus, F. (1993): Zur Frage der Methodenintegration in der Sozialpädagogischen Familienhilfe. Expertise zum Projekt „Sozialpädagogische Familienhilfe in Bayern". DJI-Arbeitspapier Nr. 5-101. Eigenverlag: München

Szypkowski, B. (1997): Die Kontinuität der „guten Mutter". Zur Situation von Frauen, die ihre Kinder zur Adoption freigegeben haben. Centaurus: Pfaffenweiler

Than, S. (1997): Sozialpädagogische Familienhilfe 1996. In: Hessisches Statistisches Landesamt, Wiesbaden (Hrsg.): Staat und Wirtschaft in Hessen (Heft 9), 248-250

Thiersch, H. (1995): Lebensweltorientierte soziale Arbeit. Juventa: Weinheim und München

Wiemann, I. (1997): Psychologische und soziale Voraussetzungen für die Rückführung von Pflegekindern zu ihren leiblichen Eltern. In: Kindeswohl (Heft 3), 6-11

Burkhard Müller

Authentizität als sozialpädagogische Aufgabe. Das Beispiel Schuldnerberatung*

"Authentizität" hat als Begriff für Sozialpädagogen einen merkwürdigen Klang. Er bezeichnet einerseits etwas schlechthin unentbehrliches, wenn man beschreiben will, was SozialpädagogInnen tun, worin die Herausforderung ihres Berufes besteht. Sozialpädagogik ist, wie die Amerikaner sagen, ein "skin trade". Man kann sie nicht ausüben, ohne die "Haut zu Markte zu tragen", ohne als ganze, authentische Person für andere präsent zu sein. Die nur technische Abwicklung der mit diesem Beruf verbundenen Aufgaben kann nur als defizitäre Form sozialer Arbeit gedacht werden. Andererseits hat "Authentizität" im sozialpädagogischen Gebrauch fast ebenso unvermeidlich einen pathetischen, ideologischen, wenn nicht gar verlogenen Klang: "menschliche Echtheit" zu zeigen, den Klienten bedingungslos "so wie er ist" zu akzeptieren, "Beziehungsarbeit" zu leisten, oder, früher, "tätige Nächstenliebe", "Brüderlichkeit" etc. ist das Bedeutungsumfeld. Innerhalb dieses gängigen und verschlissenen Vokabulars sozialpädagogischer Berufsmoral nimmt sich die Forderung nach "Authentizität" nur als aufgepeppte Variante eines alten Musters wahr. Es riecht nach dem alten Sozialpädagogenwitz: Ein Penner trifft einen andern und sagt zu ihm: "Guten Tag, ich bin Ihr neuer Sozialarbeiter. Wo fehlt's uns denn?"
Ich habe bei der Arbeit an diesem Beitrag meine eigene Beschäftigung mit dem Thema Revue passieren lassen und dabei festgestellt: Seit ich begonnen habe, als sozialpädagogischer Autor zu publizieren, also seit gut 20 Jahren, beschäftigt mich dieser Widerspruch. Nicht zufällig habe ich stets vermieden, den Begriff "Authentizität" in mein Vokabular aufzunehmen. Immer aber ging es mir um die Beschreibung sozialpädagogischer Kompetenz als "Darstellungsform" auf der Schnittfläche von persönlichem, emotionalem Engagement und selbstreflexiver Distanznahme, von handwerklichem Können und von sozialwissenschaftlicher Rekonstruktion der Grenzen sozialpädagogischer Handlungsräume. Ich habe mich z.B. in den 70er Jahren an dem vertrackten Verhältnis sozialpädagogischer Tätigkeit als "Lohnarbeit" und als "Gefühlsarbeit" versucht (Müller 1979) oder über die

---

* Dieser Essay war ursprünglich ein Vortrag im Rahmen einer Veranstaltung des Graduiertenkollegs "Authentizität als Darstellungsform" der Universität Hildesheim. Als solcher war und ist es ein Versuch, das "Allgemeine" sozialpädagogischer Professionalität an einem konkreten Beispielfeld zu erläutern und auch für Nicht-Fachleute verständlich zu machen. Im Kontext dieses Jahrbuchs und Themenschwerpunktes kann er auch als Beitrag zur Klärung des Verhältnisses von Sozialer Arbeit und Therapie gelesen werden.

schwierig zu balancierende Aufgabe von Jugendarbeitern nachgedacht, denen abgefordert ist, zugleich glaubwürdige Erwachsene und SympathisantInnen mit jugendlicher Unreife zu sein aber dies mit der gekonnten Erfüllung professioneller Rollen bei der Leitung einer Einrichtung zu verbinden (Müller 1978). Beim Blättern fiel mir ein Brechtzitat in die Hände, das mich damals beschäftigte (Müller 1977) und das mir als Motto für das Thema "Authentizität als sozialpädagogische Aufgabe" gut zu passen scheint:

"Man hat uns, sagt Me-Ti, in unserer Jugend gelehrt, unserem Verstand zu mißtrauen, und das war gut! Man hat uns aber auch gelehrt, unserem Gefühl zu trauen, und das war schlecht. Die Quelle, aus der unsere Gefühle kommen, ist ebenso verschmutzt, wie unsere Urteile; sie ist nämlich ebenso zugänglich den Anschlägen der Menschen und wird also von uns selber und anderen immer verunreinigt. ... Anzunehmen, es gäbe Gefühlsbewegungen, die ohne Vernunft wären, hieße, unter der Vernunft etwas Falsches zu verstehen" (Brecht 1967, 516).

Ehe ich darauf eingehe, was das Verhältnis von Vernunft und Gefühl mit Sozialpädagogik zu tun hat, sollte ich allerdings kurz zusammenfassen, was Sozialpädagogik ist bzw. was Sozialpädagogen tun, da dies möglicherweise nicht so bekannt ist.

Das sozialpädagogische Aufgabenfeld

Sozialpädagogik als Beruf ist um die Jahrhundertwende entstanden, herausgewachsen aus älteren Formen, in denen unsere Gesellschaft zwei Probleme zu regulieren gelernt hat, die sich seit der beginnenden Industrialisierung zuspitzten:

- zum einen Regulierung des Umgangs mit der Armutsbevölkerung als zugleich Konfliktminimierung an den gesellschaftlichen Rändern und Überlebenssicherung;
- zum anderen Regulierung der Notversorgung unversorgter Kinder - vor allem der Armutsbevölkerung -, die in dem Maße zur Aufgabe öffentlicher Erziehung wurden, wie sich mit sinkenden Geburtenraten das Bewußtsein ausbreitete, menschlicher Nachwuchs sei grundsätzlich ein wertvolles Gut, das man nicht einfach verrotten lassen dürfe.

Sozialpädagogik ist somit eine Aufgabe für Vermittler und für Grenzwächter, aber auch, so haben es Kritiker gesehen, eine Aufgabe für geborene oder gelernte Heuchler: betteln und buckeln bei den Reichen, verteilen und kontrollieren bei den Armen, die in verschämte und unverschämte Arme unterschieden werden müssen (Dießenbacher 1988). Sozialpädagogische "Authentizität" wäre demnach die unmögliche - wenn nicht perverse - Aufgabe, auf glaubwürdige Weise darzustellen, wie gesellschaftliche Benachteiligung zuerst in persönliche Verantwortung der Benachteiligten selbst

verwandelt werden kann und dann in Dankbarkeit dafür, daß sie nicht ganz fallen gelassen werden.
Sozialpädagogen haben seitdem gelernt, sich von solchen Zumutungen zu distanzieren, institutionalisiertes Feigenblatt nackter Ungerechtigkeit zu spielen. Sie sind, im Brecht'schen Sinne, vernünftiger geworden, auch bescheidener geworden, sind nicht mehr, seltener jedenfalls, die vollmundigen Moralunternehmer jener Tage. Aber grundsätzlich hat ihre Tätigkeit trotzdem die Struktur der beschriebenen Vermittlungsaufgabe behalten: Es geht immer noch darum, Brücken zu schlagen zwischen Zugehörigkeiten und Verhältnissen, welche Teilhabe am normalen gesellschaftlichen Leben bedeuten, und solchen, die Ausschluß, absoluten oder auch relativen Ausschluß, aus diesem Leben bedeuten.
"Spezialisten für 'drop-out-Probleme' aller Art" könnte demnach die Sammelbezeichnung für das sozialpädagogische Aufgabenfeld sein. Heute ist dies Aufgabenfeld zwar sehr ausgeweitet und beschränkt sich keineswegs mehr auf die Randgruppen der Armutsbevölkerung. Auch kümmern sich inzwischen Angehörige anderer Berufszweige, z.B. Psychologinnen oder Kulturpädagogen oder Volkswirte, ebenfalls um Segmente in diesem Feld. Diese Erweiterung liegt aber nicht daran, daß sich die allgemeinste sozialpädagogische Funktion, psychosozialen, kulturellen, ökonomischen "drop-out" zu minimieren und zu regulieren, grundsätzlich geändert hat, sondern daran, daß die "drop-out Probleme" selbst vielfältiger geworden sind, jedenfalls auf vielfältigere Weise als gesellschaftliche Probleme gesehen und behandelt werden (Müller 1992). Die gesellschaftlichen Kontrollfunktionen, die für Sozialpädagogen mit dieser allgemeinsten ihrer Aufgaben notwendig verbunden ist, bedeutet im übrigen, wie noch zu zeigen ist, keineswegs unvermeidlich ein "doppeltes" - im Sinne von partiell gegen die Klienteninteressen gerichtetes - Mandat. Wohl aber ist es eine sehr schwierige professionelle Herausforderung, die scheinbare Unvermeidlichkeit einer solchen in sich widersprüchlichen Mandatsstruktur zu durchschauen und zu überwinden. Auch dies muß im lauf dieses Beitrags erläutert werden.

Sozialpädagogen sind immer noch mit der Minimalversorgung armutsbedrohter Bevölkerung befaßt. Aber ihre Kompetenz ist immer weniger durch die Normalfällen sozialstaatlicher Überlebenssicherung gefordert, die Verwaltungsroutine und Computer übernehmen. Ihr Feld sind mehr die Sonderfälle, die der normalen 'Daseinsvorsorge' entgleiten. Diese Sonderfälle sind jedoch, anders als Luhmanns These von den veralteten persönlichen "Formen des Helfens" (Luhmann 1973) einst behauptete, weit mehr als eine bloße Restgröße. Sozialpädagogen sind immer noch an den Rändern des Erziehungsystems tätig: in der sogenannten Jugendhilfe, d.h. dort, wo die "normalen" Erziehungssysteme der Familie und Schule ihre Ohnmacht eingestehen. Aber diese Jugendhilfe ist nicht mehr auf Heimerziehung und Organisation von Ersatzfamilien beschränkt, sondern ihrerseits ein sehr diffe-

renziertes System des Umgangs mit "drop-out-Problemen" geworden. Jugendarbeit als Teilbereich von Jugendhilfe z.B. kümmert sich, als öffentliches Angebot, primär um "drop-out-Probleme" des kulturellen Lebens. Sie stellt Angehörigen jugendlicher Subkulturen, die von gesellschaftlichem Ausschluß und Abgleiten in Devianz bedroht sind, Entfaltungsräume und Verknüpfungen mit akzeptierten Formen kultureller Tätigkeit zur Verfügung. Sie unterscheidet sich insofern, trotz vieler Berührungspunkte, von Angeboten, die sich um straffällige Jugendliche kümmert. Diese kann man qua Adressaten der Jugendhilfe deshalb als "drop-outs" des Justizsystems bezeichnen, weil ihre Behandlung als "normale" Straftäter i.d.R. absurde, kriminalitätsverstärkende Folgen hätte; und eben dies ist der Grund für die historische Ausdifferenzierung dieses Zweigs der Sozialpädagogik. Andere Felder der Jugendhilfe wie psychosoziale Beratung, Straßensozialarbeit, Jugendberufshilfen oder Schuldnerberatung sind darin unterschieden (und hinsichtlich der Lebenslage von Adressaten zugleich verflochten), daß sie in ähnlicher Weise auf den "dropout" anderer gesellschaftlicher Systeme bezogen sind: z.B. des Schulsystems, des Systems der ärztlichen Versorgung, des Beschäftigungssystems, des Kreditwesens. "Drop-out" - der natürlich hinsichtlich all dieser Systeme auch kumulativ sein kann - bezieht sich jeweils sowohl auf die Personen, welche aus solchen Systemen ausgegrenzt werden, als auch auf die Arten der Probleme, mit denen diese Systeme nichts anfangen können und die sie deshalb abzuwälzen oder doch an ihre Ränder zu verlagern suchen.
Dieses Modell läßt sich auch auf andere Bereiche als die Arbeit mit Kindern und Jugendlichen anwenden: z.B. auf die Arbeit mit alten Menschen, mit Behinderten, mit Asylbewerbern, die ambulante Versorgung psychisch Kranker oder die "Menschenführung" in Betrieben. Wann immer dort "Sozialpädagogen" oder ihre funktionalen Äquivalente auftauchen, ist ihr Aufgabenzuschnitt, trotz der großen Unterschiede zwischen solchen Feldern, strukturell ähnlich. Er bezieht sich auf Integrationsprobleme i.w.S., d.h. auf die Verhinderung und/oder Kanalisierung von Ausgrenzungen aus den jeweiligen Systemen. Dies unterscheidet zugleich die Funktion der Sozialpädagogen von anderen in jenen Bereichen tätigen Berufen, z.B. von Pflegekräften, Heilberufen, Verwaltungsfachkräften, Werkmeistern oder Managern. Diese sind im Zentrum, jene eher in Rand- und Sonderfunktionen solcher Systeme tätig. Wenn deshalb SozialpädagogInnen - zuweilen mit larmoyantem Ton - darüber klagen, daß sie nur Flickschuster seien, nur Symptome kurieren dürften, nur fünftes Rad am Wagen seien, so haben sie hinsichtlich jener gesellschaftlichen Systeme, denen sie zugeordnet sind, vollkommen recht. Sie sind das Reservesystem oder das Auffangbecken; und darin haben sie durchaus Konjunktur. Sie spielen in den Welten der Lehrer, der Künstler, der Ärzte, der Juristen, sogar der Banker und Manager mit, aber als "flankierende Maßnahme"; niemals als erste Geige, sondern eher

als Pikkoloflöte, auch wenn sie manchmal meinen, an der großen Trommel zu sitzen.

Strukturelemente der sozialpädagogischen Aufgabe

Um nun auf die Frage nach den Chancen für eine glaubwürdige, "authentische" Bewältigung der skizzierten sozialpädagogischen Vermittlungsaufgabe zurückzukommen, möchte ich von einem Beispiel ausgehen. Dabei könnte es naheliegen, ein Arbeitsfeld zu wählen, in dem die erzieherische Seite sozialer Arbeit besonders im Vordergrund steht, z.B. die sogenannte Heimerziehung, die Jugendarbeit oder die Arbeit mit straffälligen Jugendlichen. Pädagogische Authentizität soll hier das Kunststück fertig bringen, Kinder und Jugendliche, die sich dem Einfluß der klassischen Erziehungsmächte - Elternhaus und Schule - weitgehend entzogen haben, ohne doch schon im ernst erwachsen sein zu können, doch noch ein Stück weit positiv zu beeinflussen. Als Mittel für dies Kunststück stehen zu Verfügung: a) eher bescheidene materielle Mittel z.B. für ein Dach über'm Kopf, sonstige Versorgung oder auch Räume zum Freizeitgebrauch; und andererseits ein sogenanntes "Beziehungsangebot". Wobei letzteres von den Jugendlichen erst dann wahrgenommen und angenommen werden kann, wenn es sich als "authentisch" i.S. von glaubwürdig erweist. Dies ist mit randständigen Jugendlichen nicht einfach zu bewerkstelligen, weil der Kampf um diese Glaubwürdigkeit bzw. Authentizität i.d.R. am Kampf um Nutzungsrechte und Nutzungregeln von Räumen und Einrichtungen festgemacht sind (Müller 1996). SozialpädagoInnen sind dabei sehr leicht in der Unglaubwürdigkeitsfalle: Beharren sie auf Regeln, erscheinen sie als "Bullen", autoritäre Säcke oder Schlimmeres; sind sie großzügig mit Freiräumen, nennt man sie "Weicheier" (Hörster/Müller 1996). Weder als das eine noch das andere zu erscheinen, erfordert neben Klugheit auch im Brechtschen Sinne vernünftig gewordene Emotionen: nicht nur Augenmaß und innere Festigkeit, sondern auch Humor, nicht nur Verzicht auf Selbstüberschätzung, sondern auch die Fähigkeit, den eigenen Narzißmus in kunstvolle Formen der Selbstinszenierung fließen zu lassen.
Ich beziehe mich im folgenden nicht auf diesen i.e.S. pädagogischen Bereich sozialer Arbeit, sondern wähle ein Beispielfeld, das der traditionellen Aufgabe der Regulierung von Armut und Überlebenssicherung näher steht, obwohl es sich als sozialpädagogische Spezialisierung erst in den letzten Jahren entwickelt hat: Sozialpädagogische Schuldnerberatung. Die folgenden Text-Ausschnitte stammen aus der Praktikumshausarbeit einer Sozialpädagogikstudentin im Grundstudium: eine Passage aus einem Interview mit dem Praktikumsanleiter und eine kommentierende Reflexion der Studentin. Das Beispiel eignet sich, obwohl es eher ein Beispiel des Mißlingens als des Gelingens ist, weil hier die unterschiedlichen Komponenten

der sozialpädagogischen Aufgabe und auch die Schwierigkeiten dieser Aufgabe besonders klar zu tage treten. Zu zeigen ist, daß das Mißlingen entscheidend am Mangel an Klarheit der Auffassung und authentischer Darstellung der sozialpädagogischen Rolle hängt - und eben dies macht die Fallvignette zum empirischen Beleg für mein Thema.

Fallvignette

Auszüge aus dem Interview einer Praktikantin (B) mit einem Schuldnerberater, Herrn D:

Herr D: (...) Die große Masse, die herkommt, die möchte nicht mitarbeiten, die möchte (...) alles uns überlassen. Die möchte uns die Papiere auf den Tisch knallen nach dem Motto: 'Sieh' zu, wie du damit klarkommst!' Tja, vor allem so diese Sachen von: 'Daß die blauen Briefe nicht kommen, mach du das mal ...!' Und das ist auch unser Problem, sobald wir die Leute mehr einspannen und auch von ihnen Mitarbeit einfordern und einklagen, bleiben sie zum Teil dann wieder weg. (...) Das ist so 'ne Konequenz, ne, je mehr wir versuchen, sie zur Selbsthilfe zu kriegen, desto höher ist die Gefahr, daß sie abspringen. In keinem Bereich som wie in der Schuldnerberatung, ne. Bei der Schuldnerberatung wird wirklich erwartet, da sitzt jemand und macht dann alles für dich, wie so'n Steuerberater, oder... Das hängt ja mit der ganzen Gesellschaft, mit dem Konsumverhalten zusammenen, ja! (...)
Wir agieren zum Beispiel auch viel zu schnell, viel zu schnell tätig werden eigentlich, für die Schuldner, weil eben alles brennt, wahrscheinlich aber auch schnell was gemacht werden muß, um irgendwelche Pfändungen oder Lohnpfändungen oder irgendwas zu vermeiden, ne, Wohnungskündigung, dann agieren wir viel zu schnell. Wir müssen ja eigentlich erst 'nen relativ langen Zeitraum aufarbeiten. Warum? Wieso ist es gekommen? (...) Was haben sie selbst gemacht? Was hätten sie anders machen können? (...) Aber das machen wir nicht, weil die so spät kommen, daß wir auch unter Druck gesetzt werden müssen, dann müssen wir ganz schnell was tun, sonst tun wir angeblich nichts. Das andere ist eben, daß wir dann nichts tun, ne, in deren - Augen. Wenn wir nur mit ihnen reden und fragen, warum haben Sie die Schulden gemacht, was haben sie sich dabei gedacht, das ist ja ein Nichtstun --- Ja, tun ist doch nur, wenn ich Briefe schreibe, ich Geld besorge, ich Geld verteile. --- Die kommen ja auch nicht, um über ihre Beziehung zu ihrem Mann, ihrer Frau zu sprechen. (...) Hier kann ja jemand sitzen und knallt mir die Sachen auf den Tisch und sagt: 'Ich hätt' gern ein Schreiben formuliert und 'nen Rechtsanwalt gekriegt.'; sagt mir nicht mal seinen Namen, sagt mir nicht, ob er berufstätig ist, sagt mir nicht, ob er verheiratet ist, ob er Kinder hat oder nicht. Das dürfen wir ihnen alles aus den Ohren herausziehen. (...) Das ist mehr so ein blindes Vertrauen, in dem

sie uns wirklich alles auf's Auge drücken. (...) Die gehn einfach davon aus: 'Das is'n Fachmann, der muß das schon.' Sie vertrauen uns ja nicht in dem Sinne, indem sie uns intime Sachen anvertrauen. --- Finanzielle, ja, das soll'n wir dann aber auch alles voll übernehmen, nach Möglichkeit sie nicht noch regelmäßig behelligen damit."

Auszug aus dem Kommentar der Praktikantin Frau B:

"Die Praxis der Schuldnerberatung sieht denkbar schlecht aus. Mein Eindruck ist, daß das Ziel, das für mich im Vordergrund steht, nämlich die Lösung von persönlichen Problemen, die die Verschuldung verursachen, beeinflußen oder daraus folgen, nur schwer verwirklicht werden kann, da die KlientInnen auf dem Gebiet der persönlichen Probleme völlig abblocken. Sie gehen schließlich zur Schuldnerberatung und nicht zur Lebensberatung. (.......) Die Erwartung an eine Schuldnerberatung ist, daß es dort kurzfristig Geld gibt, oder man einen günstigen Kredit bekommt, oder die Schuldnerberatung selbst die Schulden übernimmt und sie so zusammenfasst (Umschuldung) und so weiter und so fort. (...) Wir leben heute in einer Dienstleistungsgesellschaft und das überträgt sich auf die Schuldnerberatungen: 'Die Leute dort sind Fachleute, die wissen schon, was man machen muß, die erledigen das schon, da kann ich alles abladen und später wiederkommen, wenn alles erledigt ist. (...)
Für die BeraterInnen erschwert diese Haltung den Beratungsprozeß, so wie sie ihn sich vorstellen. Sie können ihre Ziele (Hilfe zur Selbsthilfe, Vermitteln von Kompetenzen, die im Alltag genutzt werden können) nicht verwirklichen, weil die KlientInnen eine ganz andere Vorstellung von der Beratung haben. Auf die Dauer kann diese Haltung die BeraterInnen frustrieren, weil sie nicht an die KlientInnen herankommen und keine Erfolge für sich sehen. Außerdem müssen sie "Effizienz" nachweisen. Das Geld wird überall knapper. (...) Den Grund für die mangelnde Bereitschaft zur Mitarbeit auf Seiten der KlientInnen sehe ich in den gesellschaftlichen Strukturen. (...) Im Großen und Ganzen kann man sagen, daß die Ziele der Schuldnerberatung meist nur ansatzweise erreicht werden können, da die KlientInnen daran kein Interesse haben."

Zur Erläuterung des Aufgabenfeldes sozialpädagogischer Schuldnerberater bzw. Schuldnerberatungsstellen müssen kurze Bemerkungen ausreichen (vgl. Berner 1995). Es handelt sich um ein in den letzten Jahren stark angewachsenes berufliches Tätigkeitsfeld[1], welches sich um Menschen küm-

---

[1] Als Beleg soll hier ein einschlägiger Abschnitt aus dem 8. Jugendbericht der Bundesregierung (1990, 138) genügen: "Die seit einigen Jahren in den meisten (Groß)städten als gesonderter Beratungsdienst eingerichteten Schuldnerberatungsstellen richten sich vorwiegend an hochverschuldete Familien und Einzelpersonen, darunter oft auch Jugendliche. Damit wird die Erwartung verbunden, daß durch Beratung, Betreuung und

mert, die sich aus unterschiedlichen Gründen in einem solchen Ausmaß verschuldet haben, daß sie aus den üblichen Systemen des Geldverkehrs mangels Kreditwürdigkeit ausgegrenzt werden und sich scharfen Zwangsmaßnahmen der Schuldenregulierung (Pfändungen etc.) seitens der Banken oder anderer Kreditgeber ausgesetzt sehen, was wiederum die Möglichkeiten von Lebensplanungen einschränkt, die Auswege ermöglichen würden. Die Fallstatistiken zeigen, daß es sich in der überwiegenden Mehrheit um kurzfristig fällige und hochverzinsliche Schuldenstände zwischen 10.000 und 50.000 DM handelt, woraus sich ergibt, daß es um die Kreditwürdigkeit der Betroffenen meist vorher schon nicht sonderlich gut bestellt war. Es sind aber keineswegs nur Angehörige der Armutsbevölkerung betroffen, sondern auch z.B. arbeitslos gewordene Häuslebauer, die wegen nicht mehr bezahlbarer Raten sich kurzfristig zusätzlich verschuldet haben, Alkohol, Drogen- und Spielsüchtige ebenso wie ganz normale Jugendliche oder junge Familien, die sich in den vielfältigen Ratenzahlungs- und Kreditkartenmöglichkeiten verstrickt haben, Rentner, die Opfer immer raffinierterer Verkaufsstrategien geworden sind usw. Gemeinsam ist den Fällen i.d.R. aber folgendes: a) daß der Rahmen üblicher Kreditwürdigkeit so überstrapaziert ist, daß das Kreditgewerbe mit Ausgrenzung und Zwang reagiert und bezahlte Dienstleistung wie Beratung am Bankschalter oder Rechtsschutzversicherung nicht mehr greift; b) daß die Verschuldung meist im Kontext anderer Lebenskatastrophen auftritt, egal, ob sie deren Ursache oder Folge ist, und c) daß überhaupt die Frage, was die Schuldenfalle verursacht hat - unverschuldetes Unglück oder moralisch zu verurteilendes Fehlverhalten, schlichte Dussligkeit oder die Gemeinheiten einer Gesellschaft der Konsumzwänge -, fast müßig ist, weil die möglichen Antworten meist kein Schritt zur Lösung sind, da meist Wechselwirkungen zwischren all diesen Faktoren am Werk sind.

Fragen wir, was sozialpädagogische Schuldnerberater können müssen, um hier wirksamere Hilfen anzubieten, als das Fallbeispiel zeigt, so bekommen wir in dem Interviewtext und im Kommentar der Praktikantin zur "Praxis der Schuldnerberatung" einige Hinweise. Sie betreffen zunächst die "sachliche", die "finanzielle", die rechtliche Seite der Aufgabe. Man kann den Texten entnehmen und mit etwas Phantasie ergänzen, daß hier komplexes Expertenwissen speziellen Zuschnitts nötig ist und dem in dieser Hinsicht recht selbstbewußten Schuldnerberater auch zur Verfügung steht: Rechtswissen z.B., das sich nicht nur auf Schulden und Umschuldungsmöglichkeiten bezieht, sondern auch auf Mietrecht, wenn es um drohenden Woh-

---

Schuldenregulierung ein Schuldner fähig wird, unabhängig von Sozialleistungen zu leben bzw. diese erst gar nicht in Anspruch nehmen zu müssen. Häufige Ursachen für Verschuldung sind z.B. Arbeitslosigkeit, Eherscheidung, Krankheit, Zahlungsverzüge, Mietrückstände und Stromschulden - Probleme, wie sie durch die klassischen Instrumente von Sozialpädagogik/Sozialarbeit allein nicht zu lösen sind."

nungsverlust geht, Versicherungsrecht und Sozialrecht, wenn es um Klärung von Ansprüchen oder auch Regressforderungen geht. Nötig sind Verhandlungskompetenzen bezüglich aller an der Verschuldung beteiligten Instanzen - der Gläubiger, Banken, Inkasso- und Pfändungsbüros -, um vorhandene Spielräume erkennen und ausschöpfen zu können. Schließlich darf kaufmännische Kompetenz nicht fehlen, um Schuldenstände überhaupt bilanzieren zu können.
Den Textauszügen ist aber auch zu entnehmen, daß solche Fähigkeiten, deren Vorhandensein und Notwendigkeit unterstellt werden, gleichwohl nicht genügen. Die Berater würden, so heißt es, sogar "viel zu schnell tätig", weshalb es mit der "Praxis der Schuldenberatung" "denkbar schlecht" aussehe. Die Schuld an dieser Misere wird auf wortreiche Art den Klienten zugeschoben, die nur das "Finanzielle", nicht aber das "Soziale" der Beratung sähen; die "uns (Beratern) wirklich alles auf's Auge drücken", die mit der Erwartung in die Beratung kommen, "daß es dort kurzfristig Geld gibt, oder man einen günstigen Kredit bekommt, oder die Schuldnerberatung selbst die Schulden übernimmt und sie so zusammenfaßt (Umschuldung)"; oder: "Die Leute dort sind Fachleute, die erledigen das schon, da kann ich alles abladen und später wiederkommen, wenn alles erledigt ist."
Der Laie wundert sich über den aufgebrachten Ton, mit dem solche Klientenansichten referiert werden. Die moralische Empörung über unverschämte statt verschämte Klienten scheint hier plötzlich wieder ganz nahe zu liegen. Oder es klingt, als müßten die alle erstmal in Therapie, ehe man mit denen vernünftig reden kann. Das ist merkwürdig. Ist es denn eine falsche Erwartung der Klienten, daß es sich um Fachleute handle, auf die man sich verlassen kann? Ist es nicht richtig, daß sie Spielräume haben, günstige Kreditüberbrückungen oder "Umschuldungen" zu vermitteln? Wer würde nicht so massiven Problemdruck wie Überschuldung liebend gerne loswerden, wenn sich freundliche Experten dafür anbieten? Irrt denn, wer die Verkehrsregeln der "Dienstleistungsgesellschaft" auf Schuldnerberatung überträgt? Offenkundig erwarten die Klienten doch nur, was man herkömmlich von Experten der einschlägigen Branchen zu erwarten gewohnt ist; und ihre "Unverschämtheit" liegt allenfalls darin, daß sie solche Erwartungen hegen, ohne in der Lage zu sein, dafür zu bezahlen.
Gleichwohl ist bei etwas Nachdenken die gelinde Verzweiflung der Berater über die "mangelnde Bereitschaft zur Mitarbeit auf seiten der KlientInnen" ebenfalls gut nachzuvollziehen. Es handelt sich objektiv nicht einfach um eine finanztechnische Operation für Fachleute, sondern auch um eine Frage der Lebensführung. Die Wahrscheinlichkeit, daß die beschriebene Haltung der Klienten nur dazu führt, die Problemlösungen noch einmal zu vertagen, ist groß. Man kann daraus ableiten: Wäre diese Schuldnerberatung nur eine Aufgabe für sachtechnisch kundige Experten, dann wären speziell sozialpädagogische Komptenzen dafür überflüssig. Dann aber würde es sich um eine andere Klasse von Fällen handeln. Nämlich um Fälle, die noch inner-

halb der einschlägigen Dienstleistungssysteme (Geldwesen etc.) bearbeitbar sind, nicht aber um Fälle, die gerade als dort ans Ende gekommene, ausgegrenzte Fälle zu den Fällen sozialpädagogischer Schuldnerberatung werden. Aus diesem Grund genügt es offenbar nicht, wenn solche Berater zwar die sachtechnische Seite ihren Beratungsaufgabe beherrschen, aber bei der "sozialen" und persönlichen Seite zu nicht mehr in der Lage sind, als den mangelnden Kooperationswillen ihrer Klientel zu beklagen. Ihnen ist mehr abverlangt als Geldvermittler mit humanem Antlitz zu sein. Denn die Klienten des Fallbeispiels scheinen sich objektiv so zu verhalten, daß ihnen nicht wirklich geholfen werden kann. Die Ohnmacht angesichts einer Haltung des "Wasch mir den Pelz, aber mach mich nicht naß" der Klienten ist also ebensowenig eine bloße Fehlwahrnehmung wie deren Erwartungen an ihre Berater. Die Praktikantin zieht aus dem Dilemma, das sich hier auftut, den Schluß: "Im Großen und Ganzen kann man sagen, daß die Ziele der Schuldnerberatung meist nur ansatzweise erreicht werden können, da die KlientInnen daran kein Interesse haben." Dies ist offenkundig ein Fehlschluß, denn die KlientInnen haben sehr wohl an diesen Zielen Interesse - nämlich der Entlastung von Schulden und ihren Folgen -, aber kein Interesse an dem mühseligen Prozeß, der sie dorthin führen könnte[2]. Umgekehrt sind diese Berater offenbar nicht in der Lage, die Schwierigkeiten ihrer Klienten, sich auf diesen Prozeß gleichwohl einzulassen, angemessen zu konzeptualisieren. Die Praktikantin schiebt die "mangelnde Bereitschaft zur Mitarbeit" auf die "gesellschaftlichen Strukturen" - ohne weiter zu erläutern, was damit gemeint sein könnte. Und der Praktiker der Schuldnerberatung beschränkt sich darauf, das Verhalten seiner Klienten als dermaßen ausweichend und konfliktscheu zu stilisieren, daß der Schluß nahe liegt, es habe gar keinen Zweck, sie mit ihrer Lage zu konfrontieren, ehe nicht irgend eine Art therapeutischer Hilfe jene Abwendung von der Realität ein Stück weit aufgearbeitet hätte. Beide Sichtweisen eröffnen keine Handlungsmöglichkeiten, weil es weder im Ermessen von Schuldnerberatern steht, die "gesellschaftlichen Verhältnisse" zu ändern, noch sie ein therapeutisches Mandat haben. Die paradoxe Aufgabe, hier dennoch authentisch, d.h glaubwürdig und damit wirkungsvoll zu handeln, erfordert tatsächlich,

---

[2] Wie unangenehm dieser Prozeß als Eingriff ins Privatleben sein kann, ist nachzuempfinden, wenn man sich die Fortsetzung der Aufgabenbeschreibung im 8. Jugendbericht (s. vorherige Anmerkung) vergegenwärtigt, in der es zurecht heißt: "Allerdings darf sich Schuldnerberatung auch nicht auf wirtschaftliche und finanzielle Beratungsansätze beschränken. Erforderlich ist vielmehr ein umfassendes Angebot, das die Lebenssituation der Adressaten berücksichtigt und lebenspraktische Beratung (vor allem rationelle Haushaltsführung einschließlich einer Budgetberatung), psychosoziale Hilfen und sozialpädagogisch-präventive Maßnahmen einbezieht" (Bundesregierung 1990, 138f.). Alle diese "Hilfen" und "Maßnahmen" können von Klienten verständlicherweise als massive Eingriffe in die Eigenregie ihrer persönlichen Lebensführung verstanden werden.

wie im folgenden zu zeigen ist, eine Art professionellen Könnens, das sich mit dem therapeutischen berührt, aber keineswegs mit ihm identisch ist.

Zur Stuktur der sozialpädagogischen Arbeitsbeziehung

Thomas Olk hat das sozialpädagogische Kompetenzproblem, das hier bewältigt werden muß, auf allgemeiner Ebene als "doppeltes Vermittlungsproblem" beschrieben (1986, 182): Sozialpädagogen müssen einerseits in der Lage sein, "soziale Kontrolle" (die im Beispielfall von den Rechtstiteln der Gläubiger ausgeht) mit "Hilfe" zu versöhnen ("verstanden als Unterstützung der eigenen Bemühungen des Klienten zur Wiedererlangung der Autonomie seiner Lebenspraxis"; ebd). Dies kann offenkundig weder gelingen, wenn sich Sozialpädagogen dazu benutzen lassen, drohende Sanktionen einfach zu verdrängen (z.B. indem sie sich als Fachleute für Geld in die Bresche werfen und bei der Fiktion mitspielen, es handle sich letztlich um ein "normales" Bankgeschäft), noch gelingen, wenn sie ihren Klienten offen oder auch nur ungewollt das Gefühl vermitteln, konfliktscheu und verantwortungslos zu sein. Jene "Versöhnung" ist nämlich nur dann möglich, d.h. nur dann mehr als ein absurdes Eiern zwischen Hilfe und Kontrolle, wenn es gleichzeitig gelingt, die andere Seite des doppelten Vermittlungsproblems anzugehen: Olk (ebd.) nennt es "technologisch induzierte Personenänderung" zu vermitteln mit "kommunikativer Verarbeitung damit verbundener Sinnprobleme". D.h. es genügt nicht, daß Klienten widerwillig, von professioneller Autorität beeindruckt und sachkundig zwingender Beweisführung gedrängt akzeptieren, daß die Ausweglosigkeit der Schuldenfalle auch etwas mit der eigenen Einstellung und eigenem Verhalten zu tun habe. Dann nämlich können Auswege zumindest auf unbewußten Ebenen immer konterkariert werden. Vielmehr muß der Klient Sinnperspektiven bekommen, welche ihm die Schritte aus der Schuldenfalle als eigenes Wollen und eigene Tat erleben lassen. Die Unterstützung solchen Perspektivenwechsels durch den Berater setzt aber voraus, daß der Klient diesen nicht nur als kontrollierende und/oder helfende Außeninstanz, sondern sozusagen als eigene innere Stimme, als "Hilfs-Ich" empfinden und nutzen kann.
Oevermann (1996) beschreibt diese Vermittlungsaufgabe ähnlich und sieht in ihr den objektiven Grund für die "Professionalisierungsbedürftigkeit" solchen Handelns (ebd., 135ff.). Diese "Bedürftigkeit", d.h. die objektive Notwendigkeit professioneller Kompetenzen, ist unabhängig von der Frage, ob in einem Berufsfeld mit solchen Anforderungen jene Komptenzen normalerweise schon vorhanden sind und strukturell gefördert werden bzw. erwartbar sind. In Oevermanns Beispielfeld, der Schule ist, ähnlich wie in der hier geschilderte Praxis der Schuldnerberatung davon auszugehen, daß der faktische Entwicklungstand eher semiprofessionell zu nennen ist (vgl.

ebd., 141ff.) und daß auch Schule eben deshalb an jenen unvermeidlich entstehenden Vermittlungsproblemen notorisch scheitert.
Die Verknüpfung jener Vermittlungsleistungen hat Oevermann als Schlüsselproblem des "Arbeitsbündnisses" charakterisiert, welches er nach dem Modell des psychoanalytischen Arbeitsbündnisses verallgemeinernd rekonstruiert (ebd. 115ff). Ich greife daraus im folgenden drei Punkte auf und beziehe sie auf das Beispielfeld:

(a) Konstitutiver Ausgangspunkt dieses Bündnisses ist ein Leidensdruck des Klienten, der diesen drängt, "grundsätzlich die Beschädigung seiner Autonomie" anzuerkennen und sich entsprechend einer "Behandlung" zu unterwerfen, wobei diese Anerkennung selbst ein autonomer Akt ist, "Funktion der gesunden Anteile der Person" (ebd., 115), der die Übernahme der Verpflichtung durch den Patienten einschließt, "alles in seiner Macht zur Heilung Notwendige zu tun" (ebd.). "Die Autonomie seiner Lebenspraxis wird paradoxal in der auf seine Beschädigung bezogenen Behandlungspraxis genau dadurch permanent reproduziert, daß es immer der autonomen Entscheidung des Patienten überlassen bleibt, das Arbeitsbündnis fortzusetzen oder nicht" (ebd., 115f.). Der Einwand liegt nahe, dies sei im sozialpädagogischen Fall anders, weil die Klientenentscheidungen unter Sanktionsdruck stünden und nicht wirklich frei sein könnten. Tatsächlich macht es aber hinsichtlich des Grades an Entscheidungsfreiheit wenig Unterschied, ob der Leidensdruck von außen oder von innen kommt. Leidensdruck, der zur Akzeptanz sozialpädagogischer Angebote treibt, geht nicht von diesen selbst, sondern von deren Kontext (z.B. jugendrichterlicher Gewalt, oder, wie im Beispielfall, von Rechtstiteln der Banken) aus und kann Klienten wohl unter Druck setzen aber nicht zwingen, sich auf ein Arbeitsbündnis wirklich einzulassen. Umgekehrt übt auch das therapeutische Angebot soziale Kontrolle aus, obwohl es vom Patienten gesucht und bezahlt wird.
Am Beispiel wird deutlich: Die Zwangslage der Überschuldung ist konstitutiv für die Motivation zu einem sozialpädagogischen Arbeitsbündnis und sie begrenzt zugleich, als mächtiger Gegner, die sozialpädagogische Wirkungsmöglichkeit (wie im Fall der Therapie die Krankheit). Aber sie beeinträchtigt weder die Freiheit des Klienten, sich für oder gegen ein Arbeitsbündnis zu entscheiden, noch kann sie mangelnde Kompetenz zur Ermöglichung eines solchen Bündnisses entschuldigen. Natürlich kann man - als Klient - zu dem Schluß kommen, die angebotene Hilfe sei zu schwach und ihre Rahmenbedingungen zu unangenehm um angesichts einer Zwangslage den Versuch wert zu sein. Diese Möglichkeit des Klienten aber, aus guten (oder auch weniger guten) Gründen auf das Arbeitsbündnis zu verzichten, ist kein Einwand gegen, sondern eine wesentliche Voraussetzung für dessen Autonomie. Im übrigen gilt gerade angesichts von Zwangslagen des Klienten die ethische Verpflichtung für den Professionellen, die Möglichkeit ei-

ner "informierten Wahl" herzustellen (vgl. Müller 1991, 108ff.), d.h. insbesondere, den Klienten nicht offen oder heimlich dafür zu bestrafen, daß er/sie die angebotene Hilfe ausschlägt.

(b) Das zweite Element besteht darin, daß in diese wechselseitig anzuerkennende formale Rollenverteilung zwischen einem Behandelnden und einem Behandlungsbedürftigen eine diffuse, d.h. nicht rollenförmige, nicht rational steuerbare, aber prinzipiell symmetrische Sozialbeziehung (Oevermann 1996, 116) eingelagert ist, in der sich im engeren Sinn das therapeutische Geschehen abspielt. Die Psychoanalyse bezeichnet diese Ebene als die von Übertragung und Gegenübertragung und sucht sie durch die "Grundregeln" des "freien Einfalls" (des Patienten) und der "gleichschwebenden Aufmerksamkeit" (des Therapeuten) so ins Spiel zu bringen, daß scheinbar unwichtige und insbesondere peinliche Elemente in dieser Beziehung auftauchen können und damit in ihrer Relevanz prüfbar und ggf. veränderbar werden. Dies kann aber nicht dadurch geschehen, daß das rollenkonforme und sachbezogene Arbeitsbündnis in eine Intimbeziehung familialen Typs verwandelt wird - was auf eine Infantilisierung der Klienten oder eine Kumpanei mit ihnen hinausliefe. Entscheidend ist vielmehr, daß die Ebene jener diffusen und intimen Beziehungen an das Bündnis der formalen Rollen von Therapeut und Patient zurückgekoppelt bleibt und zwar dadurch, daß der Therapeut der Verpflichtung unterliegt, an jener Ebene nur "innerlich" teilzunehmen (vgl ebd., 117). Eben dadurch erhält der Patient die Freiheit und den Schutz, diese Beziehung phantasierend zu "agieren", ohne daß dies reale Lebensfolgen hat.
Dieses Modell ist auch auf Schuldnerberatung übertragbar, obwohl sie keine Therapie ist und die Grundregel des freien Einfalls keine hier geeignete Regel sein kann. Das Fallbeispiel zeigt, daß auch hier jene Ebene der diffusen und intimen Beziehung auftaucht, wenn auch nur in Gestalt einer Ratlosigkeit des Beraters: "Sie vertrauen uns ja nicht in dem Sinne, indem sie uns intime Sachen anvertrauen. --- Finanzielle, ja, das soll'n wir dann aber auch alles voll übernehmen." Übersetzt man diesen Stoßseufzer professionalisierungstheoretisch, so müsste er lauten: "Schuldnerberatung ist eine Vertrauenssache, die weit in den Intimbereich hineinreicht; und gerade wenn Klienten uns das Finanzielle vor die Füße werfen, um ihren Intimbereich vor uns zu schützen, dann stellen sie uns vor intime Zumutungen, die das weit überschreiten, was ein Finanzfachmann zu leisten vermag." Positiv formuliert heißt das: Schuldnerberater sollten ihre Klienten in die Lage versetzen können, auch "intime Sachen", die mit der Verschuldung direkt oder indirekt zu tun haben, in die Beratungsbeziehung einzubringen, ohne dabei befürchten zu müssen, daß dies einem andern Zweck dient als dem, einen Ausweg aus der finanziellen Misere zu finden, sofern dieser Ausweg nur bei gleichzeitiger Mobilisierung der Kräfte des Klienten und nicht durch einseitiges Expertenhandeln gefunden werden kann.

(c) Die Einhaltung der Differenz zwischen der "inneren" Teilnahme an "intimen Sachen" und ihrem Agieren als diffuse Sozialbeziehung ist das dritte Element, das im therapeutischen Bereich als 'Abstinenzregel' thematisiert wird. Es geht dabei, wie schon deutlich wurde, um mehr als um technische Regeln und ethische Tabuzonen. Man kann Abstinenz in diesem Sinn als Summe aller Verhaltens- und Kommunikationsformen des Therapeuten definieren, die die Grenze zwischen therapeutischem Geschehen und realem Leben aufrecht erhalten. Damit bekommt sie eine eminent positive Bedeutung. Erst dies eröffnet für Klienten die Möglichkeit, sich auf die virtuelle Welt des Therapeutischen einzulassen, ohne den Boden unter den Füßen zu verlieren in der Illusion, Alltagsprobleme seien im therapeutischen Erleben schon aufgehoben[3]. Im sozialpädagogischen Handeln geht es aber, wie gerade das Beispiel Schuldnerberatung zeigt, unmittelbar um Alltagsprobleme und zwar von einer Art, daß die Eigenregie des Klientenalltags unter ihnen zusammenzubrechen droht. Dies gibt dem Abstinenzprinzip im sozialpädagogischen Bereich einen anderen Focus: Es bezieht sich hier weniger auf die Grenze zwischen helfender Intervention und Klientenalltag und mehr auf die Grenzen des Hilfeangebotes selbst. Da aber diese Grenzen hier nicht in der Beratungsbeziehung selbst liegen, sondern im wesentlichen von außen gesetzt sind - im Beispielfall durch die Rechtslage aber auch durch institutionelle Beschränkungen der Beratungsstelle bedingt - heißt "Abstinenz" vor allem den Verzicht darauf, dem Klienten den "guten Menschen von Sezuan" vorzuspielen; sie verlangt, sich als Teil und Vertreter der "beschissenen Verhältnisse" angreifbar zu machen, statt die Klagen über "gesellschaftliche Strukturen" mitzusingen; ohne doch den realen, wenn auch begrenzten Wert des Hilfeangebotes zu unterschätzen. Als These formuliert: SozialpädagogInnen verhalten sich im Beratungsprozeß dann auf angemessene Weise "abstinent", wenn sie ihren Klienten gegenüber nicht nur die Möglichkeiten, sondern auch die Grenzen ihrer Hilfeangebote verkörpern. Abstinent sein heißt hier, sich so verhalten, daß Klienten ihre Abhängigkeit von Hilfe zur Bewältigung ihrer Alltagsprobleme nutzen können, ohne an den objektiven Grenzen dieser Hilfe blind aufzulaufen und ohne mit größerer Abhängigkeit auf anderer Ebene zu bezahlen.

Authentizität als sozialpädagogische Aufgabe: Zu Ähnlichkeit und Differenz sozialpädagogischen und therapeutischen Handelns

Inwieweit kann man die Bewältigung dieser komplexen und in mancher Hinsicht paradoxen Vermittlungsaufgabe unter den Begriff "Authentizität als sozialpädagogische Aufgabe" fassen? Bzw. was ist damit gemeint? Olk

---

[3] Die ist der Sinn von Freuds trockener Bemerkung, Therapie könne nicht mehr tun als "neurotisches Elend" in "gemeines Unglück" zu verwandeln (Freud, 1895, 97).

(vgl. 1986, 150ff.) hat aus seinen Analysen die Folgerung gezogen, daß es sich bei Sozialpädagogik um eines jener Felder handle, in welchem die "Bewältigung von Ungewißheit" als die eigentliche professionelle Leistung anzusehen sei (in Abgrenzung zwischen technologischer Expertentätigkeit einerseits oder bloßer Wurstelei andererseits). Ich denke, man kann die Aufgabe, "Authentizität als Darstellungsform" zu entwickeln, ebenfalls als "Bewältigung von Ungewißheit" beschreiben. Nämlich als die Fähigkeit - sei es für eine ästhetische oder eine andere Gestaltungsaufgabe -, Lösungen zu finden, wo es keine Lösungen "gibt", was eine Art von "künstlerischer" Herausforderung darstellt. In unserem Beispiel: Klienten, denen wegen Schulden das Wasser am Hals steht, davon zu überzeugen, daß nur sie selbst einen Ausweg finden können, wenn sie es wirklich wollen; daß sie dabei kompetente Unterstützung erwarten können, aber daß die nur nützt, wenn sie selbst den Hintern hochkriegen und den Preis zahlen, den das kostet: Für diese Überzeugungsarbeit gibt es kein Verfahren. Insofern ist die Rede von der "technologisch induzierten Personenänderung" auch irreführend. Wohl aber gibt es die Möglichkeit, einen professionellen Habitus (Bourdieu) zu entwickeln, welcher sowohl das "Für-möglich-Halten" (Frommann 1990, 38ff.) realer Auswege, als auch die schmerzliche Notwendigkeit einer Entscheidung zur aktiven Teilnahme an einem Arbeitsbündnis auf authentische Weise zu vermitteln vermag.
Die Ähnlichkeit pädagogischer Tätigkeit mit der des Künstlers hat schon die klassische geisteswissenschaftliche Pädagogik, insbesondere Theodor Litt, herausgearbeitet, und ich denke, die mit den darstellenden, theatralischen Künsten ist besonders groß (Müller 1995). Ich will allerdings die Analogie sozialpädagogischer mit künstlerischer Tätigkeit nich zu weit treiben, weil darin auch ein Ausweichen gegenüber genauerer Analyse der zu leistenden Aufgabe stecken kann. Ich will vielmehr aus dem Beispielfall noch einige weitere Verallgemeinerungen ableiten, die sich mehr auf Ähnlichkeit und Differenz zwischen sozialpädagogischer und therapeutischer "Professionalisierungsbedürftigkeit" (Oevermann) beziehen. Wie kann man die Darstellungsaufgabe oder Vermittlungsaufgabe, die etwa im Beispielfall zu leisten wäre, genauer beschreiben?
Zunächst scheint mir offenkundig, daß ein Berater hier kaum hilfreich sein kann, wenn ihm die Fähigkeit fehlt, sich in die Lage seiner Klienten einzufühlen. Er oder sie muß fähig sein, zu verstehen, was Überschuldung für Menschen bedeutet; und zwar nicht nur im Brecht'schen Sinne mit dem Kopf, sondern auch mit dem Gefühl (und nicht nur mit dem Gefühl, sondern auch mit dem Kopf). Beides muß auch in irgend einer Form kommunizierbar sein. Ein Versuch, die dafür erforderlichen Fähigkeiten zu benennen, ist der Rückgriff auf den Benjamin'schen Begriff des "mimetischen Vermögens" (Hörster/Müller 1996), der besser als üblicherweise hier verwendete Begriffe wie Empathie oder Mitgefühl beschreibt, was gefordert ist. Es geht aber dabei nicht um ein tiefes empathisches Verstehen von le-

bensgeschichtlichen Ursachen im therapeutischen Sinne, es sei denn, die Verschuldung wäre wirklich auf seelische Krankheit zurückzuführen, sondern "nur" um ein wirkliches und vermittelbares "Verstehen" der gegenwärtigen Situation: Verstehen, was es für einen erwachsenen Menschen bedeutet, wenn die Eigenregie des Alltages unter einer Schuldenlast zusammenbricht; und was es bedeutet, den Schritt zu tun, dabei um Hilfe zu bitten. Strukturell hat diese Aufgabe Ähnlichkeit mit jener des therapeutischen Verstehens, sofern jenes "Bedeuten" weit mehr umfaßt als materielle und soziale Aspekte. Persönliche und emotionale bis hin zu unbewußten Prozessen von Übertragung und Gegenübertragung spielen dabei eine ebenso große Rolle und erfordern zu ihrer Bewältigung Kompetenzen einer "Psychoanalytischen Sozialpädagogik", wie sie z.B. Körner/Körner-Ludwig (1997) beschrieben haben. Gleichwohl ist damit die Differenz der sozialpädagogischen zur analytisch-therapeutischen Aufgabe noch nicht klar genug gefaßt, auch dann nicht, wenn man den Anforderungen des vertieften Verstehens die Entwicklung von Entschuldungsstrategien als zweite Aufgabe zur Seite stellt.

Der Eindruck des Halbprofessionellen und des Mißlingens in der Falldarstellung entsteht nicht dadurch, daß die Berater keine Möglichkeit haben, ihre Klienten zu therapieren, und auch nicht dadurch, daß Entschuldung manchmal unmöglich ist oder die "gesellschaftlichen Strukturen", die in Schulden führen, nicht zu ändern sind. Vielmehr scheinen diese Berater nicht vermitteln zu können, daß sie nachempfinden, wie unvermeidlich kränkend es ist, in eigenen Angelegenheiten um Hilfe bitten zu müssen (als wäre man nicht selbst geschäftsfähig); wieviel Mut dazu gehören kann, dies einzugestehen; und wie wahrscheinlich es deshalb ist, daß solche Klienten ihren Beratern höchst zwiespältige Gefühle entgegenbringen: Es sind Gefühle, die man Leuten entgegenbringt, welche einen vor die Wahl stellen, entweder in der Patsche sitzen zu bleiben oder sich höchst verwundbar zu machen, indem sie einen zwingen, "intime Sachen anzuvertrauen". In professionellem Sinne authentische Antworten darauf finden hieße also: Mit Verstand und Gefühl zu akzeptieren, daß es ganz verständlich und natürlich ist, in einer solchen Lage nach Auswegen zu suchen, den Weg des geringsten Widerstandes zu wählen. Dies würde verlangen, auch zornig-aggressive oder manipulative Versuche von Klienten, jenen Weg zu erzwingen, als "normale", d.h. weder als moralisch verwerfliche noch als auf Therapiebedürftigkeit verweisende Verhaltensweisen wahrzunehmen; gleichzeitig aber - und das ist entscheidend - fest zu bleiben. Zum "Festbleiben" gehört, verständlich zu machen, daß auch berechtigte Klagen und Anklagen nicht weiterhelfen und daß Berater deshalb an diesem Punkt eine andere Auffassung vertreten müssen, womit sie ihre Klienten vor die Wahl stellen, ob sie das Bündnis mit einem solchen Berater wirklich wollen. Bis hier hin trägt die Analogie zwischen dem therapeutischen und dem sozialpädagogischen Arbeitsbündnis. Wie Körner (1996) und Körner/Körner-

Ludwig (1997) entwickelt haben, ist in beiden Feldern Beratern nicht nur die Bereitschaft abverlangt, dem Klienten einen Kommunikationsraum zu eröffnen, in welchem auch unrealistische Wünsche und Situationsdefinitionen ungestraft agiert werden können. In beiden Feldern müssen Berater vielmehr auch über einen in Verstand und Gefühl verankerten "exzentrischen Standpunkt" verfügen (Körner 1992), der es ihnen erlaubt, an der Differenz zwischen dem, was wünschbar und möglich sein könnte und dem, was ist, unbestechlich festzuhalten. Die Fähigkeit zu diesen "exzentrischen Standpunkt" hängt mit dem von Oevermann beschriebenen Wechselspiel von "innerer" Teilhabe an einem Beziehungsgeschehen und "äußerem" Wahren einer spezifischen Rolle zusammen - also mit der Handhabung des "Abstinenzprinzips". Aber auch das jeweilige Sach- und Fachwissen, die Lebenserfahrung, das Taktgefühl sind unentbehrliche Elemente dieses Standpunktes. Damit ist zugleich gesagt, daß der Zuschnitt des Wissens und die Ebene der 'Gefühlsarbeit', welche diesen 'exzentrischen Standpunkt' ermöglichen, im Fall einer therapeutischen Beziehung nicht dekkungsgleich sein kann mit sozialpädagogischer Beratung vom Typ Schuldnerberatung; und deshalb ist diese auch etwas anderes als jene.
Hier kommt eine zweite Anforderung an das "mimetische Vermögen" der Berater ins Spiel. Sie müssen nämlich nicht nur als individuelle Person sich als ebenso einfühlsam wie unbestechlich erweisen. Sie müssen ihren Klienten - wie beschrieben - auch auf Verstandes- und Gefühlsebene ihre Funktion als Schuldnerberater und die Grenzen der Hilfsmöglichkeiten dieser Funktion vermitteln, weil sonst die Klienten gar nicht entscheiden können, ob sie diese Funktion als Hilfsmittel für die Wiederherstellung der Autonomie ihrer Lebenspraxis nutzen wollen und nutzen können. Die Aufgabe, den o.g. "Kommunikationsraum" und die damit verbundenen Prozesse von Übertragung und Gegenübertragung im Sinne der beschriebenen konstruktiven Abstinenz zu handhaben, ist im Fall von Schuldnerberatung zugleich enger und weiter gefaßt als im Fall einer therapeutischen oder therapieähnlichen Beziehung. Enger, sofern die Beziehungsdynamik auf das "Schuldenhaben" focussiert ist; weiter, sofern die Berater ihre Arbeit konstruktiver Abstinenz nicht auf die Bewältigung der "inneren" Probleme des Schuldenhabens beschränken können, sondern zugleich auf die praktischen Schritte beziehen müssen, mit deren Hilfe Klienten ihren eigenen Weg aus der Schuldenfalle finden können und die sie selbst riskieren müssen. Die Berater können diese Entscheidung der Klienten, die Grenzen und Bedingungen der Hilfe anzuerkennen und für sich aktiv zu nutzen, nicht durch irgendwelche didaktischen oder sonstigen Tricks herbeiführen, ohne dabei in Selbstwidersprüche, ins Moralisieren oder in eine Beeinträchtigung der Klientenautonomie zu geraten. Ihre Aufgabe und Chance besteht vielmehr allein in der gekonnten Handhabung des Abstinenzprinzips im beschriebenen Sinn. Es zwingt den Klienten zu einer Entscheidung, was zugleich Akzeptanz und Respekt für negative Entscheidungen voraussetzt. Ich habe oben

sozialpädagogische Abstinenz als Fähigkeit definiert, sich so verhalten, daß Klienten ihre Abhängigkeit von Hilfe zur Bewältigung ihrer Alltagsprobleme nutzen könen, ohne an den Grenzen dieser Hilfe aufzulaufen und ohne mit größerer Abhängigkeit auf anderer Ebene zu bezahlen. Am Beispiel läßt sich dies Konzept illustrieren.

Wenn sich der Schuldnerberater seinen Klienten nur als zugleich sachkompetentes, einfühlsames und unbestechliches Individuum vermittelt, haben die Klienten keine Möglichkeit zu beurteilen, ob hinter der Zumutung des Beraters, als Bedingung der Hilfe eigene Entscheidungen, eigene Schritte und Anstrengungen des Klienten zu verlangen, nicht doch ein heimliches Erziehungs- oder Therapieprogramm steckt. D.h. sie haben letztlich nur die Wahl, sich entweder vertrauensvoll der höheren Weisheit des Beraters zu unterwerfen, oder ihren offenen oder passiven Widerstand fortzusetzen. Und der Berater hat keine Möglichkeit, den Verdacht zu widerlegen, daß er doch die alte Doppelstrategie von Zuckerbrot und Peitsche fährt. Nur wenn es ihm gelingt, den Klienten zu bewegen, die Funktion der Beratungseinrichtung und ihre Grenzen zu verstehen und zu akzeptieren, kann der Klient selbst eine informierte Wahl treffen und dann auch auf selbstbestimmte Weise die Grenzen der Nutzbarkeit des Angebotes für seine Zwecke testen[4].

Authentisches im Sinne von glaubwürdigem Handeln des Schuldnerberaters kann also nicht hinreichend gewährleistet sein, wenn der Berater die beliebte Figur benutzt: Sich selbst als hilfsbereit, engagiert und kompetent zu präsentieren, gleichzeitig aber die Glaubwürdigkeit all dessen dadurch abzustützen, daß er sich dem Klienten gegenüber von seiner Dienststelle und von den grausamen kapitalistischen Rechtsverhältnissen etc. distanziert, die ihm leider die Hände binden, das für seinen Klienten zu tun, was nötig wäre. Eine solche Haltung ist in aller Regel larmoyant und fördert Larmoyanz, weil sie unter dem Vorwand einer besonderes entschiedenen Klientenorientierung den Klienten mit seinen eigentlichen Problemen faktisch im Stich läßt. Vielmehr muß sich der Berater seinen Klienten gegenüber glaubhaft mit seiner Funktion der Schuldnerberatung identifizieren. Er muß diese Funktion für sie in Person sein. Er muß den Zorn über die Grenzen dieser Funktion aushalten können, damit der Zorn ein realistisches Ziel bekommen kann, das nichts mehr mit seiner Person zu tun hat. Er muß ebenso die unrealistischen Hoffnungen, die sich an diese Funktion richten, als Person

---

[4] Ich folge an dieser Stelle einem alten Modell das in den 30er Jahren von Jessie Taft und Virginia Robinson an der Philadelphia School of Sozial Work entwickelt wurde und sich selbst mit dem (mißverständlichen) Namen "functional casework" bezeichnete. Dieser Ansatz, der "social casework" einerseits in einer Variante der psychoanalytischen Tradition (den Ideen Otto Ranks) und andererseits in der Tradition des amerkanischen Pragmatismus G.H. Meads, John Deweys zu fundieren sucht, ist m.E. zu Unrecht vergessen bzw. in Deutschland nie ernsthaft rezipiert worden; vgl. insbesondere Taft (1937).

auf sich nehmen, damit Klienten Spielraum bekommen, in Versuch und Irrtum herausfinden zu können, wie sie die reale Nützlichkeit dieser Funktion für sich verwenden wollen. Nur dann kann die authentische Darstellung der Beraterfunktion, um mit Winnicotts (1974a) Begriff zu reden, einen "potentiellen Raum" bilden, in welchem das "Paradox" (ebd., 125) lösbar ist, auch irreale Wünsche und (Übertragungs)-Phantasien dafür zu nutzen, Energien zu sammeln, die dann befähigen, den Berater zu "verwenden" (Winnicott 1974b). In unserem Beispielfall geschähe diese "Verwendung" aber nicht zu therapeutischen Zwecken, sondern dafür, Strategien zu entwickeln und Kosten zu kalkulieren, die es ermöglichen, auch ausweglos scheinende Fallen der Verschuldung zu verlassen.

Literatur

Berner, W. (1995): Schuldnerhilfe. Luchterhand: Neuwied, 2. Aufl .

Brecht, B. (1967) : Me-Ti. Das Buch der Wendungen. In: Gesammelte Werke, Bd. 12. Suhrkamp: Frankfurt/M.

Bundesregierung (Der Bundesminister für Jugend, Familie, Frauen und Gesundheit) (Hrsg.) (1990): Achter Jugendbericht. Bundetagsdrucksache, Bonn

Combe, A., Helsper, W. (Hrsg.) (1996): Pädagogische Professionalität. Untersuchungen zum Typus pädagogischen Handelns. Suhrkamp: Frankfurt a.M.

Freud, S. (1895): Zur Psychotherapie der Hysterie. In: Ders.: Schriften zur Behandlungstechnik (Studienausgabe Ergänzungsband). Fischer: Frankfurt 1975, 37-97

Frommann, A. (1990): Was ist Beratung. In: Brunner, E., Schönig, W.: Theorie und Praxis von Beratung. Lambertusverlag: Freiburg i.B., 28-40

Hörster R., Müller, B. (1996): Zur Struktur sozialpädagogischer Kompetenz oder: Wo bleibt das Pädagogische der Sozialpädagogik. In: Combe/Helsper 1996, 614-648

Körner, J.(1992): Auf dem Weg zu einer Psychoanalytischen Pädagogik. In: Jahrbuch für Psychoanalytische Pädagogik 4, 66-84

Körner, J. (1996): Zum Verhältnis pädagogischen und therapeutischen Handelns. In: Combe/Helsper 1996, 780-809

Körner, J., Körner-Ludwig, Ch. (1997): Psychoanalytische Sozialpädagogik. Lambertus: Freiburg i.B.

Luhmann, N. (1973): Formen des Helfens im Wandel gesellschaftlicher Bedingungen. In: Otto, H.U., Schneider, S. (Hrsg.): Gesellschaftliche Perspektiven der Sozialarbeit, Bd. 1. Luchterhand: Neuwied, 21-43

Müller, B. (1977): Kritisches Denken und seine Entsprechung im Gefühl. In: Sozialmagazin 2 (Heft 2), 46-53

Müller, B. (1978). Profi oder Sympathisant. In: Sozialmagazin 3 (Heft 3), 36-40

Müller, B. (1979): Jugendarbeit, Lohnarbeit, Gefühlsarbeit. In: Jahrbuch der Sozialarbeit 3. Rowohlt: Reinbek, 143-157

Müller, B. (1991): Die Last der großen Hoffungen. Juventa: Weinheim und München, 2. Aufl.

Müller, B. (1992): Soziale Arbeit und die sieben Schwestern. Eine Ortbestimmung im Kontext der Dienstleistungsgesellschaft. In: Otto, H.U., Hirschauer, P., Thiersch, H.: Zeit-Zeichen sozialer Arbeit. Luchterhand: Neuwied, 101-110

Müller, B. (1995): Pädagogisches Theater. In: Sozialpädagogik 37 (Heft 6), 242-252
Müller, B. (1996): Konzepte des Pädagogischen in der Jugendarbeit. In: Deinet, U., Sturzenhecker, B. (Hrsg.): Konzepte entwickeln. Juventa: Weinheim und München, 226-239
Oevermann, U. (1996): Theoretische Skizze einer revidierten Theorie professionellen Handelns. In: Combe/Helsper 1996, 70-182
Olk, Th. (1986): Abschied vom Experten. Juventa: Weinheim und München
Taft, J. (1937): The Relation of Function to Process in Social Case Work. In: Journal of Social Work Process, Bd. 1. Univrtsity of Philadelphia Press: Philadelphia, 1-18
Winnicott, D.W.(1974a): Der Ort an dem wir leben. In: Ders: Vom Spiel zur Kreativität. Klett Cotta: Stuttgart 1993, 7.Aufl., 121-127
Winnicott, D.W. (1974a): Objektverwendung und Identifizierung. In: Ders.: Vom Spiel zur Kreativität. Klett Cotta: Stuttgart 1993, 7.Aufl., 101-110

Beiträge von nicht deutschsprachigen Autoren

Francis Imbert

„Bolid-Kinder" und die Arbeit des Pädagogen[1]

1. "Bolid-Kinder" und der Verlust des Symbolischen

Der Aufweis eines allgemeinen Orientierungsverlustes, der Auflösung von Bezugspunkten (repères), von Verboten oder, mehr noch, vom „Namen-des-Vaters"[2] ist heutzutage etwas ganz Geläufiges. Nach Lacan bekommen die imaginär-narzißtischen Optionen das Übergewicht, wenn die Regulierung durch das Symbolische - das Ich-Ideal - versagt. Von daher stammen in der unmittelbaren erzieherisch-pädagogischen Konfrontation Zurückweisungen und Ausschlüsse, deren Ablauf nichts mehr, d.h. kein drittes

---

[1] Dieser Text wurde – ebenso wie der in diesem Jahrbuch nachlesbare Beitrag von Mireille Cifali - erstmals auf der Herbsttagung der Kommission für Psychoanalytische Pädagogik der Deutschen Gesellschaft für Erziehungswissenschaft präsentiert, die im Oktober 1995 in Strasbourg stattfand und dem Thema "Die pädagogische Situation als Wagnis" gewidmet war. Den hier publizierten Textfassungen, die nur schwer aus dem Französischen ins Deutsche übertragen werden können, liegen Übersetzungen von Christiane Buhmann und Ulrich Christians zugrunde. Beiden sei an dieser Stelle herzlichst gedankt (Anm.d.Red.).

[2] Imberts Begrifflichkeit verweist darauf, daß er in seinem Denken über weite Strecken an Jaques Lacan anknüpft. Lacans Begriff „Name-des-Vaters" wird von Peter Widmer (1990, 121) folgendermaßen erläutert: "Damit sich das Symbolische vom Realen differenziert und dabei das Feld der Imagination eröffnet, braucht es eine Instanz, die von Lacan Name-des-Vaters genannt wird. Diese Instanz situiert er im Andern. Sie gibt dem Symbolischen seine Konsistenz. Der Name-des-Vaters erfüllt auf der Ebene des Symbolischen die Funktion des Phallus, des sich stets entziehenden Signifikanten. In einer ersten Annäherung verweist der Name-des-Vaters auf den Geschlechtsnamen, aber auch auf Gott. Beides sind Versuche, den Namen-des-Vaters vorstellbar zu machen. Diese Instanz wird vom mütterlichen Begehren getragen, das im Namen dieser trennenden Funktion das Kind von ihrem Körper trennt. – Eigentlich ist der Name-des-Vaters nicht vorstellbar, er entspricht einer Differenz, einer Leerstelle, welche das ungeteilte Einssein der drei Register des Symbolischen, Imaginären und Realen scheidet ... Der Name-des-Vaters wird für das Kind normalerweise zu der Instanz, an der sich sein unstrukturiertes Begehren bricht. Sie steht dem Einssein-Wollen des Kindes mit dem mütterlichen Körper im Wege, bewirkt den Verlust vollkommener Befriedigung, vollkommenen Genießens. Der Vater als Repräsentant des Dritten zieht darum im ödipalen Konflikt den Haß des Kindes auf sich. Die Liebe zum Vater erweist sich erst später; das Kind muß zuerst erfahren, daß der Name-des-Vaters es in die Kultur einführt und daß er seine ungerichtete Sexualität reguliert, ihr eine phallisch-genitale Struktur gibt" (Anm.d.Red.).

Moment, keine symbolische Vermittlung, steuern kann. In einer derartigen Situation steht der Lehrende vor Risiken wie Gefühlsausbrüchen und Handgreiflichkeiten, vor Ablehnung und verschiedenen Formen von Gewalttätigkeit: Er steht vor einer imaginären Rivalität, in dieser Zersetzung des Symbolischen aber auch vor dem jähen, katastrophischen Einbrechen eines Realen, dem nichts mehr Grenzen setzt.
Überdies konfrontieren die allgemeine Situation und ihre Symptome - Drogen, Selbstmorde von Kindern und Jugendlichen, Verwahrlosung, riskante Verhaltensformen und Gewalt innerhalb und außerhalb der schulischen Einrichtungen - die Erzieher mit einer Aufgabe, die jedem Unterricht, jeder Unterweisung in Wissensgebiete und jeder Vermittlung von Wissen vorrausgeht: nämlich mit der Aufgabe des Sozialisierens, des Erziehens. Es geht darum, die Bedingungen eines lebenswerten Zusammenlebens wieder zu artikulieren und erneut zu bestimmen.

Was steht zur Stunde für das Symbolische auf dem Spiel? - Daß die "geworfenen Kinder", die *Bolid-Kinder*, daß die Kinder und Jugendlichen, die sich von jedwedem symbolischen Funktionskreis abgekoppelt haben, ihren Platz in einem Netzwerk von Austausch und Teilhabe wiederfinden. Ich erinnere daran, daß das griechische *ballein* "werfen" bedeutet. *Bolis* ist das "Wurfgeschoß", das einem in einem tödlichen Treffen begegnet, und die Vorsilbe *syn* meint "zusammen, zur selben Zeit". Daher bedeutet *symballein* "vereinigen", "annähern", "austauschen". Das könnte so verstanden werden, daß *bolis* das ist, was sich aus der Abwesenheit oder dem Scheitern eines jeden *syn* ergibt, und daß sich im Umkehrschluß die *bolidoi*, einmal angekoppelt und wieder durch das *syn* eingebunden, Frieden geben. Etwas vom *syn* wieder in Kraft zu setzten, etwas davon zu erfinden, das ist die aktuelle symbolische Herausforderung. Unterbleibt dies, läuft man Gefahr, die Schule Entscheidendes zur Entstehung der Kriminalität beitragen zu lassen.[3]

Während vor rund zwanzig Jahren die "Schule als Kaserne", also die Schule, die sich aus einer autoritären Struktur ableitete, heftig kritisiert wurde, muß sich die Kritik heute mit der Schule ohne Gesetz beschäftigen. Diese Kehrtwendung wird von Fernand Oury besonders unterstrichen, der, nachdem er 1972 eine "Chronique de l'école caserne" geschrieben hatte, 1983 in einem Interview feststellte: "Stupide Reglementierungen sind an die Stelle des Gesetzes getreten ... Die Schüler waren eingezwängt, eingespannt, bewahrt; und hier sind sie nun befreit, sich selbst überlassen, verloren. Sie laufen aus wie zerbrochene Eier ... Erst das Gefängnis, dann die

[3] Darauf wird ganz besonders von den Theoretikern der "vulné-rabilité sociétale", der "gesellschaftlichen Verwundbarkeit" hingewiesen. Eine Übersicht über diese Arbeiten findet sich bei Walgrave (1992).

Wüste. Keine Anhaltspunkte, keine anerkannten Grenzen mehr und ebensowenig Gesetze, die gemeinsam beschlossen werden." Ein Jahr später wies Fernand Oury (1984, 34) in den Cahiers Pédagogiques auf die "Schädlichkeit der Schulen ohne Gesetz" hin. Das "Sein ohne Gesetz" bildet den Kern der Krise, die heute Institutionen und Personen in Mitleidenschaft zieht. Die Gesetzlosigkeit ist gerade die Dimension, in der sich heute das herausbildet, was für Erziehung und Pädagogik auf dem Spiele steht.

Erste Annäherungen an dieses zeitgenössische "Sein ohne Gesetz" findet man bei Arthur Schnitzler (1912). Ich möchte "Frau Beate und ihr Sohn" anführen, die Geschichte einer Verschmelzung, eines tödlichen Inzestes zwischen Mutter und Sohn; hier kann man sogar die Formel "Welt ohne Gesetz" bzw. "Welt ohne Gebot“ aufgreifen. Der Vater entpuppt sich unversehens als "Lügner" und aufgrund dieser Enthüllung wird sich das Paar aus Mutter und Sohn auf den Grund eines Sees stürzen. Hier wird das "Sein ohne Gesetz", das Scheitern des Symbolischen, als Ausbleiben des „Namens-des-Vaters“ verdeutlicht - besser kann man es nicht machen. Die Erzählung des Niedergangs einer jungen Frau, Therese, beginnt genau mit dem symbolischen Tod des Vaters: Er wird in den Ruhestand versetzt, von seiner Frau lächerlich gemacht, verfällt in Größenwahn und findet sich in der geschlossenen Abteilung einer psychatrischen Anstalt wieder.
Heute stoßen wir auf die gleiche Inszenierung der Auflösung der Vaterfunktion in dem Roman "Die Pianistin" der Österreicherin Elfriede Jelinek. Hier wird der Vater im Lastwagen eines Metzgers - des "Hausschlachters" der Famille und anerkannten Feinmetzgers - in die Psychatrie gebracht; die Auflösung des Symbolischen könnte nicht brutaler zum Ausdruck kommen.
Für das Französische wäre der Roman "La seule femme de son fils" von Pierre Gandelman (1995) zu nennen. Hier findet sich der Vater unter dem Namen Félix Dupeu, ein Vater, der gewiß kaum ins Gewicht fällt. Beim Metzger kommt es im Zusammenhang mit den "Fliegen, die zu Dutzenden das Fleisch umschwirren", zur Begegnung zwischen Dupeu und seiner zukünftigen Frau, Mademoiselle Caspar. Dupeu vertritt die Devise "Diskretion, Diskretion". Das sollte für ihn darin enden, daß er "so durchscheinend wird wie das Glas vor ihm". Aus dieser Begegnung beim Metzger wird das Kind Albert entstehen. Ein paar Wochen nach der Geburt stirbt der Vater, "ein englisches Geschoß hat ihm den Schädel zerschmettert": von vorne bis hinten eine Schlachthausszenerie, in der sich das Schicksal von Vater Dupeu vollendet. Der Roman endet in der Art von Schnitzlers "Frau Beate und ihr Sohn": Albert wird gefunden, zusammengerollt auf dem Körper seiner Mutter, die seit mehreren Tagen tot ist.
All das verweist auf die Identifikationskrise, die Lacan in seinem 1938 veröffentlichten Artikel über "Die Familie" diagnostizierte. Er hob den

"Niedergang der väterlichen Imago" hervor, welcher "durch die extremen Auswirkungen des gesellschaftlichen Fortschritts und deren Rückwirkung auf das Individuum" bedingt ist. Die väterliche Macht tritt vor den Wirkungen der "ökonomischen Konzentration" und der "politischen Katastrophen" in den Hintergrund. Lacan bezieht sich hier auf die Entstehung totalitärer Mächte, die dem Vater die Autorität entziehen[4]. Schießlich sieht Lacan diesen Niedergang "im engeren Zusammenhang mit der Dialektik des familialen Ehelebens, da er sich über das relative Ansteigen der Ansprüche an die Ehe vollzieht, wie es beispielweise im amerikanischen Alltag sehr spürbar wird". So beschwört Lacan das, was er als "die große zeitgenössische Neurose" bezeichnet. Die Erfahrung zeigt, daß "sie hauptsächlich durch die Persönlichkeit des Vaters bestimmt ist, die immer in irgendeiner Weise fehlt, abwesend ist, gedemütigt wird, gespalten ist oder vorgetäuscht wird".
Charles Melman hebt hervor, daß eine ganz besonders zeitgenössische Erscheinungsform der Entmachtung des Vaters diejenige sein könnte, in welcher der Vater sich "auf die mütterliche Position reduziert" sieht. Das Thema des "Mutter-Vaters" wird in wunderbarer Weise durch den Film "Madame Doubt Fire" von Chris Columbus illustriert. Hier sieht man einen Vater, der nur dann überzeugt, wenn er sich in eine Mutter – genauer: in eine Großmutter - verwandelt.
Darüber hinaus ist es nur zu wahr, daß die Erosion der symbolischen Funktion sich nur beschleunigen kann, wenn Familien in eine Lage geraten, in der sie sich den unablässig anwachsenden sozio-ökonomischen Schwierigkeiten gewachsen sehen. Allem Anschein nach verliert der "Vater der Vorstädte" als Arbeitsloser oder als Beschäftigter mit geringen Qualifikationen jede Autorität und jedes Prestige.
In dieser Situation des Orientierungszerfalls und des Verlusts der Bezugspunkte, in dieser Situation, die das Verhältnis der Generationen, das Wissen, die Kultur usw. in Mitleidenschaft zieht, sieht man sich, wie wir bereits bemerkt haben, mit Gefühlsverwicklungen aus dem spiegelnd-imaginären Bereich konfrontiert. Hier könnten wir uns dem Mythos von Narziß zuwenden, wie Ovid ihn gestaltet hat. Der Mythos entfaltet die Bedingungen des Begehrens (désir). Kein menschliches Leben ohne Begehren, kein Begehren ohne Schnitt, ohne Initialtrennungen. Das Begehren geht auf den Vorgang einer Ent-Zauberung (dé-sideration), auf ein Wegreißen von der Bildfaszination zurück. Weil er unterm Zauber des Bildes gebannt verharrt (sidéré), stirbt Narziß, entsagt er dem Begehren. Der zeitgenössische narzistische Individualismus steht im Bann der Verzauberung

[4] Aldo Nouari (1994/1995, 164) bemerkt in einem Text mit dem Titel "Père y es-tu?", daß es heute "eine nahezu stumpfsinnige Arbeit sei, die Masse der Punkte aufzuführen, in denen die Staaten unserer westlichen Welt den Vater mitten im Reich der Familie ersetzt haben".

und Narkotisierung, auf die der Mythos verweist, der Suche nach dem Nirwana, der Rückkehr "in utero", dem Ende des Begehrens - wie beim Tod des Sängers Kurt Cobain, einem Idol der Gegenwart[5].

2. Pédagogie Institutionelle

Muß man sich darüber wundern, daß die Schule an vorderster Front den Auswirkungen der Erosion des Symbolischen ausgesetzt ist? Daß die geworfenen Bolid-Kinder oder die Narziß-Kinder dort immer zahlreicher werden? Die Konsequenz dieser Situation liegt für die Schule darin, daß sie sich in der Pflicht sieht, einige Antworten zu finden, die das "Bewohnen der Wüste" erlauben und die es ermöglichen, das Offene, das für die Freisetzung des Begehrens notwendig ist, erneut zu artikulieren und zu bestimmen. Insgesamt geht es darum, wieder etwas vom Verbot, vom Gesetz einzusetzen.
Solch eine Antwort sind für mich die Beiträg und die Optionen der Einrichtungen der *Pédagogie Institutionelle*[6], wie sie von Aida Vasquez sowie Fernand und Jean Oury erarbeitet wurden. Ich denke vor allem an "Quoi de neuf?" und an den "Conseil"[7] - Zeiten für das gesprochene Wort, in denen

---

[5] Kurt Cobain, Lead-Sänger der Gruppe Nirwana, brachte seine letzte Scheibe mit dem Titel "In utero" heraus, nachdem er auf den ursprünglichen Titel "I hate myself and I want to die" verzichtet hatte, um dem Vernehmen nach die Wirkungen einer solchen Botschaft auf zwölfjährige Kinder zu vermeiden. Die Botschaft von der Rückkehr "in utero" hatte wohl kaum eine aufbauendere Wirkung. Nachdem Kurt Cobain in Italien eine Überdosis genommen hatte, schoß er sich einen Monat später eine Kugel in den Kopf.

[6] Im Jahrbuch für Psychoanalytische Pädagogik 5 wurde die Pédagogie Institutionelle von Cifali und Moll (1995, 67) folgendermaßen charakterisiert: "Diese Pädagogik, die der Volksschullehrer F. Oury und die Psychoanalytikerin A. Vasquez initiiert haben ..., nennt sich institutionell in Anlehnung an die institutionelle Psychotherapie; sie stützt sich auf die neu strukturierende Macht der Freinet-Institutionen – Schülerrat, Gruppe, Druckerei, Schülerzeitung, Gesetze, die die Gruppe selber erarbeitet hat – und auf das Wissen über unbewußte Prozesse im Klassenzimmer. Die Techniken, die strikte Organisation des Unterrichts und die Ausgestaltung zwischenmenschlicher Begegnungsweisen in der Gruppe haben eine Mittlerfunktion, eine symbolische Funktion: Sie produzieren Sprache und haben Einfluß auf die Ausbildung innerpsychischer Funktionen und Strukturen. Imbert schreibt, sie würden die dualen Beziehungen und die imaginären Einnahmen regulieren. Die institutionelle Pädagogik sei eine 'Gegensprache'; sie ziele darauf, eine beliebige Zahl von Kindern in eine Gruppe als kollektives Subjekt zu verwandeln, ein Subjekt, das zu organisieren, zu entscheiden und zu analysieren fähig sei" (Anm.d.Red.).

[7] Das "Quoi de neuf?" (Was gibt es Neues?) eröffnet ein Zeitraum für das gesprochene Wort, für den Dauer und Abfolge festgelegt sind und in dem jeder von einem Vorkommnis, einer Situation etc. sprechen kann, die er den anderen mitteilen möchte. Der "Conseil" (Rat bzw. Konferenz) bildet den Rahmen für Analysen, Regelungen und kollektive Entscheidungen.

das Subjekt ins Geschehen kommen kann, sich von seinen Bindungen löst, die es dem Genießen eines Anderen unterwarfen, und Zugang zu seinem Wort und seinem Begehren findet.
Bei diesen Darlegungen möchte ich großen Wert darauf legen, daß Einrichtungen wie jene des "Quoi de neuf?" und des "Conseil" auch für den Lehrenden eine "Schutzfunktion" haben: Sie regulieren seine triebhaften Gefühlsverwicklungen, seine heftigen Gefühle aus Übertragung und Gegenübertragung, bringen ihn um Gefühle der Allmacht und des umfassenden Genusses, nehmen ihm das Kind als Objekt und unterwerfen ihn schließlich einem Gesetz, das zum Austausch verpflichtet und ihm die Prüfung der Kastration auferlegt. Diese Schutzvorrichtungen bringen den Lehrer an den Ort zurück, von dem aus er darauf achten kann, daß "sich die Dinge nicht wieder schließen" (Fernand Oury) oder sich etwa wieder mischen, sondern in einer Dreiecksstruktur, getrennt und differenziert, hinreichend offen bleiben. Für diesen Ort gibt es gewiß keine Garantie und der Lehrer hat tausende Gelegenheiten und "Gründe" - völlig irrationale Gründe -, die Teilungslinien durcheinanderzubringen und dabei zu dem "Omelette-Effekt" beizutragen, auf den Fernand Oury hingewiesen hat. Man könnte die Auffassung vertreten: Je mehr sich der Lehrer an die Umsetzung des Gesetzes heranwagt, desto mehr riskiert er die Arbeit an sich selbst, die Einsicht in einige seiner Schwächen und die Begegnung mit einigen seiner Fragen, die bisher ohne Antwort geblieben sind.
Die drei folgenden Einzelfalldarstellungen werden uns die Klärung einiger Aspekte der Arbeit erlauben, die der Lehrende durchzuführen hat, um seinen eigenen Platz zu bestimmen und sich an seine symbolische Funktion des Begleiters (passeur) zu erinnern: desjenigen, der auf einen guten Verlauf der Übergänge (passes) zu achten hat, auf Übergänge, die es erlauben, "nicht auf die Schnauze zu fallen" (Jacques Lacan).

3. Karl

Anfangen möchte ich mit einer Geschichte, in der sich die Lehrerin weder mit einem Bolid-Kind noch mit einem kleinen Narziß konfrontiert sieht. Im Gegenteil, das Hindernis, an dem sie sich stößt, ist nichts anderes als ihr eigener Narzißmus, ihre eigene momentane Unfähigkeit, ihre Begleiterrolle aufrechtzuerhalten. Diese Geschichte wird - wie die folgenden - von der Lehrerin in Gestalt einer Einzeldarstellung in einer Arbeitsgruppe zur *Pédagogie Institutionelle* (GRPI) vorgestellt[8]. Der folgende Text besteht zum einen aus einer Zusammenfassung des Textes, der von der Lehrerin -

[8] Es handelt sich um die 1990 in Seine-Saint-Denis gegründete Groupe de Recherche en Pédagogie Institutionelle (GRPI).

nennen wir sie Jeanne - verfaßt wurde, sowie aus Analysen, die sich im weiteren ergaben.

Karl hört nicht auf, die Lehrerin für ihre Versäumnisse gegenüber dem Gesetz zur Rechenschaft zu ziehen; und darüber regt sich die Lehrerin schrecklich auf. Ohne Zweifel verkennt Jeanne nicht, was dahinter steckt: Sie weiß, daß die Schule für Karl eine strukturierte - und strukturierende - Welt darstellt, in der im Unterschied zu dem, was zu Hause geschieht, Gewalt ausgeschlossen ist, und in der Karl nicht befürchten muß, daß ihm "der Himmel auf den Kopf fällt". Von daher rührt die Wachsamkeit des Kindes dafür, daß diese Welt nicht ins Gesetzlose stürzt. Aber wenn Jeanne dies auch alles weiß und wenn für sie die Bedeutung der symbolischen Funktion der Schule für das Kind eine klare Orientierung darstellt, hindert sie das nicht daran, sich mit ihm in eine Rivalitätsbeziehung zu verstrikken. Wer ist hier der Herr? Die Lehrerin sieht sich somit in ihrer Verständnisfähigkeit durch einige imaginäre Optionen beeinträchtigt.
Von daher kommt das unbewußte Genießen, als Jeanne eines Tages Karl bei einer Gewaltsamkeit zu überraschen glaubt. Tatsächlich versucht Karl, sich der Legosteine von Faycal zu bemächtigen. Dies ist in den Augen von Jeanne umso unverzeihlicher, als Faycal ein Kind ist, das gerade aus Pakistan gekommen ist und kein Wort Französisch versteht. Im Vergleich zu Karl ist Faycal somit ein schwaches, zu schützendes Kind: "Ich will nicht", hält sie in dem von ihr verfaßten Text fest, "daß man ihm weh tut." Jeanne sei dann "sehr wütend geworden".
Dann wird ihr plötzlich klar, daß Karl nicht mehr da, daß er aus der Klasse weggelaufen ist. Bald darauf bringt ihn eine Lehrerin der Schule zurück. Jeanne bemerkt dazu, daß "sie sich schlecht gefühlt habe", weil sie wußte, daß das Kind nur aus einem sehr ernsten Grund aus der Klasse weggelaufen sein konnte. Jeanne schreibt: "Bis dahin war es die Klasse, in der er Zuflucht suchte. An einem Samstagmorgen war er aus seinem Haus geflüchtet, in dem ihn seine Eltern festhielten. Er hatte seine Hose über seinen Schlafanzug gezogen und sprang dann über die Schulmauer. In der Klasse kam er dann mit einem blutig aufgeschlagenen Knie an. Er hat mir niemals sagen wollen, was sich abgespielt hatte."
Karl kommt also in die Klasse zurück. Jeanne erklärt ihm, daß ihm das Verlassen der Klasse nicht erlaubt ist. Wenige Augenblicke danach, als die Kinder sich gerade gesetzt haben, kommt eine Mutter mit ihrem Sohn: "Sie sagt mir, daß Karl ihr Kind auf dem Schulhof geschlagen hat und daß es nicht mehr in die Schule gehen will. Ich rufe Karl, der den Sachverhalt bestreitet. Aber ich höre ihm nicht zu. Ich glaube der Mutter aufs Wort. Noch einmal rege ich mich auf. Noch einmal rettet sich Karl. Und wieder bringt ihn eine Kollegin zurück ..."
Die Dinge überstürzten sich, wie in einer Art Alptraum: Das Eintreffen der Mutter, dann der Kollegin steigerte die Wut und bald darauf auch die Ver-

zweiflung der Lehrerin. Sie teilt uns später mit, daß sie sich von den beiden Frauen völlig absorbiert gefühlt habe. Sie klebte an den Lippen der Mutter. Eine Gruppe von Frauen drängte sich um das Kind, das den Lehrerinnen eine Lektion erteilte, sich in Wirklichkeit aber als verlogen und gewalttätig erwies. Szenen stellten sich ein, die jede Möglichkeit des Zuhörens überlagerten. Frauen schlugen sich mit einem kleinen Macho herum. Und da, zur größten Bestürzung der Lehrerin, flüchtete Karl zum zweiten Mal. Der Lehrerin, die ihn zurückbrachte, sagt, daß Jeanne sich in völliger Auflösung befunden habe. Soweit war es gekommen: Karl war aus ihrer Klasse geflüchtet, in der alles perfekt hätte ablaufen sollen, für Jeanne und für die anderen! All das lief auf eine Katastrophe hinaus: "Vor meiner Kollegin gerate ich in Wut und sage zu Karl, ich hätte genug davon, daß er meine, er könne sich alles erlauben. Er sei nicht der Chef!" Das "Ich als Herr", das hier auf dem Spiel steht, kommt mit größter Klarheit zum Ausdruck. Dieses Kind, das so sehr auf Regeln achtete, fand sich zu diesem Zeitpunkt in der Position desjenigen, der vor nichts Respekt hat und alles überrennt: eine vollständige Verkehrung ins Gegenteil.

Die morgendlichen Aktivitäten beginnen. Der Zufall will, daß gerade an diesem Tag der Conseil stattfindet. Karl meldet sich zu Wort und sagt, daß Abdul gelogen hat, daß er ihn niemals geschlagen hat. "Ich will also von Abdul wissen", notiert die Lehrerin, "ob er wirklich gelogen habe. (Es war nicht das erste Mal, daß ihn die Kinder beschuldigten, gelogen zu haben, aber einen Beweis dafür hatte es nie gegeben.) Abduls Körper sackt zusammen. Er läßt die Schultern hängen, der Rücken krümmt sich. Er blickt kurz zu mir her, wie ein 'geschlagener Hund'. Da verstehe ich, daß Karl Abdul nicht geschlagen, daß ich mich getäuscht hatte ..." Kurz darauf klärt sich die Geschichte mit den Legosteinen. Nach dem Sturm entsteht plötzlich eine Windstille, in der die ganze Verwirrung schwindet. Dann geht alles ganz schnell. Karl sieht, wie er das Wort wiederbekommt, das man ihm entzogen hatte, und die Lehrerin, die ihre Wut los ist, kann sich ihm zuwenden.

Es bestätigt sich, von welch entscheidender Bedeutung Institutionen sind - hier ist es der Conseil - als Einrichtungen zur Auseinandersetzung, Differenzierung und erneuten Formulierung und Bestimmung von Plätzen und Anteilen eines jeden; eben Einrichtungen, die dazu geeignet sind, das Gesetz zum Einsatz zu bringen. Dabei handelt es sich um etwas, das man als grundlegenden symbolischen Akt der Teilhabe, der Aufteilung und der Zuteilung bezeichnen könnte. Das erinnert an das griechische *nemein*. Anfänglich bezeichnete *nemein* die Zuteilung eines Stücks Weideland an eine Herde: Von daher kommt der *nomas*, *ados*, woraus sich im Französischen "nomade" ableitet. Der Nomade ist der, der das Problem der Anteile zu regeln hat. Von daher leitet sich schließlich *nomos* ab: was man als Teilhaber

zuerteilt erhält, was man besitzt und wovon man Gebrauch macht, der Brauch und schließlich das Gesetz.
Bewegt teilt uns Jeanne dann mit, wie ihr klar wurde, daß ihre eigene Taubheit das Kind an den Rand einer echten Katastrophe geführt hatte, an der es gerade noch vorbeigekommen war. Alles stand dafür bereit, daß es sich von der Schule zurückziehen würde und dort nicht mehr die Bezugspunkte fände, die es ihm erlaubten, menschliche Beziehungen zu knüpfen, die sich dadurch auszeichnen, daß sie dem Gewaltverbot unterliegen. Die Konferenz hatte es ermöglicht, den Funktionskreis des Symbolischen wiederherzustellen, und jeden darauf verpflichtet, sich der Arbeit mit dem gesprochenen Wort zu stellen, die eine Entkrampfung (dé-sideration), ein Kappen des Genießens und eine Beruhigung herbeiführte.
Häufig beschwören die Lehrenden in den Stundenbesprechungen oder in Balint-Gruppen das Scheitern oder die Irrwege im Umgang mit Kindern oder Jugendlichen aus vergangenen Jahren. Sie erinnern sich an Mißerfolge und Zusammenbrüche, die sie unter heftigen Schuldgefühlen wie einen Makel mit sich herumschleppen und die sie von Anfang bis Ende verstehen wollen oder die sie wie ein Geheimnis erleben, dessen Schleier sie lüften möchten. Oft wird sich dabei herausstellen, daß die Lösung dieses Rätsels im völligen Fehlen oder im jähem Verschwinden einer symbolischen Vernetzung aus Tausch und Teilhabe liegt, in der jeder über seinen Platz hätte verfügen können oder bis dahin verfügen konnte. Die Beziehungen wurden dann von Kampf überschwemmt und ergingen sich in einer Abfolge von Verschmelzung, Verwirrung und endlosen Auseinandersetzungen: Grenzen und Verbote fehlten, die es erlaubt hätten, zu trennen, zu unterscheiden und schließlich in Frieden zu "tauschen".

Insgesamt schält sich im Verlauf dieser Geschichte heraus, daß es die eigenen Schwächen des Erziehers sind, die sich der Szene zu bemächtigen drohen.
In einem ganz allgemein gehaltenen Sinn wird deutlich, daß unter "praktischer pädagogischer Arbeit" in radikaler Weise *praxis* als eine Tätigkeit zu verstehen ist, die auf Interaktion zwischen Subjekten beruht und nicht etwa auf der Ausübung von Praktiken, die ein Aktiv-Handelnder von einer Position her einsetzt, die es ihm erlaubt, auf einige Passiv-Duldende einzuwirken. Daher ist es von äußerster Wichtigkeit, daß der Lehrende innerhalb und außerhalb seiner Klasse über Orte der Aussprachen sowie über Arbeitsmöglichkeiten verfügt, die dazu geeignet sind, den Prozeß der Entkrampfung und Entzauberung (dé-sideration), der Differenzierung und Besonderung zu stützen. Andernfalls riskiert er heute mehr denn je, sich zu verlieren und Gefühlsverstrickungen mit katastrophalen Auswirkungen zu unterliegen.

4. Marc

Ich komme nun zur zweiten Geschichte. Der folgende Text ist ebenfalls eine Zusammenfassung einer Arbeit, die im Rahmen einer Forschungsgruppe zur Institutionellen Pädagogie erstellt wurde. Die Lehrerin, die diese Einzeldarstellung verfaßt hat, war außerdem über viele Jahre in einer Balint-Gruppe. Hier "erwacht" ein Kind - es löst sich aus dem Bann und gelangt zum Begehren. Dieses "Erwachen" vollzieht sich über das eigene Erwachen der Lehrerin. Es ist aber nicht nur die Lehrerin, welche die Freisetzung, die Lösung vom Bann unterstützt. Die anderen Kinder sind da, die ihrerseits in Ausspracheräumen zur "Ankunft des Subjekts" beitragen können. All das betrifft das Gesetz des Symbolischen, erneute Artikulierung und Bestimmung des "Namens-des-Vaters".

Marc kommt zu den Großen in die Klasse von Martine. Im Kindergarten hat er über zwei Jahre lang nie gesprochen. Er ist zurückgeblieben wie ein Ölgötze, er spricht kein Wort, er schreit nicht und weint nicht.
Niemand blickt oder spricht ihn an. Er verbringt die Zeit damit, mit seinen Fingern zu spielen, während die anderen wissen, was sie zu tun haben, und sich auf ihre verschiedenen Aktivitäten konzentrieren. Marc steht immer abseits. Martine wird ihn also bei der Hand nehmen und zu seinem Platz führen. Er läßt es mit sich machen. Er wartet. Wenn die Lehrerin nahe an ihn herantritt und ihn fragt, ob er verstanden habe, was er zu tun habe, sieht er sie mit leeren Augen an. "Ich will mich nicht aufregen", notiert Martine in ihrem Text. "Es ist hart. Marc setzt sich keiner schulischen Aktivität aus. Er beschäftigt sich nur mit einem, dem Puzzle. Genauer gesagt, ich lege ihm ein Puzzle auf den Tisch und er nimmt es auseinander..."
Martine wird immer klarer, daß sie dabei ist, zur Festigung des "Ölgötzen-Status" des Kindes beizutragen, und daß das Kind dadurch zu einem Gegenstand wird, den sie von da nach dort stellt.

Eines Tages jedoch tritt etwas ein, das diese Ordnung zerbricht. "Eines Tages gerate ich aus der Fassung ... Ich ekle mich davor, seine schlaffe Hand zu nehmen und ihn irgendwo 'abzustellen' ... Ich werde wütend und sage ihm, wenn er nichts tun wolle, brauche er bloß so zu bleiben und gar nichts zu tun, denn von heute an muß er alleine zurecht kommen." Und Martine erläutert, daß sie sich nicht wiedererkennt, daß sie sich irgendwie schämt, so mit dem Kind zu sprechen. Gleichzeitig kann sie sich aber nicht stoppen. Das Kind sieht sie an, sichtlich erstaunt. Ganz so erstaunt, wie sie es selbst ist.
Sie verspürt "eine ungeheure Wut gegen mich, gegen ihn", kommentiert sie. Und dann sieht Martine, wie sich das Kind fünf Minuten später bei einem Spiel niederläßt, ein Puzzle nimmt und zu spielen beginnt. Martine greift nicht ein, sagt nichts, aber ihr Herz, sagt sie, schlägt schneller.

In den folgenden Tagen bleibt Martine dabei, das Kind nicht zu holen. Marc bleibt dabei, auf ein Puzzle loszugehen, es ganz langsam auseinanderzunehmen und genauso langsam wieder zusammenzusetzen. Die Arbeit scheint das Kind ganz ungewöhnlich gefangenzunehmen.

Ende Oktober wird das "Quoi de neuf?“ eingerichtet. Die Kinder, die sprechen wollen, heben den Finger, und Martine schreibt ihre Namen auf ein Blatt. Damit der, der spricht, von allen gesehen und leichter befragt werden kann, wird für ihn ein eigener Platz geschaffen.

Eines Tages hebt sich der Finger von Marc, legt sich unter unsäglichen Anstrengungen auf seinen Kopf und bleibt dort in der Schwebe. Martine fragt das Kind, ob es sprechen möchte. Es antwortet mit: "Ja."
"Ich glaubte meinen Augen und Ohren nicht zu trauen", vermerkt Martine. Der Finger, der nach oben geht, das "Ja" - alle sind verblüfft. Es werden Stimmen laut: "Aber Marc spricht nicht..." oder auch "Man wird schon sehen..."
Marc setzt sich, lächelt. Dann kommt nichts. Einige Kinder mischen sich ein: "Also, Marc, du sprichst ..." "Kannst Du's?" Saidou sagt: "Er kann's, er hat zuviel gesprochen, ihm fehlen die Worte." Und Rachid: "Er ist vielleicht steckengeblieben, wie der Aufzug!"
Als Marcs Redezeit abgelaufen ist, interveniert Martine mit der Feststellung, daß er vielleicht das nächste Mal etwas erzählen wird. Und Marc sagt: "Ja." Von diesem Tag an bombardieren die Kinder Marc mit Fragen, und Marc sagt dazu: "Ja."

Zu Martines Verblüffung fragt Ende November, während eines "Quoi de neuf?", Rachid plötzlich Marc: "Hast Du ein Zimmer?"
"Ja."
"Schläfst Du ganz allein?"
"Nein, mit Mama."
"Und dein Papa?"
"In seinem Zimmer."
"Ein großer Augenblick", hält Martine fest, "so viele Worte in so kurzer Zeit!" Aber vor allem - was für Worte! Worte, die als Antwort auf die außerordentliche Frage von Rachid kommen. Worte, die mitten ins Herz dessen gehen, was eine Bindung ausmacht. Worte, die sich genau auf das Netz richten, in dem das Kind gefangen ist. Zu dieser Zeit und an diesem Ort des Sprechens läßt sich etwas vernehmen, das den Lebensnerv des Gesetzes berührt.

Francoise Dolto hat darauf hingewiesen, daß die grundlegende Rolle der École maternelle darin besteht, das Gesetz des Inzestverbots ins Sprechen zu bringen. Ja, aber wie? Auf diese Frage wird hier eine Antwort erbracht.

Das "Quoi de neuf?“ fördert eine Arbeit mit dem Wort, die in einen Entflechtungs-, Differenzierungs- und Besonderungsprozeß mündet. Weil das Wort eingesetzt wird, kommt das Gesetz ins Spiel, wird das Inzestverbot in der Artikulierung restrukturiert. Hier ist es der kleine Rachid, ein Kind, das aus dem Innersten seines unbewußten Wissens spricht, und zum ersten Mal spricht Marc seinerseits.
Man kann die These aufstellen, daß sich allem Anschein nach vom Kind aus etwas vom „Namen-des-Vaters“, vom Verbot in Bewegung setzt. Marc gelingt es, sich in einen Wortraum einzutragen, der eine reorganisierende Artikulierung von Plätzen, von Anteilen, von Differenz stützt. Daß ein Ort des gesprochenen Worts ein Ort der erneuten Eintragung des Inzestverbots ist, das ist es gerade, was Rachid als "Sprechwesen" ("parletre") (Lacan) nicht zu verkennen scheint. Und ebenso gut versteht man, daß Marcs Antwort "Mit meiner Mutter!" den Rückruf des Gesetzes darstellt - als Wort, welches das Kind aus dem Verstummtsein in Fusion herausreißt.
Von diesem Tag an bahnt sich eine Entwicklung an. Marc setzt sich, ohne Puzzle. Er holt sein Namensschild und schreibt langsam seinen Namen. Er trägt sich für eine Aktivität ein. Zwischen ihm und den anderen Kindern beginnt ein Austausch; die Kinder fangen an, ihn in ihr Spiel zu integrieren. In der Turnhalle sieht man eines Tages, wie Marc rennt und sich im Purzelbaumschlagen versucht.
An einem anderen Tag wird deutlich, daß er sich an den Namen seines Brieffreundes erinnert, während sich dies eine große Anzahl anderer Kinder noch nicht zu eigen gemacht hatte. "Und ich hatte geglaubt", schreibt Martine, "daß dieser Briefwechsel an ihm vorbeiging, daß er noch keine Bedeutung für ihn hatte."

Martine ist die erste, die sich aus ihrer Fixierung an das Kind löst. Dieses Aufwachen hat Marc erlaubt, über ein Offen-Sein zu verfügen, das für sein eigenes Aufwachen notwendig ist, und sich an seine eigene Trennungsarbeit zu machen: die Interventionen des "Quoi de neuf?“ und die Befragung durch Rachid boten dann Gelegenheit für radikale Fortschritte.
Wie ich bereits erwähnte, wurde diese Geschichte im Rahmen einer Arbeitsgruppe (GRPI) vorgestellt und analysiert. Während Martine den Ekel wachruft, den sie empfunden und der sie dazu gebracht hat, sich auf dieses Trennungsmanöver einzulassen, sagt sie plötzlich: "Ich empfand Ekel, als erlebte ich den Inzest." Alle sind erstaunt darüber, daß sie diesen Begriff gewählt hat.
Zur nächsten Arbeitssitzung bringt Martine einen Text mit, der die Ereignisse in ihrer Gesamtheit wieder aufnimmt. Im nachhinein kann sie erklären, was es mit ihrer Beziehung zu dem Kind auf sich hatte. Hier ein paar Auszüge aus ihrem Text:

"Marc und ich hingen wie Kletten aneinander. Ich trug ihn, er ließ es mit sich machen. Worte hatten wir nicht nötig! Anscheinend spielte sich alles so ab, als ob wir uns verstünden, ohne uns austauschen zu müssen. Dies Kind faszinierte mich durch sein makelloses Schweigen. Eine unglaubliche Kraft, eine unglaubliche Macht ging davon aus.
Ich verspürte so etwas wie Furcht und Faszination. Wir hatten eine schweigende Beziehung und ich gab mich damit zufrieden. Und dann, eines Tages, sagte mein Körper: "Nein!" Ein Widerwille kam hoch ... Jetzt kann ich sagen, daß sich all dies so abspielte, als hätte ich eine jähe Erleuchtung gehabt, daß ich mich mit dem Kind in einem Inzest befand. Ich schämte mich, ich empfand eine Schande, die mir schon einmal begegnet war, als Kind, eine Schande, der ich ohne Möglichkeit zu fliehen ausgesetzt war.
Seit einer Woche spricht Marc - ich traue mich kaum, dieses Worte niederzuschreiben -, er konstruiert lange Sätze. Vor zwei Tagen ist er auf mich zugekommen und hat gesagt: 'Weißt du, gestern sind mein Vater und ich mit dem Bus gefahren. Wir waren im Park.' Ich gab mich ganz gelassen. Mein Herz pochte heftig. 'Das macht Spaß, mit seinem Vater in den Park zu gehen', habe ich ihm geantwortet. Dann habe ich ihn angelächelt und bin weggegangen. Ich wollte ihn nicht mit meiner Verblüffung, meiner innigen Freude überwältigen.
Am Samstag macht Marc, zur aller Überraschung, Anstalten, zu tanzen, wobei er in die Hände klatscht ... Am Abend besucht mich seine Mutter. Und sie sagt zu mir: 'Seit einer Woche hat sich Marc sehr geändert, nicht wahr?'"

Marc ist aus seiner Verwünschung (sidération) zum Begehren (désir) erwacht. Die Trennung vom mütterlichen Anderen, an das er sich immer weiter geklammert hatte, hat sich vollzogen. Es scheint so, daß sich auch für die Lehrerin etwas vom „Namen-des-Vaters“ in Bewegung gebracht worden ist. In ihrer Übertragung auf das Kind befand sich Martine in einer Situation, in der sie eine Ausweglosigkeit, die in ihrer Vergangenheit gegeben war, wiederholen und endlich zum Abschluß bringen konnte. Endlich hatte sie auf eine Situation, die sie damals ohne Möglichkeit zur Flucht hinnehmen mußte, eine Anwort zustande bringen können. Endlich konnte sie dieses "Nein!" sagen, das sich ihrer eigenen Fixierung auf Marc widersetzte und das, wie der plötzliche "Widerwille", einen Rückruf zur Ordnung und zur erneuten Einschreibung des Gesetzes ermöglichte, vor dem sich die Entflechtung der Körper in Hinblick auf Vergangenheit und Zukunft vollzog.

Was kann man daraus schließen? Doch nur, daß der Pädagoge ganz gewiß Übertragungen mit allen Risiken auswegloser Wiederholungen, aber auch mit allen Chancen auf eine Lösung und somit auf die Begründung einer neuen Geschichte ausgesetzt ist. Die Erfolge der Öffnung der Übertragung stellen sich mit Hilfe der Orte des Sprechens und des Zuhörens ein. Wie in dieser Geschichte kommt es dann dazu, daß die Lehrerin sich außerordentlichen Überraschungen und seltsamen Abenteuern aussetzt. Das stumme oder - im Jargon der Psychiater: psychotische - Kind erwacht und entwickelt sich auf das Begehren hin; und diejenige, der das Kind anvertraut ist, sieht sich zurückverwiesen auf die immer noch heißen Quellen eines Leides, für das sich plötzlich Worte finden, die das Brennen dieses Leides lindern.

5. Ossama

Ich führe eine letzte Geschichte an, bei der es wieder darum geht, ein Verständnis für die Arbeit des Pädagogen zu entwickeln. Ossama ist in der Kleinstkindergruppe des Kindergartens. Der Beginn nach der Rückkehr aus den großen Ferien war für Kind und Lehrerin eine harte Prüfung. Einige Monate später ergaben sich sehr große Fortschritte in seiner "Sozialisierung". Um zu einer besseren Orientierung darüber zu kommen, was sich mit diesem Kind abspielte, hat sich Cathérine, die Lehrerin, ab Mitte November daran gemacht, ein Arbeitsjournal zu führen, aus dem sie eine Zusammenfassung für unsere Arbeitsgruppe (GRPI) erstellt hat:

"Während Ossama sich bisher bei seiner Ankunft unter Tränen an seine Mutter klammerte, kommt er eines morgens Mitte November ohne Tränen, fast gelassen, herein; auf mein Verlangen holte er sich sein Namensschild.
Seitdem verläßt er seine Mutter im Hof, gibt mir die Hand und geht in die Klasse. Er fängt an, sich alleine auszuziehen. Er holt sein Namensschild, wenn er die anderen Kinder mit ihren Namenschildern in den Händen sieht.
Ende November fehlte er sehr oft. Seine Schwester war gekommen, um mich davon zu unterrichten, daß er 'sehr krank' sei und für zwei Wochen fehlen würde ... Gleichzeitig sagte sie mir, daß er geweint habe, um in die Schule gehen zu können. Ich bestand darauf, daß er regelmäßiger zur Schule kommen müsse. Er fehlte dann weniger.
Seit dem Ende der großen Ferien trug Ossama eine Windel und ab November zusätzlich zu dieser Windel eine Unterhose, eine Strumpfhose, eine Hose, Hemd, Anorak, Stiefel - fast wie ein dickes Wickelkind, übermäßig geschützt durch die aufeinandergelegten Schichten, in einer Schale eingeschlossen und durch sie behindert.
Nach und nach habe ich ihm seine Windel für den Vormittag abgenommen. Dann hat sie sich Ossama selbst ausgezogen und in den Mülleimer geworfen.
Mitte Januar läßt mich die Mutter eines Tages durch die ältere Schwester bitten, ihm seine Windel zu lassen, 'weil er heute nacht gehustet hat und sich ohne Windel eine Erkältung holt'. Ich antworte freundlich, aber entschieden, daß Ossama genug anhat und daß man in der Schule keine Windeln mehr trägt.
Seit Februar kommt Ossama ohne Windel in den Kindergarten.
Während er bisher jeden körperliche Kontakt vermieden hatte, Blicke eingeschlossen, kam Ossama neulich zu mir und nahm meine Hand. Beim Verlassen der Klasse weint er nicht mehr und gibt den anderen Kindern willig die Hand.
Mehr und mehr fängt er damit an, die anderen anzusehen und sie anzufassen. Während er sich sonst immerzu auf denselben Platz auf derselben Bank setzte (selbst auf die Gefahr hin, sich dabei auf den Schoß eines anderen Kindes zu setzen), setzt er sich jetzt da hin, wo er einen Platz findet.

Von Anfang Dezember an setzt er sich zusammen mit den anderen Kindern zum Nachmittagsimbiß an einen Tisch ... Ich erinnere mich auch an diesen Dezembermorgen, als er mich während des Aufrufens ansah und ziemlich laut und klar antwortete: 'Guten Tag!' Verwunderung und Freude bei allen. Ich rief ihm zu: 'Bravo, Ossama!', und war zu Tränen gerührt.
Nach und nach willigt er auch ein, sich hinzusetzen, um zu zeichnen, zu kleben, ein Puzzle zu legen, zu malen ... Dienstag, der 10. Januar, noch eine wichtige Etappe: Er spielt ganz allein mit dem Grieß, den er bisher nicht anfassen wollte. Er beschäftigt sich, den Löffel in der Hand, lange mit dem Ausleeren und Umfüllen.
Ebenso habe ich Fortschritte in seiner Beweglichkeit festgestellt: Am Anfang inaktiv, isoliert, wie abwesend, greift er mehr und mehr zum Material, bewegt sich, drängt an meiner Hand auf die Übungsstrecke. Er traut sich auch an andere Spiele heran, fährt Fahrrad, nimmt unsere Bewegungsspiele wieder auf. Eine Art Angst ist verflogen. Er beginnt, in der Klasse umherzugehen, wie die anderen Kinder zu spielen."

Sicher stellt diese Zusammenfassung aus dem Arbeitsjournal die positiven Effekte der Arbeit von Cathérine heraus. Jedoch eröffnet uns die Lehrerin in einem zweiten Abschnitt ihres Textes eine ganz andere Szene, die ihres eigenen Leidens:

"Ende Januar unterbreche ich das Journal ... Ich bin mir darüber im klaren, daß es gesicherte Fortschritte von Ossama gibt, gleichzeitig jedoch belastet mich das Kind zu sehr ... Ossama geht mir nicht mehr aus dem Sinn. Er beherrscht mein Denken in einem solchen Maße, daß ich dies Journal führen mußte und daß ich in meiner Umgebung nur noch von ihm spreche: in der Versammlung, mit der Reinemachefrau, mit meinen Kollegen, zu Hause. Das geht soweit, daß ich an seinen Fortschritten zweifle: Soll man von wirklichen Fortschritten sprechen oder von einfachen Gewohnheiten, die er endlich angenommen oder auch so aufgegeben hätte? - Unaufhörlich schwanke ich zwischen Hoffnung und Entmutigung.
Ich suche nach einem Grund dafür, daß ich so durchdrehe, ich kann es mir nicht erklären. Wieso kommt es mit diesem Kind zu einer so schmerzhaften Begegnung? Vielleicht treffe ich in meinem Innersten wieder auf uralte Gespenster, auf Erinnerungen an intensiv erlebtes Leid. Ich finde das der Sprache nicht mächtige 'infans' wieder: den Säugling, der von seiner Mutter getragen wird, der von ihr völlig in Anspruch genommen wird, fast erstickt wird.
Hinter diesem Bild, das eine so starke Resonanz in mir auslöst, sehe ich das Bild des 'Kindes unter der Glocke', das von den anderen abgeschnitten ist, das einen nicht anfassen und das man nicht anfasssen kann: das Kind, das von der Welt durch mehrere Schichten von Anziehsachen isoliert, in einen Panzer eingezwängt ist und sich kaum bewegen kann.
Ich erkenne auch das Bild des Leidens, der Trennung, des Todes. Ich höre immer noch sein eindringliches Jammern aus den ersten zwei Monaten. Mein Blick streift oft seinen Blick, von fern, von anderswo, wie abwesend. Dann kommt das Bild des Wahnsinns, der Anormalität, und meine Angst vor dem Wahnsinn. Ossama tritt schwer auf, geht schwerfällig, mit rhythmischen Schaukelbewegungen. Er spricht nicht und versteht nicht, was man ihm sagt. Gewisse Rituale treibt er bis ins Extrem. Bis hin zu seinen Gesten, seinen Weigerungen und Forderungen

ist es das Bild der Gewalt, das mich erschüttert - und das Bild der Gewalt, das es im Gegenzug in mir entstehen läßt (ich habe den Eindruck, ihm Gewalt anzutun). Bestände die Arbeit, die noch zu tun wäre, im erneuten Hinaufsteigen zu den Phantomen, die ich wiederzuerkennen glaubte?

Wenn ich, seitdem ich Tagebuch führe, etwas gelassener bin, wenn ich mich den vielfältigen Figuren, die Ossama in mir zur Resonanz bringt, annähern und mich von ihnen lösen konnte, dann ohne Zweifel deshalb, weil ich nicht davon abließ, auf die geringsten Anzeichen eines Erwachens beim Kind zu achten, die mich anscheinend ihrerseits aus einer unangenehmen Benommenheit weckten; und ebenso sehr deshalb, weil ich an dem Ziel der Arbeit mit den anderen Kindern festhielt und weil ich in der Organisation der Klasse und der verschiedenen Einrichtungen, die sie strukturieren, nicht nachgab.
Zu diesen Lichtblicken gehörte der Tag, an dem Ossama sich für das 'Quoi de neuf?' eintrug. Er hat sich auf seinen Stuhl hingesetzt, den anderen gegenüber. Er hat sehr leise gesprochen, unverständliche Worte gemurmelt (vielleicht sprach er Türkisch), aber Worte, die ihm etwas zu sagen schienen, denn er war stolz, er lächelte, er war entspannt. Es waren Worte, die allen in der Klasse guttaten."

Mit diesem Kind macht sich Cathérine an eine lange Trennungs- und Verbindungsarbeit: Das in seinen Windeln verlorene Kind schält sich nach und nach aus seiner Verpuppung und macht Anstalten, sich in die Gruppe und in einen Austausch einzubringen, zu handeln. Diese Arbeit hat in einem Arrangement von Einrichtungen eine Stütze bekommen, die einen Prozeß des Ablösens und Einbindens trugen, den Zugang zu Plätzen eröffneten, die zu besetzen waren, und Vernetzungen schuf, in die sich das Kind schließlich eingeschrieben hat. Das unterworfene, durch seine Bindungen behinderte Kind konnte seine Fesseln abwerfen.
Cathérine erwähnt "uralte Gespenster, Erinnerungen an intensiv erlebe Leiden". Wie könnte man besser beschreiben, daß etwas aus Bereichen des Leidens heraus erschüttert wird, die sich aus frühester Zeit, aus den ersten Etappen des Lebens erhalten haben?
Von diesem nicht-getrennten, so gut wie erstickten Kind aus wird die Imago einer Mutter ohne Gesetz in Schwingungen versetzt, einer Mutter, die vom "Wahn" der Allmacht davongetragen wird. Cathèrine bezeichnet ihre Interventionen als "gewaltabhängig" - angesichts der Allmacht der Mutter, die wie aus einer Verspiegelung die Allmacht dessen fixiert, der die Ablösung herbeiführen will.
Als wollte sich die Gewalt des Symbolischen, die erweckt, die für das Begehren öffnet, plötzlich nicht von der inzestuösen Gewalt, welche die Trennung verweigert, unterscheiden lassen; als sollten die scharfe Demarkationslinie verschwimmen und alle Fixpunkte (repères) flackern - die mütterliche Imago schwankt von einer Seite zur anderen, geht hin und her, was einen "Wahnzustand" zur Folge hat. Augenblicke tiefer Verzweiflung stellen sich ein, in denen Phantome Ziele und Perspektiven verschleiern und verdunkeln.

Herauszufinden und zu erkennen, daß über den klaren Zielvorstellungen ein Gewimmel von Phantomen hervorquillt - Imagines, Phantasmen, Gegenübertragungen - , die einen hineinziehen und in ihren Bann schlagen, das ist einer der Aspekte der Arbeit, wie uns Cathérine sagt, die es weiterzuführen gilt. Die Einzelfalldarstellung, Orte des Sprechens wie die Balint-Gruppe, stellen daher Hilfsmittel dar, auf die der Lehrende zurückgreifen muß.

Nochmals darf man nicht aus dem Blick verlieren, was auf dem Spiel steht: Für eine analytische Orientierungsarbeit kommt es darauf an, ans Ende des Irrationalen zu gelangen, es auszuschöpfen und trocken zu legen. Jedoch sollte man sich darin nicht zu sehr verlieren, eher erlernen, es zu tun.

Der Umgang mit dem Irrationalen schließt das Verfügen über Einrichtungen mit ein, die es erlauben, trotz Zweifels und verzweifelter Augenblicke seine Ziele wiederzufinden. An diesem wichtigen Punkt kommt die Analyse von Cathérine zum Abschluß, sobald sie die "Erleuchtungen" in Erinnerung bringt, die sie selbst aus ihrer "quälenden Benommenheit" erwachen lassen. Das Kind trägt sich in das "Quoi de neuf?“ ein, und in diesem Augenblick ist es die Lehrerin, die auflebt, die Gewißheit zurückgewinnt, daß das Ziel nicht verschwunden ist, daß sich Übergänge öffnen und daß der Weg des Begehrens frei wird.

Literatur

Cifali, M., Moll, J. ((1995): Zur Begegnung zwischen Pädagogik und Psychoanalyse in Frankreich und in der romanischen Schweiz. In: Jahrbuch für Psychoanalytische Pädagogik 7, 63-71

Gandelman P. (1995): La seule femme de son fils. Gallimard: Paris

Lacan, J. (1932): De la psychose paranoiaque dans ses rapports avec la personnalité. Seuil: Paris, 1975

Lacan, J. (1938): Die Familie. In: Cahiers d'Actualité et de Synthese de l'Encyclopédie Francaise, T.VIII

Nouari, A.: Père y es-tu? In: Le Père, Le Bloc-Notes de la psychanalyse Nr.13, 1994/1995

Oury, F. (1972): Chronique de l'école-caserne. Maspéro: Paris

Oury F. (1983): Pédagogie institutionnelle et psychatrie. VST Nr.149

Oury, F. (1984): Cahiers Pédagogiques Nr.122

Schnitzler, A. (1912): Frau Beate und ihr Sohn. Fischer: Frankfurt a.M. 1989

Walgrave L. (1992): Délinquance systématisée des jeunes et vulnérabilité sociétale. Méridiens-Klincksieck: Paris

Widmer, P. (1990): Subversion des Begehrens. Jaques Lacan oder Die zweite Revolution der Psychoanalyse. Fischer: Frankfurt a.M.

Mireille Cifali

Das pädagogische Verhältnis: Zwischen Verstrickung und Distanzierung[1]

1. Einleitung

Seit kurzem werden die Beziehungen zwischen Psychoanalyse und Pädagogik verstärkt unter historischen Gesichtspunkten erforscht.[2] Daher können wir die Erfahrungen derer, die uns vorausgegangen sind, wieder aufnehmen und ihren Hoffnungen, ihren mißlungenen Versuchen, schöpferischen Beiträgen, Fehlern und sogar ihren Irrtümern nachfühlen. Andererseits wissen wir, daß wir das Funktionieren eines Menschen unabhängig von der historischen und sozialen Umständen seiner Zeit nicht verstehen können. Daher ist das Verhältnis zwischen Psychoanalyse und anderen Wissenschaften, besonders der Pädagogik, laufend neu zu definieren. Die Lösungen von damals sind nicht unbedingt unsere, selbst wenn wir heutzutage Fragen wiederfinden, die schon gestern gestellt worden sind.
Ich werde hier nicht das Problem „des Gebrauches der Psychoanalyse in einem anderen Fachbereich“ aufnehmen, da es komplex und voller Konflikte ist. Es gibt einige Unterschiede zwischen einer Psychoanalyse, die hauptsächlich mit psychoanalytischen Begriffen arbeitet und allen möglichen Interpretationen liefert, und einer Psychoanalyse als Ethik; zwischen einer Psychoanalyse, die sich als ein Wissen denkt, das versucht, andere Bereiche und deren Unwissenheit zu erleuchten, und einer Psychoanalyse, die es einem anderen Fachmann erlaubt, Worte zu finden, um seine eigene Tätigkeit zu benennen. Ich meinerseits habe mich für eine psychoanalystische Ethik entschieden und nehme eine Stellung ein, die den Anderen auf seiner Suche nach Worten begleitet. Ich halte besonders viel von der Originalität der epistemologischen Methode der Psychoanalyse in ihrer Art, Wissen zu konstruieren, wo es sich um eine lebendige Beziehung handelt.

---

[1] Dieser Text wurde – ebenso wie der in diesem Jahrbuch nachlesbare Beitrag von Mireille Cifali - erstmals auf der Herbsttagung der Kommission für Psychoanalytische Pädagogik der Deutschen Gesellschaft für Erziehungswissenschaft präsentiert, die im Oktober 1995 in Strasbourg stattfand und dem Thema "Die pädagogische Situation als Wagnis" gewidmet war. Den hier publizierten Textfassungen, die nur schwer aus dem Französischen ins Deutsche übertragen werden können, liegen Übersetzungen von Christiane Buhmann und Ulrich Christians zugrunde. Beiden sei an dieser Stelle herzlichst gedankt (Anm.d.Red.).

[2] Im deutschssprachigen Raum hat diese Entwicklung freilich schon vor längerer Zeit eingesetzt; man denke etwa an die Untersuchungen von Rehm (1968) oder Füchtner (1979) (Anm.d.Red.).

Seit den heroischen Anfängen der Psychoanalyse hat sich die Welt der Erziehung verändert, besonders in ihrer Beziehung zu den Geisteswissenschaften. Seit der Zeit, in der Gewißheiten jeder Ideologie fern sein sollten und in der man von einer Wissenschaft träumte, die fähig sein sollte, das richtige pädagogische Verhalten zu bestimmen und somit die richtigen Methoden und Wege des Erfolgs zu sichern, ist man zu einer größeren Bescheidenheit gekommen; vor allem hat man auf eine Anwendung der Ergebnisse der Geisteswissenschaften, die Psychoanalyse miteinbezogen, verzichtet. Heute entdecken einige, die von verschiedenen Strömungen kommen, daß es wichtig für jeden sei, hören zu können, was sich bei ihm im pädagogischen Verhältnis „abspielt", um sich durch diese Einsicht in seinem Handeln leiten zu lassen.

In Anbetracht der gegenwärtigen Herausforderungen der Psychoanalyse in der Welt der Erziehung und der Pädagogik muß der Psychoanalytiker aus seinem Sprechzimmer herauskommen, um zusammen mit anderen eine Vermittlung in die Wege zu leiten, die es einer wachsenden Person ermöglicht, im Kontext einer Institution eine Struktur vorzufinden, im Kontakt, den sie zu sich selbst, zu den Anderen und zum Wissen findet. Obwohl mir die Frage nach dem Verhältnis zwischen dem Psychischen und dem Sozialen in der heutigen Lage fast die dringenste zu sein erscheint - Francis Imbert interessiert sich dafür -, werde ich das heute nicht behandeln. Ich werde mich damit begnügen, einige Anhaltspunkte zu erwähnen, die sich um zwei weitere Herausforderungen drehen: um die Arbeit an der Verstrikkung und der Schwierigkeit.

2. Verstrickung

Ein Psychoanalytiker arbeitet mit Übertragung und der Gegenübertragung. Daher ist es seine Aufgabe, andere auf dieses zugleich kostbare und gefährliche Werkzeug hinzuweisen, damit keiner von ihnen den Affekt in die Beziehung eindringen läßt und damit zugleich Abstand davon nimmt, ohne in Gleichgültigkeit zu verfallen. Er muß das Vorhandensein dieses nicht reduzierbaren Teils einer Beziehung zu einem Anderen nennen können.

Es ist in der Tat wichtig, daß ein Pädagoge dieses zu hören bekommt. In der Beziehung zu einem Anderen Menschen kann man nicht außerhalb stehen: „Ich bin dabei mit meiner Geschichte und meinen Affekten." In den vergangenen Jahrhunderten haben wir gewiß in unserem Verhältnis zur Natur Abstand gewonnen, weil angehäufte Kenntnisse uns erlaubt haben, keine Angst mehr vor Gewitter oder Blitz zu haben. In unserer Beziehung zum Anderen und zum Sozialen spielen Affekte und Leidenschaften, die uns in unserem So-Sein blenden, eine große Rolle, wir sind nicht distanziert. Die ganze Arbeit im Beruf besteht also darin, sich beständig in richtiger Distanz zu halten, ohne sich einzubilden, daß man a priori distanziert ist.

Eine solche Verstrickung ist im übrigen nötig. Man begegnet dem Anderen nur, wenn man gegenwärtig und authentisch ist. Dieses ist die Grundlage einer Begegnung; unsere Gefühle sind in diesem Zustand nicht ungelegen, aber sie müssen bearbeitet werden, damit der Andere nicht die Geisel unserer Affekte wird. Unsere Subjektivität wäre somit eines der Instrumente der Begegnung. Wenn wir nicht wiederholt die anderen Personen wie ein Objekt behandeln wollen, bei denen wir einen Teil unserer Geschichte wieder spielen möchten, müssen wir diese Arbeit machen, die es uns manchmal erlaubt zu enthüllen, was uns „dazu getrieben hat".

In allen Berufen, in denen man mit Menschen zu tun hat, muß eine unaufhörliche Arbeit geleistet werden, in der es darum geht, Klarheit zu schaffen. Nichts schützt uns vor einem Fehltritt, sich oder dem Anderen gegenüber. Selbst die höchsten Diplome bewahren uns vor Fehltritten nicht. In unseren Entscheidungen liegen wir schief; dies ist aber menschlich und notwendig. Man sollte es jedoch wissen. Wenn eine Situation die uns bewußten Markierungen sprengt, müssen wir unseren Spaltungen, Wiederholungen und Phantasien ins Gesicht schauen.

Wenn man mit Menschen arbeitet, berührt uns manchmal der Andere, oft widersteht er uns. Er ruft Faszination hervor. In diesen Berufen empfinden wir Gefühle von Liebe und Haß. Sie sind nicht unbedingt erwünscht, wohlwollend, positiv, ohne Zweideutigkeit. Die Liebe kann sich als zerstörend herausstellen: leidenschaftliche Liebe, die den Anderen wie ein Objekt benützt, ihn betrügt, zerstört, manipuliert und sogar vergewaltigt. Auf der anderen Seite sind unsere gewaltätigen Gefühle nicht nur negativ. Sie sind negativ, wenn sie das Ziel haben, den Anderen zu zerstören; aber Wut kann auch zum Ereignis werden und Früchte tragen. Unsere Gewalttätigkeit wie unsere Neigungen sind Elemente, die zu behandeln sind.

Die Personen, mit denen wir arbeiten, führen uns unausbleiblich zum Wesentlichen im Leben, das heißt zur Machtlosigkeit und zur Unwissenheit, zu Sexualität und Tod, zu Abhängigkeit.

Man schwingt dann zwischen zwei Stellungen: zwischen einer großen Nähe, einer Teilnahme und einer Fusion mit dem Anderen einerseits und einer großen Entfernung, das heißt Gleichgültigkeit, andererseits. Man schwingt, wenn man nicht die Werkzeuge hat, um sich zu orientieren, von der einen zur anderen Stellung. Zuerst sind wir gerne berührt; aber dann, wenn es für unser eigenes psychisches Überleben zu gefährlich wird, leiten wir Abwehrmechanismen in die Wege. Da man nicht immer berührt sein kann, entfernt man sich; zwischen sich und dem Anderen setzt man Theorien, technische Werzeuge ein; man schützt sich durch eine Institution davor. Und dann kommt Gleichgültigkeit hervor, Zynismus und dem Leiden

gegenüber Trotz; wir verwandeln den Anderen in eine hantierbare Sache, die uns nicht ärgern soll und dessen Aggressivität gebändigt werden muß. Wenn man die richtige Entfernung suggeriert, die von Stunde zu Stunde zu regeln ist, dann verpflichten wir uns, unsere „Nähe" zu bearbeiten. Unsere Gefühle sind die Führer dessen, was wir leben und was der Andere lebt: ein Führer, der uns erlaubt zu verstehen, ohne zu projizieren. Wenn wir unsere psychischen Verstrickungen erkennen, schaden wir den Anderen weniger. Eine Theorie, mag sie auch noch so ausgearbeitet sein, kann alleine uns nicht vor Abschweifungen, vor Machtstellungen und vor der Ablehnung des Anderen schützen, der uns enttäuscht.
Wenn er die Realitäten nennt, ist der Pädagoge weniger einsam mit dem, was ihn bewegt, was er sich nicht zu gestehen wagt, da ein so unabwendbares Schweigen über diesen Teil seiner Arbeit herrscht. Es kommt besonders dem Psychoanalytiker zu, hier die notwendigen Orientierungshilfe zu finden.

3. Eine Schwierigkeit

Freud hat erkannt, daß man über die Behandlung der Schwierigkeiten, die man erfährt, und der Symptome, auf die man stößt, zur Kenntnis der Psyche gelangt - und das war eine seiner wesentlichen und originalen „Stellungen". Die Welt der Schule ist aber - von der Seite des Erwachsenen sowie auch des Kindes her gesehen - die des „Normalen". Wenn es sich um die eigene Schwierigkeit handelt, dann spricht man davon mit Schande und Schuldgefühl; man denkt nicht, daß sie mit der Arbeit eng verbunden ist. Was die Schwierigkeit des Anderen betrifft, wird sie oft schlecht verstanden und mit Erklärungen versehen - was einer vor-analytischen Psychologie entspricht. Meiner Meinung nach ist einer der Beiträge der Psychoanalyse die Arbeit, die sich um die Schwierigkeit dreht, ohne deswegen die Beziehung oder den Partner zu pathologisieren.
Seit einiger Zeit arbeite ich an der Möglichkeit, in der Welt der Pädagogik eine klinische Methode, sogar eine pädagogische Klinik einzurichten. Um diese Möglichkeit zu prüfen, habe ich mich mit der Medizingeschichte beschäftigt und mich besonders für das Werk von Michel Foucault (1963) über „Die Geburt der Klinik" interessiert. Dieser Schriftsteller zeigt insbesondere, wie viele Fortschritte die Medizin gemacht hat, als sie den Weg der Gesundheit und des Normalen verlassen hat, um über den Tod und das Pathologische zu forschen. Ich habe das Gefühl, daß ein Lehrer den gleichen Sprung macht, wenn er von Schwierigkeiten wie Lernverweigerung oder Leseunfähigkeit ausgeht; wenn er ahnt, wo das Leiden des Denkens sich befindet; wenn ihn weniger der durchschnittliche Schüler und Lehrer beschäftigt und er vielmehr das aufnimmt, was auftaucht und die Norm schwanken läßt. - Die Schule ist nicht die Medizin, wird man sagen, sie hat

weder auszubessern noch zu heilen, sie definiert sich in erster Linie durch die Norm. Diese ist gewiß definiert durch die Gesellschaft, aber in der Singularität des Menschlichen gibt es keinen normalen Lehrer, kein normales Kind sowie kein normales Lernen. Erst wenn wir umdenken, kommen wir zu Fortschritten; und vielleicht wird sich dann weniger Abnormes zeigen.
Schwierigkeiten zum Ausgangspunkt zu nehmen, verbessert unser Wissen, versetzt uns außerhalb der Gemeinplätze, was eines der Ziele in der Suche nach Wahrheit darstellt. Wir nähern uns hier einer anderen Weise, Schwierigkeiten zu betrachten; eine Weise, die für uns eine wertvolle Hilfe des Verstehens darstellt. Natürlich wünscht man weder sich selbst, noch anderen Schwierigkeiten wie Krankheit oder Leid. Sie gehören indessen zum Fortschritt und zum Wachsen des Menschen. Man muß dies akzeptieren und sich dafür verantwortlich wissen. Eine Vertrautheit mit Schwierigkeiten kann eine Entdramatisierung zur Folge haben, wenn man sie als eine Alltäglichkeit in der Arbeit des Lehrers auffaßt. Wenn die Norm den Ausgangspunkt einer Aktion darstellt, bringt sie Gewalttätigkeiten mit sich, insbesondere dann, wenn der Andere sie auszuspielen versucht. Man fühlt sich ja abgelehnt und somit in Frage gestellt. Urteile werden gefällt, weil man sich vor dem Scheitern seiner Orientierungen verteidigen muß.
Wir neigen dazu, über die Schwierigkeit des Anderen zu sprechen und unsere zu verstecken. In der pädagogischen Welt lehnt man es ganz besonders ab, über die Schwierigkeit eines Erwachsenen zu sprechen oder zu schreiben; man zögert, seine Schwäche und Leiden, seine Mängel und Niederlagen auszudrücken; und man unterstreicht besonders die Wirksamkeit der Institution und der Menschen, die Fassade des Erfolges. Manche Lehrer hören nicht auf, ihre Einsamkeit hinauszuschreien, sie wagen nicht, über ihr Leiden zu sprechen, sie ahnen, daß man ihnen ihre Schwäche nicht verzeihen würde. Sie schweigen also und schützen sich und bezahlen somit den Preis, nicht teilen zu können, was für sie wichtig ist. Ihre selbst vorübergehende Schwierigkeit scheint nicht angenommen werden zu können, sie macht Angst und wirkt störend. Sie wird zu schnell als ein Fehler oder eine Unfähigkeit interpretiert und nicht als ein Teil eines höchst schwierigen Berufs. Unsere Gesellschaft bevorzugt Helden ohne Angst und Fehlschläge, Gewinner, die keine Zweifel kennen. Daß die Schule sich diese Referenzen zu eigen macht, ist hiermit nicht überraschend. Selbst die institutionelle Pädagogik, welcher die Wahrheit der Praxis am nächsten steht, erzählt von den Erfolgen, weniger von Rückschlägen als von Niederlagen.
Wir haben zurecht Angst, denn wenn wir unsere Schwierigkeiten gestehen würden, könnten manche dies gegen uns mißbrauchen. Es ist deswegen wichtig, das darzustellen, was gut läuft, um nicht diskutieren zu müssen. Das alles verhindert aber nicht, daß die Schule kritisiert und verurteilt wird. Am Ende erfährt man doch von den Schwierigkeiten und es wird einem vorgeworfen, daß man dies nicht auf sich genommen hat. In der Welt der Erziehung - sowie auch anderswo - kann man einen sadistischen Ge-

brauch von der Schwierigkeit des Anderen machen. Deswegen sprechen wir auch leichter von den Schwierigkeiten eines Kindes. Sehr viele Bücher erzählen schon lange davon. Es wäre nun an der Zeit, von unseren Schwierigkeiten im Zusammenhang mit der des Anderen zu sprechen.

Jeder durchquert die psychischen und sozialen Prüfungen, die unumgänglich zum Erwachsenwerden gehören. Wir wissen heute, daß selbst dann, nicht alle Schwierigkeiten behoben wären, wenn es eine ideale Erziehung gäbe. An einer Schwierigkeit hat übrigens nicht nur einer Anteil, sie wird hergestellt und keiner ist daran unschuldig. Erziehung und Lehren ist so schwer, daß wir unvermeidlich Schmerz hervorrufen. Als Erwachsene und Professionelle haben wir die Verantwortung, dies zu bearbeiten. Wenn wir die Brandmarkung einer Schwierigkeit, die Qual und Zerstörung zu zu vermeiden wünschen, weil wir es mit aller Gewalt gut machen wollen, müssen wir die Kompliziertheit des Problems akzeptieren, das uns nicht erspart bleibt.

Da wir mitverstrickt sind, müssen wir unsere Handlungen klar bedenken und unsere Verantwortung übernehmen, was aber wiederum nicht heißt, daß man sich schuldig zu fühlen hat. Die Eltern machen, was sie können, sowie auch die Lehrer. Jeder arbeitet im Ungefähren. Von uns geht Liebe aus, aber auch Leid. Wir werden nicht nur von den Kollegen, sondern auch von uns selbst gequält. Wichtig ist es, dies zu erkennen. Schlecht sind wir deswegen nicht. Die menschliche Beziehung ist so schwierig, daß wir oft weder sehen, noch fühlen, was sich für den Anderen abspielt. Man wird blind und man verteidigt sich: „Daß dieses Kind mich letzten Endes haßt, daß es nichts mehr geben und natürlich nicht lernen will, kann ich überhören. Daß Lernen sich in einer Umgebung ständigen Unterschätzens nicht ereignen kann, kann ich nicht nachfühlen."

Der psychische Kampf zwischen mir und dem Anderen ist so groß, daß die Verblendung beinahe normal ist. Dieses zu erkennen und es dann zu bearbeiten ist der erste, nicht aber der letzte Schritt. Dies ist aber nicht so einfach, weil wir oft ein Erklärungssystem parat haben. Wir übertragen die Verantwortung und delegieren die Fehler. Menschen tun oft „in aller Unschuld" weh. Sie sind verblüfft, wenn sie erfahren, welch Leiden sie provoziert haben. Zu akzeptieren, daß man der Grund von Leiden ist und daß es keine einfache Erklärung gibt, kann uns dazu verhelfen, vorsichtig und empfänglich für die Zeichen zu werden, welche die anderen uns senden. Viel Arbeit ist nötig, um unserem Blick unsere Selbstverständlichkeiten abzugewöhnen. Indessen sind Erkenntnisse ein schönes Abenteuer, das uns zum Bescheidensein verpflichtet, da wir wissen, daß sie nicht ewig gültig sind, und daß eine neue Situation im Leben nicht verfehlen wird, uns unwissend zu machen.

4. Übergänge

Jeder Beruf hat vermittelnde Werkzeuge, notwendige Theorien. Der Lehrerberuf verlangt ohne Zweifel eine Programmierfähigkeit, man muß vorbereiten, ordnen, die Folgen voraussehen und ihre Auswirkungen abwarten. In unserem Alltag, wie Morin schreibt, sind wir auf ein automatisches Steuern eingestellt. Dann setzt ein Zwischenfall ein. Entweder sind wir außer Betrieb, weil unsere Orientierungen und Gewohnheiten durcheinander geraten worden sind, oder wir sind fähig, mit dem, was sich außerhalb unserer Erwartung befindet, zu jonglieren. Daher die Wichtigkeit des „Erwartungshorizonts", des Voraussagens: „Es müßte sich so abspielen...", dem dann folgt: „Es hat sich nicht so abgespielt." Wir müssen programmieren, das eine vorhersehen, um das andere zu erreichen, wir müssen an die Logik glauben; gleichzeitig müssen wir akzeptieren, daß sich die erhofften Auswirkungen nie ganz und gar im menschlichen Umfeld einstellen. Die programmierte Folge wird in der Tat auf andere Variablen stoßen, und die Logik meines Handelns wird davon verändert werden. Entweder will ich um jeden Preis das erreichen, was am Anfang vorausgeplant war, oder ich akzeptiere zu programmieren und davon abzuweichen. Die Handlung geht – so wie übrigens auch das Wort - über unsere Absichten hinaus.

In den Berufen, in denen es sich um Menschen handelt, schließt man Wetten ab, arbeitet man mit dem Risiko und dem Zufall sowie mit chronischem Unverständnis. In der Ungewißheit trifft man indessen eine Entscheidung, die bindet oder entbindet. Beim Handeln ist man wie ein Stratege, das heißt, man kennt das Programm, man ist aber auch fähig zu behandeln, was außerhalb des Programmes liegt. Kliniker zu sein bedeutet genau genommen, von dem auszugehen, was schon dagewesen ist, von Erwartungen, von vorausgehenden Orientierungen, und doch zu akzeptieren, vom Anderen überrascht zu werden und auf den Moment hin zu erfinden. Gefordert ist dann eine Art „Intelligenz und Sensibilität des Augenblicks", in der Beziehung, in der Übertragung und Gegenübertragung arbeiten, von wo aus eines Tages, in dieser Minute, in dieser Begleitung, ein Wort oder eine Geste zum Vorschein kommen werden, welche Wirkungen haben und vom nderen übernommen werden, der hinhören kann. Dies ergibt sich so dank eines Vertrauens, einer Ausdauer, und ohne die Aufgabe des Glaubens an die Lebenstriebe auch dann, wenn der Zerstörungstrieb die Oberhand zu haben scheint.

Das erfordert, wie Morin schreibt, ein eigenes Denken, eine eigene Fähigkeit zum Überlegen, ein Jonglieren zwischen der notwendigen Automatisierung und dem Vorfall. Was nicht vorschriftsmäßig ist, kann somit zur ergreifenden Erfahrung werden. Man entdeckt an sich die Fähigkeit, Ideen zu haben und einigem ins Gesicht schauen zu können. Eine Haltung der Neugierde und des Entdeckens, des Assozieren-Könnens macht sich breit,

die einem hilft, intelligentes Verhalten zu zeigen. Mitunter bereitet es ein Hochgefühl, wenn man eine zuvor noch nicht existierende Lösung findet; man muß aber zugleich akzeptieren, daß die Welt nie unseren Vorstellungen entspricht, daß die Wirklichkeit nicht für uns eingerichtet ist, daß sie sich uns nicht anpaßt oder uns befriedigt.
Wie können wir andererseits die Tragweite unserer Handlungen erkennen, den Anteil ermessen, den wir in einer Situation tragen, die schwierig geworden ist? Es wird nichts bringen, wenn wir es bei großmütigen Worten sein lassen. Eine Praxisreflexion hinterher ist vielleicht unsere einzige Sicherheit. Sie könnte sogar die Quelle eines Wissens sein, das von der Erfahrung her kommt. Die Welt der Pädagogik hat nur wenig von diesen Möglichkeiten Gebrauch gemacht; sie hat sich von „Nebenwissenschaften kolonisieren lassen", welche ihr manchmal ihr Tun vorschreiben: Anscheinend verfügt man über kein Wissen geholt, daß in der wissenschaftlichen Forschung Gültigkeit hätte.
Das Engagement des Psychoanalytikers in der Welt der Erziehung ist zu dem des Soziologen und des Didaktikers komplementär. Er nimmt Anteil an einer Bewegung, in der er nicht alleine die Wahrheit besitzt. Nur zu diesem Preis kann die Psychoanalyse Anteil haben am Erkennen der Komplexität des Lehrerberufes. Mit welchen Methoden kann er mit anderen arbeiten? Zuerst kann er das nennen, was passiert und was gewöhnlich nicht gesehen wird. Aber Nennen alleine reicht nicht. Es ist daher wichtig, daß er mit anderen über ihre Erfahrungsfelder aus einer klinischen Sicht arbeitet, welche sich gleichermaßen der Analyse der Praxis, der Balint-Gruppe und der Supervision nähert.
Es stellt sich nämlich die schwierige Frage der Bildung der klinischen Sensibilität des Pädagogen. Seine Praxis zu reflektieren ist nicht ohne Risiko für den, der sich darauf einläßt. Sie verlangt von ihm, daß er sein Reden und Handeln beobachtet, daß er bereit ist, seine Grenzen, seine Fehltritte und seine Verstrickungen zu überdenken; das bedeutet, daß er sich gleichzeitig wie ein wichtiges Element betrachtet und aus sich herauskommt, um mit anderen sein Tun teilen zu können. Wir sind in der pädagogischen Welt nicht daran gewöhnt, uns anderen mitzuteilen. Man beschwert sich über die Einsamkeit, aber die Angst, sich zu sehr zu enthüllen, ist da. In dieser notwendigen Arbeit kann ein Psychoanalytiker gerade garantieren, daß eine Analyse der Praxis sich nicht auf einige wenige Werkzeuge reduziert.
Wenn man von Schwierigkeiten ausgeht und wenn man hinterher über die Alltäglichkeit seines Tuns und seiner Verstrickungen nachdenkt, um für komplexe Situationen Wissen zu konstruieren, so wird mitunter in einem Zug das, was passiert, erkannt. Bleibt zu betrachten, wie sich eine solche Erkenntnis übertragen läßt und zum sozialen Wissen in einer adäquaten schriftlichen Form wird. Ich beschäftige mich zur Zeit mit der Frage des Erzählens als Theoriemodell. Es handelt sich vielleicht um eine weitere

Illusion, wo es doch schon so viele gibt. Mit einigen Autoren erwäge ich indessen die Möglichkeit, daß eine Erzählung nicht nur eine Sammlung von Wissen aus der Erfahrung darstellt, sondern auch dessen Vermittlung erlaubt. Eine Erzählung - wie ein Wort in einer Gruppe, zum Beispiel in einer Balint-Gruppe, in der über Praxis gesprochen wird -, ist eine Art, sich eine momentane Klarheit zu verschaffen und Wissen aufzubauen. Die Beschreibung eines schwierigen Kindes wird zum Beispiel durch eine Erzählung ersetzt, in der ich meinen Affekt nenne, wo „ich" als Autor in meinem Tun verstrickt bin, in der die Schwierigkeiten des Einen mit jenen des Anderen in Beziehung treten. Dann sind meine und deine Schwierigkeiten nicht mehr wie eine störende Vorschrift anzusehen, sondern wie eine potentielle Bereicherung, durch die sich eine reflektierte Erfahrung ergibt. Solche Übergänge haben für schon Erfahrene ihre Gültigkeit. Bleibt die Frage, wie man in der Lehrerausbildung vorgeben kann, um für solch eine klinische Methode zu sensibilisieren. Aber dies ist ein anderes Kapitel.

Literatur

Foucault, M. (1963): Die Geburt der Klinik. Eine Archäologie des ärztlichen Blicks. Fischer: Frankfurt a.M., 1973

Füchtner, H. (1979): Einführung in die Psychoanalytische Pädagogik. Campus: Frankfurt a.M.

Rehm, W. (1968): Psychoanalytische Erziehungslehre. Anfänge und Entwicklung. Piper: München

Leendert Frans Groenendijk

Psychoanalytisch orientierte Sexualaufklärung vor dem Zweiten Weltkrieg

1. Einleitung

In diesem Beitrag sollen die von Psychoanalytikern in den ersten vier Jahrzehnten dieses Jahrhunderts angestellten und praktizierten Ideen über Sexualaufklärung kurz umrissen werden.[1] Das Interesse der Psychoanalyse an diesem Thema hängt eng mit der "Entdeckung" der kindlichen sexuellen Neugier zusammen (vgl. Freud, 1905, über die "infantile Sexualforschung") und mit der Einsicht in die verheerenden psychischen Folgen der elterlichen Geheimnistuerei. Die Sexualaufklärung wurde Teil der psychoanalytischen Mission, "die kindliche Seele von der Belastung unnötiger Verdrängung zu verschonen" (vgl. Ferenczi 1908). Freud widmete dieser Thematik 1907 seinen "Offene(n) Brief an Dr. M. Fürst" (Freud 1907). In der Wiener psychoanalytischen "Mittwoch-Gesellschaft" war die Aufklärung wiederholt ein Diskussionsthema, wobei nicht immer "aufgeklärte" Standpunkte verteidigt wurden, wie sich aus den von Nunberg und Federn (1976/1977) herausgegebenen "Protokollen" ergibt.

In den Diskussionen aus der Anfangszeit des Wiener Kreises fällt auf, daß Freuds Schüler der gezielten Aufklärung der Kinder ziemlich kritisch gegenüberstanden. "Eine Aufklärungsneurose habe die Menschen befallen", urteilte Maximilian Steiner (1874-1942). Und Alfred Adler (1870-1937), der damals noch zum psychoanalytischen Kreis gehörte, fürchtete, daß durch "systematische Aufklärung" der Explorationsdrang des Kindes frustriert werden könnte. Der "Dürerbund" und der "Bund für Mutterschutz" befürworteten die Aufnahme der Aufklärung in den Kanon der Schulfächer. Steiner zufolge wäre die beste Aufklärung aber die, welche zwangslos auf dem Lande geschehe. Sexuelle Traumata sollten sich seiner Ansicht nach zur Aufklärung nutzen lassen (Nunberg und Federn 1976/1977, Bd. I,

---

[1] Dieser Beitrag wurde erstmals auf der Frühjahrstagung der Kommission fü· Psychoanalytische Pädagogik der Deutschen Gesellschaft für Erziehungswissenschaft präsentiert, die im März 1997 in Wien stattfand und dem Thema der psychoanalytisch-pädagogischen Erziehungsberatung gewidmet war (vgl. Datler u.a. 1998). Für meine Skizze bot Willy Rehms "Die psychoanalytische Erziehungslehre" (1968, 155-162) wichtige Anhaltspunkte. Mein Kollege Prof. Dr. Hans-Joachim Schulze (Vrije Universiteit, Amsterdam) leistete freundliche Hilfe bei der Übersetzung aus dem Holländischen.

258). Im Laufe der Jahre wuchs aber der Konsens über Notwendigkeit und Nutzen einer Aufklärung "von berufener Seite".[2]
Eine zunehmende Zahl von Analytikern und "aufgeklärten" Eltern ersetzte die "Storchfabel" durch unumwundene Auskünfte über Empfängnis, Schwangerschaft und Geburt (vgl. Rehm 1968, 155f.). Enttäuschende Erfahrungen mit den Auswirkungen der sexologischen Aufhellung zwang in den zwanziger Jahren zu einer Neubesinnung auf das Thema. Eine Plattform für die Diskussion war die neue "Zeitschrift für psychoanalytische Pädagogik". Wie wichtig das Thema von analytischen Pädagogen eingeschätzt wurde, wird daran deutlich, daß es schon im ersten Jahrgang (1926/27) in einem "Sonderheft" anläßlich des 71. Geburtstages Freuds auftaucht. Auch in späteren Jahrgängen kamen dieses und verwandte Themen wie Onanie, Nacktheit und Scham in der Zeitschrift zur Sprache.

2. Warum Sexualaufklärung?

1913 veröffentlichte der schweizer Pfarrer-Analytiker Oskar Pfister (1873-1956) "Die psychanalytische Methode", ein Buch, in dem er für Berufserzieher die Psychoanalyse und ihre Bedeutung für die Erziehung darstellte. In dieser - von Freud mit einer Empfehlung versehenen - Arbeit wurde auch argumentiert, warum Kinder "von berufener Seite" aufgeklärt werden sollten. Die Argumentation im genannten Buch liest sich wie eine Zusammenfassung dessen, was die meisten Analytiker damals als Antwort auf die Frage "Warum Aufklärung?" gaben oder wovon sie glaubten, daß dies die angemessenen Antworten seien. Die Antworten lassen sich frei paraphrasieren:
(a) Wenn Eltern oder Erziehungsberechtigte das Kind nicht rechtzeitig und adäquat aufklärten, werde "die Straße" es tun: Sexualität werde identisch mit Obszönität, wodurch später ein normaler Geschlechtsverkehr gehemmt werden könne.
(b) Kinder entwickeln über die Geburt und die Konzeption eigene, nicht selten lugubre Phantasien.[3] Dem Belauschen der "Urszene" verdanken sie die Überzeugung, daß sexuelles Zusammensein eine Tat der Gewalt und der Überwältigung ist. Die "sadistische Theorie des Koitus" (Freud) muß

[2] Adler ist aber niemals ein Befürworter geworden. Mindestens 90% der Kinder seien schon lange mit den Tatsachen bekannt, wenn die Eltern sich endlich bequemten, sie ihnen mitzuteilen, schrieb er 1930 in einem individualpsychologischen Erziehungslehrbuch (Adler 1930, 92; vgl. Ansbacher 1989, 85).
[3] Eine Anzahl dieser Phantasien hat Freud (1908) in seiner damals aufsehenerregenden Studie "Über infantile Sexualtheorien" besprochen. Analytiker wie Otto Rank, Ernst Schneider (1927) und Gustav Hans Graber (1927, 1930) haben diesem Thema später ihre Aufmerksamkeit gewidmet.

rechtzeitig korrigiert werden, um eine Entwicklung in Richtung perverser Sexualität vorzubeugen.
(c) Kinder, deren sexuelle Neugier nicht oder nur von "Märchen" befriedigt wird, entwickeln eine Frage- und Lesewut und laufen Gefahr, ein Leben lang von "Grübelzwang" gequält zu werden, oder verlieren jedes intellektuelle Interesse, wodurch sie wie Debile erscheinen (während in Wirklichkeit nur "Scheindummheit" gegeben ist).
(d) Kinder, die von ihren Eltern Lügen oder Halbwahrheiten zu hören bekommen und feststellen, daß diese das Erleben ihrer Sexualität verheimlichen, werden das Vertrauen in die Eltern verlieren. Das kann zu Folge haben, daß sie mit ihnen nicht über ihre sexuellen Probleme (insbesondere über Masturbation) reden wollen. Auch die Neigung zu lügen und Kleptomanie wurde von Analytikern der elterlichen Unaufrichtigkeit und Geheimnistuerei zugeschrieben.
Aus dem Gesagten ergibt sich, daß Analytiker viel von einer rechtzeitigen und deutlichen Aufklärung erwarteten. Diese Erwartung teilte man mit vielen modernen Pädagogen aus jener Zeit. In kritischer Rückschau schrieb Siegfried Bernfeld (1892-1953), daß es sogar Leute gab, die glaubten, hiermit "den Schlüssel zum Aufbau einer neuen Menschheitsgeneration gefunden zu haben" (Bernfeld 1969, 80). Durch die sexuelle Aufklärung von Kindern, die in "erwachsener" Weise erfolgen sollte, hofften Analytiker dem Umstand vorbeugen zu können, daß diese Kinder später von Neurosen gequält würden, die als "psychosexuelle Infantilismen" aufgefaßt wurden (Rank 1964, 250). Hierbei sei angemerkt, daß Freud seinen Schülern von Anfang an erklärt hatte, daß man nicht erwarten dürfte, die Aufklärung wirke wie eine Art "Schutzimpfung" gegen die Entstehung von Neurosen. Anders gesagt: "Die Aufklärung könne schon etwas leisten, sei aber kein Allheilmittel" (Nunberg und Federn 1976/1977, Bd. I, 257), eine Relativierung, die man sich nicht immer zu Herzen genommen hat, es sei denn in jenem Sinne, daß zur Optimierung der Chance auf Prävention die Aufklärungsanstrengungen noch stärker radikalisiert wurden.

3. Der Inhalt der Aufklärung

Über den Inhalt der Aufklärung spricht sich die psychoanalytische Literatur deutlich aus: die Wahrheit über Geburt, Empfängnis und Geschlechtsunterschiede. Wie man jene Wahrheit zum Ausdruck bringen sollte, darüber war man sich aber nicht immer einig, obschon es seit längerer Zeit eine Tendenz gab, möglichst sach- und faktenorientiert vorzugehen. Man beabsichtigte, von den Fragen und der Art und Weise, wie diese von den Kindern selbst gestellt wurden, auszugehen. Dies implizierte u.a., daß das Kind erst über die Rolle der Mutter und erst später über die des Vaters informiert werden sollte. Den Gebrauch der sogenannten "biologischen

Analogie" wurde nicht ohne weiteres abgelehnt; schlußendlich sollte man dennoch die "volle Wahrheit" darstellen.
Freud hat von Anfang an deutlich gemacht, daß mit zoologischer Information weder begonnen, noch Vorlieb genommen werden sollte. In einer Reaktion auf die Diskussionen im Wiener psychoanalytischen Kreis (1909) bemerkte er, daß man bei der Beantwortung der Fragen von jungen Kindern, die den "Liebesverkehr" betreffen, nicht zu sehr auf technische Details eingehen solle. Das Kind wolle seine eigene - "sadistische" - Theorie prüfen, also sollte man vor allem klar machen, "daß es sich dabei um Zärtlichkeitsakte handle, daß sich die Eltern dabei sehr lieb haben" (Nunberg und Federn 1976/1977, Bd. II, 208). Nichtsdestoweniger scheinen jüngere Analytiker sich befleißigt zu haben, das Kind mit "wissenschaftlicher Präzision" aufzuklären.
Jahre später legte Sandor Ferenczi (1873-1933) in seinem interessanten Vortrag über "Die Anpassung der Familie an das Kind" dar, daß das Kind, das nur physiologische Antworte auf seine Fragen bekomme, innerlich unbefriedigt bleibe (Ferenczi 1928). Das Kind wolle nämlich von seinen Eltern erfahren, daß der Gebrauch der Genitalien auch eine positive und lustvolle Erfahrung sei. Die Anerkennung dieser Erfahrung helfe dem Kind, sich nicht schuldig zu fühlen angesichts eigener libidinöser Gefühle (Ferenczi 1928, 220f.). Diese Stellungnahme Ferenczis ist kennzeichnend für die Neubesinnung auf die sexuelle Aufklärung seit der zweiten Hälfte der zwanziger Jahren. Ich werde darauf noch zurückkommen.
Die Beantwortung der Kinderfragen müßte Freud und Ferenczi zufolge also auch psychologisch, d.h. in emotioneller Hinsicht, befriedigend sein. Wer ihre diesbezüglichen Vorschläge näher betrachtet, wird feststellen können, daß darin auch ethische Gesichtspunkte bezüglich der Erotik ausgesprochen werden. Die moralische Seite des Geschlechtslebens sollte Freud zufolge bei jenen Kindern thematisiert werden, die über die körperliche Seite des Geschlechtslebens vollständig informiert waren. Sie sollten, schrieb er in seinem bereits erwähnten Aufklärungsbrief von 1907, auf "die sittlichen Verpflichtungen, welche an die Ausübung des Triebes geknüpft sind", hingewiesen werden (Freud 1907, 167).

4. Aufklärung von wem, wann und wie?

Zu Beginn der Diskussionen des Wiener Kreises über sexuelle Aufklärung gab es keine Diskussion darüber, ob die Fragen der Kinder zur Sexualität beantwortet werden mußten. Die Diskussion drehte sich vielmehr um die Frage, wer es tun sollte. Fritz Wittels (1880-1950), der später durch sein Buch mit dem Titel "Die Befreiung des Kindes" (1927) bekannt wurde, meinte, man solle diese Aufgabe am ehesten den Kindern selbst überlassen: Laßt die Kinder einander offen und ehrlich aufklären, "denn die Eltern können doch nicht mit dieser Deutlichkeit sprechen" (Nunberg und Federn 1976/1977, Bd. I, 256). Und wir erinnern uns, daß Steiner ein Befürworter der "natürlichen" Aufklärung war, welche das Leben auf dem Lande bot. Die angeführten Standpunkte lassen vermuten, daß hier Verlegenheit im Spiel war. Statt das zuzugeben, konnte man sich "auf wissenschaftlicher Grundlage" auf die neurotisierende Auswirkung der elterlichen Aufklärung sowie auf Freuds Studie über den "kleinen Hans" berufen (vgl. Freud 1909).

Auch Freud war darüber erschrocken! Deshalb sprach er sich für die Aufklärung in der Schule - also "von beruflicher Seite" her – aus und zwar im Zusammenhang mit der Behandlung der Fortpflanzung der Säugetiere. Daher rührt sein früher erwähnter Vorschlag hinsichtlich der Aufklärung der kleinen Kinder: In der vorschulischen Zeit sollte man noch nicht zu tief auf technische Details eingehen; diese sollten viel wirkungsvoller im Laufe der späteren Schulzeit gelehrt werden können. In seinem Aufklärungsbrief begründete er die Aufklärung in der Schule dann entsprechend mit Verweisen auf das pädagogische Unvermögen der Eltern sowie auf den Umstand, daß das Kind nicht von seinem Vater aufgeklärt werden wolle. Die letzte Feststellung würde sich - wie wir noch sehen werden - für andere Analytiker als von großem Wert erweisen.

Der Berliner Analytiker Karl Abraham (1877-1925) scheint übrigens befürchtet zu haben, daß durch ein derartiges Plädoyer die Aufklärung Gefahr lief, hinausgeschoben zu werden und zu spät zu kommen. Die Aufklärung sollte seiner Ansicht nach möglichst früh anfangen und zwar zu Hause. Er bezweifelte, ob eine Aufklärung, welche außerhalb der Sphäre der "Zärtlichkeit", die zu Hause, namentlich von Seiten der Mutter, geboten werden könnte, wohl von Nutzen wäre (Nunberg und Federn 1976/1977, Bd. I, 256).

Ich habe den Eindruck, daß, trotz Freuds Plädoyer, die meisten Analytiker eine Aufklärung im Familienkreis (auf der die Schule in den höheren Jahren aufbauen konnte) bevorzugten. Es ist auch eine Konstante in den verschiedenen Ausgaben des populären "Psychoanalytischen Volksbuches", einschließlich der Ausgabe der Nachkriegszeit. Man bedauerte es sehr, daß viele Eltern sich diese Aufgabe nicht zutrauten und allzugern andern überließen. "Diese Eltern leiden selber an starken Verdrängungen", meinte die holländische Analytikerin Ada Citroen (1940, 78). Sie vermutete, daß die Kinder ihren Eltern die falsche Scham und Abwehr niemals verzeihen würden. Sie und andere Analytiker rieten den Eltern, sich vor der Aufklärung ihrer Kinder selbst aufzuklären und für das Gespräch mit dem Kinde Bücher vom Typus "Wie erzähle ich es meinem Kinde?" zu Rate zu ziehen (vgl. Stekel 1933).

Die von Analytikern aus der Anfangszeit vorgeschlagene Idee, sich bei der Aufklärung "am Vorgang auf dem Lande" zu orientieren, hat in jenem

Sinne weitergewirkt, daß Analytiker davor warnten, das Kind mit Wichtigtuereien zu überfallen, und zugleich forderten, daß auf die Fragen des Kindes individuell eingegangen und somit insgesamt möglichst natürlich vorgegangen werden sollte. Die Überzeugung, daß wirkungsvolle Aufklärung davon abhänge, daß man auf die spezifischen Fragen, Zweifel und Sorgen des individuellen Kindes einzugehen habe, bildete ein Hauptargument gegen eine der Schule anvertraute "Massenaufklärung" (vgl. Stekel 1909; Meng 1939, 286f.). Selbstverständlich wollte man auch beim Fassungsvermögen des Kindes ansetzen, wobei dessen intellektuelle Fähigkeiten meines Erachtens ziemlich hoch veranschlagt wurden.

5. Die Praxis der psychoanalytischen Aufklärung

Aufgrund des Vorliegens wortwörtlicher Berichte von Analytikern wissen wir ungefähr, wie die Aufklärung in diesem Kreise vor sich ging. Melanie Klein (1882-1960), eine Schülerin Ferenczis und Abrahams, war solch eine freimütige Berichterstatterin. Zur Illustration der Methode "auf wissenschaftlicher Grundlage", die damals (ca. 1919) nicht unüblich gewesen zu sein scheint, zitiere ich einen Bruchteil eines aufklärerischen Gespräches Kleins mit ihrem Neffen, dem fünfjährigen Fritz[4]. In diesem Aufklärungsgespräch, Teil einer semi-therapeutischen "Frühanalyse", wurde bewußt auf die ödipale Problematik des Kindes angespielt. Ich weise darauf hin, daß der kleine Fritz die "Theorie" vertrat, "daß die Kinder aus Essen würden und mit Stuhl identisch seien":

"Da ich Interesse bei ihm merke, fahre ich fort:
'Denn die Kakis werden aus dem Essen, die wirklichen Kinder werden nicht aus Essen.'
Er: 'Das weiß ich, die werden aus Milch.'
Ich: 'O nein, sie werden aus etwas, was der Papa macht, und aus dem Ei, das in der Mama drinnen ist' (er ist jetzt wieder sehr aufmerksam und sagt, ich soll es ihm erklären).
Als ich wieder beim kleinen Ei beginne, unterbricht er:
'Das weiß ich.'
Ich setze fort: 'Der Papa kann mit seinem Wiwi etwas machen, das wirklich etwas ähnlich wie Milch aussieht und Samen heißt: Das macht er ähnlich, wie wenn man Wiwi macht, nur nicht so viel. Mamas Wiwi ist anders als das von Papa' (er unterbricht): 'Das weiß ich!'
Ich: 'Mamas Wiwi ist ähnlich wie ein Loch. Wenn nun der Papa in das Wiwi von der Mama aus seinem Wiwi den Samen hineinmacht, so fließt der Samen tiefer in den Körper hinein, und wenn er auf ein solches kleines Ei, das in der Mama drin-

---

[4] In Wirklichkeit handelte es sich übrigens um Melanie Kleins Sohn Erich (vgl. Grosskurth 1986, 75).

nen ist, kommt, so beginnt dieses kleines Ei zu wachsen, und es wird ein Kind daraus.'
Fritz hat mit großem Interesse zugehört und sagt:
'Ich möchte so gern einmal sehen, wie so ein Kind hineingemacht wird.'
Ich erklärte ihm, daß dies nicht geht, aber wenn er schon groß sein wird, denn früher geht das nicht, da wird er das selbst machen.
Er: 'Aber dann möchte ich es in die Mama hineinmachen.'
Ich: 'Das geht nicht, die Mama kann nicht deine Frau sein, sie ist doch die Frau von deinem Papa. Und dann hätte der Papa doch keine Frau.'
Er: 'Wir können es doch beide in sie machen.'" (Klein 1921, 61)

6. Befriedigung der "Schaulust"?

Karl Abraham, der vorher genannte Lehranalytiker Melanie Kleins, stellte bei zwangsneurotischen Patienten fest, daß das obsessive Fragen nach dem Ziel des Lebens eine Umkehrung der Frage nach dem Ursprung des Lebens war, oder präziser: es war ein Ersatz des tabuisierten Verlangens, Zeuge von der Erweckung des Lebens zu sein. Es wurde von Abraham (1914, 357-373) festgestellt, daß derartige Patienten in Sexualfragen schlecht unterrichtet waren und diesen Zustand beibehalten wollten. Bei Abraham ist nicht die Schlußfolgerung anzutreffen, daß man dieser neurotischen Entwicklung hätte vorbeugen können, wenn man diesen Patienten als Kinder erlaubt hätte, ihre "Schaulust" optimal zu befriedigen. Wie wir vorhin sahen, wünschte Abrahams Schülerin Melanie Klein dem "kleinen Fritz" darin ebensowenig entgegenzukommen. Unter Analytikern war es meines Erachtens gemeinsame Überzeugung, daß die "Schaulust" der Kinder niemals ganz befriedigt werden könne und dürfe.
Eine Ausnahme bildet Wilhelm Reich (1897-1957), das später verstoßene "enfant terrible" der Psychoanalyse, der der Meinung war, daß man das kindliche Verlangen möglichst vollständig befriedigen müsse. Reich hielt das für eine Konsequenz der psychoanalytischen Einsicht in die Sexualität des Kindes sowie in die pathologischen Folgen der Triebunterdrückung. Eine alte Theorie Freuds ausbauend, in der ein bestimmtes neurotisches Syndrom (nämlich Neurasthenie) als Folge einer problematischen Entladung der sexuellen Energie aufgefaßt wurde, behauptete Reich 1927 in "Die Funktion des Orgasmus", daß alle psychischen Probleme Folge der von der bürgerlichen Moral verursachten Frustration der sexuellen Befriedigung seien (Reich 1927; vgl. Dahmer 1973, Chasseguet-Smirgel und Grunberger 1986). In seinem Beitrag aus dem darauffolgenden Jahr zum Themenheft "Nacktheit und Erziehung" der "Zeitschrift für psychoanalytische Pädagogik" versuchte Reich zu beweisen, daß es für Vertreter der "Sexualbejahung" eigentlich weder stichhaltige Argumente gegen die "Nackterziehung", noch gegen das Zeigen des Geschlechtsverkehrs gäbe. Reichs Versuch der Entlarvung des Tabus auf "Anschaulichkeit" hat da-

mals wenig Wiederhall gefunden.[5] Sogar prinzipielle Verfechter einer "natürlichen Nackterziehung" beschwörten die Eltern, daß das Zeigen ihrer intimen Handlungen falsch wäre (z.B. Hirschfeld und Bohm 1930, 88).

7. Reflexionen der Psychoanalyse über das Ausbleiben der erhofften Konsequenzen von sexueller Aufklärung

Im psychoanalytischen Kreise wurde man inzwischen immer skeptischer über den Wert einer frühen (d.h. vorzeitigen) und radikalen Aufklärung. Analytiker bekamen immer mehr Adoleszente und Erwachsene auf die Couch bzw. in Therapie, die als kleines Kind gründlich aufgeklärt worden waren; aber bei diesen "Kindern aus sogenanntem psychoanalytischem Milieu" hatte die Aufklärung ihren präventiven Wert allem Anschein nach nicht gezeitigt (Rehm 1968, 159). Die Aufklärung hatte manchmal sogar mehr Probleme generiert als vermieden. Auch stellte man fest, daß ganze Teile der Aufklärung "vergessen" waren. Eine der Konsequenzen, die hieraus gezogen wurden, bestand in dem Hinweis darauf, daß man sich hüten sollte, das kindliche Interesse für das Sexuelle vorzeitig zu stimulieren. So kam Stekel, der als Sexologe eifrig "vorzeitige" Kopulationsversuche registrierte[6], als Pädagoge immer wieder darauf zurück, daß Eltern ihre Kinder nicht im Elternschlafzimmer schlafen lassen und sie bestimmt nicht zu sich ins Bett nehmen sollten (vgl. Groenendijk 1996, 155). Auch warnte man vor der Gefahr, Kinder zu provozieren, mit ihren sexologischen Kenntnissen zu experimentieren (Rehm 1968, 161).
Die wiederholt gemachte Erfahrung, daß wohlinformierte Kinder später keine Ahnung "von Tuten und Blasen" zu haben schienen, zwang psychoanalytische Aufklärer dazu, sich über die schon länger bekannte Tatsache Rechenschaft zu geben, daß Kinder der sexuellen Aufklärung Widerstand leisteten. Ich erinnere an den oben angeführten Aufsatz Ferenczis von 1928, der betonte, daß das Kind von der geläufigen - "intellek-

[5] Seine Ideen konnten bei Verfechtern der sexuellen Revolution in den sechziger und siebziger Jahren auf Beifall rechnen. Der bekannte Reichianer Ernest Borneman (1915-1995) gab im Artikel "Sexualerziehung" seiner "Enzyklopädie der Sexualität" als seine Überzeugung aus, daß die "spielerische Imitation der Erwachsenen" die einzig normale Weise sei, um den menschlichen Geschlechtsverkehr zu lernen. Wem das nicht vergönnt wird, der bekommt einen gewaltigen Libidostau; und dank der Aufklärungsbilder wird man darauf vorbereitet, sich später vorzugsweise mittels Pornographie zu befriedigen (Borneman 1990, 742; vgl. auch "Die Urszene", seine Autobiographie).

[6] Siehe z.B. Stekel 1922. Dieser ambitionierte Schüler Freuds hat wiederholt darauf hingewiesen, daß er schon 1895 in den "Wiener medizinischen Blättern" über Versuche von Kindern, einen Koitus zu realisieren, geschrieben hatte, während Freud bis 1900 noch glaubte, die Kinderzeit wäre eine unbekümmerte Zeit, in der die Sexualität erst dann eine Rolle spielte, wenn von Verführung die Rede war (vgl. Nitzschke 1992).

tualistischen" - Aufklärung in emotioneller Hinsicht unbefriedigt blieb. Über dieses Thema ist noch von mehreren anderen Autoren geschrieben worden; ich kann hier nur einige Ergebnisse dieses Bedenkens andeuten.

Karl Landauer (1887-1945) hat 1927 in der "Zeitschrift für psychoanalytische Pädagogik" einen kurzgefaßten und lehrreichen Aufsatz der "Zurückweisung der Aufklärung durch das Kind" gewidmet. "Es will das Storchenmärchen", folgerte Landauer. Das kleine Kind will das Märchen glauben, weil es dann den Eindringer in Mutters Bauch negieren kann.[7] Und es will bestimmt nicht von der Rolle des Vaters, der ja zu oft von Mutter Besitz ergreift, hören. Die Ablehnung der Aufklärung hat ihm zufolge auch mit der Tatsache zu tun, daß das Kind Körperteile und Handlungen anerkennen muß, die lebensgeschichtlich früher, d.h. im Rahmen von Sauberkeitstraining und Schambildung, mit Ablehnung assoziiert worden sind. Wenn das Kind spürt, daß seine Kameraden über "das" als etwas Schlüpfriges reden, dann steht für das Kind fest: "So etwas tun meine Eltern nicht!" Die hieraus zu folgernden Konsequenzen sind: die Notwendigkeit einer mehr positiven Einstellung dem Körper und den Körperfunktionen gegenüber sowie eine weniger enge Mutterbindung.

Über den Widerstand der Kinder gegen die Aufklärung ist in der genannten Zeitschrift auch von Siegfried Bernfeld geschrieben worden. Dieser führte aus, daß Kinder nicht nur wissen, sondern auch sehen und vor allem (mit)machen wollen (Bernfeld 1927, 82).[8] Und namentlich dieser letzte Wunsch sollte unerfüllt bleiben. Sogar ein Radikaler wie Reich hat das Verlangen nach der Tat nicht honorieren wollen.[9]

Später ist auch von Otto Rank in seiner Schrift "Modern education" (1932) auf dieses Thema eingegangen worden. Wie Ferenczi war er der Meinung, daß die Verweigerung der Aufklärung letztlich darin gründet, daß Kinder keine sexologische Antwort auf ihre Fragen wollen. Fragen wie "Von woher komme ich?" wurden von Rank als Verhüllungen der mehr fundamentalen Frage nach der Herkunft des Menschen gedeutet. Es würde dem Kinde nicht um Sex, sondern um Metaphysik und Religion gehen. Das Kind suche keine Aufklärung, sondern Trost und Geborgenheit. Der moderne Erzieher hat jedoch nicht mehr als eine "materialistische" Antwort zu bie-

---

[7] In derselben Themanummer gab Hans Zulliger dem kleinen Kinde dieses Märchen zurück, weil die Storchsymbolik seinem Phantasiedenken entgegenkäme; vgl. auch Röling 1994, 105-108.

[8] Vgl. auch das oben angeführte Beispiel des "kleinen Fritz" (Klein 1921) sowie die Abhandlung von Ernst Simmel (1926) über das "Doktorspiel".

[9] Demgegenüber hat Reich sehr wohl eine Lanze für den Geschlechtsverkehr Jugendlicher gebrochen. Geschlechtsverkehr sei für ihre seelische Gesundheit besser, als ihnen (Not-) Onanie zuzugestehen und ihnen im übrigen Askese und Sublimation nahezulegen: "Auf die paar schlechten Gedichte, die bei Askese gelegentlich entstehen, kommt es doch nicht an" (Reich 1928, 49). Siehe in diesem Zusammenhang auch Reichs 1932 veröffentlichte Aufklärungsbroschüre für Jugendliche zwischen 13 bis 17 Jahren: "Der sexuelle Kampf der Jugend".

ten - und das läßt das Kind unbefriedigt (Rank 1964, 249,253). Mit dieser Interpretation wurde von Rank eine interessante Alternative zu Abrahams Erklärung der Entstehung des "neurotischen Fragezwanges" geboten. Schließlich weise ich darauf hin, daß Analytiker erfuhren, daß ursprüngliche, infantile "Theorien" über Sexualität oft auch dann nicht aufgegeben wurden, wenn elterliche Antworten auf sexuelle Fragen von den Kindern schon übernommen worden waren. Diese wurden verdrängt und - wie sich aus Analysen von Tagträumen ergab - im Bewußtsein durch mehr akzeptable Phantasien ersetzt (so etwa von der Phantasie über eine "zweite, göttliche Geburt"). Derartige Phantasien hätten eine äußerst tröstliche, kompensatorische Funktion zu erfüllen (vgl. Baudouin 1972, 100f.).

Literatur

Abraham, K. (1914): Über Einschränkungen und Umwandlungen der Schaulust bei den Psychoneurotikern nebst Bemerkungen über analoge Erscheinungen in der Völkerpsychologie. In: K. Abraham: Psychoanalytische Studien zur Charakterbildung und andere Schriften (herausgegeben von J. Cremerius). Fischer: Frankfurt am Main, 1969, 324-382

Adler, A. (1930): Kindererziehung. Fischer Taschenbuch Verlag: Frankfurt am Main, 1976

Ansbacher, H.L. (1989): Alfred Adlers Sexualtheorien. Fischer Taschenbuch Verlag: Frankfurt am Main

Baudouin, C. (1972): Das Seelenleben des Kindes und die Psychoanalyse, Band I: Komplexe. Walter Verlag: Olten

Bernfeld, S. (1969): Über sexuelle Aufklärung (1927). In: S. Bernfeld: Antiautoritäre Erziehung und Psychoanalyse: Ausgewählte Schriften (herausgegeben von L. von Werder und R. Wolff), Band I. März Verlag: Frankfurt am Main, 79-84

Borneman, E. (1980): Die Urszene: Das prägende Kindheitserlebnis und seine Folgen. Fischer Taschenbuch Verlag: Frankfurt am Main

Borneman, E. (1990): Ullstein Enzyklopädie der Sexualität. Ullstein: Frankfurt am Main

Chasseguet-Smirgel, J. und B. Grunberger (1986): Freud or Reich? Psychoanalysis and Illusion. Free Association Books: London

Citroen, A. (1940): Kinderpsyche en opvoeding volgens psycho-analytische opvattingen. Kosmos: Amsterdam

Dahmer, H. (1973): Libido und Gesellschaft: Studien über Freud und die Freudsche Linke. Suhrkamp Verlag: Frankfurt am Main

Datler, W., Figdor, H. und Gstach, J. (Hrsg.) (1998): Die Wiederentdeckung der Freude am Kind. Psychoanalytisch-pädagogische Erziehungsberatung heute. Psychosozial Verlag: Giessen

Ferenczi, S. (1908): Psychoanalyse und Pädagogik. In: S. Ferenczi. Schriften zur Psychoanalyse (herausgegeben von M. Balint), Band I. Fischer Taschenbuch Verlag: Frankfurt am Main, 1982, 1-11

Ferenczi, S. (1928): Die Anpassung der Familie an das Kind. In: S. Ferenczi: Schriften zur Psychoanalyse (herausgegeben von M. Balint), Band II. Fischer Taschenbuch Verlag: Frankfurt am Main, 1982, 212-226

Freud, S. (1905): Drei Abhandlungen zur Sexualtheorie. In: S. Freud Studienausgabe, Band V: Sexualleben. Fischer: Frankfurt am Main, 1980, 37-145

Freud, S. (1907): Zur sexuellen Aufklärung der Kinder (Offener Brief an Dr.M. Fürst). In: S. Freud Studienausgabe, Band V: Sexualleben. Fischer: Frankfurt am Main, 159-168

Freud, S. (1908): Über infantile Sexualtheorien. In: S. Freud Studienausgabe, Band V: Sexualleben. Fischer: Frankfurt am Main, 1980, 169-184

Freud, S. (1909): Analyse der Phobie eines fünfjährigen Knaben ("Der kleine Hans"). In: S. Freud Studienausgabe, Band VIII: Zwei Kinderneurosen. Fischer: Frankfurt am Main, 1980, 9-123

Graber, G.H. (1927): Zeugung und Geburt in der Vorstellung des Kindes. Zeitschrift für psychoanalytische Pädagogik 1 (Sonderheft "Sexuelle Aufklärung"), 244-254

Graber, G.H. (1930): Zeugung, Geburt und Tod: Werden und Vergehen im Mythologie und in der Vorstellung des Kindes. Ein psychoanalytischer Vergleich. Hans Huber: Bern, 1945

Groenendijk, L.F. (1996): Die kulturkritische Familienpädagogik Wilhelm Stekels. In: Paedagogica Historica, Suppl. Series II, 145-162

Grosskurth, Ph. (1986): Melanie Klein: Her World and Her Work. Knopf: New York

Hirschfeld, M. und E. Bohm (1930): Sexualerziehung: der Weg durch Natürlichkeit zur neuen Moral. Universitas: Berlin

Klein, M. (1921): Eine Kinderentwicklung. In: J. Cremerius (Hrsg.): Psychoanalyse und Erziehungspraxis. Fischer Taschenbuch Verlag: Frankfurt am Main, 1971, 23-83

Landauer, K. (1927): Die Zurückweisung der Aufklärung durch das Kind. In: K. Landauer: Theorie der Affekte und andere Schriften zur Ich-Organisation (herausgegeben von H.-J. Rothe). Fischer Taschenbuch Verlag: Frankfurt am Main, 1991, 213-217

Meng, H. (1939): Schutz durch sexuelle Aufklärung. In: P. Federn und H. Meng (Hrsg.): Das psychoanalytische Volksbuch. Verlag Hans Huber: Bern, 3. Aufl., 281-289

Meng, H. und Ehebald, U. (1964): Sexualerziehung und Aufklärung. In: P. Federn und H. Meng (Hrsg.): Psychoanalyse und Alltag [=Das psychoanalytische Volksbuch, Band I. Verlag Hans Huber: Bern, Stuttgart, 5. Aufl., 46-56

Mühlleitner, E. (1992): Biographisches Lexikon der Psychoanalyse: die Mitglieder der Psychologischen Mittwoch-Gesellschaft und der Wiener Psychoanalytischen Vereinigung 1902-1938 (Unter Mitarbeit von J. Reichmayr). Edition Diskord: Tübingen

Nitzschke, B. (1992): Wilhelm Stekel, ein Pionier der Psychoanalyse: Anmerkungen zu ausgewählten Aspekten seines Werkes. In: E. Federn und G. Wittenberger (Hrsg.): Aus dem Kreis um Sigmund Freud: Zu den Protokollen der Wiener Psychoanalytischen Vereinigung. Fischer Taschenbuch Verlag: Frankfurt am Main, 176-191

Nunberg, H. und E. Federn (Hrsg.) (1976/1977): Protokolle der Wiener Psychoanalytischen Vereinigung, Band I: 1906-1908, Band II: 1908-1910. Fischer: Frankfurt am Main

Pfister, O. (1913): Die psychanalytische Methode. Julius Klinkhardt: Leipzig, Berlin

Rank, O. (1964): The Myth of the Birth of the Hero and other writings (Ph. Freund, Hrsg.). Vintage Books: New York

Rehm, W. (1968): Die psychoanalytische Erziehungslehre: Anfänge und Entwicklung. Piper und Co: München

Reich, W. (1928): Wohin führt die Nackterziehung? In: Zeitschrift für psychoanalytische Pädagogik 3 (Sonderheft "Nacktheit und Erziehung"), 44-50

Reich, W. (1932): Der sexuelle Kampf der Jugend. Verlag für autoritätsfremdes Denken: Graz, 1971

Reich, W. (1927): Genitalität in der Theorie und Therapie der Neurose (= Die Funktion des Orgasmus). Kiepenheuer und Witsch: Köln

Röling, H.Q. (1994): Gevreesde vragen: geschiedenis van de seksuele opvoeding in Nederland. Amsterdam University Press: Amsterdam

Schneider, E. (1927): Zur Sexualforschung des Kindes. In: Zeitschrift für psychoanalytische Pädagogik 1 (Sonderheft "Sexuelle Aufklärung"), 203-223

Simmel, E. (1926): Doktorspiel, Kranksein und Arztberuf. In: E. Simmel: Psychoanalyse und ihre Anwendungen. Ausgewählte Schriften (herausgegeben von L.M. Hermanns und U. Schultz-Venrath). Fischer Taschenbuch Verlag: Frankfurt am Main, 1993, 54-66

Stekel, W. (1909): Keuschheit und Gesundheit. Knepler: Wien

Stekel, W. (1922): Psychosexueller Infantilismus (Die seelischen Kinderkrankheiten der Erwachsenen). Urban und Schwarzenberg: Berlin, Wien

Stekel, W. (Hrsg.) (1933): Der Seelenarzt: Handbuch für seelische Beratung. Selbstverlag des Instituts für aktive Psychoanalyse: Leipzig, Amsterdam, Wien

Zulliger, H. (1927): Eltern, Schule und sexuelle Aufklärung. In: Zeitschrift für psychoanalytische Pädagogik 1 (Sonderheft "Sexuelle Aufklärung"), 228-239

Literaturumschau

Regina Studener und Wilfried Datler

Lese- und Rechtschreibschwierigkeiten als eine spezifische Form von Lernschwierigkeiten - ein Thema Psychoanalytischer Pädagogik?

1. Eine erste thematische Annäherung

Es entspricht dem Konzept des Jahrbuchs für Psychoanalytische Pädagogik, an dieser Stelle einen Artikel abzudrucken, in dem neuere Publikationen zur Psychoanalytischen Pädagogik vorgestellt werden.[1] Traditionellerweise wird dabei ein spezielles Schwerpunktthema ausführlicher behandelt.

Der Schwerpunkt der diesjährigen Literaturumschau ist der Thematik der Lese- und Rechtschreibschwierigkeiten von Kindern als eine spezifische Form von Lernschwierigkeiten gewidmet. Angesichts der Fülle aktueller psychoanalytisch-pädagogischer Literatur wird dieser Schwerpunktartikel wiederum als eigenständiger Beitrag abgedruckt. Der Bericht über weitere psychoanalytisch-pädagogische Veröffentlichungen, der von Bernhard Natschläger verfaßt wurde, schließt an diesen Artikel an.

---

[1] Anmerkung der Redaktion: Diese Umschauartikel sollen das Fehlen einer regelmäßig erscheinenden Bibliographie „Psychoanalytische Pädagogik" ein wenig kompensieren. Um dieses Vorhaben möglichst umfassend realisieren zu können, bittet die Redaktion auch weiterhin:
alle AutorInnen, Zeitschriftenredaktionen und Verlage mit Nachdruck, uns entsprechende Rezensionsexemplare, Sonderdrucke oder zumindest Literaturhinweise zukommen zu lassen;
um Hinweise bezüglich einzelner Publikationen, die seit 1983 erschienen sind und bisher weder in den Dokumentationsartikeln noch im Rezensionsteil berücksichtigt werden konnten; darüber hinaus
um Hinweise bezüglich Veröffentlichungen, die im kommenden Jahr erscheinen werden.
Rezensionsexemplare, Sonderdrucke und Literaturhinweise bitte an: *Ao Univ.-Prof. Dr. Wilfried Datler, Institut für Erziehungswissenschaften der Universität Wien, Garnisongasse 3/8, Postfach 26, A-1096 Wien.*

1.1 Lese- und Rechtschreibschwierigkeiten – ein Thema Psychoanalytischer Pädagogik?

Die Auseinandersetzung mit Problemen, die im Kontext von Schule und Lernen angesiedelt sind, stellt in vielgestaltiger Form ein bekanntes Terrain psychoanalytisch-pädagogischer Forschung dar. Daß das Phänomen der Lese- und Rechtschreibschwierigkeiten nun explizit zum Thema eines Umschauartikels im Jahrbuch für Psychoanalytische Pädagogik gemacht wird, mag dennoch ein wenig erstaunen; denn es sind primär Nachbardisziplinen wie jene der Medizin und Neuropsychologie, welche die Thematik der Lese- und Rechtschreibschwierigkeiten von Kindern als „ihr“ Anliegen erscheinen lassen: In den 70er und 80er Jahren folgten viele Autorinnen und Autoren medizinischen bzw. neuropsychologischen Modellvorstellungen, um vor diesem Hintergrund einschlägige Theorien zu entwickeln, in denen Lese- und Rechtschreibschwierigkeiten als eine Folge von kognitiv-funtionellen Entwicklungsstörungen begriffen werden. Förderkonzepte und Veröffentlichungen, die aus diesen Bemühungen hervorgegangen sind, prägen bis heute den fachwissenschaftlichen Diskurs.
Ist die Fähigkeit des Lesens und Rechtschreibens somit bloß die neuropsychologisch faßbare Folge einer gelungenen kognitiven Entwicklung? Und sind Lese- und Rechtschreibschwierigkeiten demnach bloß das neuropsychologisch faßbare Resultat einer Störung dieser Entwicklung?
Schon eine erste Annäherung an die Frage, was das Erlernen des Schreibens für viele Kinder bedeutet, bringt nicht nur neuropsychologische Perspektiven in den Blick: Mit Schuleintritt wird die Anforderung, lesen und schreiben zu lernen, für jedes Kind zu einer der zentrale Aufgaben, die das Kind die nächsten Lebensjahre hindurch begleitet. Nicht nur das Kind, sondern oftmals die gesamte Familie richtet einen Großteil der Aufmerksamkeit auf diesen Lernprozeß; zumal das Erlernen des Schreibens und Lesens eine unverzichtbare Voraussetzung dafür darstellt, daß die künftige schulische und berufliche Entwicklung Heranwachsender erfolgreich verlaufen kann. Die Aneignung dieser Kulturtechniken stellt für das Kind somit einen weiteren Schritt dar, den es in die Welt der Erwachsenen hinein macht. Das Erlernen des Lesens und Schreibens ist zugleich Teil eines Sozialisationsprozesses, der mit dem Annehmen, Akzeptieren und Erlernen bestehender Regeln und Gesetzmäßigkeiten verbunden ist. Darüber hinaus erfährt das Kind mit dem Erwerb der Lese- und Rechtschreibfähigkeit neue Möglichkeiten zu kommunizieren: Durch Schreiben und Lesen kann das Kind sein Erleben von sich und Welt ausdrücken sowie in Buchstaben gefaßte symbolhafte Darstellungen von Welt in sich aufnehmen. – An solche Überlegungen anknüpfend ist es daher naheliegend, die Entwicklung der Lese- und Rechtschreibfähigkeit auch als Ausdruck von bewußten und unbewußten psychodynamischen Prozessen zu begreifen.

Folgt man in diesem Zusammenhang tiefenpsychologischen Perspektiven, so legt die Thematik dieses Umschauartikels die Frage nahe, wie in einschlägigen Publikationen Lese- und Rechtschreibschwierigkeiten vor dem Hintergrund psychoanalytischer Theoriebildungen verstanden werden. Welche Antworten können dazu in der psychoanalytisch orientierten Literatur nachgelesen werden?
Wir referieren zunächst einige Antworten, die in der Frühzeit der Psychoanalytisch Pädagogik publiziert wurden, da an einigen Beiträgen aus der Zeitschrift für psychoanalytische Pädagogik verschiedene grundsätzliche Überlegungen zum hier angesprochenen Problem erkennbar werden.

1.2 Ein kurzer Rückblick in die „Blütezeit" der psychoanalytischen Pädagogik

Beginnt man in den frühen Schriften der Psychoanalytischen Pädagogik zu blättern, wird sehr bald deutlich, daß das Thema „Lernschwierigkeiten" kein unbekanntes ist. Man stößt auf eine Reihe von Aufsätzen und Arbeiten, die sich in drei Gruppen einteilen lassen: in Arbeiten, die sich in umfassender Weise mit psychodynamischen Zugängen zu einer „Theorie der Dummheit" (Landauer 1930), der „intellektuellen Hemmung" (Klein 1931) bzw. der „Heilung von Dummheit" (Berta Bornstein 1930) befassen; in Arbeiten, die in stärker eingrenzender Weise von „Lernhemmung" (Steff Bornstein 1934; Plank-Spira 1933) und „Lernstörung" (Redl 1934; Schikola 1936) handeln; und in Arbeiten, die in spezifischer Weise den Problemen des Lesens, Schreibens und Rechnens gewidmet sind (Tamm 1926/1927, 1929; Zulliger 1930).
Einen Überlick über Arbeiten zum Thema „Lernstörung", „intellektuellen Hemmung" und „Dummheit" aus der Zeitschrift für psychoanalytische Pädagogik findet man in Ulrike Beckers Buch „Trennung und Übergang" (Becker 1995, 40-41) sowie bei Buchholz (1986). Wir zeichnen im folgenden drei historische Beiträge nach, die in spezifischer Weise auf die Thematik der Lese- und Rechtschreibschwierigkeiten eingehen:

Die Aufsätze über Lese- und Rechtschreibschwierigkeiten von Zulliger (1930) und Tamm (1926/1927) enthalten exemplarisch Fallvignetten von Kindern und Erwachsenen, die Probleme beim Lesen oder Schreiben hatten. Zulligers (1930) Fallbeispiel handelt

> von einem Knaben Franz, der begann, bei dem Wort „nicht" das t wegzulassen. Im Laufe von analytischen Gesprächen mit dem Knaben gewann Zulliger den Eindruck, daß die Onaniebedürfnisse des Knaben von massiven Konflikten begleitet waren. Zulliger vermutete, daß Franz „nicht nur von der realen Angst geplagt (wird), er könnte erwischt werden, wenn er seiner Lust frönt. Er verurteilt sein Unterliegen auch von innen heraus, von der Seite seines Ich-

Ideals aus“ (ebd). Davon ausgehend, daß „Triebunterdrückung zu Symptomen (führt)“, begriff Zulliger (1930, 445) das Vergessen des t als Symptom. Damit drückte der Knabe, so Zulliger, vermutlich aus, „daß ihm die Unterdrückung der Onanie nicht immer gelang“ (ebd.). Das Nichtsetzen des t schien aber auch auf Kastrationsängste zu verweisen sowie einen Hinweis darauf zu geben, daß Franz „seiner Sexualität nicht in vollem Umfang stattgeben“ wollte (ebd., 446).
So verstand Zulliger das „Nicht-Schreiben“ des t als eine „auf intellektuelles Gebiet verschobene Angstäußerung oder Hemmung des Knaben“ (ebd., 446), zugleich darauf hinweisend, daß es „ein Trugschluß wäre, in jedem Fall, wenn ein Schüler das Schreiben eines Schlußlautes regelmäßig vergißt, die gleichen Gründe wie bei Franz vorauszusetzen“ (ebd.).

Ähnliche Berichte finden sich in den Falldarstellungen von Tamm (1929, 272ff): Im Anschluß an die Darstellung dreier Fallbeispiele über spontan auftretende Leseschwierigkeiten kommt sie zu dem Schluß, „daß Schwierigkeiten im Lesen und Schreiben durch affektive Hemmung hervorgerufen werden können“ (ebd., 277). Den Ausführungen Zulligers (1930) und Tamms (1929) gemeinsam ist die Annahme, daß die Ursachen für diese Lernschwierigkeiten nicht bloß im organischen Bereich zu suchen sind, sondern daß „besonders bei Kindern, die eine sehr gute Intelligenz haben, wahrscheinlich rein psychische Umstände ... die hauptsächlichste Ursache“ von Lernschwierigkeiten darstellen (Tamm 1926/1927, 333). Die Lese- und Schreibfehler der vorgestellten Patienten werden nicht als Folge einer schlicht angenommenen Minderbegabung oder visuellen, akustischen oder motorischen Störung verstanden (vgl. Tamm 1926/1927, 329ff.), sondern im Sinne Zulligers als „intellektuelle Fehlleistungen“, die in Konflikten zwischen Trieb und Gewissen gründen (Zulliger 1930, 446). Die Aufhebung dieser „Fehlleistungen“ hält Zulliger (1930, 446) nur dann für möglich, wenn „die Hintergründe bewußt gemacht“ und „an Trieb und Gewissen etwas ... durch die Bindung an eine geliebte Führerperson ... verändert werden kann“. Auch Tamm (1926/1927, 279) schreibt, „daß die Heilung dadurch erreicht wird, daß man dem Patienten einen Einblick in den analytischen Gedankengang gibt“.

Einen anderen Akzent setzt Tamm in ihrem 1929 erschienen Aufsatz über „Die angeborene Wortblindheit und verwandte Störungen bei Kindern“, der ebenfalls von Schwierigkeiten handelt, die Kinder beim Lesen und Schreiben haben. Sie verweist auf die Ähnlichkeit dieser Schwierigkeiten mit „gewissen erworbenen Lese- und Schreibstörungen bei Erwachsenen, den sogenannte Alexien, welche nach Schlaganfällen usw. auftreten“ (Tamm 1929, 329). Darüber hinaus führt sie Beobachtungen an, denen zufolge Lese- und Schreibschwächen häufig in mehren Generationen einer Familie auftreten. Tamm meint, daß in solchen Fällen die Lese- und Schreibschwierigkeit „als organisch bedingt aufzufassen wäre“ (ebd.). Sie unterscheidet dabei zwischen jenen Kindern mit Lese- und Schreibschwächen, die „dem Schwachsinn nahe stehen“, und jenen, „die eine sehr gute Intelligenz haben“ (ebd.). Geht sie bei ersteren von einer „Entwicklungshemmung bestimmter Gehirnzentren als Ursache für die erwähnte Störung“ aus, betont sie bei zweiteren die Möglichkeit, die Lese- und Schreibstörungen auf „angeborene psychopathische Anlagen oder einen schlechten Charakter zurückzuführen“ (ebd., 333), verweist aber in diesem Zusammenhang auf die Wertlosigkeit solch einer Diagnose sowohl für das Verständnis des Krankheitsbildes als auch für eine Anleitung zu einer Behandlung. Bezüglich der letztgenannten Gruppe von Kindern hebt Tamm hervor, daß die Lese- und Rechtschreibschwäche für diese eine psychische Belastung bedeutet und „diese Kinder in der Schule den größten Mißerfolgen und Kränkungen ausgesetzt (sind)“ (ebd.). Für die Betreuung dieser Kinder empfiehlt Tamm „einen sachverständigen Lehrer, welcher Vorwürfe und Kränkungen zu vermeiden versteht“ (Tamm 1926, 338).

In diesen psychoanalytisch-pädagogischen Beiträgen aus den 20er und 30er Jahren finden sich somit zwei voneinander unterscheidbare Annahmen über die Ursachen von Lese- und Rechtschwierigkeiten, die zugleich unterschiedliche Zugänge zum theoretischen Verständnis von Lese- und Rechtschreibstörungen und deren „Behandlung“ eröffnen:

- zum einen wird davon ausgegangen, daß Lese- und Rechtschreibschwierigkeiten in unbewußten psychodynamischen Prozessen gründen können;
- zum anderen wird aber auch angenommen, daß organisch-biologische „Defekte“ für Schwierigkeiten im Erlernen des Lesens und Schreibens verantwortlich sein können (was in der Folge emotionale und somit auch psychodynamisch verstehbare Belastungen nach sich ziehen kann).

Es ist bemerkenswert, daß man diese Unterscheidung auch in jüngeren und jüngsten Publikationen wiederfindet, die dem Thema von Lese- und Rechtschreibschwierigkeiten gewidmet sind.

1.3 Zur weiteren Gliederung des Artikels

Im 2. Kapitel wird daher Literatur referiert, in der die Rückführung von Lese- und Rechtschreibschwierigkeiten auf organisch-biologische Primärursachen im Zentrum der Aufmerksamkeit steht. Die kritische Auseinandersetzung mit dieser Literatur, die in jüngeren psychoanalytisch-pädagogischen Publikationen nachgelesen werden kann, ist dann Thema des 3. Kapitels. Im 4. Kapitel werden wir tiefenpsychologisch orientierte Beiträge zur Theorie der Lese- und Rechtschreibschwierigkeiten und daraus abgeleitete Konsequenzen für die Entwicklung entsprechender Förderkonzepte darstellen. Mit dem 5. Kapitel, das dem Ausblick auf weitere Fragestellungen gewidmet ist, endet unser Beitrag.

2. Neuropsychologische Modellvorstellungen und erste Anknüpfungspunkte für psychodynamisches Denken

In der Einleitung wurde bereits erwähnt, daß seit etwa dreißig Jahren im Bemühen, die Frage nach möglichen Ursachen von Lese- und Rechtschreibschwierigkeiten zu klären, zusehends auf neuropsychologische Modellvorstellungen Bezug genommen wird. Den Arbeiten von Berger u.a. (1977, 41) sowie Spiel und Spiel (1987, 110) zufolge wurde diese Entwicklung nicht zuletzt von verschiedenen Auseinandersetzungen mit Forschungsarbeiten zum „Syndrom der Legasthenie" angestoßen. Mit Legasthenie wurden nach Spiel und Spiel (1987, 110) vor allem seit den 50er Jahren verschiedene Schwierigkeiten im Erlernen des Lesens und Schreibens von Kindern bezeichnet,

- die in anderen schulischen Bereichen deutlich bessere Leistungen erbrachten als im Schreiben und Lesen
- und deren Lese- und Schreibfähigkeit weit unter dem Niveau ihrer allgemeinen Intelligenz lag.

In den 60er und 70er Jahren wurde der Begriff der Legasthenie vor allem im deutschsprachigen Raum sehr populär und war oft damit verbunden, daß die gängige Rede von „Legasthenie" und „legasthenischen Kindern" an keine ausgearbeitete Theorie rückgebunden war, die genauere Aussagen zur Genese und Spezifität verschiedener Lese- und Rechtschreibschwierigkeiten erlaubte und die Möglichkeit eröffnete, in Anknüpfung an differentialdiagnostische Bemühungen spezifische Fördermöglichkeiten zu entwickeln, die auf die Besonderheiten von jeweils gegebenen Lese- und Rechtschreibschwierigkeiten abgestimmt sind. Dieser Umstand war für viele Autorinnen und Autoren unbefriedigend; zumal bereits damals einige amerikanische Untersuchungen vorlagen, die sich sogenannten Legasthenie-Phänomen bereits in weit differenzierter Weise genähert hatten und der Ausarbeitung von deutschsprachigen neuropsychologische Modellvorstellungen zur Entstehung von Lese- und Rechtschreibschwierigkeiten deutlich entgegenkamen (Spiel und Spiel 1987, 108ff.).[2]

2.1 Über neuropsychologische Modellvorstellungen zur Entstehung von Lese- und Rechtschreibschwierigkeiten

Vor dem Hintergrund neuropsychologischer Theorien zur menschlichen Entwicklung wird die Fähigkeit des Lesens und Schreibens (in Anlehnung an Luria 1970 und Leontjew 1973) als „höhere Hirnfunktion" gesehen, wobei das Attribut „höher" als Hinweis auf den „zunehmenden Komplexi-

---

[2] Aktuellere Auseinandersetzungen mit dem Begriff der Legasthenie und damit verbundenen Theorien können unter anderem bei Grissemann (1995) nachgelesen werden.

tätsgrad“ dieser Hirnfunktion zu verstehen ist (Spiel und Spiel 1987, 96). Die Entwicklung, Integration und intermodale Koordination von basalen (kognitiven) Funktionen der Wahrnehmung, des Gedächtnisses, der Sprache und der Motorik werden als notwendige Voraussetzungen für die Ausbildung dieser „höheren Hirnfunktionen“ - also auch der Lese- und Rechtschreibfähigkeit – begriffen (vgl. Affolter 1975; Milz 1996). Nach Berger (1977a; 1980, 17) oder Spiel und Spiel (1987, 107 ff) bedarf es der Koordination und des Zusammenspiels zahlreicher Teil-Fertigkeiten, ehe ein Kind beispielsweise nach Diktat zu schreiben vermag – so etwa elaborierter Fähigkeiten zur Verarbeitung und Speicherung von vielgestaltigen optischen, akustischen und kinästhetischen Reiz- und Wahrnehmungsinhalten; Fähigkeiten zur Verknüpfung von Lautabfolgen mit Buchstabenbildern; Fähigkeiten zur feinmotorischen Umsetzung von Bewegungsimpulsen in kontrollierte Bewegungsabläufe u.a.m.
Die Frage nach möglichen Ursachen des Phänomens der Lese- und Rechtschreibschwierigkeiten wurden in weiterer Folge auf der Grundlage dieser theoretischen Konzepte zu beantworten versucht. So wurden „Leistungsminderungen einzelner Faktoren oder Glieder innerhalb eines größeren funktionellen Systems, die zur Bewältigung einer bestimmten komplexen Anpassungsaufgabe erforderlich sind“, als „Teilleistungsschwächen“ bezeichnet (Graichen 1979).
Aus dieser Sicht ist es naheliegend, auch bei vielen Lese- und Rechtschreibschwierigkeiten bestimmte „Teilleistungsschwächen“ als Ursache anzunehmen, die es diagnostisch auszumachen gilt, ehe Kindern mit Hilfe von gezielt ausgewählten funktionell-therapeutischen Übungsverfahren geholfen werden kann, diese Teilleistungsschwächen zu überwinden oder zu kompensieren. Bei Bogyi (1977) ist beispielsweise nachzulesen, mit Hilfe welcher funktionell-therapeutischen Übungsprogramme spezifische Entwicklungsdefizite - beispielsweise Schwächen im Bereich der akustischen, optischen und räumlichen Wahrnehmung - überwunden oder kompensiert werden können.

In Zusammenhang mit theoretischen Überlegungen zur Ätiologie von Teilleistungsschwächen betonen nun Autoren wie Berger (1980, 52), daß dem Konzept der „Teilleistungsschwäche“ das neuropsychologische Konzept der „minimalen cerebralen Dysfunktion (MCD)“ entspricht. In diesem Zusammenhang besagt der Begriff der „minimalen cerebralen Dysfunktion (MCD)“, daß „das Zusammenspiel von Funktionsarealen des Gehirns zur Erbringung von Leistungen unterschiedlichen Komplexitätsgrades in einer Weise beeinträchtigt ist, die wohl nicht zum Verlust dieser Leistungen, aber doch zu ihrer Störung, zumindest unter bestimmten Bedingungen, führt“ (Berger 1980, 52). Bei vielen Teilleistungsschwächen, in denen unter anderem Lese- und Rechtschreibschwierigkeiten gründen, handelt es sich nach Berger (1977a, 14; 1980, 52f) um „Erscheinungsformen“ von

minimalen cerebralen Dysfunktionen, die „sowohl auf Läsionen (Zerstörung von Gehirngewebe) als auch auf Deprivationen (Anregungs- und Übungsmangel)" zurückgeführt werden können. In diesem Sinn versteht auch Friedrich (1980, 25ff) verschiedene Formen von Lese- und Rechtschreibschwierigkeiten als „Werkzeugstörungen", die als Folge einer „minimalen cerebralen Dysfunktion" auftreten können.
Die Annahme, daß viele Teilleistungsschwächen in minimalen cerebralen Dysfunktionen von Kindern gründen, bedeutet freilich nicht, daß bei diesen Kindern Defekte oder Schwächen im Bereich des Zentralnervensystems auch anatomisch oder morphologisch ausgemacht werden können: Beim Vorliegen vieler Teilleistungsschwächen wird vielmehr angenommen, daß bestimmte Gegebenheiten im Zentralnervensystem lädiert oder noch nicht in ausreichendem Maße ausgebildet worden seien, damit vor dem Hintergrund der skizzierten neuropsychologischen Modellvorstellungen in plausibler Weise erklärt werden kann, wie es zum Auftreten bestimmter Telleistungsschwächen gekommen sein mag (Datler 1997, 111). Spiel und Spiel (1987, 108, 112) plädieren daher dafür, nicht nur den Begriff der minimalen cerebralen Dysfunktion, sondern auch den Begriff der Teilleistungsschwäche im Einzelfall erst dann zu verwenden, wenn genau ausgewiesene Untersuchungen medizinischer und psychologischer Art durchgeführt wurden und eine Vielzahl von vorweg definierten Indizien gesammelt werden konnten. Zugleich kann Mattner (1997, 21) in seiner Darstellung des MCD-Konzepts allerdings anmerken, daß die skizzierten Modellvorstellungen in vielen neueren Arbeiten zur Thematik der Lernschwierigkeiten Verwendung finden; er verweist dabei unter anderem auf Steinhausen (1991), Ayers (1984), Ruf-Bächtiger (1987) und Göllnitz (1973) .

2.2 Minimale cerebrale Dysfunktion, primäre und sekundäre Neurotisierung

Volker Fröhlich (1994, 185) weist darauf hin, daß „ein psychoanalytisch orientierter Kinder- und Jugendpsychiater zur Verbreitung des Konzepts der ‚minimale cerebrale Dysfunktion' wesentlich mit beigetragen hat". Er meint damit Reinhard Lempp und dessen Schrift über das „Frühkindliche exogene Psychosyndrom" (Lempp 1964), eine Veröffentlichung, die sich nach Berger u.a. (1977b, 20f.) ebenfalls an jenen Modellvorstellungen orientiert, die in der MCD-Literatur bemüht werden. Viele Lese- und Rechtschreibschwächen sind auch nach Lempp (1964, 45f., 57) Ausdruck einer Störung, die anatomisch oder morphologisch zwar nicht ausgemacht, Lempps Annahmen zufolge aber auf eine „frühkindliche Hirnschädigung" zurückgeführt werden kann. - In Verbindung damit führt Lempp (1964, 114ff.) allerdings auch die Unterscheidung zwischen primärer und sekundärer Neurotisierung ein, die in einschlägigen Veröffentlichungen nahezu durchgängig aufgegriffen wird und erste Anknüpfungspunkte für psychodynamisches Denken bietet.

Lempps Begriff der primären Neurotisierung liegt freilich im Vorfeld eines tiefenpsychologischen Verständniszuganges; denn der Darstellung von Friedrich (1977, 196f.) zufolge geht Lempp (1964, 114) davon aus, daß MCD-Kinder „im Reizempfang und in der Reizverarbeitung" besonders überempfindlich sind, was „zu Intoleranz gegen Frustrationen und Konflikte sowie zu Fehlverarbeitungen (führt)". In seinem Aufsatz über „Minimale cerebrale Dysfunktion und Schule" führt Friedrich (1980, 28ff.) eine breite Palette an Auffälligkeiten von MCD-Kindern an, die er als weitverbreitete Folge und Ausdruck des Umstandes begreift, daß MCD-Kinder Reize (und somit auch verschiedene Formen der sozialen und emotionalen Zuwendung) nicht angemessen wahrnehmen, verarbeiten und in der Folge beantworten können; insbesondere nennt er: emotionale Labilität, affektive Inkonstanz, mangelnde Kontrolle über Gefühle und Stimmungen sowie „ungezügelte Wut- und Zornausbrüche". Nach Friedrich (1980, 30) sind von solchen Auffälligkeiten andere zu unterscheiden, die „offensichtlich psychodynamisch erklärbar" und als solche Ausdruck einer sekundären Neurotisierung sind.

Anlaß für das Zustandekommen einer solchen sekundären Neurotisierung im Sinne Lempps (1964, 117ff.) sind nach Friedrich (1977, 197) spezifische Beziehungserfahrungen, die das MCD-Kind in der Begegnung mit seinem sozialen Umfeld macht: Durch ihr „Anders-Sein" lösen viele MCD-Kinder in ihrem Umfeld (zum Teil heftige) Reaktionen aus, die für diese Kinder wenig förderlich sind und häufig dazu führen, daß MCD-Kinder überbefürsorgt werden, daß sie sich sozial abgelehnt fühlen oder daß sie im Sinne von Richter (1969, 1970) in bestimmte Rollen gedrängt werden, die primär dem neurotischen Abwehr- und Sicherungsbedürfnis anderer dienen. Nach Friedrich (1977, 200) haben solche familiären oder schulischen Beziehungserfahrungen häufig die Ausbildung von Symptomen zur Folge, die im Sinne von Spiel und Spiel (1987, 234ff) als neurotisch oder erlebnisreaktiv zu bezeichnen sind.

Autoren wie Friedrich (1977, 1980), Bogyi (1977, 230) oder Berger (1977a, 16) weisen folglich darauf hin, daß viele MCD-Kinder – und dazu zählen eben auch viele Kinder mit Lese- und Rechtschreibschwierigkeiten – nicht nur funktionell-therapeutischer Übungsbehandlungen bedürfen. Sie brauchen für ihre Entwicklung vielmehr Eltern oder Lehrer, die auch aus psychodynamischer Sicht die Schwierigkeiten dieser Kinder zu verstehen und daraus entsprechende Konsequenzen zu ziehen vermögen. In der Regel ist deshalb aus der Sicht der Autoren Elternberatung, mitunter aber auch der Beginn einer begleitenden psychotherapeutischen Arbeit angezeigt. Nach Berger (1977b, 10) müsse „auch die Anwendung von funktionell-therapeutischen Verfahren stets innerhalb eines ‚psychotherapeutischen Klimas‘ erfolgen“ und dürfe „nicht zur reinen Trainingsbehandlung verkümmern“.

2.3 *Zusammenfassung und Ergänzung*

Die Durchsicht der erwähnten MCD- und Teilleistungsschwächenliteratur erlaubt folgende Zusammenfassung und abrundende Ergänzung:

1. Die erwähnten Autoren konzentrieren sich darauf, die Frage nach den Ursachen und nach der Spezifität bestimmter Schwächen, zu denen auch Lese- und Rechtschreibschwierigkeiten zählen, vor dem Hintergrund neuropsychologischer Theoriebildungen zu klären: Es sind nicht bestimmte Formen des Erlebens und Folgen dieses Erlebens (etwa von Beziehungserfahrungen), welche als primäre Ursachen verschiedener Schwierigkeiten angenommen werden, sondern bestimmte cerebrale Dsyfunktionen, die auf Deprivationen oder Läsionen zurückgeführt werden. In der Folge beeinflussen diese cerebralen Dsyfunktionen zwar häufig das Wahrnehmen und Erleben von Welt, werden zunächst aber (auch was ihre Entstehung betrifft) außerhalb des „Erlebnisraumes“ von Heranwachsenden angesiedelt (Sandler und Joffe 1969, 472ff.; Datler 1997, 113).

2. Zugleich fällt auf, daß die hier erwähnten Autoren die skizzierten neuropsychologischen Theorien zwar als gut fundiert ausweisen, gleichzeitig aber betonen, daß man von der „Erstellung eines umfassenden Modells der minimalen cerebralen Dysfunktion“ zur Zeit noch weit entfernt sei (Berger 1977b, 8). Ähnlich kritisch ist Friedrich (1980, 39), der in seiner Darstellung der heilpädagogischen und therapeutischen Möglichkeiten, die dem MCD-Konzept entwachsen, auf konzeptionelle Mängel und offene Fragen verweist, welche (a) das Problem der Grenzziehung zwischen minimalen cerebralen Dsfunktionen und anderen Störungsbildern, (b) den Bereich der Differenzialdiagnostik, (c) die Ausarbeitung gezielter Fördermöglichkeiten und (d) die Exaktheit vorliegender Studien über den Erfolg therapeutischer Bemühungen betreffen.

3. Schließlich sind die hier angeführten Autoren keineswegs der Meinung, daß all jene Symptome, die sie diskutieren, als unmittelbarer Ausdruck und als eine unmittelbare Folge von angenommenen minimalen cerebralen Dyfunktionen zu begreifen sind. Dies kommt zum einen darin zum Ausdruck, daß manche Schwierigkeiten und Auffälligkeiten von Kindern im oben erwähnten Sinn auf Prozesse der primären und sekundären Neurotisierung zurückgeführt werden, die schon nach Lempp (1964) eine bloß mittelbare Folge von minimalen cerebralen Dysfunktionen darstellen. Zum anderen betonen Berger (1977b, 8) und Friedrich (1980) unmißverständ-

lich, daß es durchaus angezeigt sein kann, manche Schwierigkeiten und Auffälligkeiten, die häufig vor dem Hintergrund von MCD-Konzepten diskutiert werden, auch aus der Sicht anderer theoretischer Zugänge zu bearbeiten, so etwa aus der Perspektive der Tiefenpsychologie.

Dies lenkt die Aufmerksamkeit auf die Frage, wie in jüngeren psychoanalytisch-pädagogischen Veröffentlichungen das Thema der Lese- und Rechtschreibschwierigkeiten behandelt wird.

3. Zur kritischen Diskussion neuropsychologischer Modellvorstellungen aus des Sicht psychoanalytisch orientierter Autoren

Mehrere psychoanalytisch orientierte Autoren, die in den letzten Jahren das Thema der Lese- und Rechtschreibschwierigkeiten aufgegriffen haben, betonen, daß die „sogennante Lese-Rechtschreibschwierigkeit, in Deutschland bekannt unter dem Begriff der Legasthenie, noch immer als ein neurologisches Problem" gilt und die „Schwierigkeiten beim Erwerb des Umgangs mit der schriftlichen Sprache" nach wie vor als Folge von Teileistungschwächen „vor dem Hintergund einer ‚minimale cerebrale Dysfunktion' gesehen (werden)" (Mertens und Ohlmeier 1989, 496; ähnlich Biermann und Totzek 1981, 801; Gerspach 1989, 129ff; Mertens 1997, 58).

Die Popularität, welche diese neuropsychologischen Modellvorstellungen aus den 70er und 80er Jahren vor allem in weiten Bereichen der praktischen Arbeit erhalten haben, veranlaßt daher einige Autoren, ihre Überlegungen über den Weg einer kritischer Auseinandersetzung mit eben diesen Modellvorstellungen zu entwickeln und dabei auch auf andere tiefenpsychologisch orientierte Autoren wie Mattner (1989, 1997) und Lüpke (1989) zu verweisen, die in allgemeiner Form das Konzept der minimalen cerebralen Dysfunktion skeptisch diskutieren. Die gegen Ende des vorhergehenden Kapitels skizzierten differenzierten Positionen, die auch in manchen älteren Beiträgen zur Theorie der minimalen cerebralen Dysfunktion durchaus nachgelesen werden können, kommen in dieser kritischen Auseinandersetzung allerdings kaum zum Tragen; denn psychoanalytisch orientierte Autoren grenzen sich zumeist in pointierter und zugespitzter Form vom „medizinischen Paradigma" ab, dem sie diese MCD-Beiträge zuordnen, und verzichten darauf, differenzierte Argumentationszusammenhänge und Darstellungen, die sich mitunter schon in der älteren MCD-Literatur nachlesen lassen, in ihrer Vielschichtigkeit zu diskutieren. Die kritische Auseinandersetzung mit diesen Publikationen konzentriert sich auf zwei Schwerpunkte:

- auf die Frage, worin die weitverbreitete Akzeptanz von MCD-Konzepten gründet; und

– auf kritische Anmerkungen über die Folgen der Dominanz dieser Konzepte.

3.1 Kritisches zur Frage, worin die weitverbreitete Akzeptanz von MCD-Konzepten gründet

In der psychoanalytisch orientierten Literatur wird über weite Strecken davon ausgegangen, daß die Motive und Gründe, die für die gegenwärtige Popularität des neuropsychologischen Problemverständnisses in der Auseinandersetzung mit Lese- und Rechtschreibschwierigkeiten ausschlaggebend sind, als problematisch angesehen werden müssen. Vier Aspekte werden in diesem Zusammenhang besonders unterstrichen:

1. Von mehreren Autoren wird die Popularität des MCD-Konzeptes auf das Verlangen zurückgeführt, verschiedene Verhaltens- und Entwicklungsprobleme, zu denen auch Lese- und Rechtschreibschwierigkeiten zählen, als Folge einer „eigentlichen Ursache“ begreifen zu wollen, „von der dann in linearer Kausalität alle beobachteten Auffälligkeiten abhängen“ (Lüpke 1989, 84). Dieses Verlangen werde durch den „materialistischen Monismus“ bzw. durch die „griffige(n), monokausale(n) Erklärungsansätze“ des MCD-Konzeptes besonders befriedigt (Mattner 1989, 91; 1997, 18), welches nach Biermann und Totzek (1981, 801) der „alte(n) psychiatrische(n) hirntopographische(n) Lokalisationslehre wieder zu ihrem Recht“ verhilft und einen cerebralen „Organschaden“ als somatische Ursache vieler Störungen ausweist: „Der Bedarf für eine solche Erklärung war so groß, daß das Postulat der Hirnstörung ... auch dann noch unangefochten stehenblieb, als mangels nachweisbarer Korrelation mit Organbefunden vom ‚Minimal Brain Damage‘ nur noch die ‚Minimal Brain Dysfunction‘ oder die ‚Minimal Cerebral Dysfunction‘ ... übrig blieben“ (Lüpke 1989, 74).
Daß damit einem medizinischen Paradigma gefolgt wurde, begünstigte nach Mattner (1997, 16) in einer besonders intensiven Weise die Verbreitung des MCD-Konzeptes durch die Heilpädagogik, da die Heilpädagogik „von Anbeginn unter dem Einfluß des medizinisch-naturwissenschaftlichen Paradigmas (stand), das gerade in jüngerer Zeit eine ungeahnte Renaissance erfährt“.

2. Geht man in diesem Sinn davon aus, daß in minimalen cerebralen Dysfunktionen die Ursachen von Lese- und Rechtschreibschwierigkeiten sowie anderen Störungen zu sehen sind, so kommt dies dem Verlangen entgegen, solche Schwierigkeiten und Störungen als „inadäquate“ oder „unerwünschte Verhaltensweisen“ begreifen zu wollen, die „sehr leicht als pathologischer ‚Un-Sinn‘ abgetan werden können“ (Mattner 1997, 22). Dies entlastet einen gleichsam davon, „sich um etwaige Lebenshintergründe oder andere Bedeutsamkeiten als mögliches verursachendes Moment kümmern zu müssen“ (Mattner 1997, 22); zumal nach Biermann und Totzek (1981, 801) ja auch in jenen Arbeiten, in denen zur „Beurteilung einer frühkindlichen Hirnschädigung lebensgeschichtliche Zusammenhänge erwähnt werden“, die Ausarbeitung von Bezügen zur Biographie oder zum familiären Umfeld eines Kindes zumeist „oberflächlich“ ausfällt.

3. Die Dominanz der erwähnten neuropsychologischen Modellvorstellungen in der Auseinandersetzung mit Lese- und Rechtschreibschwierigkeiten wurde nach Mertens (1997, 59) weiters dadurch begünstigt, daß vor allem im deutschsprachigen Raum die „Herausforderung", welche die Problematik der Lese- und Rechtschreibschwierigkeiten für die Psychoanalyse darstellt, seit einiger Zeit „eher verkannt" wird. Einschlägige psychoanalytische Publikationen sind spärlich und verdeutlichen, daß „schon vor Jahrzehnten entstandene psychoanalytische Forschungsbeiträge" ebenso wenig rezipiert werden wie aktuelle Forschungsbeiträge aus dem Ausland (Mertens und Ohlmeier 1989, 496; Mertens 1997, 59).

4. Schließlich verweisen Mattner (1989) und Lüpke (1989) darauf, daß sich die Tradierung klassischer MCD-Konzepte auch dann als problematisch erweist, wenn man die implizite Logik dieser Konzepte sowie jüngere medizinische Forschungsarbeiten zur MCD-Thematik bedenkt.
Die Problematik der impliziten Logik von MCD-Konzepten wird nach Mattner (1989, 91) dann deutlich, wenn man sich vor Augen hält, daß minmale cerebrale Dysfunktionen als Ursache von zahlreichen Verhaltens-, Entwicklungs- und Leistungsproblemen begriffen werden (zu denen bloß unter anderem Lese- und Rechtschreibschwierigkeiten zählen). Führe man nun zahlreiche Abweichungen von der Norm „Gesundheit" „auf pathologische Veränderung im Cerebrum zurück", so impliziere dies den Umkehrschluß, daß sich „Menschen mit einer ‚gesunden' cerebralen Ausstattung ... mehr oder weniger ähnlich (verhielten)". Angesichts der Vielfalt des sogenannten „Gesunden und Normalen", so meint Mattner offensichtlich, widerspreche dieser Umkehrschluß aber dem empirisch Beobachtbaren.
Daß es schwierig ist, Lese- und Rechtschreibschwierigkeiten und andere Auffälligkeiten mit Symptomcharakter zu einem MCD-Syndrom zusammenzufassen, zeigt zugleich eine empirische kinder- und jugendpsychiatrische Untersuchung von Esser und Schmid (1987), auf die sich Lüpke (1989, 75) in seiner Kritik des MCD-Konzeptes stützt (vgl. dazu auch die Zusammenfassung dieser Studie durch Schmidt 1992).

3.2 Kritische Anmerkungen über die Folgen der Popularität von MCD-Konzepten

Psychoanalytisch orientierte Autoren kritisieren nicht nur das Konzept der minimalen cerebralen Dysfunktion, das die Auseinandersetzung mit Lese- und Rechtschreibschwierigkeiten dominiert, sondern auch damit verbundene Folgen, welche die Arbeit mit Kindern betreffen, die mit Lese- und Rechtschreibschwierigkeiten zu kämpfen haben. Die Ausführungen zu diesem Punkt lassen sich wiederum in vier Punkte gliedern:

1. Während Grüttner (1980, 13) herausstreicht, daß die Diagnose eines organischen Hirschadens bei manchen Eltern zu einer Entlastung von möglichen Schuldgefühlen führt, betonen Biermann und Totzek (1981, 812ff.), daß die Diagnose einer „Hirnschädigung" auch dann Kinder und ihre Eltern belasten kann, wenn von „minimalen" Schädigungen oder Dysfunktionen die Rede sei: Die „Vorstellung eines sog. ‚Dachschadens'" werde jedenfalls geweckt und hat sehr

schnell zur Folge, daß Kinder innerhalb ihrer Familien in eine Sündenbock- oder Omega-Position gedrängt werden. In ähnlicher Weise problematisiert Mattner (1997, 23) die stigmatisierenden und identitätsbildenden Folgen solcher diagnostischer Zuschreibungen.

2. Die Rede davon, daß Lese- und Rechtschreibschwierigkeiten auf „minimale cerebrale Dysfunktionen" zurückgeführt werden, hat nach Mertens (1997, 58) zur Folge, daß die Problematik solcher Schwierigkeiten in ungechtfertigt eindeutiger Weise dem Zuständigkeitsbereich der Medizin zugerechnet würde. Die von medizinischer Seite eingeführte Verwendung einer „medizinische(n) Semantik", die z.B. mit der Verwendung von Begriffen wie „Syndrom der Legasthenie" oder „cerebrale Läsion" eingeführt wird, und die Betonung einer somatischen Primärursache, die im Begriff der „minimale cerebrale Dysfunktion" zum Ausdruck kommt, ist nach Mattner (1997, 21) sogar ein Ausdruck des Umstandes, daß die Medizin „ihren angestammten Geltungsbereich überschreitet", indem sie ein „im medizinisch-nosologischen Bereich bewährtes Paradigma zur Erklärung von somatischen Krankheiten auf andere abweichende Seinsbereiche des Menschen (überträgt)". Dem ist in Anknüpfung an Biermann und Totzek (1981, 812) hinzuzufügen, daß dieser Zuständigkeitsanspruch der Medizin auch durch die Aufnahme von minimalen Hirnfunktionsstörungen in diverse Verzeichnisse von Krankheiten bekräftigt wird, deren Behandlung Sozialversicherungsträger finanzieren.

3. Ohne auf die Thematik funktionell-therapeutischer Übungsverfahren näher einzugehen, problematisiert Gerspach (1989, 130) zugleich, daß aus der medizinisch so gewichtig erscheindnen „Diagnose MCD" wenige hilfreiche Konsequenzen für die heilpädagogisch oder therapeutisch orientierte Arbeit mit Kindern abgeleitet werden könnten. Der Hinweis auf somatische Ursachen von Lese- und Rechtschreibschwierigkeiten sowie der Umstand, daß entsprechende Schwierigkeiten damit in ungerechtfertigt eindeutiger Weise dem Geltungsbereich der Medizin zugerechnet werden, begünstigen nach Gerspach (1989, 130) sowie nach Biermann und Totzek (1981, 810) vielmehr den unangemessenen Einsatz von organmedizinisch orientierten Therapie- und Förderverfahren, zu denen nicht zuletzt medikamentöse Behandlungsverfahren zu zählen wären.

4. In Verbindung damit unterstreicht Mattner (1989, 91), daß MCD-Konzepte die Neigung unterstützen würden, aus unerwünschten menschlichen Verhaltensweisen „sinnlose Entäußerungen cerebraler Dysfunktionen (zu machen)"; dies habe zur Folge, daß sowohl in der heilpädagogisch-therapeutischen Arbeit als auch im Bereich der Forschung „vorab die Bedeutungsebene der auf einer individuellen Lebensgeschichte entstandenen Verhaltensbesonderheiten" gelöscht würde. Lese- und Rechtschreibschwierigkeiten würden dann von vornherein nicht mehr als Ausdruck von psychodynamischen Prozessen begriffen werden, die einen sinnhaften Verweis auf innerpsychische Schwierigkeiten sowie eine sinnhafte Antwort auf belastende Beziehungserfahrungen und Lebenssituationen darstellten (Mattner 1989, 91; 1997, 23). Dies habe zur Folge, daß Kinder, Jugendliche oder Erwachsene mit Lese- und Rechtschreibschwierigkeiten von tiefenpsychologisch orientieren „Hilfsmöglichkeiten ausgegrenzt bzw. abgehalten werden" (Mertens 1997, 59).

4. Tiefenpsychologische Beiträge zur Theorie der Lese- und Rechtschreibschwierigkeiten und der Entwicklung entsprechender Förderkonzepte

Jüngere tiefenpsychologische Beiträge zur Theorie der Lese- und Rechtschreibschwierigkeiten unterscheiden sich in einem Punkt von klassischen neuropsychologischen Konzepten, die dem oben skizzierten MCD-Modell folgen:

- In klassischen MCD-Konzepten werden die primären Ursachen von Lese- und Rechtschreibschwierigkeiten in (minimalen) cerebralen Läsionen oder Deprivationen gesehen, die dann in der Folge Probleme im Bereich des Erlebens nach sich ziehen (können). Als primäre Ursache von Lese- und Rechtschreibschwierigkeiten werden in diesem Sinn nicht bestimmte Formen des Erlebens von Situationen und Gegebenheiten begriffen, sondern von Erlebnisprozessen unabhängig zustandekommende minimale cerebrale Beeinträchtigungen.
- Im Unterschied dazu folgen jüngere tiefenpsychologische Ansätze der Annahme, daß es bestimmte Formen des bewußten und unbewußten Erlebens von Selbst und Welt sind, von denen die Entwicklung vieler Lese- und Rechtschreibschwierigkeiten ihren Ausgang nimmt.

Der Zusammenhang zwischen verschiedenen Formen des Erlebens von Selbst und Welt, der Ausbildung von psychischen Strukturen und dem Zustandekommen von Lese- und Rechtschreibschwierigkeiten wird in der jüngeren tiefenpsychologisch orientierten Literatur in äußerst unterschiedlicher Weise diskutiert.

4.1 Jüngere Beiträge zur Genese und zur Bedeutung von Lese- und Rechtschreibschwierigkeiten aus tiefenpsychologischer Sicht

Sofern sich tiefenpsychologische Autoren innerhalb des psychoanalytischen Strukturmodells mit seiner Unterscheidung zwischen Es, Ich und Überich bewegen, begreifen sie die psychischen Funktionen, die man zum Lesen und Schreiben benötigt, als Ich-Funktionen. Zu diesen zählen unter anderem die Fähigkeiten zum Symbolisieren, zum differenzierten Wahrnehmen, zur Kontrolle der Motorik, aber auch die Fähigkeit, „reife" Formen der unbewußte Abwehr einsetzen zu können, um auf diese Weise gewissen Anforderungen der Realität entsprechen zu können. Lese- und Rechtschreibschwierigkeiten verweisen demnach auf mangelhaft ausgebildete Ich-Funktionen, auf damit verbundene Ich-Schwächen sowie auf unbewußte Prozesse, in denen diese Ich-Schwächen ebenso gründen wie jene

„Symptome“, die sich in den Bereichen des Lesens und Schreibens manifestieren.
Die Autorinnen und Autoren, die solche unbewußten Prozesse und Ich-Schwächen eingehender thematisieren, folgen verschiedenen theoretischen Positionen und entwickeln in einem höheren Ausmaß unterschiedliche Problemzusammenhänge, als dies in den Arbeiten der psychoanalytisch-pädagogischen Autoren der Zwischenkriegszeit nachgelesen werden kann. Drei Problemzusammenhänge zeichnen wir exemplarisch nach:

1. Triebtheoretischen Konzepten folgend fokussiert Zeug (1998) in ihrem Aufsatz über „Lernstörungen aus psychoanalytischer Sicht“ den Zusammenhang zwischen der geringen Möglichkeit des Ich, synthetische Leistungen erbringen sowie in Verbindung damit „reifere“ Abwehraktivitäten einsetzen zu können, und der Schwierigkeit von Kindern, lesen oder schreiben zu lernen: Aus dieser Perspektive sieht sich das Ich in seiner Begegnung mit der Thematik „Lesen und Schreiben“ mit konflikthaften Trieb-, Überich- und Realitätsansprüchen konfrontiert, deren Abwehr mit der Hemmung von Ich-Funktionen einhergeht, die für das Lesen und Schreiben unverzichtbar sind. Auf diese Weise schützt sich das Ich vor dem bewußten Wahrnehmen von beängstigenden Affekten, „die bei der Ausführung dieser Funktionen auftreten könnten“ (Zeug 1998, 99), und nimmt gleichsam in Kauf, daß es seine Ich-Funktionen in mehreren Bereichen wie jenen des logischen Denkens, der Merkfähigkeit, der Wahrnehmung oder der Motorik nur in eingeschränkter Weise einsetzen kann.
In diesem Zusammenhang kann das Ich zum Beispiel bei der Entwicklung der Lesefähigkeit gehemmt sein, weil die Tätigkeit des Lesens – als eine Variante des Sich-etwas-Einverleibens - an besonders intensive, unbefriedigte orale Wünsche und damit verbundene Ängste erinnern könnte (Zeug 1998, 101, verweist dabei etwa auf die Angst, sich Liebesobjekte aggressiv einverleiben zu wollen und sie dabei zu vernichten). Wenn es dem Ich nicht gelingt, anale Triebwünsche in ausreichender Weise auf Tätigkeiten wie „Schreiben, Zeichnen oder Malen“ zu verschieben, „kann jede dieser Tätigkeiten durch ihre Nähe zur kindlichen Lust an Exkrementen und dem Schmieren zu verbotenen und daher gehemmten Handlungen werden“ - was der Entwicklung der Fähigkeit zum Schreiben ebenfalls empfindlich entgegensteht (Zeug 1998, 103). Und sieht sich ein schwaches Ich mit intensiven Kastrationsängsten konfrontiert, kann die Ausbildung der Fähigkeit zur differenzierten Wahrnehmung von Realität gehemmt werden: Das massive Verlangen, Geschlechtsunterschiede leugnen zu wollen, kann dazu führen, daß Aspekte der Realität, die unbewußt mit dem Moment der Geschlechterdifferenz assoziiert sind, nicht wahrgenommen werden. Auch darin können die Beeinträchtigung der optischen Wahrnehmungsfähigkeit und in weiterer Folge Lese- und Rechtschreibschwierigkeiten gründen (Zeug 1998, 107).

2. Manche Autoren begreifen Lese- und Rechtschreibschwierigkeiten als Folge der Unfähigkeit des Kindes, sich aus frühen Bindungen und Beziehungsmustern zu lösen, und stützen sich in der Untersuchung dieses Zusammenhanges nicht bloß auf triebtheoretische Konzepte. Als Beispiel dafür können manche Ausführungen begriffen werden, die Mertens (1997, 60ff) unter anderem in Anknüpfung an Spitz und Lacan entwickelt: Kann sich ein Kind nicht als getrenntes Wesen erleben, fällt es ihm schwer, differenzierte Formen des „verbal-affektiven Aus-

tausch(es) zwischen Kind und Eltern" zu erfahren, die Repräsentanz des „Nein" zu entwickeln sowie auf elaborierte sprachliche Kompetenzen zurückgreifen zu können. Solche Kinder bevorzugen in der Folge Formen der nonverbalen Verständigung. Dies behindert sie im Erlernen des Lesens und Schreibens; zumal Kinder dann auch Schwierigkeiten haben, sich in der Beziehung zu Mutter und Vater als „Einzelwesen" zu begreifen, den Vater als trennenden Dritten anzuerkennen und die Fähigkeit zum Symbolisieren zu entwickeln, welcher es bedarf, wenn ein Kind sinnhafte Bezüge zwischen dem gesprochenen und dem geschriebenen Wort herstellen soll.

3. Andere Autoren thematisieren wiederum die Beeinträchtigung bestimmter kognitiver Funktionen, die aus der neuropsychologisch orientierten Legasthenie-Literatur nicht unbekannt sind, um diese vor dem Hintergrund tiefenpsychologischer Theorien mit der Ausbildung von Lese- und Rechtschreibschwierigkeiten in Verbindung zu bringen. Buchholz (1986, 269) erinnert beispielsweise daran, daß die sogenannte „Raum-Lage-Labilität", auf welche manche Formen der Legasthenie zurückgeführt werden, „auf eine mangelnde narzißtische Besetzung des eigenen Körpers" zurückzuführen sei. Die damit verbundene eingeschränkte Fähigkeit von Kindern, räumliche Beziehungen in angemessener Weise wahrzunehmen, zu erleben oder zu gestalten, belastet beispielsweise die Rechts-Links-Orientierung von Kindern, ihre Fähigkeit, Buchstaben in der richtigen Reihenfolge zu lesen oder zu schreiben, sowie den Vollzug der graphomotorischen Umsetzung von akustisch Vernommenem in geschriebene Sprache (vgl. dazu auch Hofmann 1991, 43).

Diese Hinweise lassen bereits erkennen, daß es jüngere tiefenpsychologisch orientierte Autoren im Sinne von Mertens (1997, 60) vermeiden, zur Entstehung der Lese- und Rechtschreibschwierigkeiten vorschnell „Spezifitätsannahmen" zu treffen und Lese- und Rechtschreibschwierigkeiten auf einen Konflikttypus oder einen psychodynamischen Abwehrprozeß zurückzuführen. Wenn im eben skizzierten Sinn in verschiedenen Veröffentlichungen dennoch auf „spezifische Abwehr- oder Kompromißbildungen" wie die eben erwähnten verwiesen wird,

- dann sind diese Ausführungen entweder so gehalten, daß sie auch zur Erklärung anderer Lern- und Leistungsstörungen herangezogen werden können (man denke an die Bemerkungen über den Zusammenhang zwischen Minderwertigkeitsgefühlen, Versagensängsten und funktionellem Analphabetismus bei Fuchs-Brüninghoff 1987, 1988);
- oder sie werden in äußerst komplexe Überlegungen zur Entwicklung psychischer Funktionen und Strukturen eingebunden (als Beispiel kann die Arbeit von Mertens und Ohlmeier, 1989, gelten).

Neben dieser vorsichtigen Haltung ist bei Autoren wie Buchholz (1986), Hofmann (1991), Beaumont (1995) oder Zeug (1998) allerdings auch die Tendenz auszumachen, zwischen Lernstörungen im allgemeinen und Lese- und Rechtschreibschwierigkeiten im speziellen nur punktuell zu differenzieren. Die Thematisierung

– nicht gelöster Mutter-Kind-Beziehungen, die zu mangelhaft entwickelter „Selbstsicherheit und Neugier als notwendige Eigenschaften des Lernens“ führen (Beaumont 1995, 45),
– des Verlangens einer „trotzige(n) Verweigerung der Aneignung bestimmter Kulturtechniken“ (Buchholz 1986, 265)
– oder des Vermeidens von Lernen im Dienst der unbewußten Sicherung von Größenphantasien (Hofmann 1991, 45)

kann dann in zweierlei Hinsicht gelesen werden: als Beitrag zu einer allgemeinen Theorie der Lernstörung ebenso wie als Diskussionsbemerkung zu einer speziellen Theorie der Lese- und Rechtschreibschwierigkeit.
Im übrigen sind auch die Bezugnahmen auf jene Konzepte vielgestaltig, mit deren Hilfe die Genese jener psychischen Strukturen und Funktionen theoretisch gefaßt wird, welche das Lesen und Schreiben ermöglichen – oder aber behindern: Zeug (1998) stützt sich beispielweise auf „klassische“ Arbeiten von Sigmund Freud oder Abraham; Beaumont (1995) auf Konzepte von Klein und Bion; und Hofmann (1991) auf Theorien von Mahler, Winnicott und Mannoni.

4.2 Konsequenzen für die heilpädagogische und therapeutische Arbeit mit lese- und rechtschreibschwachen Kindern, Jugendlichen und Erwachsenen

Während die Ausführungen zur Bedeutung und Genese von Lese- und Rechtschreibschwierigkeiten in jüngeren psychoanalytisch-pädagogischen Beiträgen äußerst vielgestaltig ausfallen, lassen sich die publizierten Überlegungen zur methodischen und inhaltlichen Konzeption der tiefenpsychologisch orientierten Arbeit mit lese- und rechtschreibschwachen Kindern in wenigen Punkten darstellen. Insgesamt sind es drei Konzepte, die differenzierter beschrieben werden:

1. In mehreren jüngeren Arbeiten wird ausdrücklich betont, daß Kinder mit Lese- und Rechtschreibschwierigkeiten einer psychotherapeutischen Behandlung bedürfen. Diese Position wird besonders markant von Mertens und Ohlmeier (1989) sowie von Mertens (1997) vertreten, die in ihren Ausführungen auf den möglichen Stellenwert anderer Übungs- und Förderverfahren nicht eingehen. Die Arbeit von Mertens und Ohlmeier (1989) gibt in ausführlicher Weise Einblick in die vierjährige Analyse eines elfjährigen „legasthenischen“ Knaben und läßt erkennen, in welcher Weise die Bearbeitung seiner unbewußten Konflikten und Abwehrtendenzen half, seine Lese- und Schreibfähigkeiten zu verbessern.
Kürzere Fallausschnitte aus der psychotherapeutischen Arbeit mit lese- und rechtschreibschwachen Kindern können bei McLeod (1976) nachgelesen werden. McLeod (1976) sieht ähnlich wie Zeug (1998) die Indikation zur therapeutischen Arbeit dann gegeben, wenn Lese- und Rechtschreibschwierigkeiten in neurotischen Abwehrprozessen gründen: Beide Autorinnen wenden sich dagegen, in solchen Fällen „klassische“ Übungs- und Trainingsprogramme einzusetzen, da

Kinder dann unnötiger Weise unter Leistungsdruck gesetzt würden und es weit dringlicher wäre, diesen Kindern zunächst psychotherapeutisch zu helfen, ihre unbewußten Hemmungen und Blockaden zu lösen.

2. Im Grenzbereich zwischen psychotherapeutischer und psychodynamisch orientierter heilpädagogischer Arbeit ist das Konzept der „educational therapy" angesiedelt, dem Beaumoint (1995) in ihrer Arbeit mit lernschwachen Schülern folgt. In Ausschnitten aus der Arbeit mit dem knapp zehnjährigen Gregorio, der erhebliche Schwierigkeiten im Lesen und Rechnen hatte, gibt sie detailliert Einblick in ihre Art, Kinder mit Lernaufgaben zu konfrontieren, um dabei genau auf die Reaktionen der Kinder zu achten und sie – unter Berücksichtigung der Lebensgeschichte der Kinder - gegebenenfalls auch zu deuten. Beaumont (1995) zeigt in beeindruckender Weise, wie die emotionale Befindlichkeit des Buben, die dieser in den Stunden zeigt, zum Gegenstand von „kleinianisch" geführten Dialogen wird, die ihrerseits dem Buben wiederum helfen, seine Schwierigkeiten zu verstehen und zu überwinden.

3. Innerhalb des institutionellen Rahmens von Erwachsenenbildungseinrichtungen hat sich Fuchs-Brüninghoff (1987, 1988) in der Arbeit mit Menschen engagiert, die sich mit funktionellem Analphabetismus konfrontiert sehen. Vor dem Hintergrund individualpsychologischer Theoriebildungen führt sie den Umstand, daß diese Menschen das Schreiben und Lesen nicht erlernen konnten, auf das frühe Erleben von Abwertung und Entmutigung sowie darauf zurück, daß bereits innerhalb ihrer familiären Beziehungserfahrungen wenig Zutrauen in die eigenen Fähigkeiten entwickelt werden konnte. Unter Einbeziehung mehrerer Fallvignetten zeigt Fuchs-Brüninghoff, wie sie den Einsatz konkreter Lese- und Schreibübungen mit Seminarmethoden verbindet, die den Seminarteilnehmern helfen, die unbewußte Bedeutung und biographischen Wurzeln ihrer Lese- und Rechtschreibschwierigkeiten zu verstehen. Besonderes Gewicht wird auf die Bearbeitung von unbewußten, „lebensstiltypischen" Tendenzen zur Sicherung des Selbstwertgefühls in Zusammenhang mit vergangenen familiären und schulischen Beziehungserfahrungen sowie aktuellen Kommunikations- und Versagensängsten gelegt. – Individualpsychologische Zugänge zur therapeutischen Arbeit mit „legasthenischen Kindern" können im übrigen bei Moser-Baltes (1990) nachgelesen werden.

Neben der Darstellung dieser Konzepte finden sich in mehreren Publikationen verstreute Hinweise, welche de Betreuung von Kindern im schulischen und familiären Kontext betreffen. Hofmann (1991, 46f.) thematisiert spezielle Probleme, die Lehrer aufgrund ihrer eigenen Lerngeschichte mit lese- und rechtschreibschwachen Kindern haben und die zu belastenden Übertragungs-Gegenübertragungs-Beziehung führen können. Überdies unterstreicht sie die Notwendigkeit, lese- und rechtschreibschwachen Kindern bestimmte Ich-stützende Hilfen zukommen zu lassen (Hofmann 1991, 49). In ähnlicher Weise verweist Fuchs-Brüninghof (1988, 131) auf Formen der „Ermutigung", welcher Kinder mit Lernproblemen bedürfen. Vor allem an Eltern wendet sich Grüttner (1980) mit seinem Buch „Legasthenie als Notsignal", in dem er Eltern unter Einbeziehung von vielen Fallbeispielen für ein psychoanalytisches Verständnis von „Legasthenie" zu sensibilisieren versucht.

5. Ausblick

Die Durchsicht von jüngeren tiefenpsychologisch orientierten Veröffentlichungen zum Thema der Lese- und Rechtschreibschwierigkeiten zeigt, daß in den letzten Jahren zwar einige bemerkenswerte Publikationen erschienen sind, in denen einzelne Aspekte von Lese- und Rechtschreibschwierigkeiten auch aus der Sicht jüngerer Theorieansätze diskutiert und zum teil mit kasuistischem Material verknüpft wurden. Eine ebenso umfassende wie gut begründete Theorie der Genese und Bedeutung von Lese- und Rechtschreibschwierigkeiten und ein theoretisch begründetes Konzept zur heilpädagogisch-therapeutischen Arbeit mit lese- und rechtschreibschwachen Kindern aus tiefenpsychologischer Perspektive liegt aber erst in Ansätzen vor. Sollten Arbeiten in diese Richtung verfolgt oder gar intensiviert werden, so ist es aus unserer Sicht angezeigt, einige Anregungen zu bedenken, die wir abschließend vorstellen möchten.

5.1 Auf dem Weg zu einer differenzierteren psychoanalytischen Theorie der Lese- und Rechtschreibschwierigkeiten

Beim Lesen der aktuellen Publikationen zur Bedeutung und Genese von Lese- und Rechtschreibschwierigkeiten ist es oft schwierig, angenommene Zusammenhänge zwischen dem bewußten und unbewußten Erleben von Selbst und Welt, der Entwicklung von psychischen Strukturen und Funktionen sowie der Ausbildung von Lese- und Rechtschreibschwierigkeiten präzise zu erfassen. Als eindrückliches Beispiel kann dafür die ausführliche Falldarstellung von Mertens und Ohlmeier (1989) gelten. Aus unserer Sicht ist eine elaboriertere Ausarbeitung und Darstellung solcher Zusammenhänge anzustreben; und zwar sowohl in der Diskussion von kasuistischem Material als auch in der Präsentation von allgemeiner gehaltenen Theorieentwürfen.

Die Neigung mancher Autoren, Ausschnitte aus Falldokumentationen eher salopp mit verallgemeinernden theoretischen Bemerkungen zu verknüpfen, weckt überdies den Wunsch, die weitere Arbeit an vorhandenen Theoriestücken mit forschungsmethodologischen Reflexionen zu verbinden. Dabei sollte zumindest überlegt werden, welche Formen der Falldokumentation und Falldarstellung welche Theoriestücke zu stützen oder zu entkräften vermögen.

Die eben genannten Ansprüche sind auch an solche Studien zu stellen, in denen Zusammenhänge zwischen einzelnen Formen der heilpädagogisch-therapeutischen Arbeit und der intendierten Verringerung von Lese- und Rechtschreibschwierigkeiten hergestellt werden.

5.2 Auf dem Weg zu einer psychoanalytischen Theorie der Lernstörungen

Vermutlich wird man im Zuge der weiteren Arbeit an einer Theorie der Lese- und Rechtschreibschwierigkeiten auch nicht darum herumkommen, sich mit der Frage auseinanderzusetzen, wie die unterschiedlichen Theorietraditionen miteinander verknüpft werden können, denen Autoren in aktuellen psychoanalytischen Veröffentlichungen folgen. Noch mehr Verknüpfungsarbeit wird aber zu reflektieren und zu leisten sein, wenn man darüber hinaus eine allgemeine psychoanalytische Theorie der Lernstörungen entwickeln möchte; denn dann steht man vor der Aufgabe, in die Ausarbeitung einer solchen Theorie auch solche psychoanalytische Beiträge miteinzubeziehen, die sich mit anderen spezifischen Lernschwierigkeiten (wie Rechenschwierigkeiten; vgl. Schmid 1994) oder Funktionsstörungen (wie Sprachstörungen; vgl. Kurz 1993) befassen.
In diesem Zusammenhang wird es lohnenswert sein, auch jene psychoanalytisch orientierten Ansätze weiterzuverfolgen, in denen an einer differenzierten Verbindung zwischen Theorien der kognitiven und affektiven Entwicklung gearbeitet wird (vgl. dazu Weber 1988; Dohmen-Burk 1992; Leber 1995). Folgt man den Publikationen von Moser und Zeppelin (1996) oder Krause (1997, 1998), so wird es dabei überdies angezeigt sein, jüngere Arbeiten zu einer naturwissenschaftlich fundierten Theorie der Affekte und Emotionen zu rezipieren.
Diesen Verweis auf differenziert gehaltene und jüngst erschienene Publikationen, in denen das Verhältnis zwischen psychoanalytischen und naturwissenschaftlichen Theoriebildungen in durchaus anregender Weise diskutiert wird, nehmen wir zum Anlaß, um abschließend nochmals der Frage nach dem Stellenwert von neuropsychologisch orientierten Theorien für ein psychoanalytisches Verständnis von Lese- und Rechtschreibschwierigkeiten aufzugreifen.

5.3 Nochmals: Zum Verhältnis von psychoanalytischem Denken und neuropsychologisch orientierten Modellvorstellungen

Die psychoanalytisch orientierten Textpassagen, die wir im 3. Kapitel referiert haben, legen die Vorstellung nahe, daß neuropsychologische Modellvorstellungen für die Entwicklung einer psychoanalytischen Theorie der Lese- und Rechtschreibschwierigkeiten irrelevant sind. Die im 4. Kapitel nachgezeichneten Zusammenhänge zwischen der Ausbildung von

Lernstörungen einerseits und bestimmten Schwächen von Ich-Funktionen andererseits erlauben nun aber etwas andere Überlegungen:

1. Zunächst wollen wir darauf aufmerksam machen, daß die an neuropsychologischen Konzepten orientierte Analyse der Fähigkeiten, die z.B. zum Schreiben nach Diktat nötig sind (vgl. Kapitel 2.1), unabhängig davon Sinn gibt, ob Schwächen im Bereich solcher Fähigkeiten auf minimale, durch Läsionen oder Deprivationen verursachte cerebrale Dysfunktionen weiterhin zurückgeführt werden oder nicht (vgl. Schmidt 1992). Deshalb scheint es auch nach wie vor sinnvoll zu sein, an der neuropsychologischen Modellvorstellung festzuhalten, daß Tätigkeiten des Schreibens und Lesens nur dann ausgeführt werden können, wenn das Zusammenwirkens bestimmter (kognitiver) Basisfunktionen gelingt.
Der Hinweis, daß solche Basisfunktionen ausgebildet sein müssen, damit Lesen und Schreiben gelingen kann, erinnert zugleich an das psychoanalytische Konzept bestimmter Ich-Funktionen, deren Ausbildung ein Kind in ähnlicher Weise für das Schreiben und Lesen bedarf (vgl. Lüpke 1989, 76).
Damit liegt aber die Frage nahe, ob sich zwischen der neuropsychologischen Annahme von nicht ausreichend ausgebildeten Basisfunktionen und mangelhaft ausgebildeten Ich-Funktionen im psychoanalytischen Sinn präzisere Beziehungen herstellen lassen, die den Hinweis übersteigen, daß auch die unzulängliche Ausbildung solcher Basisfunktionen (zumindest mitunter) psychodynamisch verstanden werden kann (vgl. Fröhlich 1994, 187; Datler 1997; Bernhofer 1998).

2. Solche Beziehungen lassen sich in der Tat herstellen, wenn man in Anknüpfung an Sandler und Joffe (1967) davon ausgeht, daß die Ausübung oder „Benutzung" bestimmter ausgebildeter Ich-Funktionen – etwa als Ausdruck oder Folge unbewußter Prozesse – gehemmt sein kann. Gelänge es, eine solche Hemmung – etwa im Zuge einer psychotherapeutischen Behandlung – zu lindern, so könnte das Ich – dieser Modellvorstellung folgend – von diesen Ich-Funktionen wieder Gebrauch machen.
Zugleich ist es aber auch vorstellbar, daß das Ich bestimmte Funktionen noch gar nicht ausbilden konnte, weil es dafür noch keine ausreichenden Anregungen erfahren hat oder weil es an der Ausbildung dieser Funktionen aufgrund einer neurotischen Hemmung bislang gehindert wurde. Wäre – idealtypisch gesprochen – Letzteres der Fall, so könnte eine psychoanalytische Therapie vielleicht nötige Anregungen zur Ausbildung dieser Ich-Funktionen eröffnen, vielleicht aber auch nur jene Hemmungen lindern, die es dem Ich erlauben, bei entsprechend gezielter Anregung solche Ich-Funktionen erst einmal zu entwickeln. Dann könnte es hilfreich sein, wenn sich z.B. ein Heilpädagoge solcher möglicher Zusammenhänge nicht nur bewußt wäre, sondern die Ausbildung solcher Ich-Funktionen durch den Einsatz spezieller (vielleicht sogar funktionell-therapeutischer) Übungsverfahren auch selbst unterstützen könnte. Hielte diese Sichtweise weiteren Nachprüfungen stand, so könnte sie zum Ausgangspunkt für weitere, differenziertere Überlegungen genommen werden, welche die Entwicklung von Förderkonzepten, die Ausarbeitung von diagnostischen Verfahren sowie die Reflexion von Fallbeispielen betreffen, welche vielleicht auch „zwischen" den beiden skizzierten idealtypischen Varianten anzusiedeln sind.

3. Aus dieser Perspektive bedarf es dann auch keiner großen Anstrengungen, um dem Hinweisen von Mertens (1997, 73) zu folgen, daß ja alle psychischen Pro-

zesse neuronale Korrelate haben und auch unter diesem Gesichtspunkt die Verbindung von neuropsychologischen und psychodynamischen Konzepten differenzierter als bisher – auch in Hinblick auf die Entwicklung einer Theorie der Lese- und Rechtschreibschwierigkeiten – weiterzuverfolgen wäre (vgl. Nicolai 1996).

Wenn wir an dieser Stelle wiederum auf den Titel unseres Beitrages zurückkommen und danach fragen, ob Lese- und Rechtschreibschwierigkeiten ein Thema Psychoanalytischer Pädagogik darstellt, so können wir nunfesthalten: Ja, Lese- und Rechtschreibschwierigkeiten stellen ein Thema Psychoanalytischer Pädagogik dar – aber kein erschöpft behandeltes, sondern eines, das einer intensiven Bearbeitung harrt.

Literatur

Affolter, F. (1975): Wahrnehmungsprozesse, deren Störung und Ausweitung auf die Schulleistungen, insbesondere Lesen und Schreiben. Z. f. Kinder- und Jugendpsychiatrie 3, 223-234

Ayres, A.J. (1984): Bausteine der kindlichen Entwicklung. Springer: Berlin

Beaumont, M. (1995): Zur Bedeutung psychoanalytischer Konzepte für Kindergarten, Schule und „Erziehungstherapie". Ein Beitrag aus Großbritannien. Jahrbuch für Psychoanalytische Pädagogik 7, 33-48

Becker, U. (1995): Trennung und Übergang: Repräsentanzen früher Objektbeziehungen. edition diskord: Tübingen

Berger, E. (1977a): Das Problem der Teilleistungsschwächen in seiner Bedeutung für die Schule. In: Berger, E. (Hrsg.): Teilleistungsschwächen bei Kindern. Huber: Bern u.a., 12-22

Berger, E. (1977b) (Hrsg.): Minimale cerebrale Dysfunktion bei Kindern. Kritischer Literaturüberblick. Huber: Bern u.a.

Berger, E. (1980): Einführung in die Neuropsychiatrie des Kindes- und Jugendalters. Wien: Jugend und Volk

Berger, E., Schuch, B. und Spiel, G. (1977): Theoretische Konzeptionen und Modellgedanken. In: Berger 1977b, 11-88

Bernhofer, R. (1998): Spielräume der Wahrnehmung. Die Eltern-Kind-Interaktion als Schlüssel zum Verständnis und zur Behandlung von Wahrnehmungsstörungen. In: Z. f. Individualpsychologie 23, 13-22

Biermann, G., Totzek, P. (1981): Kindliche oder elterliche Verhaltensstörungen? Vom Mythos der leichten frühkindlichen Hirnschädigung. Ein gesellschaftliches Phänomen. In: Biermann, G. (Hrsg.): Handbuch der Kinderpsychotherapie, Bd. IV. Reinhardt: München, 799-813

Bogyi, G. (1977): Funktionell-therapeutische Übungsverfahren. In: Berger, E. 1977b, 220-264

Bornstein, B. (1930): Ein Fall von geheilter Dummheit. In: Zeitschrift für psychoanalytische Pädagogik IV, 455-481

Bornstein, St. (1934): Eine Technik der Kinderanalyse bei Kindern mit Lernhemmung. In: Zeitschrift für psychoanalytische Pädagogik VIII, 141-154

Buchholz, M. (1986): Psychoanalytische und familiendynamische Aspekte der Lernbehinderung. Psyche 40, 265-278

Datler, W. (1997): Vom Erklären frühester „Verhaltensauffälligkeiten“ zur Suche nach ihrer Bedeutung. Ein Beitrag zum subjektorientierten Verstehen von frühkindlichen Entwicklungsproblemen. In: Jantzen, W. (Hrsg.): Geschlechterverhältnisse in der Behindertenpädagogik. Subjekt/Objekt-Verhältnisse in Wissenschaft und Praxis. Edition SZH: Luzern, 110-119

Dohmen-Burk, R. (1992): Gestörte Interaktion und Behinderung von Lernen. Asanger: Heidelberg

Esser, G., Schmidt, M. (1987): Minimale cerebrale Dysfunktion- Leerformel oder Syndrom? Enke: Stuttgart

Friedrich, M.H. (1977): Psychotherapeutische Verfahren. In: Berger, E. (Hrsg.): Minimale cerebrale Dysfunktion bei Kindern. Kritischer Literaturüberblick. Huber: Bern u.a., 1977, 196-219

Friedrich, M.H. (1980): Minimale cerebrale Dysfunktion und Schule. In: Friedrich, M.H. (Hrsg.): Teilleistungsschwächen und Schule. Huber: Bern u.a., 15-54

Fröhlich, V. (1994): Psychoanalyse und Behindertenpädagogik. Königshausen und Neumann: Würzburg

Fuchs-Brünninghoff, E. (1987): Individualpsychologie in der Alphabetisierung- Jugendliche und Erwachsene deutschsprachige Analphabeten am Wendepunkt zwischen Entmutigung und Ermutigung. Zeitschrift für Individualpsychologie 12, 128-137

Fuchs-Brüninghoff, E. (1988): Zeichen erkennen - Zeichen geben. Beratung und Lernen - Beratung und Lehren in der Erwachsenenbildung. In: Deutsche Gesellschaft für Individualpsychologie (Hrsg.): Psychotherapie und Beratung in Gruppen. Reinhardt: München/Basel, 127-135

Gerspach, M. (1989): Einführung in die Heilpädagogik. Jugend und Politik: Frankfurt a.M

Göllnitz, G. (1973): Neuropsychiatrie des Kindes- und Jugendalters, Fischer: Jena, 1992, 5. Aufl.

Graichen, J. (1979): Zum Begriff der Teilleistungsstörung. In: Lempp, R. (Hrsg.): Teilleistungsstörungen im Kindesalter. Huber: Bern u.a., 43-62

Grissemann, H. (1995): Von der Legasthenie zu gestörtem Schriftspracherwerb. Vierteljahresschrift für Heilpädagogik und ihre Nachbargebiete 64, 415-428

Grüttner, T. (1980): Legasthenie ist ein Notsignal. Rowohlt: Hamburg

Hofmann, C. (1991): Psychoanalytische Aspekte der Lernstörungen und Lernverweigerung. In: Büttner, Ch., Finger-Trescher, U. (Hrsg.): Psychoanalyse und schulische Konflikte. Grünewald: Mainz, 36-50

Klein, M. (1931): Beiträge zur Theorie der intellektuellen Hemmung. In: Cycon, R., Erb, H. (Hrsg.): Melanie Klein. Gesammelte Schriften. Bd.1, Teil 1, frommann-holzboog: Stuttgart, 375-394

Krause, R. (1997): Allgemeine psychoanalytische Krankheitslehre, Bd. 1. Kohlhammer: Stuttgart u.a.

Krause, R. (1998): Allgemeine psychoanalytische Krankheitslehre, Bd. 2. Kohlhammer: Stuttgart u.a.

Kurt, F. (1993): Zur Sprache kommen: psychoanalytisch orientierte Sprachtherapie mit Kindern. Reinhardt: München u.a.

Landauer, K. (1930): Zur Theorie der Dummheit. In: Zeitschrift für psychoanalytische Pädagogik IV, 416-420

Leber, A. (Hrsg.) (1995): Jean Piaget: Intelligenz und Affektivität in der Entwicklung des Kindes. Suhrkamp: Frankfurt a.M.

Lempp, R. (1964): Frühkindliche Hirnschädigung und Neurose. Hans Huber: Bern, 1978, 3.Aufl.

Leontjew, A. N. (1973): Probleme der Entwicklung des Psychischen. Fischer-Athenäum: Frankfurt/M

Lüpke, H.v. (1989): Psychodynamische Aspekte bei der „minimalen cerebralen Dysfunktion" (MCD) - dargestellt an einem Fallbeispiel. In: Jahrbuch für Psychoanalytische Pädagogik 1. Grünewald: Mainz, 74-89

Luria, A.R. (1970): Die höheren kortikalen Funktionen des Menschen und ihre Störungen bei örtlichen Hirnschädigungen. Deutscher Verlag der Wissenschaften: Berlin

Mattner, D. (1989): Vom Sinn des Unsinnigen - Überlegungen zum hyperkinetischen Verhalten. Jahrbuch für Psychoanalytische Pädagogik 1. Grünewald: Mainz, 90-100

Mattner, D. (1997): Wissenschaftstheoretische Grundlegung einer heilpädagogischen Anthropologie. In: Mattner, D., Gerspach, M. (1997): Heilpädagogische Anthropologie. Kohlhammer: Stuttgart, 13-117

McLeod, B. (1976): Psychotherapie des lese-rechtschreib-schwachen Kindes. In: Biermann, G. (Hrsg.): Handbuch der Kinderpsychotherapie, Ergänzungsband. Reinhardt: München, 53-64

Mertens, E. (1997): Psychoanalytische Untersuchungen zur Pathologie der Lese-Rechtschreibschwäche. Analytische Kinder- und Jugendlichenpsychotherapie XXVIII (Heft 93), 57-76

Mertens, E., Ohlmeier, D. (1989): „Ich dachte, ich könnte es schon ..." Ein Beitrag zur psychoanalytischen Legasthenieforschung. In: Barreuther, H., Busche, H.J., Ohlmeier, D. (Hrsg.): Forschen und Heilen. Suhrkamp: Frankfurt a.M., 496-535

Milz, I. (1996): Neuropsychologie für Pädagogen. Borgmann: Dortmund

Moser, U., Zeppelin, I.v. (1996): Die Entwicklung des Affektsystems. In: Psyche 50, 32-84

Moser-Baltes, A. (1990): Legasthenietherapie aus individualpsychologischer Sicht. In: Brunsting, M., Keller, H.J., Steppacher, J. (Hrsg.): Teilleistungsschwächen. Prävention und Therapie. Edition SZH: Luzern, 279-292

Nicolai, L. (1996): Die affektive Entwicklung des Kindes aus neurobiologischer Sicht. In: Cahiers de Psychologie I, 1-42

Plank-Spira, E. (1933): Affektive Förderung und Hemmung des Lernens. Zeitschrift für psychoanalytische Pädagogik VII, 122-128

Redl, F. (1934): Zum Begriff der Lernstörung. Zeitschrift für psychoanalytische Pädagogik VIII, 155-177

Richter, H.-E. (1969): Eltern, Kind und Neurose. Rowohlt: Reinbek

Richter, H.-E. (1970): Patient Familie. Rowohlt: Reinbek

Ruf-Bächtinger, L. (1987): Das frühkindliche psycho-organische Syndrom. Minimale cerebrale Dysfunktion, Diagnostik und Therapie. Georg Thieme: Stuttgart/New York, 1995, 3. Aufl.

Sandler, J., Joffe, W.G. (1967): Die Persistenz der psychischen Funktion und Entwicklung. Psyche 21, 139-151

Sandler, J., Joffe, W.G. (1969):Auf dem Weg zu einem Grundmodell der Psychoanalyse. Psyche 23, 461-480

Schikola, H. (1936): Über Lernstörungen. Zeitschrift für psychoanalytische Pädagogik X, 106-112

Schmid, V. (1994): Bildung als Präsentation und Repräsentation. Jahrbuch für Psychoanalytische Pädagogik 6, 9-24

Schmidt, M.H. (1992): Das MCD-Konzept ist überholt. Deutsches Ärzteblatt 89, Heft 6, 273-276

Spiel, W., Spiel, G. (1987): Kompendium der Kinder- und Jugendneuropsychiatrie. Ernst Reinhardt: München

Steinhausen, H.Ch. (Hrsg.) (1991): Hirnfunktionsstörungen und Teilleistungsschwächen. Springer: Berlin/Heidelberg

Tamm, A. (1926/27): Die angeborene Wortblindheit und verwandte Störungen bei Kindern. In: Zeitschrift für psychoanalytische Pädagogik I, 329-343

Tamm, A. (1929): Kurze Analyse von Schülern mit Lese- und Schreibstörungen. In: Zeitschrift für psychoanalytische Pädagogik III, 237-250

Weber, J.D. (1988): Die Sprache des Abwesenden. Beiträge der Psychoanalyse Freuds und der Entwicklungspsychologie Piagets zum Verständnis der behinderten Lesefähigkeit. Asanger: Heidelberg

Zeug, M. (1998): Lernstörungen aus psychoanalytischer Sicht. In: Kral, G., Prainin, E. (Hrsg.): Spielerische Lösungen. Das Kind als Mittelpunkt psychotherapeutischen Denkens. Picus: Wien, 92-115

Zulliger, H. (1930): Hintergründe einer orthographischen Hemmung. In: Zeitschrift für psychoanalytische Pädagogik IV, 441-446

Bernhard Natschläger

Über aktuelle Publikationen zu verschiedenen Fragestellungen Psychoanalytischer Pädagogik

In diesem Beitrag wird im Anschluß an die thematisch fokussierte Literaturumschau von Regina Studener und Wilfried Datler auf aktuelle psychoanalytisch-pädagogische Publikationen der letzten ein bis zwei Jahre hingewiesen werden. Gleichermaßen erfreulich wie in der Fülle unübersichtlich war wiederum die Vielzahl von Einzelbeiträgen, Aufsatzsammlungen und Buchpublikationen, die in jüngster Zeit im Schnittfeld von Pädagogik und Psychoanalyse veröffentlicht wurden. Die Besprechung der für diesen Artikel erfaßten Arbeiten gliedert sich aus diesem Grund in folgende Kapitel:

1. Publikationen zu grundlegenden Fragestellungen Psychoanalytischer Pädagogik
2. Neuere Literatur zu verschiedenen Praxisbereichen sowie zur Geschichte der Psychoanalytischen Pädagogik
3. Beiträge zu entwicklungspsychologischen und sozialisationstheoretischen Fragestellungen
4. Literatur zu weiteren Themenstellungen mit psychoanalytisch-pädagogischer Relevanz

1. Publikationen zu grundlegenden Fragestellungen Psychoanalytischer Pädagogik

Die Verbindung der Erfahrung von Selbst und Welt, der Zusammenhang von lebenslangen Beziehungs- und Erziehungserfahrungen mit der Ausbildung bestimmter Subjektstrukturen zählen mit zu den fundamentalen Fragestellungen des pädagogischen Denkens, was insbesonders aus psychoanalytisch-pädagogischer Sicht in der Publikation gleich mehrerer Bücher zum Ausdruck kam.
Erziehungswissenschaftliche Vorstellungen sind gegenwärtig einer ausgeprägten „Multiplizität“ unterworfen, Vorstellungen darüber, was unter Pädagogik als Wissenschaft und Praxis zu verstehen ist, existieren in der Fachliteratur gleichberechtigt, wenn auch unverbunden nebeneinander. Darauf bezugnehmend begründet Bittner (1996) in seinem Buch „Kinder in die Welt, die Welt in die Kinder setzen“, inwiefern die Hauptaufgabe pädagogischen Denkens, Forschens und Handelns darin bestünde, die vielfältigen Facetten menschlicher Erziehungserfahrung von einem leitenden

Grundgedanken her zu verknüpfen (vgl. Bittner 1996, 10). Diesen Grundgedanken - er stellt zugleich die „pädagogische Aufgabe“ und das titelgebende Motto des Buchs dar - sieht Bittner in der Notwendigkeit, Kinder, Jugendliche, Menschen generell „in die Welt zu setzen“ (ebd.). Einführend und an Erfahrungen in und mit Erziehung anknüpfend behandelt Bittner zunächst pädagogische Grundbegriffe wie Sozialisation, Bildung oder Subjektkonstitution, um im Anschluß daran Umrisse einer „Pädagogik der Lebensalter“ zu skizzieren und abschließend auf grundlegende Probleme zeitgenössischer Erziehungswissenschaft (und dabei auch von Psychoanalytischer Pädagogik) zu sprechen zu kommen. In einem thematischen wie personellen Naheverhältnis zu diesem Buch stehen zwei weitere Sammelbände:

- Als Mitherausgeber fungierte Bittner bei einem 1997 herausgegebenen Band (Bittner und Fröhlich 1997), in dem aus dem Blickwinkel klassischer Autoren sowie aktueller Beiträge „das Autobiographischc im pädagogischen Denken“ reflektiert wird.
- „Paradoxien des Ich“ wiederum übertiteln Fröhlich und Göppel (1997) die Günther Bittner gewidmete Festschrift, in der Beiträge (etwa Göppel 1997b, Fröhlich 1997a, Schäfer 1997a oder Schmid 1997a) gesammelt sind, denen die vielschichtige Verständigung über die Schwererfaßlichkeit menschlicher Subjekthaftigkeit, über die kindlichen Anfänge der Ich-Erfahrung und über die Bedeutung der Subjektivität in der Erziehungswissenschaft (vgl. Fröhlich und Göppel 1997; 10f.) als Leitgedanke gemeinsam ist.

Eine ausführlichere Darstellung dieser drei Bücher ist der Rezension von Wilfried Datler (in diesem Band) zu entnehmen.
In dem Sinn, daß die Verarbeitung individueller Erfahrungen von erheblicher Relevanz für die Entwicklung wissenschaftlicher Theorien sind, vertritt auch Kraft (1998) die Ansicht, daß die wissenschaftliche Arbeit an der Geschichte der Pädagogik dadurch versachlicht werden könne, daß man das Instrumentarium der Psychoanalyse miteinbezieht und in diesem Sinn insbesonders den frühen Erfahrungen von Pädagogen Augenmerk schenkt. Kraft expliziert seine These in einer intensiven Auseinandersetzung mit der Biographie Pestalozzis und arbeitet mit Modellen der Selbstpsychologie und der Objektbeziehungstheorie Zusammenhänge zwischen Pestalozzis Erziehungserfahrungen und seiner pädagogischen Theoriebildung heraus. Dabei arbeitet Kraft heraus, wie der latente Text der Theorie auf den latenten Text der Biographie antwortet (vgl. Kraft 1998, 240). Krafts (1998) Artikel schließt an seine ausführlich gehaltene Pestalozzi-Studie an, mit der er sich in Kiel habilitierte (Kraft 1996).

Gleichermaßen grundsätzlich - und gewissermaßen ebenfalls in dem bereits angesprochenen Kontext von Beziehungserfahrungen und psychischer Strukturbildung angesiedelt - ist auch die mittlerweile als Buch publizierte

Habilitationsschrift von Rolf Göppel (1997a) angelegt, in der er „Ursprünge der seelischen Gesundheit" erörtert. In beeindruckendem Detailreichtum stellt Göppel eine Vielzahl empirischer Longitudinalstudien aus dem Bereich der Entwicklungspsychologie und -psychopathologie sowie der Bindungsforschung vor und setzt sie in Beziehung zueinander. Dabei orientiert er sich am (selbst innerhalb psychoanalytischer Denktraditionen vielfältig schillernden) Leitbegriff der „seelischen Gesundheit", der seinerseits im abschließenden Teil der Arbeit in seinem Verhältnis zu bildungstheoretischen Ansätzen diskutiert wird. In bildungstheoretische Erörterungen mündet auch Winterhager-Schmids (1996) Aufsatz über die „Dialektik des Generationenverhältnisses", in dem die Autorin darauf hinweist, daß der Begriff der „Generation" weder im pädagogischen noch im psychoanalytischen Diskurs systematisch und explizit bedacht ist. Dennoch sei die Generationendifferenz „fundamentaler Anlaß einerseits zur kulturellen Nötigung der nachfolgenden Generationen, andererseits Anlaß für eigenständige, identifikatorische Aneignungs- und Deutungsprozesse auf seiten der kulturellen Neulinge, sie ist schließlich der Grund übergreifender intergenerationaler Bezogenheit auf die gemeinsame Kultur" (Winterhager-Schmid 1996, 240f.).
Anthropologisch argumentiert auch Wechselberger (1998), der in seinem vom Institut für Erziehungswissenschaften der Universität Innsbruck herausgegebenen Band „Es werde Ich" die Konstitution des menschlichen Subjekts aus der Perspektive Freudscher und Lacanscher Konzepte zusammenfaßt.
Wenn Bittner (1996) in einem Teil seines oben erwähnten Buches Themen und Aufgaben einer Pädagogik der Lebensalter von der Schwangerschaft bis zum Erwachsenenalter darstellt, so macht Schäfer (1998) in einem kurzen Aufsatz gleichsam einen Vorschlag zur Institutionalisierung der universitären Auseinandersetzung mit den frühesten Entwicklungsphasen, indem er für die Einrichtung eines Diplomstudiengangs „Pädagogik der frühen Kindheit" plädiert und notwendige Rahmenbedingungen dafür skizziert.
Im Literaturumschauartikel des vergangenen Jahres konnte auf einige 1995 in der „Zeitschrift für Pädagogik" erschienene psychoanalytisch-pädagogische Arbeiten zum Verständnis des Allgemeinen und Besonderen in der pädagogischen Kasuistik verwiesen werden. Zwei Jahre danach brachten Friebertshäuser und Prengel (1997) ein im wörtlichen Sinn „gewichtiges" Handbuch zu qualitativen Forschungsmethoden in der Erziehungswissenschaft heraus. Einige der zahlreichen Aufsätze dieses Sammelbandes sind (zum Teil auch explizit) als psychoanalytisch-pädagogische Beiträge zu verstehen: Fatkes (1997) Aufsatz stellt in diesem Kompendium eine leicht überarbeitete Fassung seines 1995 publizierten Artikels dar. Leuzinger-Bohleber und Garlichs (1997) stellen anhand zweier konkreter Forschungsprojekte dar, inwiefern der forschungsmethodische „Dialog zwi-

schen Psychoanalyse und Erziehungswissenschaft" als Dialog zwischen interpretierenden und experimentell-messenden Wissenschaftstraditionen zu begreifen und zu gestalten ist. Schmid (1997b) umreißt nach einem historischen Überblick des komplizierten Verhältnisses zwischen Pädagogik und Psychoanalyse Kriterien, nach denen spezifisch psychoanalytisch-pädagogische Fallstudien zu dokumentieren und zu diskutieren wären. Winterhager-Schmid (1997) ihrerseits präsentiert Forschungsmöglichkeiten anhand einer im Vergleich zu Interviews oder Beobachtungsprotokollen heute eher ausgefalleneren Datenquelle - den Tagebüchern von Jugendlichen. Gloger-Tippelts (1997) Artikel über das Konzept und die empirischen Anwendungsmöglichkeiten des sogenannten „Adult-Attachment-Interviews" wurde zwar nicht im Handbuch von Friebertshäuser und Prengel (1997), sondern als Zeitschriftenaufsatz publiziert, er fällt jedoch ebenfalls in die hier angesprochene Kategorie von Publikationen, die in elaborierter Weise psychoanalytische Methoden mit anderen Formen wissenschaftlicher Forschung verknüpfen.

2. Neuere Literatur zu verschiedenen Praxisbereichen sowie zur Geschichte Psychoanalytischer Pädagogik

2.1 Sozialpädagogik

Überblickt man die jüngste psychoanalytisch-pädagogische Literatur zu sozialpädagogischen Themenstellungen, so fällt die relative Dichte auf, mit der sich Autoren und Autorinnen um fundamentale Eckpfeiler einer psychoanalytisch-sozialpädagogisch begründeten Methode bemühen. Körner und Ludwig-Körner (1997) beziehen sich in ihrer als Buch publizierten Einführung immer wieder auf vier Fallbeispiele aus dem Bereich der sozialpädagogischen Einzelberatung und Gruppenleitung. Überlegungen zur Gestaltung und Reflexion des Settings und des Rahmens der Arbeitssituation, Ausführungen zur Theorie der Übertragung und des Arbeitsbündnisses führen schließlich zur Frage, unter welchen Voraussetzungen von psychoanalytisch-sozialpädagogischem Handeln die Rede sein kann. Grundsätzliche Überlegungen finden allerdings nicht alleine in theoretisch-methodische Gedanken Eingang, sondern spiegeln sich auch in Fragestellungen zur Evaluation sozialpädagogischer Konzepte wieder (vgl. dazu die Rezension von Burkhard Müller in diesem Band).
Körner (1997) stellt weiters Überlegungen zur Konzeption und Wirkungsanalyse von sogenannten „Sozialen Trainigskursen", einer ambulanten Maßnahme des deutschen Jugendstrafvollzugs, vor, die insbesonders der Darstellung des Umgangs mit forschungsmethodischen Problemen Beachtung schenkt. Unter anderem als Hinweis darauf, daß wohl kaum von *der* psychoanalytischen Methode im Rahmen *der* sozialen Arbeit gesprochen

werden kann, ist der von Eckes-Lapp und Körner (1997) herausgegebene Band über „Psychoanalyse im sozialen Feld" zu lesen. PraktikerInnen aus der Bewährungshilfe ebenso wie aus heilpädagogischen Institutionen oder der Erziehungsberatung geben einen jeweils knappen Überblick über ihre Aufgaben und psychoanalytisch inspirierte Arbeitsweise.
Der Tübinger Verein für psychoanalytische Sozialarbeit ist, nicht zuletzt dank der kontinuierlichen Publikationstätigkeit seiner MitarbeiterInnen, längst über regionale Grenzen hinweg bekannt geworden. Kraft und Perner (1997) umreißen in ihrem Artikel zunächst die umfassenden Rahmenkonstruktionen der Arbeit des Vereins mit autistischen oder psychotischen Menschen und zeichnen im Anschluß daran den Verlauf einer Fallgeschichte nach, anhand welcher die flexible Handhabung des therapeutischen Settings illustriert wird. Einen Akzent in die Richtung der Fortbildung von ErzieherInnen setzen Stephenson und Leixnering (1995), die in ihrem Konzept der Verknüpfung von Theorie und individueller Erfahrung besonderes Augenmerk schenken.

2.2 Schulpädagogik

Werning (1996) knüpft an die Ausgangsthese an, wonach der Umgang mit sozial auffälligen Schülern zur pädagogischen Normalität zu zählen sei, und stellt in weiterer Folge die Notwendigkeit des (auch psychoanalytisch inspirierten) Verstehens der subjekt- und kontextabhängigen Bedeutung auffallenden Verhaltens dar. Deutlich konzentrierter bezieht sich der Beitrag von Popp (1997) auf tiefenpsychologische beziehungsweise analytische Konzepte, wenn die Autorin von ihrer Arbeit in einer Klasse einer Förderschule und dem begleitenden Supervisionsprozeß berichtet.
Etwas weiter zurück liegt die Veröffentlichung des von Ertle und Neidhardt (1994) herausgegebenen Bandes über „Unterricht mit Kindern in Not". Die insgesamt sieben Beiträge dieses Buches vermitteln aufgrund ihrer im wesentlichen kasuistischen Darlegung ein vielschichtiges Bild davon, auf welch unterschiedliche Weise und unter welchen institutionellen Rahmenbedingungen LehrerInnen mit sogenannten „schwierigen Kindern" zu tun bekommen und ihnen erzieherisch helfen können. Wiewohl es den Anschein hat, daß sogenannte „Verhaltensstörungen" von Kindern und Jugendlichen am ehesten in Sonder- oder Förderschulen, jedenfalls vorwiegend im Pflichtschulbereich anzutreffen sind, finden sich doch vereinzelt Beiträge, die dieses Bild korrigieren. Steinhardt und Vanzetta (1997) geben einen Bericht über das Konzept und die Arbeit eines Schulversuchs zur Betreuung und Integration verhaltensauffälliger Schüler und Schülerinnen an Allgemeinbildenden Höheren Schulen, der ursprünglich in Anlehnung an das Konzept von PsychagogInnen entwickelt wurde, die an Pflichtschulen tätig sind (vgl. Steinhardt und Vanzetta 1997, 1003f.).

Willerscheidt (1997) stellt in seinem Aufsatz ein (beispielsweise dem bekannteren Sceno-Test durchaus ähnliches) projektives Testverfahren für Kinder und Jugendliche vor, das explizit und speziell auf die Erfassung von kindlichen Selbst- und Weltvorstellungen im schulischen Kontext, etwa die positive oder negative Besetzung von unterschiedlichen Lernbereichen oder lebensstiltypische „Schulszenen“, abzielt.
Vereinzelt finden sich unter den schulpädagogischen Veröffentlichungen der letzten Zeit auch psychoanalytisch-pädagogische Beiträge aus dem Bereich der Lehrerbildung und -fortbildung. Diem-Wille, Finger und Heintel (1998) etwa berichten über Erfahrungen mit dem Projektstudium „Psychoanalytische Pädagogik in der Allgemeinen pädagogischen Ausbildung für das Lehramtsstudium“ an der Universität Wien. Im Rahmen dieses Lehrangebots sollte angehenden Lehrern „Erfahrungen sowie Kenntnisse von psychodynamischen und gruppendynamischen Prozessen in Individuen, Gruppen und Organisationen“ vermittelt werden, damit sie „zum vertieften persönlichen Verständnis der psychischen Kräfte beitragen und damit dessen kreative Anwendung im pädagogischen Berufsalltag ermöglichen“ (Diem-Wille u.a. 1998, 50). Lehrerfortbildung, sofern sie vor psychoanalytischem Hintergrund praktiziert wird, ist in der einschlägigen Literatur häufig unter dem Stichwort „Supervision“ aufzufinden. Daß „Verstehen“ nicht bloß Voraussetzung, sondern essentieller Bestandteil des „Veränderns“ im Sinne der Erweiterung des professionellen Handlungsspektrums ist, führt Glasenapp vor dem Hintergrund eines an Adler und Heidegger orientierten Supervisionsverständnisses aus. Schönig (1996) dagegen unternimmt in seinem Beitrag den Versuch, so unterschiedliche Diskussionsstränge wie Organisationstheorie und Psychoanalyse mithilfe von Konzepten der Kleingruppenforschung und der Abwehr aufeinander zu beziehen und im Bereich der Schulberatung in den neuen deutschen Bundesländern zur Anwendung zu bringen.

2.3 Sonder- und Heilpädagogik

Fragen, welche das Problem einer Grundlegung von Sonder- und Heilpädagogik aus psychoanalytischer Sicht betreffen, greifen Mattner und Gerspach (1997) in ihrem Buch „Heilpädagogische Anthropologie“ auf. Die Autoren dieses Bandes setzen sich unter anderem mit neurophysiologischen und materialistischen Konzeptionen von Heilpädagogik auseinander, begründen die Notwendigkeit der Thematisierung von expliziten und impliziten anthropologischen Annahmen von heilpädagogischen Theorieentwürfen und entwerfen ein psychoanalytisches Verständnis von Heilpädagogik, das sich nicht nur an Behinderte im konventionellen Sinn wendet (vgl. dazu die ausführliche Rezension von Heinz Krebs in diesem Band).

Ein thematischer Schwerpunkt des vorjährigen Jahrbuchs für Psychoanalytische Pädagogik war dem „Arbeiten in heilpädagogischen Settings" gewidmet. Neben den Beiträgen von Kraft und Perner (1997; s.o., Kapitel 2.1) sowie von Steinhardt (1997b; s.u., Kapitel 2.4.) wurden noch drei weitere Arbeiten zu diesem Praxisbereich publiziert: Kupper-Heilmann und Kleemann (1997) berichten zunächst von der Arbeit mit einer Gruppe von Kindern aus einer Schule für Erziehungshilfe in einem Kurs „Akrobatik mit Pferden". Zwei Falldarstellungen dienen der psychoanalytisch-pädagogischen Reflexion dieser Arbeit, insbesonders unter dem Aspekt der Ermöglichung von alternativen Bezeihungserfahrungen. Auch Neuhaus (1997) rückt in ihrem Beitrag das Gruppengeschehen in einer Schule für Erziehungshilfe in den Mittelpunkt: Einer vierköpfigen Kindergruppe wird durch das Psychodramaspiel die Möglichkeit eröffnet, Wünsche, Ängste und Verletzungen zu symbolisieren und bearbeitbar zu machen. Schaab (1997) wiederum reflektiert in ihrem Aufsatz ihre „dialogisch-heilpädagogische" Praxis mit einem 21-jährigen geistig behinderten Mann. Die Autorin arbeitet einerseits heraus, wie sich der von ihr betreute Mann archaischen Ängsten stellen mußte und zugleich neue Entwicklungsmöglichkeiten entfalten konnte, und demonstriert andererseits, inwiefern vor dem Hintergrund psychoanalytischer Reflexion diesem Mann verstehend begegnet werden konnte.
Inwiefern vor dem Hintergrund der Entwicklungstheorie Margret Mahlers die besonderen Entwicklungsbedingungen geistig behinderter Menschen differenziert verstanden werden können und wie aufgrund eines so gewonnenen Verständnisses die Beziehung zu diesen Menschen gestaltet werden sollten, stellt überdies Senckel (1997) in einem Zeitschriftenartikel anhand eines Fallbeispiels dar. In inhaltlicher Nähe dazu ist ein Aufsatz Datlers (1997a) anzusiedeln, in dem die These vertreten wird, daß es in bestimmten Fällen möglich und sinnvoll ist, „einzelne Auffälligkeiten, die häufig auf minimale Hirnfunktionsstörungen zurückgeführt werden, als Folge und Ausdruck bestimmter Weisen des Erlebens von Selbst und Welt zu begreifen" (Datler 1997a, 113).
Daß Psychoanalyse und die Arbeit mit geistig behinderten Menschen einander nicht als fremde Praxisbereiche gegenüberstehen, stellt auch der von Heinemann und de Groef (1997) herausgegebene Sammelband „Psychoanalyse und geistige Behinderung" unter Beweis. Der Band - greifbares Ergebnis einer internationalen Arbeitstagung in Belgien - präsentiert verschiedene Therapiekonzeptionen in unterschiedlichen Arbeitsfeldern aus ganz Europa und den USA, die jeweils darum bemüht sind, psychoanalytische Konzepte und Methoden in der Begegnung mit Behinderten hilfreich einzusetzen. Niedecken (1997) stellt in ihrem Beitrag zu diesem Buch eine Studie zur psychosexuellen Genese von geistiger Behinderung vor, in deren Kern die These vorgetragen wird, daß sich in der frühkindlichen Situation geistig behinderter Menschen Krisen einstellen, deren Bewältigung

sich als so schwierig erweist, daß die Voraussetzungen für Phantasieren und Intentionalität beeinträchtigt werden (vgl. Niedecken 1997, 251). Überwiegend kasuistisch hingegen ist das Buch „Ich will dir erzählen..." von Reuther-Dommer und Dommer (1997) gestaltet, in dem die Entwicklung einer Gruppe von 23 geistig behinderten Frauen in mehreren Wohngruppen über zwei Jahre hinweg beschrieben wird.

Das Erscheinen eines „Lehrbuchs der Kinderpsychotherapie" war schon länger angekündigt und kam schließlich 1997 zustande. Reinelt, Bogyi und Schuch (1997) versammeln in ihrem grundsätzlich didaktisch konzipierten Werk eine Reihe von psychoanalytisch-pädagogisch relevanten Einzelbeiträgen, unter anderem zur Frage der Beziehung (Reinelt 1997), zum Thema „Grenzbereichen der Kinderpsychotherapie" (Figdor 1997a, Datler 1997b) oder zu Möglichkeiten des diagnostischen Zugangs zum Kind (Figdor 1997b).

2.4 Beiträge zu Balintgruppen- und Supervisionsarbeit

Die Reflexion institutioneller Bedingungen ist für eine Vielzahl psychoanalytischer Supervisionskonzepte längst zum integralen Bestandteil des professionellen Selbstverständnisses geworden. 1997 erschienen eine Reihe von Beiträgen, die sich mehr oder weniger explizit und überwiegend auf differenzierte Weise dem facettenreichen Problemkreis „Institution" widmeten. Buchinger (1997) etwa plädiert in seinem Aufsatz dafür, weder Team- und Organisationssupervision miteinander gleichzusetzen noch vorschnell den einen Begriff zugunsten des anderen fallenzulassen. Demgegenüber verfolgt Buchinger die These, daß sich Supervision, als relativ junges Feld beruflicher Praxis, in einer Phase der methodischen und inhaltlichen Ausdifferenzierung befindet, die eben solche Begriffsunklarheiten mit sich bringt. Aus individualpsychologischer und systemischer Sicht thematisiert Fuchs-Brüninghoff (1997) die Beziehung zwischen Institution und Lebensstil der leitenden MitarbeiterInnen der jeweiligen Institution. Vor dem Hintergrund einer anschaulichen Erläuterung der psychoanalytischen Termini Übertragung und Gegenübertragung bringt Modick (1997) institutionelle Bedingungen insofern in den Blick, als er die Möglichkeit des Machtmißbrauch als ubiquitär im psychosozialen Feld erkennt und die unbewußten Wirkungen von förderlichen Settings als „institutionelle Übertragung" beziehungsweise „institutionelle Gegenübertragung" begreift. Wiese (1997) streicht in ihrem Artikel die Dynamik zwischen Supervision und solchen Institutionen hervor, die sich durch eine besondere ideologische Prägung auszeichnen. Anhand von fünf Thesen und mehreren Fallbeispielen werden unter anderem Bemächtigungstendenzen, Größenphantasien oder der Umgang mit Macht- und Glaubensfragen problematisiert. In einem ähnlichen Zusammenhang ist auch der Beitrag von Bauer

(1997) zu sehen, in dem die Autorin auf Probleme und Aufgaben von Supervision in Institutionen zu sprechen kommt, die sich der Betreuung und Beratung von Opfern sexuellen Mißbrauchs beziehungsweise jenen Institutionen widmen, die therapeutisch mit Tätern arbeiten. In beiden Fällen trifft eine auf Differenzierung abzielende supervisorische Arbeit sehr rasch auf (unter anderem ideologisch motivierte) Widerstände und Abwehr. Insbesonders sogenannte „totale Institutionen" tendieren - so Leffers und Stemmer-Luck (1997) - zur Mobilisierung früher Abwehrmechanismen, deren Funktion im Rahmen institutionalisierter Abwehr berücksichtigt werden müsse, wenn Supervision qualitätvoll sein soll. Auch Jentges (1997) thematisiert in seinem Beitrag den Organisationstyp und die Dynamik von totalen Institutionen und beleuchtet insbesonders Aspekte von Abwehr und Widerstand in psychiatrischen Institutionen, deren Auftrag und Selbstverständnis sich durch die Öffnung im Rahmen der Reformpsychiatrie der Siebzigerjahre massiv verändert hat.

Die Debatten rund um Konzepte der Reform- oder Antipsychiatrie führten ja unter anderem dazu, daß Menschen mit geistigen Behinderungen in psychiatrischen Institutionen nicht mehr bloß „verwahrt", sondern vielmehr gezielt gefördert werden sollten, um sich in die Gesellschaft eingliedern zu können. Demzufolge gewannen offenere Einrichtungen und heilpädagogisch qualifizierte BetreuerInnen allmählich an Bedeutung. Inwiefern solche integrative Bestrebungen Einfluß darauf haben, wie BehindertenpädagogInnen mit Enttäuschungen und Erlebnissen des Scheiterns im Beruf umgehen, diskutiert Steinhardt (1997a, 1997b) vor dem Hintergrund psychoanalytischer Konzepten von Größenphantasien und einer ausführlichen Darstellung eines langdauerenden Supervisionsprozesses.

Unter jüngeren Publikationen zur psychoanalytisch orientierter Supervision und Beratung lassen sich noch zwei weitere thematische Schwerpunkte ausmachen: Einerseits erschienen in den letzten Jahren einige Artikel und auch Bücher zu allgemein-konzeptuellen Fragestellungen von Supervision, zum anderen widmete eine renommierte deutsche Zeitschrift (Forum Supervision) 1997 eine Ausgabe fast zur Gänze dem Themenbereich der Ausbildung, speziell der Lehrsupervision.

Zunächst zu grundsätzlichen, beziehungsweise konzeptionellen Arbeiten: „Ist Supervision eine Anwendungsform der Psychoanalyse?" fragt Pollak (1997) in seinem Aufsatz und argumentiert in weiterer Folge, inwiefern dieser Frage zu bejahen ist. Seiner Kernthese zufolge deutet der Psychoanalytiker in der Supervision die Gegenübertragung des Supervisanden auf dessen Klienten (vgl. Pollak 1997, 10), die allerdings in der Supervision in „transponierter Form" (vgl. Pollak 1997, 12f.) auftauche. Jansen und Stemmer-Lück (1995) stellen in ihrem Beitrag ein auf basalen Konzepten der Psychoanalyse beruhendes Modell zur Strukturierung des diagnostischen Prozesses und zur Vorbereitung weiterer Interventionen in der Supervision vor. Es handelt sich dabei um das Konzept des Unbewußten, um

den Zusammenhang zwischen intra- und interpersonaler Dynamik, um den genetischen Aspekt und um das psychoanalytische Konfliktmodell.
Theoretische Konzepte der psychoanalytischen Entwicklungspsychologie, der Übertragung und des Konfliktmodells spielen in der ausführlichen und differenzierten Darstellung von Graf-Deserno und Deserno (1998) ebenfalls eine gewichtige Rolle. Im Fall von psychoanalytischer Teamsupervision sind die Beteiligten - aus der Sicht der Autoren - immer zugleich mit individuellen (berufsbiographischen), interpersonellen und mit institutionellen Entwicklungsprozessen konfrontiert. Die Verknüpfung dieser Dimensionen erörtern Graf-Deserno und Deserno zunächst theoretisch, um im Anschluß daran detailliert und auf „dominante Konfliktthemen" der unterschiedlichen Phasen eines langwährenden Supervisionsprozesses fokussiert (vgl. Graf-Deserno und Deserno 1998, 79ff.) die Entwicklung einer psychoanalytischen Teamsupervision nachzuzeichnen. In drei abschließenden Kapiteln werden schließlich Gedächtnisprotokollc von Supervisionssitzungen, der Verlauf dieser Sitzungen und somit auch die gesetzten Interventionen kommentiert und zur Diskussion gestellt.
In einem thematisch ähnlich gelagerten Arbeitsfeld wie die eben erwähnten Schlußkapitel des Buchs von Graf-Deserno und Deserno ist die Studie von Gartz (1996) anzusiedeln, der sich ebenfalls für den Verlauf und die Qualität eines Supervisions-, im speziellen eines Balintgruppenprozesses im schulischen Bereich interessiert, methodisch aber völlig anders vorgeht: Im Gegensatz zu Graf-Deserno und Deserno (1998) legt Gartz (1996) weniger Gewicht auf die Untersuchung detaillierter Veränderungs- und Entwicklungsschritte, sondern mehr auf die individuelle Wahrnehmung einzelner Gruppensitzungen durch Balintgruppenteilnehmer sowie auf die Analyse transkribierter Balintgruppengespräche. Gartz erhebt die Einschätzungen der Gruppenmitglieder einerseits mittels des sogenannten „Reutlinger Kategorien-Inventars für Balintgruppen", die ihm die Durchführung einer Fragebogenerhebung erlaubte, deren Ergebnisse statistisch verrechnet wurden, andererseits bringt er auch inhaltsanalytische Methoden zum Einsatz, wie sie auch in der empirischen Psychotherapieforschung Verwendung finden. Unter anderem gelingt es Gartz, Differenzen zwischen der Balintgruppenarbeit und der psychotherapeutischen Arbeit zu präzisieren und zu belegen.

2.5 Veröffentlichungen über Erziehungsberatung und Elternarbeit

Die bislang detaillierteste und ausführlichste Darstellung seines Konzepts psychoanalytisch-pädagogischer Erziehungsberatung legt Figdor (1997c) im zweiten Band seiner Arbeit „Kinder aus geschiedenen Ehen" vor. Ganz explizit - der Untertitel „Wege der Hilfe" ist bereits ein erster Hinweis darauf - werden in den zentralen Kapiteln des Buchs Beratungsmethodik und

Beratungstechnik in den Blick gebracht. Vorbereitet werden die Ausführungen zur Gestaltung des Beratungsbeginns, zur Indikation sowie zur Methode der psychoanalytisch-pädagogischen Aufklärung durch detaillierte Überlegungen über mögliche Langzeitfolgen und notwendige Zielsetzungen in der Arbeit mit Scheidungskindern und deren Eltern. Ein Kapitel über institutionelle und juristische Aspekte sowie ein kurzer autobiographischer „Roman" eines Scheidungskindes schließen das Buch ab.

Eine These Figdors (vgl. Figdor 1997a), wonach die beratende Arbeit mit Eltern die Therapie von Kindern nicht allein begleiten, sondern mitunter auch ersetzen kann, findet sich sinngemäß auch im Beitrag von Aldrup (1998), die im Rahmen einer Gruppenberatung von Eltern psychosoziale Faktoren im Zusammenhang mit kindlicher Neurodermitis oder Asthma bronchiale thematisiert. Aus einem ähnlichen Tätigkeitsfeld, wenn auch nicht mit der gleichen Elaboriertheit wie Figdor, berichtet Angelika Rubner (1997), wenn sie in ihrem Artikel der Frage nachgeht, inwiefern ein psychoanalytisches Elterngespräch als „Legierung zwischen Pädagogik und Psychoanalyse" zu begreifen sei. Im Gegensatz zu den oben referierten Arbeiten liegt der Schwerpunkt der Artikel von Mazdar (1998) und Nohr (1998) mehr auf der therapiebegleitenden Elternarbeit: Mazdar (1998) schildert sowohl in allgemeiner Form als auch anhand von kasuistischem Material Schwierigkeiten von Therapeuten, die Dreiecksbeziehung zu Eltern und behandelten Kindern zu gestalten, was im dargestellten Fall in die therapeutische Arbeit der Analytikerin mit Mutter und Sohn in getrennten Settings führte. Die Schwierigkeiten, von denen Mazdar (1998) eindrücklich berichtet, werden von Nohr (1998) sowohl in der Ausbildung von Kandidaten als auch in der einschlägigen analytischen Literatur als zu wenig präsent problematiert und zudem als partielle Überforderungen begriffen, wenngleich der Arbeit mit Eltern aus der Sicht Nohrs eminente Bedeutung zukommt.

Eine Übersicht über vorwiegend jüngere individualpsychologische und psychoanalytische Literatur zum Thema „Erziehungsberatung" (Natschläger 1997) wurde im vorjährigen Band des Jahrbuchs für Psychoanalytische Pädagogik veröffentlicht.

2.6 Publikationen zur Geschichte und zu bedeutenden Vertretern Psychoanalytischer Pädagogik

Nach wie vor ist einschlägigen Publikationen zu entnehmen, daß im Bereich der Geschichtsforschung psychoanalytischer Pädagogik Neuland zu erschließen ist. Biermann (1998) rekonstruiert in seinem Buch „Nelly Wolfheim und die Psychoanalytische Pädagogik" zunächst den Werdegang dieser Pionierin psychoanalytisch orientierter Kindergartenarbeit im Deutschland der Zwischenkriegszeit. Im zweiten - umfangreicheren - Teil des Buches werden dann vier Originalbeiträge von Nelly Wolfheim vorgestellt. Die Bedeutung Alfred Adlers, seines Menschenbilds und seiner Theorien für die Pädagogik stellt ein Artikel von Rüedi (1997) in knappen Zügen dar.

Aichhorn und Früh (1996) geben in ihrem Artikel einen Vorbericht über das Projekt einer Aichhorn-Gesamtausgabe. Ein Band dieser Werksammlung soll der umfangreichen Korrespondenz August Aichhorns gewidmet sein, unter anderem dem Briefwechsel Aichhorns mit Anna Freud nach 1945, der einen lebendigen Einblick in die Phase der Reorganisation der Wiener Psychoanalytischen Vereinigung ermöglicht. Auffallend dabei ist vor allem der (geplante) hohe Stellenwert, den pädagogische und fürsorgerische Aktivitäten im Rahmen der Wiener Psychoanalytischen Vereinigung einnehmen hätten sollen.

Auf die nachhaltige „Aktualität Bruno Bettelheims" verweist ein unter dem Titel „Liebe und Haß in der Pädagogik" von Krumenacker (1997) herausgegebener Tagungsband. Er enthält eine Fülle von thematisch breit gefächerten Einzelbeiträgen (unter anderem von Fröhlich 1997b, Schäfer 1997b), in denen aus systematischer oder historischer Perspektive auf die Bedeutung Bruno Bettelheims bezug genommen wird. Außerdem sind in dem Band Beiträge von ehemaligen Mitarbeitern Bettelheims sowie ein Artikel der Bettelheim-Biographin Sutton nachzulesen. Das Buch von Krumenacker (1997 und die äußerst gegensätzlich verfaßten Bettelheim-Biographien von Sutton (1996) und Pollak (1997) - Sutton nähert sich Bettelheim wohlwollend, Pollak hingegen kritisch - wurden jüngst in informativer Weise von Göppel (1998) besprochen.

In Zeitschriftsbeiträgen werden runde Jubiläen zweier prominenter Vertreter psychoanalytisch-pädagogischer Theorie und Praxis gedacht: Kaufhold (1997) gibt anläßlich des 85. Geburtstags von Rudolf Ekstein einen kurzen Überblick über dessen Leben und Werk. Gerspach und Katzenbach (1996) zeichnen in ihrem - Aloys Leber zum 75. Geburtstag gewidmeten - Beitrag die Entwicklung von Forschungsschwerpunkten Lebers nach, etwa seine Beschäftigung mit Lorenzers Konzept des szenischen Verstehens oder der Piaget´schen Theorie der kognitiven Entwicklung. Unter dem Titel „Stationen eines Lebens für die Schulreform" erinnert Lutz Wittenberg (1997) an den 50. Todestag von Ferdinand Birnbaum, der die individualpsychologischen Beiträge zur Wiener Schulreform der Zwischenkriegszeit maßgeblich mitinitiiert und mitgestaltet hat.

Ohne einen speziellen Todes- oder Geburtstag zum Anlaß zu nehmen, hat Nase (1993) eine ausführliche Studie über „Oskar Pfisters analytische Seelsorge" und damit eine Untersuchung über das Leben und Werk eines „Pioniers" der Psychoanalytischen Pädagogik vorgelegt, der zwar immer wieder genannt, auf den in historischen Arbeiten aber nur selten ausführlicher eingegangen wird (vgl. dazu die Rezension von Volker Fröhlich in diesem Band).

3. Beiträge zu entwicklungspsychologischen und sozialisationstheoretischen Fragestellungen

Die wissenschaftliche Auseinandersetzung mit diversen Fragen der menschlichen Entwicklung gestaltet sich - sofern psychoanalytische Theorien mit im Spiel sind - schon seit geraumer Zeit in zumindest zweierlei Weise: Zum einen ist nach wie vor jene entwicklungs- und sozialisationstheoretische Tradition erkennbar, wonach psychoanalytische Theorien den Referenzrahmen darstellen, von dem aus Überlegungen zur „normalen" oder „pathologischen" Entwicklung von Individuen entwickelt und manchmal mit Hilfe von klinisch-kasuistischem Material gestützt werden. So stellt beispielsweise der Artikel von Baldass (1996) auf diese Weise jüngere Ansätze der Entwicklung von Geschlechtsidentität aus objektbeziehungstheoretischer Sicht dar. - Einer solchen Tradition stehen Autoren und Autorinnen gegenüber, die im Bereich einer psychoanalytisch fundierten Entwicklungspsychologie für den kontrollierten Dialog zwischen Psychoanalyse und anderen - meist empirisch orientieren - Wissenschaftsdisziplinen plädieren.

Insbesonders dann, wenn es um die Erforschung der frühen und frühesten Kindheit geht, wird besagter Dialog in den letzten Jahren sehr lebhaft geführt. Letzteres ist nicht nur der bereits oben erwähnten Studie von Göppel (1997a) zu entnehmen. So widmete die Studiengesellschaft für Kinderpsychoanalyse ihr 1996 erschienenes 13. Jahrbuch dem Leitthema psychoanalytischer Entwicklungstheorien. Auhser-Mihm (1996) geht der Frage nach, inwiefern es im Rahmen von freien Assoziationen und Übetragungsanalyse in Erwachsenenanalysen zu einer zumindest begrenzten Rekonstruktion der Lebenswirklichkeit von Säuglingen kommt. Mit der auf Direktbeobachtung beruhenden Theorie Daniel Sterns (1985) stellt die Autorin eine ihrer Ansicht nach zufriedenstellende Alternative vor. Der Tendenz mancher Publikationen und Autoren, scheinbar obsolet gewordene Konzepte - wie etwa das einer Symbiose zwischen Mutter und Kind - einer baldigen Revision anheimzustellen, tritt Menschik-Bendele (1996) entgegen, wenn sie den Kritikern des Symbiosekonzepts vorhält, vorwiegend auf kognitive und weniger auf objektbeziehungstheoretische Aspekte inneren Erlebens geachtet zu haben. In eine ähnliche Kerbe schlägt Beckord (1996), die in ihrem Artikel auf die implizit normierende und idealisierende Dynamik wissenschaftlicher Erkenntnisse für die pädagogische, psychologische und prophylaktische Praxis hinweist.

Es mag in diesem Zusammenhang auch von nicht unerheblichem Belang sein, daß einer der profiliertesten deutschsprachigen Kritiker des Symbiosekonzeptes von Margaret Mahler, Martin Dornes, in seinem neuesten Buch (Dornes 1997, 154ff.) seine ehemals erhobenen Einwände relativiert, wenn auch nicht zurücknimmt. Weitere Schwerpunkte des Buches, in dem neben bereits früher veröffentlichten Arbeiten auch drei Originalbeiträge

aufscheinen, stellen Dornes' Auseinandersetzung mit Piagets Theorieansätzen, mit der Frage nach der Entwicklung von Angst und Aggression sowie mit der Diskussion dar, ob es im Säuglingsalter bereits ein Unbewußtes gibt. Einen Überblick über den aktuellen Stand der Diskussion - insbesonders des Mahler'schen Symbiosekonzepts - gibt weiters der von Burian (1998) herausgegebene Sammelband über den „beobacheten und den rekonstruierten Säugling".
Daß die Problemstellungen der (empirischen) Säuglingsforschung keineswegs allein von akademischem Interesse sind, verdeutlicht Schnoor (1997) in ihrem Beitrag, in dem sie erläutert, inwiefern es für Mitarbeiter in der Frühförderung von Bedeutung ist, ihre Interventionsschritte im Hinblick auf die die sozialisierende, persönlichkeitsstrukturbildende Funktion früher Interaktionserfahrungen zwischen Mutter und Kind zu reflektieren. In eine ähnliche Kerbe schlägt der Aufsatz Bernhofers (1998), die anhand eines Fallbeispiels auf den Zusammenhang zwischen dem Erleben bestimmter Beziehungserfahrungen und der Ausbildung von Wahrnehmungsstörungen hinweist. Bernhofer zeigt, inwiefern es notwendig ist, das Zusammensein von Mutter und Kind differenziert und subtil zu beobachten beziehungsweise zu verstehen, bevor beraterische oder therapeutische Interventionen gesetzt werden. Auf die Bedeutsamkeit der Dyade Vater-Kind weist Wengler (1996) mit seinem Beitrag hin, in dem er zunächst klassische psychoanalytische Entwicklungstheorie zur Rolle und Funktion des Vaters referiert und daran anknüpfend das Thema der Triangulierung als mit der Zeugung beginnende Spannung darstellt. Überlegungen zum Anteil der „Vaterabwesenheit" an Struktur- und Symptombildung schließen diesen Beitrag ab.

Neben der Beschäftigung mit der frühen Kindheit rückte in den letzten Jahren eine andere Lebensphase besonders in den Blick: die Adoleszenz. Dieser Blick ist zunächst einmal ein Blick zurück. Eglé Laufer (1997) betitelte ihre 1996 in Wien gehaltene Anna Freud-Vorlesung „Die Angst, in der Adoleszenz verrückt zu werden" und zentriert ihre theoretischen Kernaussagen, dem Anlaß entsprechend, auf Anna Freuds berühmtes Buch „Das Ich und die Abwehrmechanismen", dessen Positionen zur Psychologie der Adoleszenz sie mit Fallvignetten aus ihrer eigenen Praxis unterlegt. Rubner (1996) wiederum verschafft ihrer Leserschaft eine komprimierte Übersicht über die Adoleszenztheorie von Peter Blos. Neben solchen Würdigungen „klassischer" Ansätze psychoanalytischer Entwicklungstheorie kommt die Adoleszenz auch in anderen Zusammenhängen zur Sprache. Winterhager-Schmid (o.J.) stellt auf wenigen Seiten komprimiert Entwicklungsaufgaben und Krisen des Jugendalters vor und umreißt dabei auch Konsequenzen für die Arbeit mit Jugendlichen. Von Wulff Aschoff (1996) wurde ein als Ratgeber konzipierter Sammelband zu „Erregungen um ein Lebensalter" herausgegeben, in dem Fachleute unterschiedlichster

Provenienz darlegen, was man als (sorgetragender) Erwachsener über Jugendliche wissen sollte.
Eine andere Stoßrichtung verfolgen Krebs, Eggert-Schmid Noerr, Messer und Freudenberger (1997) mit dem von ihnen herausgegebenen Buch zur „Lebensphase Adoleszenz“: Die Beiträge des Buches beleuchten unter Einbeziehung von jüngeren Adoleszenztheorien aus vielgestaltigen Blickwinkeln Fragen der Adoleszenzentwicklung. Beiträge von Vera King, Burkhard Müller, Christian Büttner, Manfred Gerspach, Urte Finger-Trescher und anderen spannen in anregender Weise einen thematisch weiten Bogen, in dem die Auseinandersetzung mit geschlechtsspezifischen Formen der Adoleszenzentwicklung sowie mit der schulischen und heilpädagogischen Arbeit mit Adoleszenten besondere Beachtung geschenkt wird.

Manche dieser Beiträge knüpfen an eine bereits lange währende Diskussion über die (psychoanalytische) Theorie des Weiblichen an. Eine mit Originaltexten operierende Einführung in diese Diskussion bietet Winterhager-Schmid (1998): Als Herausgeberin des Readers „Konstruktionen des Weiblichen“ hat sie verstreut publizierte Texte von Freud, Deutsch, Chodorow bis hin zu Flaake und anderen Autorinnen und Autoren der Gegenwart in einem Band versammelt. Als hilfreich erweisen sich die umsichtig und kompetent verfaßten Kommentare, mit denen die Herausgeberin durch das Buch führt, dessen Beiträge innerhalb eines Zeitraumes von etwa einhundert Jahren entstanden sind.

4. Literatur zu weiteren Themenstellungen mit psychoanalytisch-pädagogischer Relevanz

4.1 Gewaltbereitschaft, Rassismus und Antisemitismus aus psychoanalytisch-pädagogischer Perspektive

„Erschrecken geht durch das Land: Ein Teil nicht der, sondern unserer Jugend ist dermaßen aus den Fugen geraten, daß allgemeine, aber wortreiche Ratlosigkeit darüber herrscht, wie diesem ebenso gewaltigen wie gewaltsamen Übel beizukommen ist.“ - Ahrbeck (1996a) läßt zu Beginn seines mit „Selbstwertförderung als Pädagogik der Vermeidung“ übertitelten Beitrags pars pro toto einen Gesamtschullehrer zu Wort kommen. Das vielbeklagte selbstbezogene Verhalten von Jugendlichen, narzißtische Bedürfnisse und die zunehmende Bereitschaft zur Gewalt seien jedoch weniger das Produkt von Modernisierungsschritten, sondern von weit verbreiteten, vorgeblich konfliktvermeidenden Erziehungskonzepten. In überarbeiteter Form findet sich dieser Artikel in einem Sammelband wieder (Ahrbeck 1997), in dem der Autor mehrfach auf die individuellen wie gesellschaftlichen Risken der kontinuierlichen Vermeidung von Auseinandersetzungen hinweist und eine breite Palette von „Psychoanalytische(n) Überlegungen zu aktuellen Erziehungsfragen" anstellt.

Aggression und Gewalt als gesellschaftliche und pädagogische Herausforderungen sind darüber hinaus in einer Reihe weiterer aktueller Publikationen das vorrangige Thema. In den Aufsätzen von Picker (1995) und Prasse (1995) konzentrieren sich die Argumentationen vor allem auf die Aufklärung des weithin gerne gepflegten Mißverständnisses einer aggressionsfreien Kindheit. Prasse (1995) bringt das augenscheinliche Vergnügen von Kinder an der (bildlichen oder erzählten) Darbietung von Gewalt mit Freuds Annahme eines Todestriebs in Verbindung, Picker (1995) hingegen plädiert für ein differenzierteres Verstehen vielfältiger möglicher Hintergründe und Ursachen jugendlicher Gewaltdurchbrüche, die neben ihrer psychodynamischen Funktion auch pragmatisch, gesellschafts- und sozial begründet sein können. Einen beachtlichen Schritt in die Richtung des von Picker erhofften subtileren Verständnisses von Gewalt und kindlicher Aggression macht Petri (1996) mit einer zusammengestellten und kommentierten Sammlung von Aufsätzen und Essays zu diesem Thema. Petri ortet die Ursachen von erschreckenden Gewalthandlungen in einer Vielzahl strukturell vorgegebener Entfremdungserfahrungen, die Kinder, Eltern und Erzieher in einer auf Konkurrenz fundierten Gesellschaft immer wieder machen und machen müssen. Die Gefahren eines „Tötungstriebes" (vgl. Petri 1996, 123ff. und 141ff.) werden dabei - trotz allem - einer Psychoanalyse der Hoffnung gegenübergestellt. Ein anderes Bündel an Gedanken verfolgt Regehr (1994), die in ihrem Beitrag insgesamt elf Aspekte thesenhaft benennt und (vor dem Hintergrund objektbeziehungstheoretischer Annahmen) pointiert vorträgt, die als Anteil von Frauen am Zustandekommen rechtsradikaler Jugendgewalt zu verstehen sind.

1996 füllten engagierte Rezensionen und Diskussionen die Feuilletonseiten deutschsprachiger Zeitungen, nachdem die deutsche Übersetzung des Buches „Hitlers willige Vollstrecker" von Daniel Goldhagen erschienen war, in dem der amerikanische Historiker bekanntlich die These eines „eliminatorischen Antisemitismus" der Deutschen verfolgte. Aus psychoanalytischer Perspektive nehmen sowohl Bohleber (1997) als auch Brede und Karp (1997) differenzierend kritisch zu dieser These Stellung. Nicht unmittelbar im Zusammenhang mit der Goldhagen-Debatte, aber in thematischer Nähe dazu ist eine Arbeit von Füchtner (1996) zum „Vaterlandssyndrom" anzusehen. Füchtner rekonstruiert die sozialpsychologischen Wirkmechanismen nationalistischer Ideologien und geht der Frage nach, welche seelischen Bedürfnisse durch sie befriedigt werden (vgl. dazu die Rezension von Walter Kissling in diesem Band).

4.2 Für oder wider „Ethnische Identität“ und andere offene Fragen

Nachdem Mario Erdheim im Jahrbuch für Psychoanalytische Pädagogik 7 (1995) einen Artikel über ethnische Identität und multikulturelle Gesellschaft publiziert hatte, in dem er die These vertrat, daß die Erlangung ethnischer Identität für das Individuum ebenso bedeutsam sei wie die Geschlechtsidentität, diente das darauffolgende Jahrbuch der Diskussion dieser These. Füchtner (1997) widerspricht in seiner Kritik Erdheim energisch: Den fundamentalen Antagonismus zwischen Familie und Kultur, auf den sich Erdheim in der Begründung seiner These stützt, gebe es, so Füchtner (1997, 107f.), nicht, zudem verstricke sich Erdheim in Widersprüche. Diesen Vorwürfen tritt Erdheim (1997) entgegen, indem er die Vorbehalte gegen den Begriff der ethnischen Identität als Besorgnis, mit rechtem Gedankengut in Verbindung gebracht zu werden, deutet. In mehreren Durchgängen argumentiert Erdheim, inwiefern der Begriff der ethnischen Identität sowohl berechtigt als auch theoriegeschichtlich abgesichert ist.
Büttner, Finger-Trescher, Grebe und Krebs brachten 1998 einen Sammelband heraus, der unter dem Titel „Brücken und Zäune“ Aspekte und Probleme interkultureller Pädagogik zum Thema hat. Gegliedert in zwei große Teile werden zunächst Beiträge vorgestellt, die sich aus sozialwissenschaftlicher und/oder psychoanlytischer Perspektive an das Thema „Migration“ annähern. Im zweiten Teil des Buches werden interkulturelle Beziehungen (und Konflikte) aus der Sicht der Psychoanalytischen Pädagogik reflektiert, wobei insbesonders dem Verstehen und Aushalten von Fremdheit und Differenz Aufmerksamkeit zuteil wird.
Eine ethnopsychoanalytische Studie aus Jamaika von Heinemann (1997) geht der in der Literatur bisher noch nicht gestellten Frage nach, inwiefern gestörte Familien- und Beziehungsstrukturen als „Erbe der Sklaverei“ (so der Titel des Buches) begriffen werden können: „Das Erbe der Sklaverei ist ein kulturelles Trauma, das bis heute über den Kreislauf von Sozialisation und Persönlichkeit weitergegeben wird. Aus der Anstrengung heraus, das Trauma zu bewältigen und mit den neuen Lebensbedingungen fertig zu werden, haben die Menschen Jamaikas im Laufe der letzten Jahrhunderte eine eigene Kultur entwickelt“ (Heinemann 1997, 99).

4.3 Weitere Themenschwerpunkte psychoanalytisch-pädagogisch relevanter Publikationen

Mythen und Märchen sind in unterschiedlicher Weise Gegenstand aktueller Publikationen: Zunächst ist in diesem Zusammenhang auf ein bei Suhrkamp erschienenes und ansprechend gestaltetes Buch hinzuweisen. Anita Eckstaedt (1998) veröffentlichte eine ausführliche Darstellung und Deutung des „Struwwelpeters“ von Heinrich Hoffmann, der - aus der Sicht Eckstaedts - in den Geschichten des Kinderbuchs latent seine eigene Geschichte an einem Schnittpunkt von Tod und Leben erzählt. Beeindrukkend sind vor allem die detaillierten Querbezüge, welche die Autorin zwischen den verschiedenen Geschichten, zwischen Versen und Illustrationen herstellt.

Zwei Zeitschriftenartikel befassen sich explizit mit der Bedeutung von Märchen: Kowal-Summek (1996) faßt die psychoanalytische Tradition der Befassung mit Mythen und Märchen zusammen, bevor sie sich mit der Frage auseinandersetzt, welche Möglichkeiten sich bieten, Märchenspiele und Märchenlieder im Unterricht zu verwenden. Einen klinischen Ausgangspunkt wählt Eike Rubner (1997), die anhand dreier Fallbeispiele aufzeigt, in welchem gegenseitigen Verhältnis Traum und Märchen stehen.

Abschließend seien noch drei Buchpublikationen erwähnt, die sich mit äußerst unterschiedlichen Fragestellungen beschäftigen. Rauchfleisch (1997) tritt dem mit vermeintlicher Sorge um das Wohl der Kinder vorgetragenen und weitverbreiteten Lamento entgegen, das um den „Zerfall der Familie“ angestimmt wird, ohne dabei zu berücksichtigen, daß die sogenannte „vollständige“ Familie keineswegs die einzige konstruktive Lebensform darstellt. Rauchfleich arbeitet Chancen und Entwicklungsmöglichkeiten heraus, die Kinder in Einelternfamilien, mit gleichgeschlechtlichen Partnern oder im elterlichen Tausch der „klassischen“ Geschlechterrollen vorfinden können.

In eine gänzlich andere Richtung geht der von Eisenbach-Stangl und Ertl (1997) herausgegebene Sammelband über „Unbewußtes in Organisationen“. Er stellt das Ergebnis einer Tagung dar, auf der quasi Schnittfelder zwischen Psychoanalyse und Organisationsentwicklung diskutiert wurden. Die Beiträge sind thematisch weit gestreut und reichen von der Darstellung der Familiendynamik in einem Familienunternehmen über Sublimierungsprozesse in Kunst und Kultur, eine psychoanalytische Deutung von medizinischen Ritualen bis zur Erörterung der möglichen Rolle und Bedeutung der Gruppenanalyse in der Sozialarbeit.

Walter (1996) versammelte in dem von ihm edierten Band „1945-1995: Eine Fortsetzungsgeschichte“ Beiträge unterschiedlichster Provinienz, um sich der Frage anzunähern, wie gegenwärtig 50 Jahre nach dem Ende der Naziherrschaft diese Vergangenheit in Politik, Erziehung und Kunst noch ist.

Literatur

Ahrbeck, B. (1996a): Selbstwertförderung als Pädagogik der Vermeidung. In: Die neue Sonderschule 41, 166-180

Ahrbeck, B. (1996b): Warum Veränderungen Zeit brauchen. In: Die neue Sonderschule 41, 351-358

Ahrbeck, B. (1997): Konflikt und Vermeidung - Psychoanalytische Überlegungen zu aktuellen Erziehungsfragen. Luchterhand: Berlin

Aichhorn, Th. und Früh, F. (1996): Aus dem Briefwechsel Anna Freud – August Aichhorn. In: Bulletin – Zeitschrift der Wiener Psychoanalytischen Vereinigung Nr. 7, 38-53

Aldrup, G. (1998): Gruppenarbeit mit Eltern, deren Kinder an Neurodermitis, Asthma bronchiale oder Allergien erkrankt sind. In: Z. f. Individualpsychologie 23, 23-33

Aschoff, W. (Hrsg.) (1996): Pubertät. Erregungen um ein Lebensalter. Vandenhoeck & Ruprecht: Göttingen

Auhser-Mihm, M. (1996): Der (re-)konstruierte und der reale Säugling. In: Studien zur Kinderpsychoanalyse 13, 7-34

Baldass, M.L. (1996): Bub oder Mädchen. Die Auswirkungen früher Objektbeziehungen auf die Entwicklung der Geschlechtsidentität. In: Bulletin – Zeitschrift der Wiener Psychoanalytischen Vereinigung Nr. 7, 54-76

Bauer, A. (1997): Von jeder Lust weit entfernt!? Sexualität als Arbeitsgebiet in Institutionen. In: Forum Supervision 5 Heft 10, 32-56

Beckord, D. (1996): Die frühe Eltern-Kind-Beziehung im Blickpunkt von Wissenschaft, Therapie und subjektiver Alltagserfahrung. In: Studien zur Kinderpsychoanalyse 13 , 48-69

Bernhofer, R. (1998): Spielräume der Wahrnehmung. Die Eltern-Kind-Interaktion als Schlüssel zum Verständnis und zur Behandlung von Wahrnehmungsstörungen. In: Z. f. Individualpsychologie 23, 13-22

Biermann, G. (1998): Nelly Wolfheim und die psychoanalytische Pädagogik. Psychosozial: Gießen

Bittner, G. (1998): Kinder in die Welt, die Welt in die Kinder setzen. Eine Einführung in die pädagogische Aufgabe. Kohlhammer: Stuttgart

Bittner, G. und Fröhlich V. (Hrsg.) (1997): Lebens-Geschichten. Über das Autobiographische im pädagogischen Denken. Die Graue Edition: Zug

Bohleber, W. (1997): Die Konstruktion imaginärer Gemeinschaften und das Bild von den Juden - unbewußte Determinanten des Antisemitismus in Deutschland. In: Psyche 51, 570-605

Brede, K. und Karp, A.C. (1997): Eliminatorischer Antisemitismus: Wie ist die These zu halten? In: Psyche 51, 606-629

Buchinger, K. (1996): Die Differenzierung des „institutionellen Faktors“ in der Organisationssupervision. In: Supervision 29, 40-51

Büttner, Ch. u.a. (Hrsg.) (1998): Brücken und Zäune - Interkulturelle Pädagogik zwischen Fremdem und Eigenem. Psychosozial-Verlag: Gießen

Burian, W. (Hrsg.) (1998): Der beobachtete und der rekonstruierte Säugling. Vandenhocck & Ruprecht: Göttingen

Datler, W. (1997a): Vom Erklären frühester „Verhaltensauffälligkeiten“ zur Suche nach ihrer Bedeutung. Ein Beitrag zum subjektorientierten Verständnis von frühkindlichen Entwicklungsproblemen. In: Jantzen, W. (Hrsg.): Geschlechterverhältnisse in der Behindertenpädagogik. Subjekt/Objekt-Verhältnisse in Wissenschaft und Praxis. Edition SHZ: Luzern, 110-120

Datler, W. (1997b): Psychotherapie und Pädagogik. In: Reinelt, T., Bogyi, G. und Schuch B. (Hrsg.): Lehrbuch der Kinderpsychotherapie. Grundlagen und Methoden. Ernst Reinhardt Verlag: München, Basel, 107-111

Dornes, M. (1996): Die frühe Kindheit. Fischer: Frankfurt a.M.

Eckes-Lapp, R. und Körner, J. (Hrsg.) (1997): Psychoanalyse im sozialen Feld. Prävention – Supervision. Psychosozial: Gießen

Eckstaedt, A. (1998): „Der Struwwelpeter" - Dichtung und Deutung. Suhrkamp: Frankfurt a.M.

Eglé Laufer, M. (1996): Die Angst, in der Adoleszenz verrückt zu werden. Anna Freud Vorlesung 1996. In: Bulletin – Zeitschrift der Wiener Psychoanalytischen Vereinigung Nr. 8 , 4-25

Eisenbach-Stangl, I. und Ertl, M. (Hrsg.) (1997): Unbewußtes in Organisationen. Zur Psychoanalyse von sozialen Systemen. WUV: Wien

Erdheim, M. (1997): Erwiderung auf Hans Füchtners Kritik „Für 'Ethnische Identität' - gegen Freud. Kritische Anmerkungen zu Erdheims Thesen über Familie, Kultur und Ethnizität". In: Datler, W., Finger-Trescher, U. und Büttner, Ch. (Hrsg.): Jahrbuch für Psychoanalytische Pädagogik 8. Psychosozial: Gießen, 126-139

Ertle, Ch. und Neidhardt, W. (Hrsg.) (1994): Unterricht mit Kindern in Not. Lehrer helfen ihren schwierigen Kindern. Klinkhardt: Bad Heilbrunn

Fatke, R. (1995): Das Allgemeine und das Besondere in pädagogischen Fallgeschichten. In: Zeitschrift für Pädagogik 41, 681-697

Fatke, R. (1997): Fallstudien in der Erziehungswissenschaft. In: Friebertshäuser, B., Prengel, A. (Hrsg.): Handbuch Qualitative Forschungsmethoden in der Erziehungswissenschaft. Juventa: Weinheim und München, 56-70

Figdor, H. (1997a): Psychotherapie versus Beratung. In: Reinelt, T., Bogyi, G. und Schuch B. (Hrsg.): Lehrbuch der Kinderpsychotherapie. Grundlagen und Methoden. Ernst Reinhardt Verlag: München, Basel, 102-107

Figdor, H. (1997b): Direkte Ausdrucks- und Verhaltensweisen. In: Reinelt, T., Bogyi, G. und Schuch B. (Hrsg.): Lehrbuch der Kinderpsychotherapie. Grundlagen und Methoden. Ernst Reinhardt Verlag: München, Basel, 235-241

Figdor, H. (1997c): Scheidungskinder – Wege der Hilfe. Psychosozial: Gießen

Fröhlich, V. (1997a): Anmerkungen zur Genese des Ich-Sagens - oder: Wer ist „Fi"? In: Fröhlich, V. und Göppel, R. (Hrsg.): Paradoxien des Ich. Beiträge zu einer subjektorientierten Pädagogik. Königshausen und Neumann: Würzburg, 175-191

Fröhlich, V. (1997b): Liebe und Haß in der Geschichte der Psychoanalytischen Pädagogik. In: Krumenacker, F.-J. (Hrsg.): Liebe und Haß in der Pädagogik. Zur Aktualität Bruno Bettelheims. Lambertus: Freiburg, 44-55

Fröhlich, V. und Göppel, R. (Hrsg.) (1997): Paradoxien des Ich. Beiträge zu einer subjektorientierten Pädagogik. Königshausen und Neumann: Würzburg

Fuchs-Brüninghoff, E. (1997): Beratung von Menschen in Systemen. In: Z. f. Individualpsychologie 22, 184-192

Füchtner, H. (1996): Vaterlandssyndrom. Zur Sozialpsychologie von Nationalismus, Rechtsradikalismus und Fremdenhaß. Roland Asanger Verlag: Heidelberg

Füchtner, H. (1997): Für „Ethnische Identität" - gegen Freud. Kritische Anmerkungen zu Erdheims Thesen über Familie, Kultur und Ethnizität. In: Datler, W., Finger-Trescher, U. und Büttner, Ch. (Hrsg.): Jahrbuch für Psychoanalytische Pädagogik 8. Psychosozial: Gießen, 105-125

Garz, H.G. (1996): Wege zum schwierigen Kind. Die Balint-Gruppe im Schulalltag. Eine empirische Studie. Grünewald: Mainz

Gerspach, M. und Katzenbach, D. (1996): „...an der Szene teilnehmen und doch innere Distanz dazu gewinnen." Aloys Leber zum 75. Geburtstag. In: Behindertenpädagogik 35, 354-372

Glasenapp, S.v. (1997): Verstehen heißt verändern – Supervision als Form der Lehrerfortbildung. In: Z.f. Individualpsychologie 22, 172-183

Gloger-Tippelt, G. (1997): Adult-Attachment-Interview: Eine neue Methode in der Bindungsforschung. In: Zeitschrift für Sozialisationsforschung und Erziehungssoziologie 17, 324-329

Göppel, R. (1997a): Ursprünge der seelischen Gesundheit. edition bentheim: Würzburg

Göppel, R. (1997b): Wieviele bin ich? In: Fröhlich, V. und Göppel, R. (Hrsg.): Paradoxien des Ich. Beiträge zu einer subjektorientierten Pädagogik. Königshausen & Neumann: Würzburg, 70-89

Göppel, R. (1998): Besprechung von: Sutton, N.: Bruno Bettelheim. Auf dem Weg zur Seele des Kindes; Pollak, r.: The Creation of Dr. B. A Biography of bruno Bettelheim; Krumenacker, F.J. (Hrsg.): Liebe und Haß in der Pädagogik. Zur Aktualität Bruno Bettelheims. In: Zeitschrift für Pädagogik 44, 625-635

Graf-Deserno, S. und Deserno, H. (1998): Entwicklungschancen in der Institution – Psychoanalytische Teamsupervision. Fischer: Frankfurt a.M.

Heinemann, E. (1997): Das Erbe der Sklaverei. Ethnopsychoanalytische Studie in Jamaika. Fischer: Frankfurt a.M.

Heinemann, E. und de Groef, J. (Hrsg.) (1997): Psychoanalyse und geistige Behinderung. Grünewald: Mainz

Jantzen, W (Hrsg.) (1997): Geschlechterverhältnisse in der Behindertenpädagogik. Subjekt/Objekt-Verhältnisse in Wissenschaft und Praxis. Edition SZH: Luzern

Jentges, H. (1997): Die Öffnung des Ausgeschlossenen. Rahmenanalyse und historischer Abriß zur Totalen Institution. In: Supervision, Heft 32, 10-30

Kaufhold, R. (1997): Rudolf Ekstein wird 85 Jahre alt. In: Behindertenpädagogik 36, 318-327

Körner, J. (1997): Konzeption und Wirkungsanalyse sozialpädagogischer Gruppenarbeit zur Förderung prosozialen Handelns bei Jugendlichen. In: Sozialpädagogik im Dialog (Gemeinsame Schriftenreihe der sozialpädagogischen Institute der Freien und der Technischen Universität Berlin) 1/1997, 3-22

Körner, J. und Ludwig-Körner A. (1997): Psychoanalytische Sozialpädagogik: Eine Einführung in vier Fallgeschichten. Lambertus: Freiburg

Kowal-Summek, L. (1996): Märchen-Spiel und Märchen-Lied aus psychoanalytischer Sicht. In: Schneider, R. (Hrsg): Musik im Diskurs, Band 12: Musikpädagogik in der Diskussion. Gustav Bosse Verlag: Kassel, 47-80

Kraft, E. und Perner, A. (1997): Vom Objekt der Betreuung zum Subjekt des Wunsches. Über psychoanalytische Sozialarbeit mit einer achtzehnjährigen Frau. In: Datler, W., Finger-Trescher, U. und Büttner, Ch. (Hrsg.): Jahrbuch für psychoanalytische Pädagogik 8. Psychosozial: Gießen, 10-26

Kraft, V. (1996): Pestalozzi oder das pädagogische Selbst. Eine Studie zur Psychoanalyse pädagogischen Denkens. Klinkhardt: Bad Heilbrunn

Kraft, V. (1998): Psychoanalyse pädagogischen Denkens am Beispiel Pestalozzis. In: Psyche 52, 236-256

Krebs, H., Eggert-Schmid Noerr, A., Messer, H. und Freudenberger, H. (Hrsg.) (1997): Lebensphase Adoleszenz: Junge Frauen und Männer verstehen. Grünewald: Mainz

Krumenacker, F.J. (Hrsg.) (1996): Liebe und Haß in der Pädagogik. Zur Aktualität Bruno Bettelheims. Lambertus: Freiburg

Kupper-Heilmann, S. und Kleemann, Ch. (1997): Heilpädagogische Arbeit mit Pferden. In: Datler, W., Finger-Trescher, U. und Büttner, Ch. (Hrsg.): Jahrbuch für Psychoanalytische Pädagogik 8. Psychosozial: Gießen 27-46

Leffers, C.-J. und Stemmer-Lück, M. (1997): Institutionalisierte Abwehr in Totalen Institutionen. In: Supervision, Heft 32, 100-115

Leuzinger-Bohleber, M. und Garlichs, A. (1997): Theoriegeleitete Fallstudien im Dialog zwischen Psychoanalyse und Erziehungswissenschaft. In: Friebertshäuser, B., Prengel, A. (Hrsg.): Handbuch Qualitative Forschungsmethoden in der Erziehungswissenschaft. Juventa: Weinheim und München, 157-176

Madzar, U. (1998): Mutter und Kind in getrennten Settings bei einer Psychotherapeutin. Ein Beitrag zum Thema der Elternarbeit in der Kindertherapie. In: Z.f. Individualpsychologie 23, 3-12

Mattner, D. und Gerspach, M. (1997): Heilpädagogische Anthropologie. Kohlhammer: Stuttgart

Menschick-Bendele, J. (1996): Das psychoanalytische Konzept der Symbiose und die Ergebnisse der Säuglingsforschung. In: Studien zur Kinderpsychoanalyse 13, 35-47

Modick, H.E. (1997): Sabina Spielrein, die Gegenübertragung und die Supervision – Zum unumgänglichen Zusammenhang von Machtgebrauch und Machtmißbrauch bei professionellem Helfen. In: Z.f. Individualpsychologie 22, 159-171

Nase, E. (1993): Oskar Pfisters analytische Seelsorge. Walter de Gruyter: Berlin/NewYork

Natschläger, B. (1997): Erziehungsberatung als Gegenstand psychanalytisch-pädagogischer Veröffentlichungen. Ein Literaturbericht. In: Datler, W., Finger-Trescher, U. und Büttner, Ch. (Hrsg.): Jahrbuch für Psychoanalytische Pädagogik 8. Psychosozial: Gießen, 143-178

Neuhaus, B. (1997): Das Psychodramaspiel mit Kindern an einer Schule für Erziehungshilfe. In: Datler, W., Finger-Trescher, U. und Büttner, Ch. (Hrsg.): Jahrbuch für Psychoanalytische Pädagogik 8. 47-68

Niedecken, D. (1997): Introjektion als Beschädigung des symbolischen Raumes. Eine Studie zur psychosexuellen Genese von geistiger Behinderung. In: Forum der Psychoanalyse 13, 241-262

Nohr, L. (1998): Probleme der Elternarbeit in der Therapie mit Kindern und Jugendlichen. In: Z.f. Individualpsychologie 23, 34-40

Petri, H. (1995): Lieblose Zeiten. Psychoanalytische Essays über Tötungstrieb und Hoffnung. Vandenhoeck & Ruprecht: Göttingen

Picker, H. (1995): Traum vom Kinderparadies. Kinder – Jugendliche – und Gewalt. In: Sozialpädagogische Impulse 3/1995, 7-12

Pollak, r. (1997): The Creation of Dr.B. A Biography of Bruno Bettelheim. Simon and Schuster: New York

Pollak, Th. (1997): Ist Supervision eine Anwendungsform der Psychoanalyse? In: texte 17, Heft 1, 7-19

Popp, A. (1997): Ansätze zu individualpsychologisch orientiertem Handeln in der Klasse einer Hamburger Förderschule – Bericht über eine Supervision. In: Z.f. Individualpsychologie 22, 193-203

Prasse, J. (1995): Das ernsthafte Spiel der Aggression. In: Studien zur Kinderpsychoanalyse 12, 35-49

Rauchfleisch, U. (1997): Alternative Familienformen. Eineltern, gleichgeschlechtliche Paare, Hausmänner. Vandenhoeck & Ruprecht: Göttingen

Regehr, E. (1994): Elf Thesen zum möglichen Anteil von Frauen am Entstehen rechtsradikaler Jugendgewalt. In: texte 14, 50-78

Reinelt, T. (1997): Die zentrale Frage der Beziehung. In: Reinelt, T., Bogyi, G. und Schuch B. (Hrsg.): Lehrbuch der Kinderpsychotherapie. Grundlagen und Methoden. Ernst Reinhardt Verlag: München, Basel, 26-39

Reuther-Dommer, Ch. und Dommer, E. (1997): „Ich will Dir erzählen..." - Geistig behinderte Menschen zwischen Selbst- und Fremdbestimmung. Psychosozial Verlag: Gießen

Richter, H.-E. (1998): Bedenken gegen Anpassung. Psychoanalyse und Politik. Fischer: Frankfurt a.M.

Rubner, A. (1997): Psychoanalytisches Elterngespräch – eine Legierung zwischen Pädagogik und Psychoanalyse? In: Studien zur Kinderpsychoanalyse 14, 7-32

Rubner, E. (1996): Adoleszenz – Brücke zwischen Kindheit und Erwachsensein. In: Studien zur Kinderpsychoanalyse 13, 99-150

Rubner, E. (1997): Zum Umgang mit Märchen und Träumen in psychoanalytischen Therapien. In: Studien zur Kinderpsychoanalyse 14, 33-69

Rüedi, J. (1997): Erziehung zum Mitmenschen: Zur Bedeutung Alfred Adlers für die Pädagogik - 60 Jahre nach seinem Tod. In: PÄD-Forum 5/1997, 428-437

Schaab, U. (1997): Psychoanalytische Pädagogik als Möglichkeit einer dialogischen Heilpädagogik in der Arbeit mit geistig behinderten Menschen. In: Datler, W., Finger-Trescher, U. und Büttner, Ch. (Hrsg.): Jahrbuch für Psychoanalytische Pädagogik 8, 69-84

Schäfer, G.E. (1997a): Zwischen Überraschung und Verständigung. Von Wagnissen in frühkindlichen Bildungsprozessen. In: Fröhlich, V. und Göppel, R. (Hrsg.): Paradoxien des Ich. Beiträge zu einer subjektorientierten Pädagogik. Königshausen & Neumann: Würzburg, 192-205

Schäfer, G.E. (1997b): Liebe und Haß - Vertrautheit und Fremdheit. Überlegungen zum Bild des Kindes bei Bettelheim und Mannoni oder: Von den notwendigen Grenzen der Liebe in der Pädagogik. In: Krumenacker, F.-J. (Hrsg): Liebe und Haß in der Pädagogik. Zur Aktualität Bruno Bettelheims. Lambertus: Freiburg, 56-69

Schäfer, G.E. (1998): Perspektiven eines Diplomstudienganges „Pädagogik der frühen Kindheit". In: PÄD Forum 1/1998, 17-19

Schmid, V. (1997a): Tastende Artikulationen des Ich. Schwierige Jugendliche auf dem Weg zu beruflicher Arbeit. In: Fröhlich, V. und Göppel, R. (Hrsg.): Paradoxien des Ich. Beiträge zu einer subjektorientierten Pädagogik. Königshausen & Neumann: Würzburg, 236-248

Schmid, V. (1997b): Fallstudien in der psychoanalytischen Pädagogik. In: Friebertshäuser, B., Prengel, A. (Hrsg.): Handbuch Qualitative Forschungsmethoden in der Erziehungswissenschaft. Juventa: Weinheim und München, 177-191

Schnoor, H. (1997): Die sozialisierende Funktion früher Dialoge zwischen Mutter und Kind. In: Frühförderung interdisziplinär 16, 66-74

Schönig, W. (1996): Bewegung hinter den Kulissen. Schulberatung in den neuen Bundesländern aus psychoanalytischer Sicht. In: Neue Sammlung 36, 581-603

Senckel, B. (1997): Paul - geistig behindert und dazu psychisch gestört? Zum entwicklungspsychologisch orientierten Umgang mit „Verhaltensauffälligkeiten". In: Zeitschrift für Heilpädagogik 8/1997, 323-328

Steinhardt, K. (1997a): Zwischen Hoffen und Verzagen. Zur Bedeutung von Größenwünschen bei SonderpädagogInnen und deren Bearbeitung in Supervision. In: Supervision 32, 50-67

Steinhardt, K. (1997b): Supervision als Ort der Reflexion des beruflichen Selbstverständnisses von Heilpädagogen. In: Datler, W., Finger-Trescher, U. und Büttner, Ch. (Hrsg.): Jahrbuch für Psychoanalytische Pädagogik 8, 85-104

Steinhardt, K. und Vanzetta, R. (1997): Verhaltensgestörte SchülerInnen an Allgemeinbildenden Höheren Schulen - Anmerkungen zu einem bisher vernachlässigten Thema unter Berücksichtigung eines Schulversuchs zur integrativen Betreuung „schwieriger Jugendlicher". In: Erziehung und Unterricht, Nr. 9/1997, 997-1013

Stephenson, Th. uns Leixnering, W. (1995): Theorie erleben. Ein Fortbildungsmodell. In: Sozialpädagogische Impulse, Nr. 2/1995, 25-27

Sutton, N. (1996): Bruno Bettelheim. Auf dem Weg zur Seele des Kindes. Hoffmann und Campe: Hamburg

Walter, H.J. (Hrsg.) (1997): 1945-1995: Eine Fortsetzungsgeschichte? Studien-Verlag: Innsbruck

Wechselberger, A. (1998): Es werde Ich: Eine sprachphilosophische Definition des psychoanalytischen Subjekts. Studien-Verlag: Innsbruck

Wengler, B. (1996): Die Bedeutung des Vaters, insbesondere für die Entwicklung des Sohnes. In: Z.f. Individualpsychologie 21, 204-219

Werning, R. (1997): Sozial auffälliges Verhalten von Kindern und Jugendlichen - Krise und Herausforderung pädagogischen Handelns?! In: Vierteljahrsschrift für Heilpädagogik 65 , 47-61

Wiese, B. (1997): „Wer nicht für uns ist, ist gegen uns" – Gedanken zur Dynamik zwischen ideologischen Ansprüchen von Institutionen und Supervision. In: Forum Supervision 5, Heft 10, 24-31

Willerscheidt, J. (1997): Szenische Schulbilder. In: Z.f. Individualpsychologie 22, 53-63

Winterhager-Schmid, L. (o.J.): Das Jugendalter - Zeit der Entwicklung. In: Comenius-Institut (Hrsg.): Handbuch für die Arbeit mit Konfirmandinnen und Konfirmanden. Gütersloher Verlagshaus: Darmstadt, 41-58

Winterhager-Schmid, L. (1996): Die Dialektik des Generationenverhältnisses. Pädagogische und psychoanalytische Variationen. In: Liebau, E. und Wulf, Ch. (Hrsg.) : Generation - Versuche über eine pädagogisch-anthropologische Grundbedingung. Deutscher Studien Verlag: Weinheim, 222-244

Winterhager-Schmid, L. (1997): Jugendtagebuchforschung. In: Friebertshäuser, B., Prengel, A. (Hrsg.): Handbuch Qualitative Forschungsmethoden in der Erziehungswissenschaft. Juventa: Weinheim und München, 354-370

Winterhager-Schmid, L. (Hrsg.) (1998): Konstruktionen des Weiblichen. Ein Reader. Deutscher Studien Verlag: Weinheim

Wittenberg, L. (1998): Stationen eines Lebens für die Schulreform. Zum 50. Todestag Dr. Ferdinand Birnbaums. Erziehung und Unterricht, Nr. 10/1997, 1120-1123

Wittenberger, G. (1997): Lehrsupervision. Historisches und Kritisches zur Rolle der Lehrsupervision im Ausbildungsprozeß. In: Forum Supervision 5, Heft 9, 5-24

Rezensionen

Jürgen Körner, Christa Ludwig-Körner: Psychoanalytische Sozialpädagogik. Eine Einführung in vier Fallgeschichten. Lambertus: Freiburg i.B. 1997, 168 Seiten

Es handelt sich bei dem Buch, wie die Autoren zurecht sagen, um ein Vorhaben, das „bislang noch selten gelungen ist“ (S.7): Ein einführendes Lehrbuch zu einer „psychoanalytisch begründeten Sozialpädagogik“. Es löst psychoanalytische Theorien und Methoden aus dem Rahmen klinisch-therapeutischer Anwendung, überträgt sie auf „soialpädagogische Beratungspraxis“, will dabei ihre praktische Nützlichkeit in diesem Feld zeigen, ohne doch „die wesentlichen Merkmale psychoanalytischen Denkens und Handelns“ zu verwässern (S.7). Dies Vorhaben wird anhand von vier „sozialpädagogischen“ Fallbeispielen entfaltet: Wohnungsversorgung eines von Kriminalisierung, Alkoholismus und sozialem Abgleiten bedrohten Jugendlichen; Beratung im Rahmen einer offenen Sprechstunde für „eßgestörte“ Mädchen und Frauen; sozialpädagogischer „Gesprächskreis“ für inhaftierte junge Männer; und Initiierung einer „Selbsthilfegruppe“ für Frauen, die an „claustrophobischen oder agoraphobischen Symptomen litten“ (vgl. S.8ff). Schon die Wahl der Beispiele weckt Neugier, da die aktuelle psychoanalytisch-pädagogische Diskussion, soweit sie auf kasuistischem Material basiert, sich sonst mehr auf den engeren Kreis des pädagogischen Feldes bezieht und i.d.R. mit Kindern, zumeist im Kontext heilpädagogischer Einrichtungen befaßt ist. Beispiele einer psychoanalytisch-sozialpädagogischen Arbeit, die um den Handlungsmodus „Beratung“ zentriert sind, finden sich eher in der amerikanischen Casework-Literatur, wie sie die sogenannte „diagnostische“ Schule seit den 40er Jahren entwickelt hat. Aber deren „hilfswissenschaftliche“ Unterfütterung sozialpädagogischer Fallarbeit mit diagnostisch eingesetzten Versatzstücken psychoanalytischer Neurosenlehre ist zweifellos etwas völlig anderes als der hier vorgelegte Versuch. Anders als in jener Caseworkliteratur handelt es sich nicht um eine Verknüpfung sozialpädagogischer Interventionsmethoden mit einer psychoanalytisch-klinischen Diagnostik, sondern darum, die Grundelemente der psychoanalytischen Methodik (ihre Annahmen über den Charakter der analytischen Beziehung, über Setting, Abstinenz, Übertragung, Gegenübertragung usw.) auf ihre Brauchbarkeit für die außerklinische Arbeit hin zu prüfen. Die Fallgeschichten dienen dafür als eine Art von Testmaterial. Auch ein der Psychoanalyse gegenüber wenig kundiger oder skeptisch eingestellter Leser sollte sich hier ein Urteil bilden können, ob und gegebenenfalls welche Bereicherung des sozialpädagogischen Feldes durch eine Orientierung am „psychoanalytischen“ Ansatz gewonnen werden kann. Beispiele des Scheiterns sind dabei genauso lehrreich wie solche des Gelingens. In einem didaktisch geschickten Vorgehen stellen die Autoren zunächst nur knapp die Ausgangslagen ihrer Fälle vor, um diese dann mit der Entfaltung ihres Konzeptes in kritischer Analyse von Einzelmomenten der Fallgeschichten genauer darzustellen. Dies hat zwei Vorzüge. Einerseits können die Leser so schrittweise den Versuch nachvollziehen, Arbeitsprobleme, z.B. mit aggressiven Jugendlichen oder Gefangenen, aus psychoanalytischer Perspektive aufzuschlüsseln und „zum Sprechen“ zu bringen. Andererseits wird so die verwendete analytische Begrifflichkeit von den Fallvignetten her gefüllt, sodaß sie alltagsnah bleibt und auch ohne die Beherrschung psychoanalytischer Fachsprache inhaltlich nachvollzogen werden kann. Das Buch hat zwei Hauptteile, die mit den (allzu allgemeinen) Titeln „Theorie“ und „Methode“ überschrieben sind. Im ersten entwickeln die Autoren eine Theorie der Struktur des psychoanalytisch-sozialpädagogischen Feldes, im zweiten ein

Modell (oder eher einzelne Elemente) der Interventionsprozesse und der Bedingungen und Grenzen erfolgreicher Intervention.
Der Leitfaden der theoretischen Grundlegung im ersten dieser Teile ist die Annahme einer strukturellen Ähnlichkeit zwischen psychoanalytisch-therapeutschem und sozialpädagogischem Handeln. Ohne Unterschiede zu leugnen werden die üblichen Unterscheidungen als Mißverständnisse zurückgewiesen (z.B., daß Psychoanalyse mit der Vergangenheit und Pädagogik mit Gegenwart und Zukunft zu tun habe, oder daß das psychoanalytische Verständnis von „Abstinenz" im sozialpädagogischen Feld nicht anwendbar sei). Die Ähnlichkeit besteht nach den Autoren vor allem in der gemeinsamen Angewiesenheit auf ein mehrperspektivisches „Menschenbild", welches es ermöglicht, sowohl die objektiven Bedingungen als auch die subjektive und intersubjektive Realität der Arbeit mit Klienten angemessen zu erschließen. Dies erfordert nach den Autoren die Verschränkung von drei Perspektiven, die sie a) "Maschinenmodell", b) „Handlungsmodell" und c) „Erzählermodell" nennen. Damit ist gemeint: a) Sowohl Analytiker wie Sozialpädagogen müssen die Schwierigkeiten ihrer Klienten irgendwelchen Ursachen zuordnen (seien es frühkindliche Traumata oder aktuelle Umstände). Isoliert man aber diese Perspektive, so erscheint die jeweilige Schwierigkeit als Funktion einer der Person selbst äußerlichen Ursache und jene wird dieser quasi mechanisch als „Fall" subsumiert. b) Weder Analytiker noch Sozialpädagogen können deshalb fruchtbar mit Klienten arbeiten, wenn sie nicht solche ursachenerklärenden Perspektiven suspendieren können und statt dessen die subjektiven Gründe zu verstehen suchen, die ihr Gegenüber so und nicht anders handeln lassen; auch dann, wenn das Handeln als in sich widersprüchlich und die Gründe als verborgen erscheinen. Aber auch dieses „Handlungsmodell", welches sozialpädagogische oder analytische Arbeit als Partnerschaft autonomer Akteure, als Verhandeln und Aushandeln unterschiedlicher Intentionen der Partner interpretierbar macht, reicht nicht hin. Und zwar deshalb nicht, weil c) der Sinn des Handelns von Klienten für ihr Gegenüber (und meist auch für die Handelnden selbst) nie vollständig und direkt, sondern nur in der Form von selbstdeutenden Erzählungen und Metaphern zugänglich wird, die als solche wiederum das Handeln und die bewußten oder auch unbewußten Antworten darauf strukturieren. Der Ansatz des Buches behandelt die drei Perspektiven als komplementär, sofern sie sehr Unterschiedliches erkennen lassen und handlungslogisch nicht kompatibel sind, gleichzeitig aber sich wechselseitig als Korrektiv brauchen. Dies ist plausibel. Denn eine ausschließlich an Ursachenerklärung orientierte Perspektive müßte zu einer mechanistischen und deterministischen Sichtweise verkommen, die zugleich als „Abwehr" dient. Eine nur am Handlungsmodell orientierte Sichtweise könnte sich moralisierender Tendenzen kaum erwehren, während für eine ausschließliche Orientierung am „Erzählermodell" kein Kraut gegen einen völligen Relativismus der jeweiligen "Erzählungen" gewachsen wäre. Schließlich hätte eine nur „subjektorientierte" Verknüpfung von Handlungs- und Erzählermodell (ohne Ursachenanalyse) kein Mittel gegen eine individualisierende Verkürzung ihrer Fallperspektiven, welche den sozialen und lebensgeschichtlichen „Ort" aus dem Blick verliert.
Trotzdem kann man sich fragen, was diese sehr allgemeine Ebene für das Verständnis des sozialpädagogischen Handlungsfeldes und sein Verhältnis zum analytischen Handeln austrägt. Der Gewinn scheint mir vor allem darin zu liegen, daß sich diese Typologie als Folie für die Reinterpretation der zentralen psychoanalytischen Begriffe nutzen läßt. Sie ermöglicht es - jedenfalls versuchen die Autoren das zu zeigen -, daß analytische Begriffe wie Übertragung und Gegenübertragung, Deutung, gleichschwebende Aufmerksamkeit, Abstinenz, Setting, aus einem engen Verständnis klinischer Technik gelöst und für den sozialpädagogischen Gebrauch verallgemeinert werden können, ohne dadurch verwässert zu werden und ihre begriffliche Schärfe zu verlieren. So bekommt z.B. der Umgang mit und die Deutung von Phänomenen der Übertragung und Gegenübertragung einen zugleich allgemeineren und methodisch präziseren Sinn. Deutung

von Übertragungsprozessen, die im Sinn des „Maschinenmodells“ als Ursachenerklärung für Verhalten herangezogen werden, sind etwas anderes (und im sozialpädagogischen Kontext anders zu bewerten) als Deutungen, welche das Verständnis der Überlagerung wechselseitiger Handlungsintentionen durch Übertragung und Gegenübertragung erschließen; und diese sind etwas anderes als diejenigen Aspekte von Deutungen, welche Übertragungsphänomene als „Erzählformen“ und Metaphern für Lebensentwürfe lesbar zu machen suchen. Die analytischen Grundregeln der „gleichschwebenden Aufmerksamkeit“, der Abstinenz, der Gestaltung des Settings bekommen einen anderen Sinn und eine andere methodische Gestalt, wenn sie nicht Krankheitsursachen zugänglich machen sollen, sondern als Regeln gelesen werden, die es ermöglichen, sich auf die Handlungsintentionen und die "Erzählungen" eines Klienten einerseits einzulassen, anderseits aber heilloser Verstrickung in diese Intentionen und Erzählungen wirksam vorzubeugen; als Regeln, die Platz für Distanz, Handlungsentlastung, Zieloffenheit und Entscheidungsfreiheit schaffen. Die Diskussion der Beispielfälle macht klar, daß solche Grundregeln im sozialpädagogischen Feld vor allem für die „subjektive“ bzw. „intersubjektive“ Realität des Handelns fruchtbar gemacht werden können, während sie auf der Seite der Arbeit an objektiven Ursachen eher irreführend sind. Überhaupt tendieren die Autoren eher zu einem „konflikttheoretischen“ als einem „traumatheoretischen“ (d.h. ursachenorientierten) Verständnis von Psychoanalyse (vgl. S.43), was den Übergang ins sozialpädagogische Feld erleichtert. Gleichzeitig betonen sie die Differenz, daß psychoanalytische Orientierung in der Sozialpädagogik nicht den „sozialen Ort“ als Konfliktursache unterschlagen dürfe und sich hüten müsse, „soziale Tatsachen wie Ungleichheit in der Chancenverteilung und Diskriminierung von Minderheiten zu 'psychologisieren',„ (S.42). Dem ist nicht zu widersprechen.
Allerdings tritt an dieser Stelle eine gewisse Engführung dieses Ansatzes einer psychoanalytischen Sozialpädagogik in Erscheinung, die im zweiten, „methodischen“ Hauptteil des Buches noch deutlicher sichtbar wird. Psychoanalytische Sozialpädagogik wird hier als eine von außen an das sozialpädagogische Feld herangetragene Beratungstätigkeit verstanden. Für Sozialpädagogen, die in ihrem Feld „drinstecken“ (z.B. als Heimerzieher, Behinderten- und Altenpfleger, Jugendarbeiter oder Sozialdienstmitarbeiter) geht es aber nicht nur darum, eine „Psychologisierung“ des sozialen Ortes der Klienten zu vermeiden. Es geht vor allem auch darum, mit der Tatsache umzugehen, daß Sozialpädagogen mit ihren jeweilig verfügbaren Ressourcen selbst Bestandteil des „sozialen Ortes“ ihrer Klienten *sind* und unvermeidlich als solche wahrgenommen werden.
Diese Problematik bleibt ausgeklammert, wenn im zweiten Hauptteil als zentrale methodische Aufgabe für Sozialpädagogen herausgearbeitet wird, sie müßten Klienten Distanz und damit relative Handlungsfreiheit gegenüber ihrer eigenen Situation dadurch ermöglichen, daß sie die interaktionellen Konflikte zwischen ihnen selbst und ihren Klienten gleichsam als Spiegel und Betrachtungsstandpunkte innerer, aber auch sozialer Konflikte verfügbar machen. Der Versuch, psychoanalytische Arbeitsbegriffe als Interpretationshilfe in sozialpädagogische Fallgeschichten „hineinzulesen“, wird hier weiter vorangetrieben. „Setting“, ergänzt durch den Goffmanschen Begriff des Rahmens wird als Prozeß der Auseinandersetzung über die notwendig unterschiedlichen Situationsdeutungen zwischen Klienten und Sozialpädagogen und als Verhandlungsgegenstand eines emergenten Arbeitsbündnisses interpretiert. Übertragung und Gegenübertragung werden als „transaktionale“ Begriffe verstanden und zwar als Aufgabe für Sozialpädagogen, sich einerseits Klienten als Objekt ihrer Beziehungsphantasien anzubieten, andererseits dazu aber einen „exzentrischen Standpunkt“ in einer „Realbeziehung“ (als VertreterIn einer realen Rolle) einzunehmen, mit dem Ziel, Klienten zu helfen, innere Konflikte zu externalisieren, sie in soziale Konflikte zu verwandeln. Dies soll Klienten befähigen, ihrerseits einen „exzentrischen“ Betrachtungsstandpunkt zu ihren Konflikten einnehmen zu können, um so mehr Handlungsfreiheit zu gewinnen.

Verdienst und Grenze dieses Ansatzes sehe ich so: Es gelingt den Autoren, ein Konzept psychoanalytisch-sozialpädagogischen Handelns zu entwickeln, das die „Psychologisierung“ der sozialen Orte von Klienten vermeidet. Weder die Situation jugendlicher Strafgefangener, noch die des von sozialem Abgleiten bedrohten Jugendlichen, noch die Gruppen für eßgestörte Mädchen und „agoraphobische“ Frauen werden „psychologisiert“, d.h. auf psychische Ursachen hin reduziert, sondern als soziale Situationen ernstgenommen. Psychoanalyse wird der Sozialpädagogik als Hilfe angeboten, um solche Situationen gerade in ihrer Mehrdeutigkeit als soziale Situationen bewältigen zu können, statt sich entweder in Pseudopsychologie zu verstricken oder sich einer intensiveren Kontaktaufnahme zu verweigern. Es wird gezeigt, daß psychoanalytisch reflektierte soziale Beratung selbst zum sozialen (Außen-)Ort werden kann, an dem Klienten neue Perspektiven gewinnen können, ihren sozialen Ort zu ändern. Im Ganzen handelt es sich um ein überaus nützliches Buch, das auch seiner guten Lesbarkeit wegen zum wichtigen Hilfsmittel sozialpädagogischer Ausbildung werden kann. Seine Grenze ist, zugespitzt gesagt, daß es zwar beschreibt, wie psychoanalytisch geschulte Berater im sozialpädagogischen Feld handeln können, ohne dies Feld hinterrücks zu klinifizieren, aber nicht beschreibt, wie „normale“ SozialpädagogInnen ihren beruflichen Alltag mit Hilfe analytischer Reflexion besser gestalten können. Auch die Frage nach den Bedingungen, unter denen die benötigten methodischen Kompetenzen im Studium erworben werden können, bleibt ausgeklammert. Zu beidem bekommen die Leser gleichwohl Anregungen und das ist schon viel. Das Buch ist sowohl als „Einführung“ wie als Beitrag zu einer neuen Qualität der Diskussion zwischen Psychoanalyse und Sozialpädagogik sehr zu empfehlen.

Burkhard Müller

Udo Rauchfleisch: Menschen in psychosozialer Not. Beratung, Betreuung, Psychotherapie. Vandenhoeck und Ruprecht: Göttingen, 1996, 204 Seiten

Mit seinem Buch „Menschen in psychosozialer Not“ erweitert Udo Rauchfleisch sein therapeutisches Modell, das er bereits in der Arbeit mit dissozialen Erwachsenen entwickelt hat, auf Menschen, die sich in verschiedensten psychosozialen Notsituationen befinden, z.B. Verschuldung, Armut, Dissozialität u.a. Udo Rauchfleisch zeigt in beeindruckender Weise, daß eine Arbeit im Grenzbereich zwischen psychoanalytischer Psychotherapie und psychoanalytischer Sozialarbeit ein gangbarer Weg ist. Beim Lesen der vielen Beispiele aus der praktischen Arbeit stellte ich mir immer wieder die Frage, ob die beschriebenen Interaktionen psychoanalytische Psychotherapie oder psychoanalytische Sozialarbeit sind. Indem Udo Rauchfleisch diesen Grenzbereich praktisch handelnd und theoretisch präzise reflektierend beschreibt, zeigt er die Verstrickung beider Bereiche und gibt Anregungen und Theorie-Modelle für beide Tätigkeiten. Ein überaus spannendes Buch, das sich nicht in prinzipiellen Fragen verstrickt, sondern die praktischen Probleme reflektiert und so Handlungsmöglichkeiten aufzeigt. Für jede psychoanalytische Pädagogin und jeden psychoanalytischen Pädagogen kann dieses Buch wesentliche Einblicke in den Zusammenhang von Psychoanalyse und Pädagogik geben.
In den verschiedenen Kapiteln des Buches werden unter psychoanalytischen Aspekten die Probleme während der Aufnahme einer Behandlung und während der Betreuung besprochen. Probleme des professionellen Angebotes, Anklammerung und hilfesuchendes Verhalten, Neid, Festhalten an der negativen Identität u.a. sind dabei gleichermaßen re-

levant für psychoanalytische Sozialarbeit wie Psychotherapie. Das Therapie-Modell beschreibt Udo Rauchfleisch als ein bifokales, nämlich als psychoanalytisches Modell und als Arbeit mit den sozialen Aspekten. Dies ist gerade durch die Tendenzen der Patienten zur Externalisierung notwendig. Genau hier liegt die Überschneidung von Sozialarbeit und Psychotherapie. Am Beispiel der Behandlung von Herrn Meister (S. 94f.) zeigt Udo Rauchfleisch, daß etwa der Wunsch nach ständig neuen Schuhen als Externalisierung eines falschen Selbst gedeutet werden kann. Indem ich als Psychotherapeut die soziale Realität in die therapeutische Arbeit einbeziehe, arbeite ich an den zentralen strukturellen Mängeln des Patienten (vgl. Mentzos 1982; Heinemann u.a. 1992). Aber auch ein psychoanalytisch arbeitender Sozialarbeiter kann aus dieser Reflexion heraus sein pädagogisches Handeln (bezüglich der Bewilligung neuer Schuhe etwa) leiten lassen. Udo Rauchfleisch lehnt sich hier an das Konzept des fördernden Dialogs an (vgl. Leber 1988). „Menschen in psychosozialer Not" ist ein durch Praxisnähe und präzise, anregende Reflexion überaus spannendes und unbedingt lesenswertes Buch.

Literatur

Leber, A. (Hrsg.) (1988): Zur Begründung des fördernden Dialogs in der psychoanalytischen Heilpädagogik. In: Iben G. (Hrsg.): Das Dialogische in der Heilpädagogik. Grünewald: Mainz, 41-61

Mentzos, St. (1982): Neurotische Konfliktverarbeitung. Fischer: Frankfurt a.M.

Heinemann, E., Rauchfleisch, U., Grüttner, T. (1992): Gewalttätige Kinder, Psychoanalyse und Pädagogik in Schule, Heim und Therapie. Fischer: Frankfurt

Evelyn Heinemann

Günther Bittner: Kinder in die Welt, die Welt in die Kinder setzen. Eine Einführung in die pädagogische Aufgabe. Kohlhammer: Stuttgart u.a. 1996, 295 Seiten
Günther Bittner und Volker Fröhlich (Hrsg.): Lebens-Geschichten. Über das Autobiographische im pädagogischen Denken. Die graue Edition: Kusterdingen 1997, 293 Seiten
Volker Fröhlich und Rolf Göppel (Hrsg.): Paradoxien des Ich. Beiträge zu einer subjektorientierten Pädagogik. Festschrift für Günther Bittner zum 60. Geburtstag. Königshausen und Neumann: Würzburg 1996, 416 Seiten

Im Jahr vor seinem 60. Geburtstag legte Günther Bittner *„Eine Einführung in die pädagogische Aufgabe"* vor, ein Buch, das in äußerst unterschiedlicher Weise gelesen werden kann.

Einer möglichen Lesart folgend kann man das Buch als eine Zusammenschau verschiedener Überlegungen eines Mannes begreifen, der sich seit Jahrzehnten als Erziehungswissenschaftler und Psychoanalytiker mit pädagogischen Fragestellungen befaßt und der nun vor dem Hintergrund einer breiten Auseinandersetzung mit vielfältigen aktuellen und historisch ausmachbaren Publikationen und Positionen darstellt, weshalb er in Anknüpfung an Schleiermacher das „In-die-Welt-Setzen von Kindern" sowie das „Welt-in-die-Kinder-Setzen" als *die* Aufgabe von Pädagogik begreift. Geht man so an das Buch heran, so erfährt man, wie Bittner diese Bestimmung der zentralen Aufgabe von Pädagogik begründet und in welcher Weise er dieses Verständnis von Pädagogik mit pädagogischen Grundbegriffen, mit Theorien über verschiedene Lebensalter von Heranwachsenden sowie mit seinem Verständnis von Erziehungswissenschaft in Verbindung bringt.

Dieser einen möglichen Lesart des Buches ist aber zumindest eine zweite zur Seite zu stellen; und diese bringt deutlicher in den Blick, was den Reiz dieses Buches ausmacht. Denn Günther Bittner entfaltet hier nicht nur sein Verständnis „der pädagogischen Aufgabe“, sondern verdeutlicht zugleich, wie er dieser pädagogischen Aufgabe selbst in einem Ausschnitt von Welt gerecht zu werden versucht: in der Begegnung des Autors mit seinen Lesern. Günther Bittner schreibt nämlich nicht bloß darüber, wie er Pädagogik versteht, sondern tritt seinen Lesern auch mit pädagogischem Selbstverständnis gegenüber, wenn er gleich im ersten Satz vermerkt, daß er mit seinem Buch in die pädagogische Aufgabe einzuführen gedenkt (S.9). Betrachtet man das Buch aus dieser Perspektive, so wird bald eine besondere Grundstruktur des Ansatzes von Günther Bittner deutlich, die sich (nicht zuletzt) dadurch auszeichnet, daß Bittner zweierlei miteinander verknüpft: seine „Lösung“ des Theorie-Praxis-Problems und den wiederholten Verweis darauf, daß „alle pädagogische Reflexion auf subjektiver Lebenserfahrung (basiert)“ (S.19).

Diesen letztgenannten Gedanken faßt Bittner radikal und legt damit die Frage nahe, wie es angesichts der Betonung dieses „subjektiven Momentes“ noch möglich sein kann, dem Anspruch relativistischer Beliebigkeit zu entkommen und auf die Entfaltung eines „argumentativen Zusammenhangs“ zu setzen (S.13), der überzeugen und Konsequenzen zeitigen soll. Diese Frage „beantwortet“ Bittner damit, daß er seine „Einführung in die pädagogische Aufgabe“ als eine Einführung in seine Welt des Nachdenkens darüber anlegt. Indem er sein Vorhaben von anderen Einführungen in die Pädagogik abhebt (S. 11ff.); indem er darstellt, wie seine Gedanken in der Auseinandersetzung mit vielen anderen Autoren der Fach- und Weltliteratur Gestalt annehmen; indem er wiederholt auf Berichte Bezug nimmt, in denen ganz konkret von Kindern und Jugendlichen sowie von i.w.S. „pädagogischen Situationen“ die Rede ist; indem er sich als Autor in den Vordergrund rückt, seine Einschätzung mancher Positionen und Trends nicht verschweigt und gelegentlich auch nicht vor pointierten Aussagen Halt macht; indem Bittner also in dieser Weise darstellend und erzählend auftritt, lädt er Leser in vielgestaltiger Weise ein (und provoziert und verführt sie mitunter auch), seinen Gedanken zu folgen. Dabei scheint Bittner geradezu darauf abzuzielen, seine Leser in unterschiedlicher Weise anzuregen und zu affizieren: Bittners Kritik an so manchen Sammelbänden der zeitgenössischen Erziehungswissenschaft (S.12) mögen den einen ärgern oder den anderen mit Schadenfreude erfüllen; Bittners Auseinandersetzungen mit Autoren wie Heraklit, Augustinus, Pestalozzi, Nietzsche, Kafka, Rombach, Freud, Jung, Klein, Buber, Makarenko, Guardini etc.etc. (z.B. S. 30, 32, 71, 75, 96, 106, 112, 127, 129, 163, 166, 217) mögen von Lesern als Wiederbegegnung mit Vertrautem, als Versatzstücke von prominenter Herkunft, als redlicher Ausweis von Anregungen und Quellen oder als Anlaß dafür begriffen werden, dem belesenen Autor Gefühle des Neides oder der Bewunderung (oder beides) entgegenzubringen; und die wiederholten Bezugnahmen auf biographische Zusammenhänge und referierte Alltagserfahrungen mögen unterschiedlichste Erinnerungen und verschiedenartigste Formen des Nachdenkens über sich selbst sowie über Heranwachsende wecken, mit denen man es in Familie oder Beruf zu tun hat. In jedem Fall aber stiftet Bittner ein breites Band von Leseerfahrungen, die als Spezialfall von „subjektiver Lebenserfahrung“ (s.o.) Rezeption und Stellungnahme anstoßen und nach sich ziehen.

In diesem Sinn korrespondiert die Art, in der Bittner „pädagogisch-praktisch“ als Autor auftritt und seine Welt in die des Lesers zu setzen versucht, mit seiner „theoretischen“

Auffassung, daß pädagogische Bemühungen nur dann Konsequenzen zeitigen, wenn sie lebendige Bedeutung bei jenen erhalten, an die sie gerichtet sind. Indem Bittner dieses Affizieren und Rekurrieren auf Alltagserfahrungen mit der Entwicklung von (zum Teil weitgreifenden und komplexen) Argumentationsgängen verbindet, gleitet er keineswegs in das dumpfe Hervorrufen irgendwelcher Betroffenheiten oder in das theorielose Erzählen von hübschen Geschichten ab, sondern behält konsequent sein Ziel im Blick, einen „theoretischen Grundgedanken über Erziehung ... so anschaulich wie möglich (zu) entfalten" (S.16). Und indem er diesen Grundgedanken an drei Themenschwerpunkten entfaltet, die zugleich die Themen der drei Teile des Buches darstellen, spannt er weite Bögen, die den Anspruch einer "Einführung" deutlich übersteigen.
Bittners Ausführungen können an dieser Stelle im Detail nicht nachgezeichnet werden. Hier nur so viel: Im I. Teil des Buches, das mit „Grundbegriffe" betitelt ist, diskutiert Bittner, welches Verständnis von „Welt", von „Kinder in die Welt setzen" und von „Welt in die Kinder setzen" für Pädagogik (heute) konstitutiv sein kann. Dabei kommt er beispielsweise auf Begriffe wie Bildung und Sozialisation (S. 56ff), auf die Theorie des "sozialen Bezuges" (S. 96) oder auf das Verhältnis zwischen Psychotherapie und Pädagogik zu sprechen (S. 112ff) und arbeitet in mehreren Schritten heraus, inwiefern Erziehung einen Ausschnitt von Leben und pädagogische Reflexion folglich ein Nachdenken über Leben darzustellen hat, das es in pädagogischen Abhandlungen und Theorien in den Blick zu bringen gilt. In diesem Sinn haben pädagogische Theorien, so Bittner, von „konkreten" Subjekten, von Begegnungen zwischen Subjekten sowie von Prozessen der Subjektkonstitution zu handeln, die es mit biographischen Methoden sowie aus autobiographischen Perspektiven zu erschließen gilt (S. 125ff). Im II. Teil geht Bittner der Frage nach, welche Spezifizierungen der pädagogischen Aufgabe sowie des Nachdenkens über Erziehung nahe liegen, wenn man es mit Menschen in verschiedenen Lebensaltern zu tun hat (S. 140ff), um im III. Teil sein Verständnis von Erziehungswissenschaft zu skizzieren. Bittner spart an diesen (und anderen) Stellen nicht mit Kritik an den gegenwärtig dominanten Typen von Erziehungswissenschaft, welche die Subjektperspektive weitgehend vernachlässigen, geringe Praxisrelevanz haben und sich um die Diskussion von Wertfragen ebenso drücken wie um die Arbeit an psychologisch-anthropologischen Dimensionen von Pädagogik. Dem stellt er sein Verständnis von Erziehungswissenschaft gegenüber, die davon zu handeln hat, was das Leben aus Menschen macht (vgl. S. 64) und demgemäß „einen Typus von Aussagen über menschliches Leben entwickeln und zu Geltung bringen (soll), der von der Vergewisserung des eigenen Lebens und seiner Bewandtnisse ausgeht und sich von dort zu Allgemeinerem vortastet" (S. 238). Psychoanalyse stellt dabei nicht die einzige Reverenztheorie Bittners dar, erweist sich aber insofern als unverzichtbar, als sie „Aufmerksamkeit für die Dunkelstellen des pädagogischen Feldes", für das Abgewehrte und Beängstigende weckt (S. 259; vgl. auch S. 18).

Bittner Buch endet mit einem Kapitel, in dem (in weitgehend persönlich gehaltener Weise) nochmals erläutert wird, was Bittner unter der verstärkten Beachtung der „Subjekt-Perspektive" versteht. Diese Subjektperspektive ist unter besonderer Betonung des *„Autobiographische(n) im pädagogischen Denken"* auch Thema des Bandes *„Lebens-Geschichten"*, der von Günther Bittner und Volker Fröhlich herausgegeben wurde. Dieses (in Hartleinen gebundene und auch bibliophil ansprechend gemachte) Buch knüpft an die Auffassung an, daß es Aufgabe von Erziehungswissenschaft sei, „Erziehungsereignisse als Lebensereignisse im biographischen Zusammenhang zur Sprache zu bringen" (S. 10), und ist dreierlei in einem: ein Lesebuch zum Thema, das wegen der gelungenen Textauswahl über weite Strecken ebenso intellektuell anregend wie kurzweilig zu lesen ist; eine Sammlung von Materialien, die Bittners „Einführung in die pädagogische Aufgabe" zu ergänzen und vertiefen vermag; sowie ein Sammelband,

in dem die Position Bittners nicht nur kommentiert, sondern auch kritisch diskutiert wird.
Unter der Überschrift „Ich-Thematisierungen“ (S. 15ff) werden im ersten Teil des Buches acht Textpassagen von Augustinus, Montaigne, Nietzsche und anderen Autoren vorgelegt, denen zu entnehmen ist, inwiefern sich bereits Klassiker autobiographisch zu vergewissern versuchten, in welchen lebensgeschichtlich faßbaren Momenten ihre pädagogischen Überlegungen verwurzelt sind. Der zweite Teil des Buches enthält vier Aufsätze, in denen Günther Bittner zwei biographische Interpretationen zu Augustinus und Pestalozzi, Rolf Göppel eine biographische Interpretation zu Rousseau und Brigitte Boothe ihre Auseinandersetzung mit einem Text vorlegt, in dem Droste-Hülshoff ihre eigene Mutter porträtierte. „Für und wider die (auto)biographische Perspektive“ ist der Titel des dritten Teiles, den Volker Fröhlich in informativer Weise mit einer knappen Geschichte der pädagogischen Biographieforschung in systematischer Absicht eröffnet. Die Beiträge von Gerd Schäfer, Klaus Mollenhauer, Rüdiger Bittner und Hans Joachim Roth kommentieren die Position, die Bittner vertritt, in zum Teil erhellender Weise (hier ist insbesondere Schäfers Beitrag zu nennen), eröffnen aber zugleich kritische Diskussionen, welche etwa Bittners Kritik am „Szientismus“ gegenwärtiger Erziehungswissesnchaft (Mollenhauer) oder die Frage betreffen, ob „pädagogische Wahrheit subjektiv“ ist (Rüdiger Bittner). Bittners abschließende „Rede an mich selbst mit 60 Jahren“ ist der ebenso gelungene wie berührende Versuch, sich dem Thema des Älter-Werdens (auch in der Auseinandersetzungen mit Texten anderer Autoren) in autobiographischer Absicht zu stellen, um auf diese Weise zugleich einen Beitrag zu einer „Pädagogik der Lebensalter“ sowie einen Beitrag zum Selbstverständnis von Erziehungswissenschaft zu verfassen.

Mit dem 60. Geburtstag Günther Bittners untrennbar verbunden ist schließlich der Band *„Paradoxien des Ich“*, der von Volker Fröhlich und Rolf Göppel als Band 7 der Reihe „Sisyphos. Studien zur Psychoanalyse in der Pädagogik“ als Festschrift für Günther Bittner herausgegeben wurde. Festschriften dieser Art sind zumeist schwer zu besprechen, da sie nur zu oft eine Sammlung von thematisch unzusammenhängenden Beiträgen darstellen, die nur deshalb in ein gemeinsames Buch gelangt sind, weil sich deren Autorinnen und Autoren in irgendeiner Weise einem Jubilar verbunden fühlen. Volker Fröhlich und Rolf Göppel ist es aber gelungen, dieser Festschrift eine klare und damit Zusammenhang stiftende Struktur zu geben. Sie ließen den Autorinnen und Autoren eine Textpassage Bittners zukommen, in der davon die Rede ist, daß das „menschliche Ich ... von den frühesten kindlichen Anfängen her voller Paradoxien und Schwerfaßlichkeiten (ist)“ (S. 10), und baten sie, diese Textstelle „als thematische Vorgabe und Orientierungsmarke“ zu begreifen. Zugleich forderten sie die Autorinnen und Autoren auf, „sich nach Möglichkeit ein Stück weit auf jenen von Bittner vorgeschlagenen Weg humanwissenschaftlicher Erkenntnisgewinnung einzulassen, der bei eigenen Lebenserfahrungen seinen Ausgangspunkt nimmt“ (S. 14). Freilich haben sich die Autoren „unterschiedlich eng an diese Vorgaben gehalten“ (S. 14); aber es entstand ein Band mit sechsundzwanzig Beiträgen, deren inhaltlicher Zusammenhang über die Bezugnahme auf die erwähnte Textpassage Bittners klar ausgewiesen werden kann: Eine Gruppe von Beiträgen thematisiert in grundlegender Weise Paradoxien und Facettenhaftigkeiten verschiedener Ich-Erfahrungen; eine zweite Gruppe von Beiträgen thematisiert die Genese und Herausbildung des Ich; und eine dritte Gruppe greift Bittners Anliegen auf, in wissenschaftliche Auseinandersetzungen verstärkt biographische sowie narrative Ansätze einzubinden.
Die Autoren dieser Festschrift setzen sich über weite Strecken aus (ehemaligen) Mitarbeitern und Schülern Bittners (Schmid, Ertle, Schäfer, Neidhardt, Göppel, Fröhlich, Stenger, Hoeppel etc.), aus Würzburger Kollegen aus der Pädagogik (Thalhammer,

Möckel, Böhm, Reble) sowie aus anderen Kollegen und Kolleginnen aus der Pädagogik, der Philosophie und der Psychoanalyse zusammen, die Bittner schätzt und die auch in Bittners Schriften immer wieder zitiert werden (Rombach, Schöpf, Hentig, Boothe, Herrmann, Schulze, Baake etc.). Und viele von ihnen greifen Bittners vielfach geäußertes Plädoyer auf, allgemein gehaltene Überlegungen mit dem „Erzählen von Leben" zu verbinden. Erzählt wird denn von beruflichen Entscheidungskonflikten und deren Folgen (Göppel), vom Sprechen-Lernen eines Kindes (Fröhlich), von den Problemen schwieriger Jugendlicher auf dem Weg hin zur beruflichen Arbeit (Schmid), von einer Erziehungsberatungssituation (Schirmer), von Erinnerungen an psychoanalytisch-pädagogische Versuche aus der Zwischenkriegszeit (Heller und Herrmann) oder von Beziehungen, die sich zwischen zwei ehemaligen Mitarbeitern und Günther Bittner in fachlicher und persönlicher Hinsicht (keineswegs schmerzlos) verändert haben (Neidhardt und Ertle; wobei v.a. Ertles Text auch einen wesentlichen Beitrag zur jüngeren Geschichte der Psychoanalytischen Pädagogik darstellt).
Viele Beiträge des Bandes stützen jene Passage, mit der Fröhlich und Göppel ihr Vorwort schließen: „Wir wünschen und hoffen, daß Günther Bittner durch diese Festschrift deutlich wird, daß sein Denken Resonanz gefunden, Spuren hinterlassen, zum Weiterdenken angeregt hat. Die Wirkungen, die von Gedachtem und Geschriebenem ausgehen, sind oft subtil und nicht immer leicht faßbar. Mit klugen, originellen und provokativen Gedanken vermag jedoch ein Einzelner so manches" (S. 15).

Wilfried Datler

Hans Füchtner: Vaterlandssyndrom. Zur Sozialpsychologie von Nationalismus, Rechtsradikalismus und Fremdenhaß. Asanger: Heidelberg 1996, 147 Seiten

Füchtners Buch war für mich aus zwei Gründen lesenswert: Zum einen ist Überblicksliteratur zu Nationalismus, Rechtsradikalismus und Fremdenhaß ein Desiderat; man müßte breit in die Literatur schürfen, um Füchtners Themen, seine historischen, politikwissenschaftlichen, soziologischen, sozialpsychologischen und psychoanalytischen Begriffsanalysen abzudecken. Zum anderen ist der Bezug von Rechtsradikalismus auf politische Normalität, gesellschaftliches Zentrum und ökonomischen Grund zwar nicht neu, aber immer noch intellektuell ergiebig, radikal und praxisrelevant - letzteres insofern, als viele der immer nur aus schockierendendsten Anlässen inszenierten Angebote zur gesellschaftlichen Heilung von Rechtsradikalismus, nicht zuletzt jene auf dem Gebiet der Pädagogik, ihrer abgeriegelten Analyse wegen identifizierbar werden als hilflos, ephemer, oft alibihaft und kontraproduktiv.
Manche Aussagen geraten hingegen zu definit, einige bleiben ohne Referenz („Für den Rechtsradikalismus unter Jugendlichen war und ist auch ein Mangel an Bildung von Bedeutung"; S. 100). Mainstream-Aussagen aus Medien und etablierter Politik werden schlüssig problematisiert, selten werden unterschiedliche wissenschaftliche Positionen darüber zum Thema gemacht und diskutiert. Letzteres würde den Nutzen des Buches als Überblicksliteratur erhöhen und zugleich sichtbar machen, daß das ökonomisch-gesellschaftliche System, das auch Nationalismus, Rechtsradikalismus und Fremdenhaß hervorbringt, sich nicht zuletzt wissenschaftlicher Assistenz bedienen kann, um jene Auswirkungen zu verschleiern und die Ursachen von Rechtsradikalismus anderswo zu verorten.

In Kapitel 1 beschäftigt sich Füchtner mit der sozialpsychologischen Seite von Patriotismus und Nationalismus, wobei er sich der historischen Herausbildung von Nationalismus widmet, die Rolle des Nationalismus im Nationalsozialismus diskutiert und im Abschnitt Zur Psychologie des Nationalen die Begriffe Heimat, Vaterland, Nation, Patriot, Staat differenziert. Die dabei herausspringenden Bedeutungen liegen quer zur Sprache der (Mainstream-)Politik, deren scheinbar naturhafter Charakter aufgerissen wird. Vielleicht böte eine Zweitauflage die Möglichkeit, Kurt Tucholskys Essay Heimat (1929), Anna Seghers Essay Vaterlandsliebe (1935) und Ernst Blochs Vorstellung von Heimat, die „allen in die Kindheit scheint und in der noch niemand war", aus Das Prinzip Hoffnung (1959) darzustellen. Vielleicht ließe sich auch eine Sammlung kommentierter Quellentexte zum „Vaterlandssyndrom" herauszubringen? - Erhellende und auf Grundsätzliches gerichtete Information bietet jedenfalls die Diskussion des deutschen (und indirekt auch des österreichischen) Staatsangehörigkeitsrechtes mit seiner biologisch-rassistischen Argumentation blutmäßiger Abstammung, in Deutschland nunmehr verschleiert durch das nicht weniger diffuse, quasi kulturalisierte Argument einer „deutschen Schicksalsgemeinschaft" (S. 43ff).
Kapitel 2 trägt die Überschrift „Sozialisation und jugendlicher Rechtsradikalismus". Füchtners Vorhaben ist nicht ein „Überblick über die Vielzahl von Publikationen über jugendliche Rechtsradikale, politische Gewaltphänomene und ihre Ursachen", sondern die Darstellung dessen, was ihm „an diesen Phänomenen neu erscheint" (S. 82). Die psychischen Strukturen, so Füchtner, hätten sich seit der NS-Herrschaft gewandelt. Doch die Hoffnung, daß sich Ähnliches deshalb nicht wiederholen könne, sei trügerisch. Die neuen Sozialisationsbedingungen be- oder verhinderten Erziehung. Heranwachsenden bliebe nicht verborgen, daß Politik sich der gesellschaftlich produzierten Gewaltförmigkeit mit immer schwächerer Gegensteuerung ausliefere, daß soziale und ökologische Probleme sich verschärften und ungelöst blieben, daß die Kriterien zur Beurteilung von Menschen reduziert würden auf Erfolg, Einkommen und gesellschaftlichen Status. Kinder und Jugendliche erlebten den Widerspruch von Konsumanreiz und realer Konsummöglichkeit und insgesamt die großen Mühen des Kleinarbeitens von Kontingenz. Individualisierung und Entstrukturierung der Gesellschaft erschwerten die Orientierung, auch der an Erziehung beteiligten Erwachsenen. Die daraus entspringen könnende pädagogische Indifferenz, materielle Gratifikation statt menschlicher Zuwendung und andere Formen des Sich-Entziehens als Liebesobjekt, als Vertrauensperson, als Autorität, das Alleinlassen des Kindes, das „niemand hat, dem es in seiner Schwäche vertrauen kann" (S. 108 unter Hinweis auf Zulliger), entstehende ambivalente Mutterbindungen, geringe Möglichkeit des Erlernens von Impulskontrolle auch beim Erfahren von Versagungen, damit verbundene Gefühle von Ohnmacht und Hilflosigkeit - all das sei „ein guter Nährboden für Gemeinschaftsideologien und Sehnsüchte nach kollektiven Ersatzmutterschößen, also nationalistische Ideologien, aber auch Sekten, Cliquen und anderes" (S. 89). Jugendliche neigten zu rechtsradikalen verbalen, graphischen, handgreiflich-gewalttätigen Provokationen, die ihnen Ablehnung garantieren und dadurch genau jene früh erfahrene Indifferenz ersparen würde (S.103). Unterstützung fände diese Orientierung durch zunehmende gesellschaftliche Akzeptanz jener Topoi, die in Gewalttaten junger Rechtsradikaler zur Darstellung kämen, z. B. hinsichtlich des Rechts des Stärkeren, der Abwertung von Mitbestimmung, der Unduldsamkeit gegenüber dem Fremden. Zugleich aber, so Füchtner, würden diese rechtsradikalen jungen Gewalttäter als „Sündenböcke" (S.105) fungieren und ausgegrenzt, weil sie verwirklichen, was nicht wenige ehrbare Bürger wünschen, aber nicht zu realisieren wagen. Läge hier eine Erklärung dafür, warum die von Füchtner dargestellte „gesuchte" Ablehnungserfahrung Jugendlicher gerade durch rechtsextreme Betätigung realisiert werden kann? - Man ahnt die Attraktivität von Rechtsradikalismus für Provozierung und Decouvrierung gesellschaftlicher Widersprüchlichkeit, aber auch Verlogenheit: Läßt sich denn, wie wir hoffen möchten,

das Einschreiten gegen Rechtsradikale zurecht als Zeichen demokratischer Verfaßtheit lesen? Die Einschätzung der politischen Gefahr des Rechtsradikalismus wird durch die gesellschaftliche Ambivalenz ihm gegenüber nicht erleichtert. Doch zurück zum Buch: Für politisch gefährlicher als rechtsradikale jugendliche Gewalttäter hält der Autor „alerte rechtsradikale 'Yuppies', die durch ihr Verhalten bei Konservativen keine Abgrenzung provozieren“ (S.106), weil sie sich nicht selbst handgreiflich an Gewalttaten beteiligen.
Die Argumetation hätte an Nachvollziehbarkeit gewonnen, wäre auch thematisiert worden, warum die oben genannte Ablehnung gerade durch rechtsradikale Handlungen gesucht wird und nicht durch andere kriminelle Aktivitäten. Das wäre deshalb aufklärungsbedürftig, weil der Autor - wie ich denke zu recht - eine zunehmende Akzeptanz rechter und rechtsradikaler Positionen und Verhaltensweisen feststellt, die teilweise auch in staatliche Regelwerke Eingang finden, sodaß fraglich erscheint, ob bzw. warum hier das geeignete Feld für Provokation und „gesuchte“ Ablehnung liegt.
Offen bleibt auch, wie der Autor die auf kapitalistischem Grund erwachsenen Individualisierungstendenzen beurteilt; er eskamotiert einen zu definierenden Zugewinn an Freiheiten aus der Analyse und begibt sich damit der Möglichkeit, die sozial stark unterschiedliche Nutzungsmöglichkeit neuer Spielräume zu thematisieren.
Durch eine Reihe von Abgrenzungen versucht Füchtner sich vor falscher Vereinnahmung zu schützen. So gegen die Schuldzuweisung an vermeintlich hedonistische neue Elterngenerationen; gegen den Vorwurf, die antiautoritäre Erziehung wäre Ursache für die Rechtsradikalität von Jugendlichen (auf die Diskussion in der Neuen Sammlung 2/1993 und 4/1993 sei hier verwiesen); gegen die falsche Generalisierung, rechtsradikale Jugendliche kämen aus psychisch gestörten Elternhäusern; gegen den monokausalen Topos, die Gewalt in den neuen Medien sei Schuld; gegen den Ruf nach mehr Autorität, die unter gegebenen gesellschaftlichen Bedingungen wohl nur als angemaßte „Autorität“ mobilisierbar wäre. „Wer unter diesen Umständen lamentiert, der Erziehungsgedanke sei in den vergangenen Jahren verloren gegangen, unterschätzt seinerseits ganz offensichtlich den Sozialisationsgedanken“ (S.96).
Zurück zu den neuen Sozialisationsbedingungen als Verunmöglichung von Erziehung: Füchtner plädiert dennoch für die Höherbewertung der Zeit, die „Erwachsene Kindern widmen“, denn je mehr und lieber sie das tun, „desto eher besteht doch noch eine Chance, die Kinder gegen direkte gesellschaftliche Einflüsse etwas abschirmen zu können, die Desorientierung, Verwahrlosung und psychische Störungen verursachen“ (S.93). Dabei scheint der Autor nur noch an die frühe Erziehung zu denken, denn „allenfalls die Grundlegung der Affektbildung in ganz frühen Beziehungen zwischen Kindern und Eltern läßt sich noch von Eltern, die sich der Probleme bewußt sind, bis zu einem gewissen Grad abschirmen“ (S. 99).
Die im ersten Kapitel historisch begonnenen Begriffsklärungen werden in Kapitel 3 an Gegenwartsphänomenen weitergetrieben (Patriotismus, Nationalismus, Nationalismus von oben, Nationalstaat etc.), wobei Politik, Justiz und Medien das bedenkliche Material liefern. Die Klärung der Begriffe Vaterland, Nation etc. und das Sondieren nach deren Bedeutung als tatsächliche oder vermeintliche Überlebensstrategie der Subjekte ist für den Autor deshalb aktuell und notwendig, weil der Einzelne glauben könnte, die ihm im Individualisierungsprozeß aufgebürdete und bei gleichzeitigem Rückzug des Sozialstaats noch erhöhte Unsicherheit kompensieren zu können durch die Fiktion einer nationalen Gemeinschaft. Entsprechende Angebote von Politikern liegen vor, nicht nur von solchen des rechten Randes, wie Füchtner belegt.
Grenzen therapeutischer, medialer, rechtlicher Möglichkeiten der Aufklärung und Beeinflussung werden andiskutiert. Wer eine Gesellschaft tendenziell ohne Fremdenhaß, ohne Rechtsradikalismus will, müsse eine demokratisch-solidarische Gesellschaft wollen; alle Politikbereiche (und nicht nur das Bildungswesen mit seinen besonders wider-

sprüchlichen Botschaften) wären dabei gefordert. In diesem Sinn schließt Füchtner mit Alexander Mitscherlich: „Toleranz entsteht nicht auf mythische Art, noch durch moralische Willensakte, sondern durch Eindämmung des Elends, des ökonomischen, des neurotischen und des psychotischen Elends."

Walter Kissling

Dieter Mattner und Manfred Gerspach: Heilpädagogische Anthropologie. Kohlhammer: Stuttgart 1997, 252 Seiten

Mattner und Gerspach entwickeln in ihrem Band das Konzept einer Heilpädagogischen Anthropologie. Sie treten einem kritisch-rationalen bzw. naturwissenschaftlich-medizinischen Wissenschaftsbegriff in der Heilpädagogok entgegen und legen dar, daß Heilpädagogik nur als eine hermeneutisch-dialogische Wissenschaft ihrem Gegenstand gerecht wird. Mattner entfaltet im ersten Teil die „wissenschaftstheoretische Grundlegung einer heilpädagogischen Anthropologie" (S. 9) und Gerspach diskutiert im zweiten Teil „ein tiefenhermeneutische Konzept für das Verstehen im heilpädagogischen Praxisfeld" (S. 9).

Ausgehend von der Grundüberlegung, daß jede Wissenschaft vom Menschen implizit oder explizit auf anthropologische Vorannahmen zurückgreift, setzt sich Mattner mit dem naturwissenschaftlich-medizinischen Paradigma in der Heilpädagogik auseinander, das er beispielsweise an den Thesen von Ayres (vgl. S. 31ff) zur „Sensorischen Integration" erläutert. Mattner kritisiert, daß diese Autorin sozial angepaßtes Verhalten als Folge einer „gesunden cerebralen Ausstattung" (S. 32) ansieht. Diese Argumentation ruht auf einem biologistischen Subjekt- und Normalitätsbegriff auf, der in eine „Normalitätspathologie" (S. 33) einmündet. Mit dieser These wird das Verhalten behinderter Menschen seinem humanen Sinn beraubt. Im Hinblick auf empirisch-analytische Erziehungswissenschaft bzw. Heilpädagogik, die sich auf einen positivistischen Wissenschaftsbegriff bezieht, kritisiert Mattner den Theorie-Praxis-Hiatus: Nur empirisch verifizierbare, intersubjektiv wiederholbare und logisch (re-)konstruierbare Tatsachen bzw. Erkenntisse werden als wissenschaftlich abgesichert angesehen. Fragen der Ethik und humaner Werte, die für die Pädagogik als praktische Disziplin von hoher Relevanz sind, werden durch das empirische Erkenntnisideal aus dem wissenschaftlichen Diskurs ausgeschlossen (vgl. S. 33ff). Menschliches Sein wird auf diesem Weg einer technologischen Verfügbarkeit subsumiert, die gemäß Mattner mit einer „heilpädagogischen Anthropologie" (vgl. S. 42) inkommensurabel ist.

Mattner diskutiert die „intersubjektive Konstituierung menschlicher Subjektivität" (S. 110), indem er auf die „philosophische Anthropologie" (Bollnow) rekurriert. In zwei Schritten, erstens über die Rezeption der „offenen Frage" (vgl. S. 44ff), die von der Unergründbarkeit des menschlichen Wesens ausgeht, zweitens über das Prinzip der „anthropologischen Reduktion", die „menschliche Wesensphänomene ... als sinnhafte Erscheinungen einer Einheit begreift" (S. 50), kommt Mattner zu seiner zentralen These, daß jegliche menschliche Tätigkeit, auch das Absonderliche und Fremde im Verhalten Schwerstbehinderter, anthropologisch gesehen, einen sinnhaften Bezug zum jeweiligen Individuum und seiner Umwelt hat. Mattner festigt diese These, indem er unter Bezugnahme auf die Phänomenologie von Merleau-Ponty (vgl. S. 67ff) die leibliche Existenz des Menschen als grundlegendes Moment seiner intentionalen Verwobenheit mit der Welt vor jeder rationalen Erkenntnis interpretiert. Diese „leib-phänomenologische Bestimmung menschlicher Subjektivität" (S.89), der ein „präreflexives Bedeuten" (S. 89) immanent ist, stattet jeden Menschen mit einem „hermeneutischen Vermögen" (S. 95) aus. Mattner schließt seine Darlegungen, indem er als anthropologische Grundprämissen die „letztliche Unverfügbarkeit des Anderen" festhält sowie auf dem Postulat des offenen Menschenbildes als ethischem Wertmaßstab einer sinnaufklärenden (Heil-)Pädagogik insistiert (S.116f).

Gerspach entwickelt das Konzept einer „verstehenden heilpädagogischen Anthropologie", die Behinderung als „relativen und relationalen Begriff" (vgl. S. 226) ausweist. Er setzt sich in seiner Arbeit mit bisherigen Ansätzen der Heilpädagogik auseinander und kritisiert erstens die „analytisch-empirischen Positionen" (vgl. S. 123 ff), zweitens die defektorientierten Sichtweisen neuropsychologischer und neuropsychiatrischer Konzepte, stellt drittens Konzepte zur integrativen Erziehung vor, die sich vom defektorientierten Paradigma in der Heilpädagogik abgrenzen und im behinderten Menschen „zunächst einmal ein menschliches Subjekt" (S. 129) sehen. Diese Ansätze verorten Behinderung am „Schnittpunkt objektiv-gesellschaftlicher wie subjektiv somato-psychischer Strukturen" (S. 132). Allerdings verharren diese Konzepte auf der horizontalen Ebene des „lebenssituativen Zusammenspiels" (S.132) und vernachlässigen die vertikale Linie lebensgeschichtlicher Bedeutungen, die sich um das Problemfeld Behinderung ranken. Als vierte Entwicklung heilpädagogischer Theoriebildung stellt Gerspach die „Psychoanalytische Pädagogik" als Paradigma einer „heilpädagogischen Anthropologie" vor (vgl. S. 133ff), die er mit der „Kritischen Theorie" legiert (vgl. S. 176).

In einem Exkurs rezipiert Gerspach den historisch-materialistischen Ansatz von Jantzen. Er würdigt dessen Verdienste um eine sozialkritische Sicht, die Behinderung als soziales Phänomen begreift. Gerspach kritisiert bei Jantzen jedoch, daß dieser durch seine materialistische Abbild- und Widerspiegelungstheorie inner-psychische Tätigkeit um der Linearität der Argumentation willen in ein physikalistisches und biologistisches Modell (vgl. S. 145) preßt, das die selbstregulative Spontaneität menschlicher Subjektivität einebnet (vgl. S. 157f).

In den folgenden Abschnitten geht Gerspach auf seinen Ansatz der Heilpädagogik als sinnverstehende Wissenschaft ein. Für diese ist das Junktim von „Fördern und Forschen" (Trescher) konstitutiv. Im dialogischen Prozeß der Erziehung werden einerseits die Momente beschädigter Subjektivität - und dies schließt alle Formen von Behinderung bzw. Verhaltensstörungen ein - als Folge problematischer Sozialisationsprozesse erschlossen, andererseits setzt dieser Dialog nicht erst auf der Ebene der Sprachlichkeit ein, sondern fußt auf der präreflexiven Ebene leib-seelischer Existenz (s.o.). Die Einführung symbolischer Handlungsstukturen ist demgemäß Auftrag einer „tiefenhermeneutischen" (Lorenzer) Heilpädagogik. Behinderung, insbesondere geistige und/oder körperliche Behinderung, ist daher „niemals als reale Tatsache" allein relevant, sondern Behinderung ist immer an Konstruktionsprozesse in psychosozialen Kontexten geknüpft, denen ein latenter Bedeutungsgehalt innewohnt (vgl. S. 186). Sinnverstehen koppelt Gerspach an den Habermas'schen Begriff der Verständigung als rationalem Diskurs. Da aber insbesonders die Klienten der Heilpädagogik nicht umstandslos „elaboriert sprach- und handlungsfähige Subjekte" (S.164) sind, muß man sich gemäß Gerspach eines abgewandelten Vernunft- bzw. Subjektbegriffs bedienen: Beschädigte Subjektstruktur kann nur erkannt und rekonstruiert werden, wenn Verstehen sich auf die beunruhigenden Momente der erzieherischen Beziehung einläßt und die „Grenze des unverständlich Unbewußten" (S.173) im eigenen Erleben erfahrbar und reflektierbar wird. D.h.: „Behinderung wird dialogisch produziert und ist auch nur darüber zu verändern" (S. 226).

Die von Mattner und Gerspach vorgelegte Arbeit ist fundiert und komplex. Die Autoren zeigen beeindruckend klar, daß Behinderung entgegen alltäglicher und wissenschaftlicher Vorurteile kein gesonderter Seinsbereich ist, sondern Teil der Variationsbreite menschlicher Existenz. Auch wenn Behinderte sich in ihrer anthropologischen Ausstattung nicht prinzipiell von Nichtbehinderten unterscheiden, so verfallen die Autoren doch nicht dem Irrtum, Erscheinungsformen und Folgen von Behinderungen umstandslos zu nivellieren (vgl. S. 141). Die Autoren zeigen auf, das Behinderung immer eine Kompromißbildung zwischen eigenaktiver Anpassungsleistung und beschädigten Kommunikationsstrukturen (vgl. S. 226) in sozialen Situationen ist. Heilpädagogik ist diesem Konzept gemäß daher auch Teil einer „Normalpädagogik", da auch nichtbehinderte Klienten der Sozialpädagogik, Sozialarbeit und Schulpädagogik ebenfalls mit den vielfältigen Facetten und Auswirkungen sozialer Krisen und einschränkender Sozialisationsbedingungen konfrontiert sind, die subjektive Autonomie behindern. Auch dieses Klientel ist - wie es auch Behinderte sind - darauf angewiesen, in Pädagogen/innen, Sozialarbeitern/innen und Lehrer/innen Ansprechpartner zu finden, die soziale und lebensgeschichtliche Brüche aufgreifen, um gemeinsam eine sinnvolle Lebenspraxis zu antizipieren. In dieser Aussage sehe ich das Hauptanliegen dieses Buches.

Heinz Krebs

Eckart Nase: Oskar Pfisters analytische Seelsorge. Walter de Gruyter: Berlin/New York, 1993, 622 Seiten

In der Intention, die Anfänge und Entwicklung der Psychoanalytischen Pädagogik aufzuarbeiten, sind in der jüngeren Zeit eine Reihe von Arbeiten zu diversen „Klassikern" oder „Pionieren" der Psychoanalytischen Pädagogik erschienen - natürlich nicht nur in historisch dokumentierender Absicht, sondern auch, um an diese Klassiker die Frage nach möglichen systematischen Gehalten für ein aktuelles Verständnis psychoanalytisch orientierter Pädagogik zu richten (vgl. etwa Fatke/Scarbath 1995, Kaufhold 1994, Müller/Hörster 1992). Anlässe für solche Arbeiten bieten zur Zeit häufig die Wiederkehr 100. Geburtstage oder sonstiger denkwürdiger Lebensdaten jener „Pioniere". Sollte etwa das momentane Fehlen solcher Jubiläumsdaten der Grund sein, weshalb sich bisher kaum ein Autor aus der „scientific community" der psychoanalytisch orientierten Pädagogen einer historischen Gestalt angenommen hat, die quasi ganz am Anfang der psychoanalytisch-pädagogischen Bewegung stand und dessen Denken und praktisches Wirken von Freud selbst zwar äußerst kritisch, aber letztlich doch wohlwollend begleitet und kommentiert wurde?
Der Name Oskar Pfister ist in der Tat seit Rehms Verortung in der „Geschichte der psychoanalytischen Erziehungslehre" (1968) und Bittners Versuch von 1973, Pfisters „Synthesebeitrag" für die psychoanalytische Theorie herauszuarbeiten, kaum Anlaß einer ausführlicheren Erörterung gewesen. In aktuellen Veröffentlichungen findet Pfister allenfalls bei P. W. Müller (1993) eine längere Darstellung. Meist beschränken sich jedoch Rezipienten auf die Erwähnung seines als obskur bezeichneten Ansatzes und seiner praktischen Arbeit, in welcher ihm ein unzulässiges Vermengen von Psychoanalyse und Erziehung unterstellt wird.
Um so mehr sollte deshalb ein Versuch Aufmerksamkeit verdienen, der vor kurzem von theologisch-religionspsychologischer Seite aus unternommen wurde, um Pfisters Denken und Wirken im Spannungsfeld von Psychoanalyse, Seelsorge und Erziehung systematisch herauszuarbeiten. Eckart Nases Buch über die „analytische Seelsorge" Oskar Pfisters ist durchaus geeignet, einiges zum Verständnis hinsichtlich einer Kooperation von Psychoanalyse und Pädagogik beizutragen, obgleich seine inhaltliche Schwerpunktsetzung auf die Klärung eines Verständnisses von seelsorgerlicher Beratungsarbeit ab-

zielt und insofern v.a. an eine theologisch-pastoralpsychologisch interessierte Leserschaft gerichtet ist.
Nase gliedert seine ausführliche Arbeit in drei Hauptteile: der erste dient der ausführlichen Vergegenwärtigung der wissenschaftstheoretischen, biographischen und methodischen Voraussetzungen, unter denen Pfister seine eigenwillige Rezeption der Psychoanalyse hinsichtlich Theorie und Praxis vollzogen hat. Im zweiten Hauptteil seiner Arbeit veranschaulicht Nase das Vorgehen und die Wirkung Pfisters analytischer Seelsorge in einer Reinterpretation und Rekonstruktion zweier von Pfister in seinen Veröffentlichungen vorgestellten Fallberichten. Im dritten Hauptteil versucht Nase, Pfisters Synthetisierungsversuche, die er aus seinen seelsorgerischen und analytischen Ansprüchen abgeleitet hat, unter systematisierenden Gesichtspunkten zu erfassen. Als Anhang ist Nases Buch eine „bio-bibliographische Skizze" und eine Gesamtbibliographie Oskar Pfisters beigefügt.
Der theologische Ausgangspunkt der Arbeit bringt es natürlich mit sich, daß dem theologisch-seelsorgerlich weniger vorgebildeten Leser viele in der Arbeit enthaltenen Implikationen schwer nachvollziehbar bleiben. Deshalb seien an dieser Stelle auch nur exemplarisch einige Aspekte aus den einzelnen Teilen herausgestellt, die möglicherweise einer Erweiterung bzw. Ergänzung der Diskussion um das Verhältnis von Psychoanalyse und Pädagogik dienlich sein könnten.
In diesem Zusammenhang verdient zunächst der überzeugend herausgearbeitete Nachweis des Autors besondere Aufmerksamkeit, daß Pfister in seinen Syntheseversuchen von Psychoanalyse, Erziehung und Seelsorge konsequent auf einer Vorordnung des Lebens vor der Wissenschaft bestanden hat. Ausgangspunkt der Pfister'schen Überlegungen und seines Handelns sind die konkreten ihm begegnenden menschlichen Schicksale und ihre (häufig religiösen) Nöte und nicht theoretische Modelle, seien sie nun theologisch oder psychoanalytisch begründet. Dieser Ausgangspunkt ermöglichte es Pfister, scheinbar so unumstößliche psychoanalytische Theoriestücke wie etwa die Zergliederung der menschlichen Antriebe in sexuelle Partialtriebe immer wieder in Frage zu stellen. Mit dieser Position nahm er in der aufblühenden psychoanalytisch-pädagogischen Bewegung eine ziemlich einzigartige Sonderstellung ein, die auch in seinen methodisch-praktischen Konzepten Niederschlag fand: Es ging Pfister (im Gegensatz zu vielen anderen Klassikern der psychoanalytischen Pädagogik, wie es hinzuzufügen gilt) nicht primär um eine Anwendung der Psychoanalyse auf die Erziehung und Seelsorge, sondern um eine Anwendung in den selbigen Bereichen. Pfister, so will Nase aufzeigen, verstand sich zeitlebens primär als Seelsorger, der bemüht war, in seinen Praxisfeldern die Psychoanalyse als eine unverzichtbare Verständnishilfe heranzuziehen. Daß dies bei ihm zu manch fragwürdigen Inanspruchnahmen geführt hat (Oskar Pfister als Missionar für Sigmund Freud und Jesus von Nazareth), stellt auch Nase heraus; doch es gilt in diesem Zusammenhang v.a. festzuhalten, daß Pfister die Wirksamkeit eines an der Analyse orientierten Vorgehens auch außerhalb des klassischen analytischen Settings erlebt. Pfister macht die Erfahrung, daß er mit seinen Klienten etwas anders machen muß und kann als eine Psychoanalyse, was in der Intention wieder mit ihr zusammenfallen kann, wie es später Freud in seinem Vorwort zu Aichhorns „Verwahrloste Jugend" formuliert hat.
An den zwei Fallberichten zeichnet Nase konkret die Wirksamkeit der Pfister'schen Interventionen nach. Pfisters Intention zielt darauf ab, sich seinen Klienten in einer Art und Weise zur Verfügung zu stellen, die psychisch entlastend und symptom-befreiend wirkt. Dabei gelangen zum einen solch einfache Prozesse zur Wirkung, „daß in einem seelsorgerlichen Gespräch zwischen einem religiös eingestellten Mann und seinem Pastor sexuelle Probleme als solche benannt und ruhig besprochen werden" und damit letztlich als entlastend und entängstigend und auch aufklärend erlebt werden können; des weiteren, daß eine Haltung eingenommen wird, die eine positive Übertragung evo-

ziert und durch welche die Klienten eine narzißtische Anerkennung erfahren können. In diesem Sinne praktizierte Pfister eine an der Psychoanalyse orientierte Behandlungs- bzw. Beratungstechnik, die in der damaligen Theoriesprache der Psychoanalyse teilweise noch gar nicht faßbar war und später dann meist unter Bezugnahme auf Ferenczi unter den Schlagworten des „n" oder der „freundlichen Analytikers" in die Diskussion gebracht wurde.

Nase gelingt es, deutlich zu machen, daß es Pfister nicht darum ging, die klassische psychoanalytische Behandlungsmethode aufzuweichen oder zu verwässern. Er wollte sich die Psychoanalyse zunutze machen an einem sozialen Ort, außerhalb des klassischen psychoanalytischen Settings. Insofern kommt Pfister der Stellenwert eines experimentierenden Vordenkers einer analytisch orientierten Beratung bzw. einer psychoanalytischen Kurzzeit- oder Fokaltherapie - und für Nase ganz konkret, eines Begründers der pastoralen Praxisform der analytischen Seelsorge - zu.

Nase legt in seiner Untersuchung hinsichtlich Pfister eine Lesart nahe, derzufolge dieser weder eine Position vertreten und praktiziert hat, in welcher Seelsorge oder Erziehung in Psychoanalyse aufgeht, noch es ihm genügte, sich der Psychoanalyse bruchstückhaft zu bedienen. Pfister hat vielmehr versucht, die psychoanalytisch geschulte Denkweise auf seine seelsorgerlichen Problemstellungen zu beziehen: Die Religion war und blieb Pfisters Hauptberuf. Sein primäres Anliegen war es, seinen Klienten einen befreienden und un-neurotischen Zugang zur Religiosität zu verschaffen. Vielleicht stand er damit vor vergleichbaren Problemen wie ein Pädagoge, der einem lerngehemmten Kind Zugang zu seiner Leistungsfähigkeit ermöglichen möchte und sich dabei auf psychoanalytische Erkenntnisse stützt?

Was es „aufgeklärten", „kritischen" psychoanalytischen Pädagogen immer wieder schwer machen dürfte, sich auf diesen Vergleich und auf Pfister einzulassen, ist, daß dies oben angesprochene, von pädagogischer Seite vielleicht selbstverständlich angewandte Modell einer interdisziplinären Kooperation hier von theologischer Seite aus in Anspruch genommen wird und hier jemand sowohl als „Missionar der christlichen Liebe und zugleich als getreuer Paladin S. Freuds" aufgetreten ist. Daß dies aus den unterschiedlichsten Gründen Unvereinbarkeiten zurückläßt, ist unbestreitbar. Nases Ausführungen könnten jedoch einen Anstoß geben, auch jenseits solcher schwer verdaubaren Implikationen, diesen vielfach belächelten und nicht ernstgenommenen „Pionier" Oskar Pfister für die aktuelle psychoanalytisch-pädagogische Diskussion interessant zu machen.

Literatur

Bittner, G. (1973): Oskar Pfister und die „Unfertigkeit" der Psychoanalyse. Wege zum Menschen 25

Fatke, R./Scarbath, H. (Hrsg.) (1995): Pioniere Psychoanalytischer Pädagogik. Peter Lang: Frankfurt a.M.

Hörster, R./Müller, B. (Hrsg.) (1992): Jugend, Erziehung und Psychoanalyse. Zur Sozialpädagogik Siegfried Bernfelds. Luchterhand: Neuwied

Kaufhold, R. (Hrsg.) (1994): Annäherungen an Bruno Bettelheim. Grünewald: Mainz

Müller, P. W. (1993): Kinderseele zwischen Analyse und Erziehung. verlag pro juventute: Zürich Rehm, W. (1968): Die psychoanalytische Erziehungslehre. Piper: München

Volker Fröhlich

Abstracts

Burkhard Müller, Urte Finger-Trescher und Heinz Krebs
Jugendhilfe und Psychoanalytische Pädagogik. Zur Einführung in den Themenschwerpunkt

Der Beitrag verweist auf die historisch weit zurückverfolgbare Nähe zwischen sozialpädagogischen Anliegen und psychoanalytisch-pädagogischen Bemühungen. Die Institutionalisierung von Jugendhilfe im Anschluß an das 1990 in Kraft getretene deutsche Kinder- und Jugendhilfegesetz hat allerdings neue Fragestellungen aufgeworfen (etwa die Frage nach den Möglichkeiten ambulanter Hilfestellungen) sowie einen spezifischen Fachdiskurs eröffnet, den es mit dem Diskurs der Psychoanalytischen Pädagogik erst zu vermitteln gilt. Aus dieser Perspektive sind die Beiträge des Themenschwerpunktes zu lesen, zu denen hingeführt wird.

Heinz Krebs und Burkhart Müller
Der psychoanalytisch-pädagogische Begriff des Settings und seine Rahmenbedinungen im Kontext der Jugendhilfe

In dieser Arbeit wird der Versuch gemacht, „Rahmen" und Setting" als Arbeitsbegriffe einer profesionellen Jugendhilfe, die in gesetzlichen Kontexten (KJHG) verankert ist, auszuweisen. Der Begriff des Rahmens verweist auf das kontingente Bedingungsgefüge professioneller Interventionen. Er stellt einen Grenzbegriff dar, der einerseits festlegt, was innerhalb eines festzulegenden Feldes zwischen Professionellen und Klienten „eigentlich los ist", der andererseits jedoch auch die helfenden Interventionen mit der sozialen und institutionellen Umwelt verknüpft. Der Begriff des Settings bezeichnet demgegenüber das zu gestaltende Arrangement der sozial- und heilpädagogischen Arbeit in seinen örtlichen und raum-zeitlichen Dimensionen. Am Beispiel einer Hilfeplanung (KJHG § 36) wird aufgezeigt, dass diese nicht nur Teil eines rahmensetzenden Verwaltungsaktes ist, sondern auf die förderliche Gestaltung eines Settings verwiesen ist, in welchem schwierige Verständigungsprozesse mit Hilfe des „szenischen Verstehens" (Lorenzer) aufgegriffen werden.

Hans-Werner Eggemann-Dann
Was zählt, kann man (er) zählen. Die Bedeutung der institutionellen Erziehungsberatung für die Kinder - und Jugendhilfe

Die Veränderungen des öffentlichen Sektors, aus denen die neuen Steuerungsmodelle entstanden sind, haben neben vielen Unterschieden auch einen gemeinsamen Hintergrund mit den Krisen eines Teils unseres Klientels(sozialökonomische Risiken, soziale Deregulation etc.). Dies betrifft besonders Familien an den Schnittstellen von Jugendamt und Erziehungsberatung, die überwiegend das Klientel der Erziehungshilfen nach dem KJHG waren und sind. Von den Anliegen eines wichtigen Teils ratsuchender Familien in schweren (Multi-)Krisen und von Organisationsentwicklungsideen her kann die Praxis einer „Erziehungsberatungsstelle als lernende Institution" entwickelt und damit auch deren Bedeutung für die Jugendhilfe dargestellt werden.. Erziehungsberatung sollte resonanzfähig sein, sowohl dem Klientel gegenüber an den Schnittstellen von Jugendamt und Erziehungsberatung, als auch den Anliegen unserer

Renate Dohmen-Burk
An der Schwelle zum Berufsleben: Aus der Arbeit einer Beratungsstelle für Jugendliche und junge Erwachsene ohne Ausbildung

Der Artikel stellt die Frage nach der Bedeutung psychoanalytisch-pädagogischer Ansätze für die Jugendberufshilfe anhand der Arbeit einer Beratungsstelle für Jugendliche und junge Erwachsene ohne Ausbildung. Eingeschliffene Verhaltensmuster, die sich in der Interaktion mit zentralen Bezugspersonen herausgebildet haben, führen zu einem Spannungsverhältnis zwischen auftragsgemäßer Unterstützung bei der beruflichen Integration und notwendiger Beziehungsarbeit. Im Hinblick auf die von den Klienten zu bewältigenden Entwicklungsaufgaben plädiert die Autorin dafür, psychoanalytisch-pädagogische Ansätze um Aspekte der genetischen Psychologie zu erweitern.

Beate Szypkowski
Vor Ort und hautnah - Sozialpädagogische Familienhilfe

Die Sozialpädagogische Familienhilfe ist ein Ergebnis der Reform des Jugendhilferechts und der in den 70er Jahren geäußerten Kritik an der Situation von Heimen. Sie leistet präventive Arbeit in Familien, die von einer Krise bedroht sind, oder bereits an einer Krise leiden. Die Anlässe für eine SPFH sind in der Regel Erziehungsschwierigkeiten, Entwicklungsauffälligkeiten, Beziehungsprobleme, Vernachlässigung, Trennung und Scheidung und nicht zuletzt die zunehmende Armut - auch unter Kindern. Prävention, Hilfe zur Selbsthilfe und die Beteiligung der Betroffenen als Strukturmaxime des Neuen Kinder- und Jugendlichengesetz sollen in diesen Situationen eine Hilfestellung geben. Die SPFH ist hierbei die intensivste Maßnahme und die Nachfrage nach ihr steigt stetig. SPFH wird in unterschiedlichen Trägerstrukturen angeboten. Ihr Vorteil besteht in der unmittelbaren Arbeit in der Alltagswelt der Familien. Insofern ist sie vor Ort und hautnah. Um der Komplexität der Problemlagen der Familien und der Arbeit mit ihnen gerecht zu werden, wird Supervision als ein wichtiges Hilfsmittel im Prozeß der SPFH angeboten.

Burkhard Müller
Authentizität als sozialpädagogische Aufgabe. Das Beispiel Schuldnerberatung

Authentizität wird hier als alltagtheoretischer Begriff verwendet, der darauf verweist, daß Sozialpädagogik als Profession sich nicht auf die Beherrschung technischer Fähigkeiten beschränken kann (ähnlich darin der Therapie), sondern als authentisch handelnde Person ausgeübt werden muß. Ausgehend von einer allgemeinen Funktionsbestimmmung sozialer Arbeit als zuständig für "drop-out-Probleme" aller Art wird am Beispiel von Schuldnerberatung eine grundlegende Anforderung an professionelle soziale Arbeit (z.B. im Kontext von Jugendhilfe) freigelegt: Es geht dabei die Vermittlung zwischen der kompetenten Ausübung sachbezogener Funktionen mit Fähigkeiten zu psychoanalytisch-pädagogischem Verstehen und Interagieren. Das Beispiel illustriert zugleich Ähnlichkeiten und Unterschiede, welche zwischen therapeutischem und sozialpädagogischem Handeln zu beachten sind.

Francis Imbert
„Bolid-Kinder" und die Arbeit des Pädagogen

In diesem Beitrag, der an die Psychoanalyse Lacans anknüpft, wird davon ausgegangen, daß es heute in geringerem Maße autoritäre Strukturen, sondern vielmehr mangelhaft ausgebildete Strukturen sind, welche die Entwicklung Heranwachsender belasten. Ein Mangel an Strukturen hindert Kinder häufig daran, sich von primären Bezugspersonen abzugrenzen sowie die Fähigkeit zur Impulskontrolle und zum Symbolisieren zu entwickeln. Dies stellt auch Schule vor neue Aufgaben. Drei Fallbeispiele, die im Zuge der wissenschaftlichen Begleitung der „Pédagogie Institutionelle" dokumentiert und bearbeitet wurden, verweisen darauf, wie Schule diesen Aufgaben gerecht werden kann und welche Bedeutung dabei der Reflexion der Beziehung zwischen Lehrern und Kindern zukommt: Die Reflexion dieser Beziehung wird durch tagebuchähnliche Notizen von Lehrern unterstützt und zielt darauf ab, emotionale Verstrickungen zu verstehen, „Entwirrungen" zu ermöglichen und somit die Herausbildung von strukturbildenden Differenzen zu unterstützen.

Mireille Cifali
Das pädagogische Verhältnis: Zwischen Verstrickung und Distanzierung

In diesem Beitrag, der aus dem Französischen ins Deutsche übersetzt wurde, wird ein Verständnis von Psychoanalyse vorgestellt, das weder die Entwicklung von Erziehungsmitteln ermöglicht noch Gewißheiten verschafft. Sie ermöglicht vielmehr die Eröffnung von Diskursen, in denen versucht werden kann, Verstrickungen und Schwierigkeiten zu erkennen und zu verstehen, die Menschen mit sich und anderen haben. Die Autorin erläutert, inwiefern es notwendig ist, solche Diskurse zur Thematisierung von pädagogischer Arbeit zu eröffnen, zeigt aber auch, inwiefern die damit verbundene Art des Reflektierens oft dem widerspricht, was Pädagogen zu leisten haben oder meinen leisten zu müssen; nämlich: planvoll vorzugehen, Stärke zu zeigen, Erfolge zu haben. Dieses Spannungsfeld wird erläutert.

Leendert Frans Groenendijk
Psychoanalytisch orientierte Sexualaufklärung vor dem Zweiten Weltkrieg

Dieser Beitrag beschreibt die Auseinandersetzung von Psychoanalytikern, die in der Zwischenkriegszeit an pädagogischen Fragen interessiert waren, mit zentralen Aspekten einer Theorie und Praxis der sexuellen Aufklärung. Das Interesse der Psychoanalyse an diesem Thema gründete in der Entdeckung der infantilen Sexualität, der kindlichen Sexualneugier und des Umstandes, daß es weitreichende Folgen hat, wenn man Kinder über solch zentrale Themen des menschlichen Lebens uninformiert bzw. mit ihren Ängsten und Phantasien alleine läßt. Der Artikel zeichnet nach, inwiefern sich noch in der Zwischenkriegszeit Vorstellungen darüber, weshalb, von wem und in welcher Form Kinder sexuell aufzuklären sind, verändert haben. Diese Veränderungen werden damit in Zusammenhang gebracht, daß Psychoanalytiker vom (neurose-)prophylaktischen Gewicht früher Aufklärung immer weniger überzeugt waren. Überdies sahen sie sich mit dem Widerstand von Kindern gegen die Aufnahme von Antworten auf ihre sexuellen Fragen konfrontiert.

Regina Studener und Wilfried Datler
Lese- und Rechtschreibschwierigkeiten als eine spezifische Form von Lernschwierigkeiten - ein Thema Psychoanalytischer Pädagogik?

Zur Zeit dominieren neuropsychologische Ansätze die Auseinandersetzung mit dem Thema der Lese- und Rechtschreibschwierigkeiten. Deshalb wird einleitend dargestellt, daß dieses Thema bereits von der Psychoanalytischen Pädagogik der Zwischenkriegszeit behandelt wurde: Schon damals war die Annahme formuliert worden, daß Lese- und Rechtschreibschwierigkeiten mitunter bloß in psychodynamisch faßbaren Prozessen, mitunter aber auch in organischen Primärursachen gründen können, die ihrerseits allerdings tiefenpsychologisch verstehbare Sekundärprobleme nach sich ziehen können. Dieser Ansatz, so wird dargestellt, erfährt eine Fortsetzung in einem Teil jener Literatur, die von minimaler cerebraler Dysfunktion (MCD), primärer und sekundärer Neurotisierung handelt. Die Darstellung der Kritik an diesen jüngeren MCD-Konzeptionen, die von psychoanalytisch orientierten Autoren vorgebracht wurde, leitet zu einem Kapitel über, das von „Jüngeren Beiträgen zur Genese und zur Bedeutung von Lese- und Rechtschreibschwierigkeiten aus tiefenpsychologischer Sicht“ sowie von tiefenpsychologischen Konzepten zur Arbeit mit lese- und rechtschreibschwachen Kindern, Jugendlichen und Erwachsenen handelt. Der Artikel schließt mit einem Ausblick, in dem auch Perspektiven für eine differenziertere Verknüpfung von neuropsychologisch und tiefenpsychologisch orientierten Ansätzen umrissen werden.

Bernhard Natschläger
Über aktuelle Publikationen zu verschiedenen Fragestellungen Psychoanalytischer Pädagogik

Die Tradition der Literaturumschauartikel, die im Jahrbuch für Psychoanalytische Pädagogik seit 1989 erscheinen, fortsetzend, wird in diesem Beitrag ein Überblick über aktuelle Veröffentlichungen gegeben, die im Schnittfeld von Erziehungswissenschaft und Psychoanalyse angesiedelt sind. Im Anschluß an die thematisch fokussierte Literaturumschau von Regina Studener und Wilfried Datler (in diesem Band) werden Beiträge zu vier thematischen Schwerpunkten vorgestellt und in folgenden Kapiteln referiert: (1.) Publikationen zu grundlegenden Fragestellungen Psychoanalytischer Pädagogik; (2) Neuere Literatur zu verschiedenen Praxisbereichen Psychoanalytischer Pädagogik (mit Einschluß der Geschichte der Psychoanalytischen Pädagogik); (3.) Beiträge zu entwicklungspsychologischen und sozialisationstheoretischen Fragestellungen; (4.) Literatur zu weiteren Themenstellungen mit psychoanalytisch-pädagogischer Relevanz.

Die Autorinnen und Autoren des Bandes

Mireille Cifali, Dr. es Lettres et sciences humaines, Psychoanalytikerin. Seit 1982 Professorin an der Universität Genf (Erziehungswissenschaft) im Fachbreich Pädagogik und Psychoanalyse. Zahlreiche einschlägige Veröffentlichungen in französischer Sprache.

Wilfried Datler, Ao Univ.-Prof., Dr.phil., Leiter der Arbeitsgruppe für Sonder- und Heilpädagogik am Institut für Erziehungswissenschaften der Universität Wien und Analytiker im Österreichischen Verein für Individualpsychologie. Arbeitet zu Fragen im Grenz- und Überschneidungsbereich von Psychoanalyse, Pädagogik, Heilpädagogik und Psychotherapie.

Renate Dohmen-Burk, Dr. phil, Dipl.-Soziologin, Koordinatorin für unterschiedliche Projekte im Rahmen der Beschäftigungsförderung der Stadt Ludwigshafen am Rhein. Arbeitsschwerpunkte: Entwicklungspsychologie, kulturvergleichende Kognitionsforschung, Jugendberufshilfe.

Hans-Werner Eggemann-Dann, Diplompsychologe und Außenhandelskaufmann. Studium der Theologie und Pychologie. Tätigkeit als Studienberater an der Universität Marburg und in der Lebens- und Familienberatung einer Evangelischen Beratungsstelle. Gruppenberater und Familientherapeut in einem Jugendhilfeverbund eines großen diakonischen Trägers. Seit 1991 Leiter der Beratungsstelle für Kinder, Jugendliche und Eltern der Stadt Ludwigshafen. Arbeitsschwerpunkte: Systemische Therapie, Projekt - Team - und Organisationsentwicklung für Erziehungsberatung und Jugendhilfe.

Urte Finger-Trescher, Privatdozentin, Dr.phil., Dipl.-Päd., Gruppenanalytikerin; Weiterbildung in Familientherapie; Leiterin der Beratungsstelle für Eltern, Kinder und Jugendliche der Stadt Offenbach, Vorsitzende des Frankfurter Arbeitskreises für Psychoanalytische Pädagogik e.V., Privatdozentin an der Gesamthochschule/Universität Kassel.

Leendert Frans Groenendijk, PhD, Hauptdozent für Historische Pädagogik an der Vrije Universiteit Amsterdam, Niederlande. Arbeitsschwerpunkte: Figuren und Themen aus der Geschichte der pietistisch-protestantischen sowie der psychoanalytischen Pädagogik.

Francis Imbert, Dr. es Lettres et sciences humaines, Univ.-Doz. am Universitätsinstitut für Lehrerausbildung, Créteil; Psychoanalytiker. Seit vielen Jahren in der Fortbildung von Primarlehrern tätig. Gründer der Forschungsgruppe für Pédagogie Institutionelle (GRPI) im Departement Seine-Saint-Denis. Einschlägige Veröffentlichungen in französischer Sprache.

Heinz Krebs, Dr.phil., Dipl.Päd., Psychoanalytischer Pädagoge. Mitarbeiter einer Beratungsstelle für Eltern, Kinder und Jugendliche und Tätigkeit in freier Praxis mit den Schwerpunkten Eltern- und Familienberatung, psychoanalytisch-pädagogische Arbeit mit Kindern und Jugendlichen, Diagnostik, Supervision, Kindertagesstättenfach- und Institutionenberatung, Fort- und Weiterbildung. Vorstandsmitglied des Frankfurter Arbeitskreises für Psychoanalytische Pädagogik e.V. Veröffentlichungen zu den Fachgebieten.

Burkhard K. Müller, Dr., Professor für Sozialpädagogik an der Unversität Hildesheim. Forschungsschwerpunkte: Psychoanalytische Sozialpädagogik; Historische Forschung zu Siegfried Bernfeld und Otto Rank; Methoden sozialpädagogischen Handelns, Jugendarbeit, Interkulturelle Bildungsarbeit.

Bernhard Natschläger, Mag. phil.; Studium der Pädagogik und der Psychologie an der Universität Wien; in Ausbildung zum Psychoanalytisch-pädagogischen Erziehungsberater; Tutor am Institut für Erziehungswissenschaften der Universität Wien; arbeitet ausserdem u.a. als Musiker und Filmjournalist.

Regina Studener, Mag., Mitglied der Arbeitsgruppe für Sonder- und Heilpädagogik des Instituts für Erziehungswissenschaften der Universität Wien. Arbeitsschwerpunkte: Lernschwierigkeiten und deren Behandlung mit funktionell-therapeutischen sowie tiefenpsychologisch orientierten Methoden; Trauer, Trennung und heilpädagogische Beziehungsgestaltung; Förderdiagnostik.

Beate Szypkowski, Dr. phil., Dipl.-Soz., Abteilungsleiterin der Abteilung „Planung und Beratung“ des Kreisjugendamtes Offenbach; Psychotherapeutin; Gruppenanalytikerin in Ausbildung am Insitut für Gruppenanalyse in Heidelberg; Lehrbeauftragte der Universität Frankfurt. Beiratsmitglied der Evangelischen Frauenhilfe in Hessen sowie des Vereins von und für Herkunftseltern. Arbeitsschwerpunkte: Geschlechterverhältnis und weibliche Identitätsbildung in psychoanalytischer Perspektive; Supervision von sozialpädagogischen FamilienhelferInnen; Moderation von Planungsprozessen in der Jugendhilfe. Veröffentlichungen zu geschlechtsspezifischer Sozialisation, Familiensoziologie und Adoption.

Die Mitglieder der Redaktion

Christian Büttner, geb. 1944, Dr. phil., Diplom-Psychologe; seit 1973 Projektleiter der Hessischen Stiftung Friedens- und Konfliktforschung (Forschungsgruppe „Politische Psychologie); Honorarprofessor an der Evangelischen Fachhochschule Darmstadt; freier Mitarbeiter der Hessischen Landeszentrale für politische Bildung (Bereich Lehrerfortbildung); Lehrbeauftragter an der Universität Frankfurt (Erziehungswissenschaften); Gründungs- und Vorstandsmitglied des Frankfurter Arbeitskreises für Psychoanalytische Pädagogik; Arbeitsschwerpunkte: Aggressionsforschung, Medien, Erwachsenenbildung.

Wilfried Datler, geb. 1957, Dr. phil., Ao Univ.-Prof., Dr.phil., Leiter der Arbeitsgruppe für Sonder- und Heilpädagogik am Institut für Erziehungswissenschaften der Universität Wien und Analytiker im Österreichischen Verein für Individualpsychologie. Arbeitet zu Fragen im Grenz- und Überschneidungsbereich von Psychoanalyse, Pädagogik, Heilpädagogik und Psychotherapie.

Annelinde Eggert-Schmid Noerr, Dr. phil., Dipl.-Päd., Psychotherapeutin in freier Praxis; Dozentin an der Katholischen Fachhochschule Mainz; Lehrbeauftragte der Universität Frankfurt/M.; Arbeitsschwerpunkte/Veröffentlichungen: Geschlechtsspezifische Sozialisation und Randgruppenproblematik. Vorstandsmitglied des Frankfurter Arbeitskreises für Psychoanalytische Pädagogik.

Urte Finger-Trescher, geb. 1950, Priv.-Doz., Dr. phil., Dipl.-Päd., Gruppenanalytikerin; Weiterbildung in Familientherapie; Leiterin der Beratungsstelle für Eltern, Kinder und Jugendliche der Stadt Offenbach, Vorsitzende des Frankfurter Arbeitskreises für Psychoanalytische Pädagogik e.V., Privatdozentin an der Gesamthochschule/Universität Kassel.

Hans Füchtner, geb. 1940, Dr. phil., Professor für Sozialisation und Sozialpsychologie im Fachbereich Sozialwesen der Universität/Gesamthochschule Kassel; Veröffentlichungen zu Psychoanalytischer Pädagogik und psychoanalytischer Sozialpsychologie sowie zu politikwissenschaftlichen Problemen Lateinamerikas.

Heinz Krebs, geb. 1953, Dr. phil., Dipl.-Päd., Psychoanalytischer Pädagoge. Mitarbeiter einer Beratungsstelle für Eltern, Kinder und Jugendliche und Tätigkeit in freier Praxis mit den Schwerpunkten Eltern- und Familienberatung, psychoanalytisch-pädagogische Arbeit mit Kindern und Jugendlichen, Diagnostik, Supervision, Kindertagesstättenfach- und Institutionenberatung, Fort- und Weiterbildung. Vorstandsmitglied des Frankfurter Arbeitskreises für Psychoanalytische Pädagogik e.V. Veröffentlichungen zu den Fachgebieten.

Burkhard Müller, Prof. Dr. theol., Professor für Sozialpädagogik an der Universität Hildesheim; ehemaliges geschäftsführendes Mitglied im Vorstand der Kommission „Psychoanalytische Pädagogik" der Deutschen Gesellschaft für Erziehungswissenschaft. Arbeitsschwerpunkte: Theorie, Methoden und Professions-Geschichte sozialer Arbeit, Jugendarbeit, Gruppendynamik, Supervision, Psychoanalytische Pädagogik.

Luise Winterhager-Schmid, geb. 1944, Prof. Dr. phil., Studium der Germanistik, Geschichte, Politikwissenschaft, Pädagogik, Lehramt am Gymnasium; zur Zeit Professorin für Erziehungswissenschaft an der Pädagogischen Hochschule Ludwigsburg; ehemaliges geschäftsführendes Mitglied im Vorstand der Kommission „Psychoanalytische Pädagogik" der Deutschen Gesellschaft für Erziehungswissenschaft. Arbeitsschwerpunkte: Allgemeine Pädagogik, Jugendtheorie, Mädchen- und Frauenbildung, Psychoanalytische Pädagogik, Historische Pädagogik.